企业家业
保障与传承

北京裕世律师事务所 / 著

图书在版编目（CIP）数据

企业家业保障与传承 / 北京裕世律师事务所著. --
北京 : 中信出版社, 2025.8. -- ISBN 978-7-5217
-7868-7

Ⅰ . F279.245

中国国家版本馆 CIP 数据核字第 2025MK2182 号

企业家业保障与传承

著者： 北京裕世律师事务所
出版发行：中信出版集团股份有限公司
（北京市朝阳区东三环北路 27 号嘉铭中心　邮编　100020）
承印者： 北京通州皇家印刷厂

开本：787mm×1092mm 1/16　　印张：38　　　字数：470 千字
版次：2025 年 8 月第 1 版　　　　　　印次：2025 年 8 月第 1 次印刷
书号：ISBN 978-7-5217-7868-7
定价：159.00 元

版权所有·侵权必究
如有印刷、装订问题，本公司负责调换。
服务热线：400-600-8099
投稿邮箱：author@citicpub.com

前言

时间过得真快,在中国70多万律师队伍中,我作为最早开始从事私人财富管理的人,一晃已经过去15年了。在这15年里,中国的财富管理行业发生了天翻地覆的变化,资产规模和队伍规模都以惊人的速度迭代发展。还记得2015年我带领团队创作了一本"蓝宝书"《家族财富保障及传承》,一经出版在整个业界受到好评。时隔10年,我再次带领团队创作了"蓝宝书"的"续集",也就是这本《企业家业保障与传承》,可以说是十年再磨一剑!

首先,我想向各位介绍一下本书适合哪些读者阅读,能为大家带来什么价值,方便忙碌的你用好本书。

1. 对高净值人士来说,本书是"企业与家业双维财富保障的宝典"

我们对数十年服务高净值客户的经验进行了总结,对客户高频关注的问题和需求点进行了提炼,最后转换成数百个问题,全部以一问一答的方式在书中进行了展示,包括案例列举、专业分析、法律依据及策略建议。如果你是一个关注企业和家业资产保全、财富传承的人,那么你可以像翻字典一样,阅读自己最想了解的那个问题,快速获得答案。可以说,本书对所有高净值人士来说,是一本可以常备在书架上的"字典",随时可查,十分方便快捷。

2. 对金融财富机构来说，本书是"赠客伴手礼、队伍培训教材"

对银行、保险公司、信托公司、理财机构、家族办公室、移民公司等机构来说，常年比较头疼的是如何去启发客户的风险理念，激发客户需求，使其与本企业的产品及服务相关联。本书收集的近300个问题，每个都紧扣高净值人士关注的需求。书中列举了许多我们律师事务所处理过的案例，能够启发人们认识到各种潜在风险漏洞。所以，将本书作为伴手礼呈现在客户面前，相当于在做启发客户的工作。有些专业的问题，客户可能不太信任金融从业人员的说法，而本书以严谨的逻辑和确凿的法律依据做了分析论证，会佐证财富机构的观点，从而节省了金融机构队伍与客户的沟通成本。

另外，金融财富机构常年还有一大任务，就是要打造本企业的精英队伍，因此每月都会有各种早会、专题课程培训等，本书也是特别适合用来启发专业队伍将"财商、法商、税商"相融合，达到"每日一题，全年晋级"的效果。

3. 对金融行业从业者来说，本书是"拜访客户的敲门砖、学习提升的工具"

我们团队多年来一直陪伴着银行财富顾问、保险公司代理人、银保渠道经理、家族办公室财富管家一起成长，深深了解大家的痛点与难点。目前客户在企业与家业两个维度的成长速度非常快，所以财富管理领域从业人员的专业素养也需要跟上。考虑到法税专业本就有门槛，所以本书在创作之初坚持"化繁为简，化整为零"，将财富精英服务客户时遇到的每一个难题都进行了举例式的说明。如果你是一名财富顾问，那么你可以将本书作为提升专业素养的工具书；如果你要去拜访客户，那么可以将本书作为展业工具，查询客户关注的问题，做到心中有数；如果你想启发客户的风险理念，那么本书是合适的启蒙工具，本书的内容也将成为你与客户产生共鸣的桥梁。

4. 对企业家的家庭来说，本书还是"夫妻沟通的桥梁"

我们团队在服务众多高净值客户时，还发现这样一个难点，就是夫妻往往是两个态度、两个主张——一般妻子会注重风险隔离和家庭财富保全，丈夫作为企业主则大胆激进，只管闯不管守，而且也没时间和兴趣学习相关知识，每当妻子提出风险隔离，丈夫可能会固执地认为这都是金融机构的营销。殊不知，在当下并不乐观的经济状况下，风险隔离与资产保护非常重要。而本书很好地解决了这一难题，妻子可将本书送给丈夫，提醒他在晚上睡前或出差路上翻一翻，日积月累之下，相信其会在认知上有所改变。

其次，我还想向各位介绍一下本书有何鲜明特色。

1. 本书的突出特点是"企业与家业双维的资产保全及传承"

目前市场上的同类书大部分聚焦于私人财富管理，但我们团队在服务众多高净值客户的过程中发现 70% 以上的家庭有企业经营情况。考虑到当前企业经营、市场情况变化特别大，加上新《公司法》的实施，企业经营风险穿透到家庭的案例不断发生，故我们提供了从企业与家业两个维度来守护财富的策略，也涵盖了民营企业公司治理、公司章程完善、公司股权结构调整、股权信托、家族企业传承、税务风险及规划、国际贸易、股东与企业资金往来等诸多内容，希望能够产生新的专业价值。

2. 本书创新研发了"国际化视野"相关专题

我们团队每年要以一对一的方式洽谈上千名高净值客户，还为一些外资金融机构提供服务，在这一过程中，我们总结出近些年的五大国际化演变趋势——商业布局国际化、资产配置国际化、子女教育国际化、身份规划国际化、跨境传承国际化，所以许多客户对国际化的问题高度关注，迫切希望学习了解。本书顺应时代需求，对许多国际化专业问题进行了分析，其中既有民营企业 ODI（对外直接投资）出海专题，又有离岸信托专题；既有海外 CRS（共同申报准则）信息交换专题，又有国际税务申报专题；既有跨境财富传承专题，又有国际身份规划专题。这是本书区别于其他同类书的又一特色。

3. 本书强调"接地气、表通俗、强实用"，每题落点均在"解决策略与工具运用"上

本书告别了长篇理论分析，也抛开了晦涩的法税专业分析，以讲故事、讲案例的方式，将我们团队处理的数百起代表性案例转换成可轻松阅读的内容，通过案例启发读者的思考，然后送上解决方案或应对工具，即使没有任何法税知识基础的读者，也不用担心读不懂。这也是我们团队创作的初衷，希望本书能真正帮助大家。

另外，本书覆盖面较广，以高净值人士财富保障及传承需求为核心，辐射了境内外的诸多领域，涉及"婚姻、传承、保全、公司法、信托、保险、移民、税务、跨境、国际贸易、ODI、CRS"等，创作难度还是比较大的。

最后，本书创作时间将近两年，十分不易，感谢参与创作的律师事务所同人，尤其是冯鹜、刘欣、李爽、靳利红、李怡轩、唐思远、李熙、崔佳冕、杨阳、吕汉杰投入了大量时间及精力，反复改稿。也特别感谢中信出版社的编辑老师，在她们严谨认真地审校与指导下，本书多次修改完善。但我们内心仍觉遗憾，因为书稿修改的速度跟不上时代风云变幻的速度，每天都有新政策、新事件，这本就是我们这个时代的特点，还请各位读者理解包涵。

本书涉及领域非常广泛，这对于我们团队的创作水平提出了相当高的要求。尽管我们在创作过程中反复调研与论证，但仍有许多不足之处，敬请各位读者批评指正。如果你发现了任何问题，欢迎随时联系我们给予指导意见。

北京裕世律师事务所特别感谢多年来金融财富机构的支持，也感谢各位高净值客户的信任，正是有你们的提携，我们才有不断探索、不断创新的动力。我们期待与众多关心、热爱此领域的客户及专业人士一起前行，共同探讨，推动财富管理行业的提升和发展！

王芳

目录

第一篇

财富保障与传承的经典工具详解

第一章　人寿保险：家庭风险对冲的保护神 / 003

一、终身寿险可以满足哪些私人财富管理的需求？ / 003

二、"年金＋万能"组合保险适用于什么场景？ / 005

三、什么是分红型人寿保险？主要有哪些类型？如何进行分红？ / 007

四、如何选择保险类型来进行资产配置？ / 009

五、对于保单财产，谁拥有的权利最大？ / 011

六、什么情况会导致保单被强制执行？ / 014

七、保险当事人怎么设计才能避免被强制执行？ / 017

八、子女在父母身故后获得的理赔金需要用来替父母还债吗？ / 018

九、领取人寿保险理赔金时需要办理继承手续吗？ / 020

十、父母出资给子女买保险时，如何防范子女婚变带来的风险？ / 022

十一、婚前买的人寿保险，婚后所得的收益要分配偶一半吗？ / 023

十二、婚前婚后分期支付保费，这份保单会变成夫妻共同财产吗？ / 026

十三、美国绿卡持有人作为保险受益人，获得的保险理赔金在美国相关税法下要缴税吗？ / 028

十四、如果想保证老后用钱方便，保单如何实现流动性？ / 029

十五、如果想实现养老保障，如何选择保单类型？ / 031

十六、有全球资产配置需求的人，如何实现境内外保险双配置？ / 033

十七、如果想实现婚姻财产的隔离与保护，保单当事人该如何设计？ / 035

十八、如果想实现企业家业的风险隔离，保单当事人该如何设计？ / 037

十九、如果想实现财富精准传承，保单当事人该如何设计？ / 038

二十、子女已经定居海外，如果想实现跨境财富传承，国内保险有何优势？ / 041

二十一、人寿保险在赠与税、遗产税上有筹划空间吗？ / 043

二十二、什么是第二投保人？还需要加配遗嘱吗？ / 045

二十三、什么情况下父母出资给子女买保险，还需要签订赠与协议？ / 047

二十四、父母将保单的投保人变更为子女，是否需要签订赠与协议？ / 049

二十五、已经配置的人寿保险，需要在预防性遗嘱中也写明吗？ / 051

二十六、如果家庭成员发生继承诉讼，保单也属于诉讼分割遗产范围吗？ / 053

第二章　保险金信托：资产保全及财富传承的宠儿 / 055

一、什么是保险金信托？什么是其1.0版本和2.0版本？ / 055

二、保险金信托与家族信托的主要差异是什么？ / 057

三、保险金信托与单纯的保单相比，有何优势？ / 059

四、保险金信托在财富传承方面有何优势？ / 060

五、保险金信托在保护子女方面如何运用？ / 062

六、保险金信托如何巧妙地保护婚姻财产？ / 063

七、保险金信托如何隔离债务风险？ / 065

八、保险金信托在保护幼小子女方面有什么突出作用？ / 067

九、保险金信托在隔代传承上如何应用？ / 069

十、保险金信托如何实现企业经营风险隔离与财富传承双重规划？ / 070

十一、如何设立一个稳妥可靠的保险金信托？ / 072

十二、什么样的保单能嫁接进信托？ / 074

十三、过去购买的几张保单都能嫁接进一个信托吗？ / 075

十四、设立保险金信托后，保单资产还有流动性吗？ / 076

十五、可以设立一个委托人在世时就能分钱的保险金信托吗？ / 077

十六、设立保险金信托需要配偶签字吗？ / 078

十七、保险金信托里除了保单，还可以配置一些其他金融产品吗？ / 080

十八、家人有美国绿卡，还能为其设立保险金信托吗？ / 081

十九、"保单 + 信托"升级为"养老金信托"是什么意思？ / 084

二十、如果保险金信托的受益人为无行为能力子女，受益金该如何监管？ / 087

第三章　境内家族信托：保障家企财富的强力盾牌 / 089

一、什么是家族信托？其法律架构是什么？主要有哪些角色？ / 089

二、中国境内家族信托的发展现状 / 092

三、家族信托的受益人激励机制和约束机制是什么？ / 094

四、家族信托的受益人可以安排哪些人？ / 095

五、家族信托财产的分配方式主要有哪几类？ / 096

六、家族信托的委托人和受益人各有哪些权利？ / 098

七、信托委托人的投资代表是什么定位？主要负责什么工作？ / 101

八、纯资金型家族信托财产的管理方式有哪些？ / 102

九、什么是信托的监察人？什么情况下要安排监察人？ / 103

十、为实现家庭成员的债务风险隔离，设立家族信托或保险金信托时要注意什么？ / 106

十一、信托设立后，如果委托人或受益人临时需要用钱怎么办？ / 108

十二、如果信托公司经营不善破产了，信托财产还安全吗？ / 110

十三、如果对信托公司的财产管理不满意，可以更换受托人吗？ / 111

十四、如果信托的委托人去世了，信托还能有效运行吗？ / 112

十五、设立家族信托后可以修改信托的利益分配方式吗？ / 114

十六、美国绿卡持有人能设立国内的家族信托吗？
需要报税吗？ / 115

十七、境内股权信托有哪些重要的应用场景？ / 117

十八、上市公司股票也可以用来设立信托吗？
什么时间点设立最合适？ / 119

十九、股权信托在家族企业传承方面有什么突出优势？ / 121

二十、房产能否通过家族信托实现财富保障传承？ / 123

二十一、如果用信托财产进行资产配置，万一赔了怎么办？ / 124

二十二、在中国能否设立遗嘱信托？遗嘱信托适合哪些人？ / 125

二十三、如何在国内设立慈善信托？
国内的慈善信托有什么功能？ / 127

二十四、如果不想找信托公司做受托人，那么可以找自然人做受托人吗？ / 129

第四章 离岸信托：国际化时代下的财富保障传承 / 131

一、什么是离岸信托？其法律架构如何？主要有哪些角色？ / 131

二、离岸信托主要有哪些功能？ / 133

三、离岸信托的受托人可以由哪些机构担任？ / 135

四、离岸信托能放入什么类型的资产？ / 137

五、离岸信托中的资产管理方式有哪几种？ / 138

六、可以为境内的个人财产设立离岸信托吗？ / 140

七、为什么境内企业在境外上市时，通常会提前将境外股权放进离岸信托？ / 142

八、离岸信托适合哪些类型的境内客户？ / 144

九、在境外购买的保单是否需要放进离岸信托？ / 146

十、设立离岸信托时通常会选择哪些离岸地？
各有什么特色呢？ / 148

十一、设立离岸信托有什么前置要求和风险点？ / 149

十二、设立离岸信托的操作流程是什么？ / 151

第二篇
财富保障与传承的全面规划

第五章　财富传承实操案例及高风险要点 / 157

　　一、在女儿婚前送她的现金嫁妆，如何避免与其婚后夫妻共同财产混同？ / 157

　　二、为子女在婚前买房，要注意什么事项？ / 159

　　三、子女结婚后，父母给的房产和现金会变成夫妻共同财产吗？ / 160

　　四、传给子女的资产会因其配偶欠债而产生风险吗？ / 162

　　五、已经传给子女的资产在其投资理财时会面临哪些风险点？ / 164

　　六、中国的遗嘱有哪几种类型，分别适合什么情形？ / 166

　　七、立遗嘱就可以顺利精准地实现传承吗？ / 168

　　八、哪些人需要提前安排好遗产管理人？ / 169

　　九、已设立好的遗嘱，未来继承时还需要其他继承人同意吗？ / 172

　　十、财富传承容易发生矛盾纠纷的六大类家庭 / 173

　　十一、定居境外的子女如何继承父母在境内的财产？ / 175

　　十二、有两任婚姻并各有一个孩子，为避免财富传承产生矛盾该如何提前安排？ / 177

　　十三、婆媳关系不太融洽，妻子将来传承丈夫的财产时会不会遇到什么阻碍？ / 179

　　十四、丈夫有非婚生子，如何防范丈夫去世后非婚生子来继承家产？ / 180

　　十五、丈夫前婚的儿子有资格继承妻子的财产吗？ / 182

　　十六、单亲妈妈若遇到意外，未成年子女继承的财产会由谁代管？可以事前指定吗？ / 184

　　十七、父母私人银行账户里的资金没有完税证明，将来能直接传给子女吗？ / 186

　　十八、什么是财富传承精准规划的"组合牌"？ / 187

第六章　家业财富保障与传承的技巧与方法 / 191

一、父母买保险给女儿当嫁妆有什么优势？ / 191

二、父母如何确保给已婚子女的房产永远属于其个人财产？ / 192

三、如何防止传给子女的财产因其配偶欠债而产生风险？ / 194

四、如何利用家族信托来避免子女因理财不善而产生的重大损失？ / 195

五、父母为自己投保终身寿险，子女作为身故受益人获得的理赔金，是子女的个人财产吗？ / 197

六、父母与子女签订的赠与协议是什么？在什么情形下需要签订？ / 199

七、自书遗嘱易出现效力纠纷的六个雷区 / 200

八、为什么保单受益人及信托受益人可以不用过继承权公证的难关？ / 203

九、什么样的人在财富传承时适合配置终身寿险？ / 204

十、设立家族信托或保险金信托的最佳时间点是什么时候？ / 206

十一、公证遗嘱在财富传承中起什么作用？ / 208

十二、高净值人士如何将境内财产传给在境外定居的子女？ / 209

十三、财富传承规划落地的秘诀：生命周期四阶段传承策略 / 211

第七章　民营企业传承案例及系统规划 / 214

一、当前民营企业传承的突出难题是什么？ / 214

二、新《公司法》下，如何设计保障传承一体的公司股权架构？ / 216

三、民营企业传承基础之公司股权所有权传承 / 219

四、民营企业传承基础之公司经营管理权传承 / 220

五、民营企业传承基础之公司股权财产权传承 / 223

六、民营企业的股权传承是平均传承好还是集中传承好？ / 225

七、民营企业主传承时间表该如何规划与分步实施？ / 228

八、什么是中国境内股权家族信托？ / 229

九、境内股权信托如何实现家族企业利润的落袋为安？ / 230

十、境内股权信托为什么能实现企业经营权与企业利润分配相分离？ / 231

十一、股权信托能解决家族企业无人接班的困境吗？ / 232

十二、股权信托为什么能防范后代婚变或离世带来的股权传承分散？ / 233

十三、股权信托如何实现企业接班传承过程中家族成员的利益平衡？ / 234

十四、设立股权信托能避免家族企业继承时出现争产纠纷吗？ / 235

十五、企业主如何根据企业经营情况及传承目标来设立股权信托？ / 236

十六、案例解析：上市公司实控人的股份传承风险 / 239

十七、案例解析：上市公司实控人的股份传承规划 / 241

十八、为什么大家族在传承时往往安排家族治理？ / 244

十九、家族宪章有何意义？包括哪些内容？ / 246

二十、如何将家风家规的传承通过制度化的设计转虚为实？ / 249

二十一、超高净值客户的单一家族办公室是什么，能够发挥哪些重要作用？ / 251

二十二、如何为家族搭建单一家族办公室？主要有哪些模式？ / 253

第三篇
婚姻财富风险案例及保护举措

第八章　婚前财产隔离与筹备 / 259

一、婚前已经购买的房产，婚后如果遇到配偶负债，还能保住吗？ / 259

二、婚前由男方付首付，婚后夫妻共同还贷，如果夫妻离婚，房产该怎么分？ / 262

三、婚前由男方父母付首付，婚后按揭还贷由男方父母出钱，如果将来夫妻离婚，房产是男方个人财产吗？ / 263

四、婚前一方在银行有 500 万元存款，如果把这个存款单独放在一张银行卡上，是不是就能够保住婚前个人财产了？ / 265

五、父母借用子女的身份证在证券公司开户炒股，如果赚了钱，与子女的配偶有关吗？ / 266

六、企业主在婚前就已经持有的公司股权在婚后属于夫妻共同财产吗？ / 267

七、婚前设立股权信托，能够防止日后婚变对企业经营造成影响吗？ / 269

八、父母用子女名义购买商铺和写字楼，且出租时用子女的银行卡收租金，这些租金算不算子女与配偶的共同财产？ / 271

九、父母在子女结婚前给子女购买的保单，在子女离婚时，会被分割吗？ / 272

十、企业主在婚前应该安排哪些婚前财富风险隔离举措？ / 274

十一、为什么说设立家族信托是实现婚前财产保护的经典工具？ / 276

第九章　婚内财产管理及保护 / 278

一、结婚后父母给子女买房如何做到房产只属于自己子女一方？ / 278

二、婚后如何巧妙又合规地拥有自己的个人"小金库"？ / 280

三、夫妻一方有财产委托第三方代持，需要提前签好代持协议吗？ / 282

四、用婚前的小房子在婚后置换了一套大房子，是不是就变成夫妻共同财产了？ / 284

五、双方父母各出一部分钱帮助子女买房，这房子算夫妻共同财产吗？ / 285

六、父母借子女名义买房产，如何确保所购房产属于父母？ / 287

七、配偶的企业经营风险较大，如何做好家庭风险隔离？ / 288

八、婚后设立家族信托或者保险金信托，是否需要配偶签字？ / 291

九、如何巧用新《公司法》下小股东的查账权，弄清楚配偶企业的真实财务情况？ / 293

十、用夫妻共同财产设立的保险金信托，将来发生婚变，该信托财产会被分割吗？ / 295

十一、女方如何利用保单来提升自己的婚姻财富安全感？ / 296

十二、发现配偶有婚外情，如何防范其转移财产？ / 298

第十章　婚变财产争议焦点及案例分析 / 301

一、如果夫妻长期分居感情冷漠，需要提前做哪些准备呢？ / 301

二、在离婚诉讼中能否申请法院查出对方名下所有的银行账户呢？ / 302

三、如果配偶把公司股权无偿转让给别人了，另一方还能要回来吗？ / 306

四、如果发生婚变，公司股权该如何分割呢？ / 307

五、如果配偶瞒着另一方用亲戚的名义来购买房产，另一方能够查得到吗？ / 312

六、发现对方有婚外情，离婚时是不是就可以多分财产？ / 313

七、如果配偶有了私生子，那么另一方该如何保护自己的婚生子女？ / 316

八、通过哪些方法能够了解配偶公司的经营情况和股权价值情况？ / 317

九、发现配偶悄悄转移财产，能在不离婚的情况下要求分割夫妻共同财产吗？ / 318

十、父母以子女的名义购买了房产或在银行开了户，如果子女有婚变的风险，这部分资产该如何保护？ / 320

十一、如果配偶恶意在外欠债，那么离婚时另一方会不会承担许多债务？ / 322

十二、配偶在外为别人融资借贷做担保，这些债务在离婚时会要求另一方承担吗？ / 324

十三、给子女购买的保险在离婚时会被分割吗？ / 325

十四、夫妻离婚分割财产时，如何巧用家族信托平衡好夫妻及子女三方的利益？ / 327

第四篇

民营企业治理及家企风险隔离

第十一章　企业经营风险与家企隔离策略 / 333

一、新《公司法》下，如何用好"私人定制"公司章程来防范风险？ / 333

二、创业型公司在设立时要注意哪些法律问题？ / 335

三、担任公司法定代表人会有什么风险？谁来担任法定代表人最合适？ / 337

四、公司可以不设监事会或监事吗？ / 340

五、民营企业以自然人直接持股的方式风险大吗？ / 342

六、新出资制度下，股东减资行为有哪些利与弊？ / 346

七、股权已经转让了，如果公司负债会牵连前股东吗？ / 347

八、公司的债主能否要求认缴出资的股东提前缴纳出资还债？ / 348

九、公司负债了，认缴的出资还没到期，能否减资？ / 350

十、为什么说"谋取公司商业机会的赔偿责任"给董监高敲响了警钟？ / 352

十一、对于画饼出资的股东，其他股东有制约办法吗？ / 355

十二、哪些情形会导致公司高管因职务行为承担连带赔偿责任，进而牵连家庭财富安全？ / 356

十三、注销公司可以避开之前的经营债务吗？ / 359

十四、如果公司不能还债，不参与经营的小股东要承担责任吗？ / 361

十五、综合来看小股东有什么风险？如何维护自己的权利？ / 363

十六、公司董监高的职业风险责任 / 365

十七、家企财产混同具体有哪些表现？对股东家庭会产生哪些连带风险？ / 368

十八、只有一个股东的有限责任公司在什么情形下会导致家庭承担连带责任？ / 370

十九、企业准备上市前签订的融资对赌条款会影响股东家庭吗？ / 371

二十、企业家业风险隔离全面策略之一——企业应有哪八大举措？ / 373

二十一、企业家业风险隔离全面策略之二——如何用好保险工具？ / 375

二十二、企业家业风险隔离全面策略之三——信托能发挥什么功效？ / 378

第十二章　民营企业国际化发展与跨境布局 / 380

一、民营企业实现商业布局国际化的四大途径 / 380

二、中国民营企业 ODI 的四大模式 / 383

三、民营企业 ODI 第一步：如何报送发展改革委立项？ / 385

四、民营企业 ODI 第二步：如何报商务部审批发证？ / 386

五、民营企业 ODI 第三步：如何报外汇管理局备案？ / 387

六、企业在境外商业布局时要特别小心的五大财富风险 / 388

七、家族成员国际身份改变对境内民营企业传承会有什么样的影响？ / 391

八、在什么情况下设立境外公司需要提前进行"37号文"返程投资登记？ / 392

九、境内公司能否通过上层搭建离岸信托实现企业的国际化？ / 395

十、在境外设立公司搭建股权结构时要考虑哪些要素？ / 396

十一、在关税战、金融战、科技战的时代背景下，中国民营企业国际化发展有哪些变化？又有哪些注意要点？ / 400

第五篇

企业家业财富的智慧税务规划

第十三章　智能化税务征管的要点及案例 / 405

一、二十届三中全会后新一轮税制改革有哪些新方向？ / 405

二、国家通过税务领域支持新质生产力发展有哪些新举措？ / 408

三、金税四期系统与国家职能管理部门有信息交换机制吗？ / 410

四、金税系统智能化预警机制是如何发挥监管职能的？ / 412

五、什么是个人所得税的年度汇算清缴？有何新变化？ / 415

六、收到税务稽查行政处罚告知书，如果有异议该如何申诉？ / 418

七、税务稽查如果倒查通常会是多少年，有最高年限吗？ / 419

八、金税四期是如何发现虚开增值税发票违规行为的？ / 421

九、中国境内税收居民境外金融账户CRS信息交换开展的最新动态与趋势 / 424

十、公对公转账、私对私转账有哪些注意要点？当前的监管政策是什么？ / 425

十一、偷逃税会涉及刑事责任吗？主要是哪些刑事罪名？ / 429

十二、案例解析：虚开增值税发票涉刑事责任 / 430

十三、案例解析：虚假出口退税的税务稽查 / 431

十四、案例解析：企业所得税偷逃被稽查 / 432

第十四章 企业经营中税务高风险动作及合规策略 / 435

一、新《公司法》下自然人股东采用不同的出资方式，税费成本有差别吗？ / 435

二、新《公司法》下个人股东用技术成果出资有什么好处？ / 437

三、用来出资的非货币性资产评估价格波动会产生什么税务风险？ / 439

四、企业进行减资会涉及补缴税吗？ / 441

五、自然人直接持股和法人股东间接持股在税务上有什么不同？ / 442

六、如何用好国家赋予小型微利企业的税收优惠措施？ / 444

七、如何巧用海南自贸港的税收优惠政策？ / 446

八、《公平竞争审查条例》的出台对"税收洼地"的税务优惠政策有何影响？ / 448

九、新《公司法》下股东之间约定不按照出资比例定向分红，在税务上可行吗？ / 450

十、新《公司法》下新股东按照公司注册资本平价增资入股可行吗？ / 452

十一、给员工发年终奖在税务上要注意什么？ / 454

十二、企业用"未分配利润"对股东进行分红需要满足哪些
条件？ / 456

十三、企业主将企业利润套取出来的违规高风险动作有
哪些？ / 457

十四、股东用个人账户收公款且不开发票，这样做有什么法律
风险？ / 460

十五、企业哪些行为会被税务机关认定为涉嫌虚开发票？ / 461

十六、企业主和家人开设了多家公司，这些公司彼此间能否发生关
联交易？这些关联交易要注意哪些合规要点？ / 463

十七、股东将自己的钱借给企业使用，要注意哪些合规
问题？ / 465

十八、在新型智能税务服务及监管时代，企业如何提前做好整体规
划安排？ / 467

第十五章 "金税四期"下私人财富的涉税重点 / 470

一、高收入人群各类收入申报制度目前是如何实施的？ / 470

二、境外投资理财的收益需要主动报税吗？ / 472

三、个人从香港公司取得的分红需要向内地税务机关
缴税吗？ / 474

四、如何用好人寿保险产品的税务优势？ / 475

五、替他人代持房产的个人，其房产租金收入是否要报税？ / 477

六、存放在亲戚朋友处的钱在转回时，为什么会被税务机关
关注？ / 479

七、通过他人代持股权转回的分红，是由代持股东还是真股东来
缴税？ / 480

八、合伙企业合伙人（自然人）取得的收入，该如何缴税？ / 482

九、公司股东把私人的钱借给公司，可以收利息吗？有没有税务
成本？ / 484

十、想把住房过户给子女，无偿赠与和买卖相比，哪种方式的税务
成本更低？ / 485

十一、什么是房产税？如果将来开征房产税，会有什么
影响？ / 488

十二、赠与税和遗产税是什么？这两个税种为什么被称为"孪生兄弟"？ / 490

十三、目前开征遗产税的国家有哪些？税率为多少？ / 492

十四、什么类型的资产、什么样的人可能涉及赠与税和遗产税？ / 495

十五、父母生前欠个税，子女继承遗产后需要补税吗？ / 496

十六、高净值人士如果有多项收入，如何做好综合的税务合规安排？ / 498

第六篇
全球资产配置及财富布局

第十六章 百年变局下的资产配置新策略 / 505

一、企业与家业之间资产配置的规划要点 / 505

二、全球新形势下海外资产配置面临的风险 / 508

三、未来房产还值得投资吗？ / 511

四、投资理财时要防止踩哪些"坑"？ / 514

五、如何配置应税资产与免税资产？ / 517

六、未来金融资产配置时必须考虑哪些要素？ / 518

七、如何从生命周期的角度进行资产配置规划？ / 520

八、保单资产在家庭总体资产配置中占比多少合适？ / 522

九、国际化家庭如何规划境内外的资产配置？ / 524

十、全球降息大潮下该如何调整资产配置策略？ / 527

十一、人寿保险在资产配置中的独特优势有哪些？ / 529

第十七章 国际身份规划及合规税务申报要点 / 532

一、如何规划国际身份？常见误区有哪些？ / 532

二、什么是移民时的资产申报？不合规申报带来的风险有哪些？ / 535

三、什么是外国税收居民？成为移民国家的税收居民意味着什么？ / 537

四、子女计划去美国留学，必须以美国生源参加美国高考吗？ / 539

五、出生在国外的子女获得了该国的国籍，是否可以同时保留中国国籍？ / 540

六、很多年前放弃了中国国籍，但现在后悔了，还能申请加入中国国籍吗？ / 541

七、什么是移民国家的年度税务申报制度？ / 543

八、什么情况下会成为美国税收居民？ / 544

九、什么情况下会成为两个国家的税收居民？ / 545

十、如果长期在境外工作，还是中国境内税收居民吗？ / 547

十一、如果子女是美国税收居民，那么父母在国内的资产给与子女，涉及美国的赠与税和遗产税吗？ / 548

十二、规划国际身份和税务申报的正确流程是什么？ / 550

第十八章 境外金融账户信息交换与跨境财富管理 / 552

一、什么是美国的FATCA，对移民美国的中国人有何影响？ / 552

二、申请海外身份前，国内资产的配置要如何调整？ / 553

三、拥有外国国籍或境外永久居留权的子女能成为境内家族信托的受益人吗？ / 554

四、境外人士可以直接配置境内的人寿保险吗？ / 555

五、在香港金融机构的存款或购买的债券的信息也会被交换给内地的税务机关吗？ / 557

六、在海外投资理财赚的钱，需要向国内税务机关报税吗？ / 557

七、如果既办理了加拿大枫叶卡，又申请了香港居民身份，是否会加重税务负担？ / 558

八、内地税收居民在香港注册了公司，公司账户信息会向内地税务机关披露吗？ / 559

九、内地工厂生产产品出口，用香港贸易公司签订国际合约并结算，CRS 下香港的企业涉及内地的企业所得税吗？ / 561

十、如果拥有加拿大枫叶卡，那么在中加两国开户分别用不同的身份，还涉及 CRS 信息交换吗？ / 562

十一、配偶刚取得了香港居民身份，用其香港居民身份在内地开办企业有何优势？ / 563

第七篇

全书总结及实操案例落地篇

第十九章　企业家业全面保障传承总结及实操案例 / 567

一、新时代下企业家业财富保障传承的五大新趋势 / 567

二、案例解析：家族企业传承及股权信托设立 / 569

三、案例解析：离异单亲家庭的财富传承 / 575

四、金融财富机构如何与专业律师、税务师组队服务好高净值客户？ / 579

后记 / 583

第一篇

财富保障与传承的经典工具详解

第一章　人寿保险：家庭风险对冲的保护神

一、终身寿险可以满足哪些私人财富管理的需求？

王先生是一家企业的创立者，他与太太育有两个孩子。目前，大儿子在上海独立创业，而小女儿则跟随在自己身旁，日后准备接手家族企业。王先生听闻终身寿险是极为有效的财富管理工具，想知道对他来说，保单有何益处。

隔离家企风险

企业运营过程中，债务风险不可避免。倘若未来企业出现债务问题，王先生出资为家人购买的终身寿险，经过合理的保单架构设计——例如，以子女或父母为被保险人购买的保单，或者将保单整体置于保险金信托保护壳下——就能免受企业债务牵连，在大起大落的市场中为家族财富保留一块"压舱石"，为子女和父母留下基本的生活保障，减少企业债务危机对家庭生活的冲击。

实现财富精准传承

从财富传承的角度来看，人寿保险保单能精准地实现财富定向传承。假如王先生以自己为被保险人购买了一份人寿保险，那么他可以在保险合同中指定受益人和每个受益人相应的受益比例，在王先生离世之后，保险公司将按照合同约定的金额和比例，向受益人支付赔偿金，这一过程无须他人知晓和同意，不受他人干涉，王先生能够确保保单中的这笔财富完全按照自己的意愿精准分配给受益人。

使子女快速简便地承袭财富，无须经过复杂的法律流程

根据我国《民法典》的规定，父母离世之后继承人在办理财产继承时需要经过一段复杂烦琐的法定程序，需要提供大量的证明文件，还需要相关方配合，耗时耗力，在这一过程中难免遇到困难甚至产生矛盾。而在前文所述的保险架构（王先生为投保人、子女为受益人）下，大额的终身寿险保单可以直接跳过这一复杂的流程，以理赔款的形式让子女先获得一部分财富，再去应对和处理法定程序下的遗产继承问题，为子女留下处理空间。

保护家族财富免受子女婚姻风险带来的损失

依据我国《民法典》《第八次全国法院民事商事审判工作会议（民事部分）纪要》相关规定，父母离世之后子女领取的身故保险理赔金，即便在婚后获得，仍视为其个人财产，不作为夫妻共同财产。而在婚姻关系存续期间，父母向子女直接赠与的财产或子女继承的财产，在没有特殊约定的情况下，一般视作夫妻共同财产。未来如果子女婚姻出现不稳定因素，那么子女受赠或继承的财产都有可能遭遇分割，使家庭财富蒙受损失。相比之下，保险理赔金在不发生混同的前提下，不会作为共同财产参与离婚财产分割，从而有

助于家族财富的保全。

> **延伸阅读**
>
> **《中华人民共和国保险法》(以下简称《保险法》)**
>
> 第四十二条 被保险人死亡后,有下列情形之一的,保险金作为被保险人的遗产,由保险人依照《中华人民共和国继承法》[①]的规定履行给付保险金的义务:
>
> (一)没有指定受益人,或者受益人指定不明无法确定的;
>
> (二)受益人先于被保险人死亡,没有其他受益人的;
>
> (三)受益人依法丧失受益权或者放弃受益权,没有其他受益人的。
>
> 受益人与被保险人在同一事件中死亡,且不能确定死亡先后顺序的,推定受益人死亡在先。
>
> **《第八次全国法院民事商事审判工作会议(民事部分)纪要》**
>
> (二)关于夫妻共同财产认定问题
>
> 5.婚姻关系存续期间,夫妻一方作为被保险人依据意外伤害保险合同、健康保险合同获得的具有人身性质的保险金,或者夫妻一方作为受益人依据以死亡为给付条件的人寿保险合同获得的保险金,宜认定为个人财产,但双方另有约定的除外。

二、"年金+万能"组合保险适用于什么场景?

年金配合万能账户是一种产品组合,由一张年金险保单与一张

[①] 2020年5月28日,十三届全国人大三次会议表决通过了《中华人民共和国民法典》,自2021年1月1日起施行,《中华人民共和国继承法》同时废止。——编者注

万能险保单共同组成，其中万能险保单可能是一张终身寿险或者年金险保单，两者组合成一个保险产品。这种产品组合约定，年金险保单在满五年之后产生的年金，直接进入万能账户成为万能险保单的保费，获得不低于约定利率的收益。

年金险最大的特点是以被保险人生存为条件定时给付保险金，直至被保险人死亡或合同期满。由此可以看出，年金险最核心的功能在于长期储蓄与现金流管理，因此适用于长期财产安排。

适用场景一：养老规划

年金险保障的是被保险人的生存，以养老为目的的年金计划可以提供与被保险人生命等长的现金流，在其收入下降、理财能力不足时提供补充收入，活到老领到老，应对长寿带来的经济压力。年金险搭配的万能账户还为投保人设定了合同保障的最低投资收益，缓解长期通货膨胀带来的养老金购买力下降问题，降低老年人投资难度和负担，做到老有所养。

适用场景二：子女教育储备

如今国人在子女教育上花费的成本越来越高，高净值客户对子女教育的投入更是不计成本。而教育支出又有刚性支出的特点——到了交学费的时候，既不打折，也不延期，这就决定了收益波动性高或流动性差的投资方式不适用于教育金的储备规划——教育金的存储需要满足收益可预测、随时能提取的要求。教育年金类产品通过保费分期缴纳，降低了父母储蓄的难度，实现"无痛"储蓄；存进保单的现金锁定在保险账户里，可以尽量避免受到其他家庭财务安排的影响，确保专款专用；保费进入保单后按约定时间产生一定的无风险收益，不必承担投资市场的波动，避免投资损失；保单每一年的现金价值可预估，父母可以有计划地管理现金流。

适用场景三：兼顾两代人的财富安排

虽然不同年金险产品的设计不尽相同，但多数产品都兼具了财富传承的功能，即年金险保单或万能账户中没有提取的金额能够以身故理赔金的形式赔付给保单指定的身故受益人。因此也满足一张保单照顾两代人的资产管理需求，在父母优先享受年金险带来的养老保障之后，剩余的部分可以快速、精准地传承给自己指定的子女，避免各种复杂的法律风险，做到父母优先，兼顾子女，福泽两代。

三、什么是分红型人寿保险？主要有哪些类型？如何进行分红？

2025年，许多保险公司纷纷推出了分红型人寿保险，这种产品有什么特点呢？

分红型人寿保险是一种兼具保障和投资功能的保险产品，投保人不仅享有身故保障，还能参与保险公司经营成果的分配，获得红利。

主要类型

中国的分红型人寿保险主要分为以下几类：

终身寿险：提供终身保障，红利可累积生息或用于购买额外保额。

两全保险：在保险期内提供身故保障，期满后若被保险人仍生存，则返还满期金并支付累积红利。

年金保险：在约定期限内按年或按月给付年金，红利可增加年金领取金额。

分红的来源

这类保险的分红主要来自以下三方面：

死差益：实际死亡率低于预定死亡率产生的收益。

利差益：实际投资收益率高于预定利率产生的收益。

费差益：实际运营费用低于预定费用产生的收益。

需要说明的是，这类保险产品的红利分配不确定，取决于保险公司的经营状况。所以投保前应仔细阅读条款，了解产品的特点和风险，还需要了解一下保险公司的投资实力和既往分红情况。

常见的分红方式

现金红利：直接以现金形式发放给投保人。

累积生息：红利留存在保险公司，按一定利率累积生息。

购买交清增额保险：用红利购买额外保额，增加保障，有些外资保险公司的产品采取了此方式。

抵交保费：用红利抵扣下期保费。

分红的平滑机制

如果某一年保险公司的投资利差出现亏损怎么办？当年岂不是没有分红了？为了平衡不同年份的红利分配，我国保险公司采用平滑机制：年头好的时候就将部分盈余存入特别储备，用于弥补未来可能出现的亏损。然后调整红利分配比例，根据经营状况和市场变化，从特别储备里拿出部分红利以弥补某年的分红。

总之，分红型人寿保险既能提供保障，又能分享保险公司经营成果，比较适合既希望有一定的保证收益，又希望在投资上分享到更高浮动利益的客户。

四、如何选择保险类型来进行资产配置？

保险是一类比较特殊的金融产品，具有一定的专业门槛和独特的产品结构，客户在选择产品和进行资产配置时往往觉得无从下手。其实并没有那么复杂，只需要明确自己希望通过配置保险来达成何种目的、解决何种问题，再匹配不同类型的产品即可。

基于财富传承目标

如果主要目标是将财富顺利地传递给下一代，主流的选择可以是终身寿险。配置终身寿险的目的是将财富稳定地传递下去，当被保险人身故，终身寿险将对指定的受益人进行赔付，具体的保额根据自己的意愿和家庭经济状况来确定。

例如，一位企业主想要为子女留下一笔现金，用于他们的生活、教育或者创业，就可以购买一份高额的终身寿险。当自己离世后，子女可以获得一笔免税的保险金，实现财富的定向传承。

又例如，一位母亲想要在自己离世之后为孩子单独留下一笔现金资产，不参与遗产分配且不被他人知晓，就可以为自己投保终身寿险，将孩子指定为受益人，达到定向传承的目的。

传统的终身寿险对被保险人的年龄、健康状况有要求，并不是所有人都可以顺利地购买终身寿险保单，因此对那些希望传承但又不满足终身寿险购买条件的人来说，"年金险＋万能险"的配置也可以起到类似的作用。

基于现金流管理目标

在考虑子女教育或养老问题时，更需要保险实现现金流管理的功能，那么年金险是相对适合的一类产品。年金险可以通过提前开始分期积累资金，到保单约定的时间后，按照合同定期或一次性领取账户内的金额。

比如，一位普通职工从 30 岁开始购买养老年金险，每年缴纳一定的保费，在他 60 岁退休后，就可以每月领取一笔固定的养老金，用于老后生活的开支，如日常生活费用、医疗保健费用等。

又比如，一对父母在子女幼年时就为其存储教育年金，每年分期缴纳保费，在孩子 18 岁时，可以一次性支取一笔款项用于孩子读大学，并在此后持续为子女提供生活费、学习深造费、创业启动资金等。

基于身体健康风险保障目标

除了财富管理，强化家庭抗风险能力也是资产配置的一个重要目标。对于家人的健康风险和疾病可能带来的重大支出，医疗险是应对高额医疗费用的重要工具。随着现代医学与科技的飞速发展，医疗费用也在不断上涨，新型药品、新型治疗手段都伴随着高昂的支出。一旦家庭成员患上严重疾病，医疗开支可能会给家庭带来沉重的经济负担。购买医疗险可以在一定程度上减轻这种负担，持续为治疗提供支持。

重疾险则是在被保险人被确诊患有合同约定的重大疾病时，一次性给付一笔保险金。这对患者家庭来说，可以用于弥补患病期间的收入损失、支付康复费用等。例如一个家庭的主要经济支柱被确诊患有重疾，重疾险赔付的资金可以让家庭在其不能工作的情况下，依然维持正常的生活开支。

意外险主要保障因意外事故导致的身故、伤残和医疗费用。此类保险对家庭的顶梁柱来说尤为重要。例如，一位商务人士作为家中的顶梁柱，可能需要四处奔波，频繁乘坐各类交通工具，如果在出差途中发生意外导致伤残甚至身故，家庭可能一夜之间陷入困境，意外险可以根据伤残等级给予相应的赔偿，用于其后续生活及家人的生活重建。

基于企业经营等风险隔离目标

很多客户在创造财富、积累财富的同时会考虑风险隔离的问题，希望能够使财富落袋为安，也希望为家人提供基本的生活保障。这时，就可以以家人为投保人，为其配置一些财富型保险产品（有现金价值且具备一定收益的年金险、增额终身寿险等），或者使用保险金信托这一法律工具，将自己持有的财富型保险产品隔离、保护起来，同时搭配前文中提及的风险保障类产品。通过这些方法，为自己和家人打造一个避风港，避免未来的不可知风险对家庭造成过大的伤害。

其实，保险合同就像保险公司的服务说明书，保险产品能为家庭提供何种保障、投保人拥有何种权利和义务都体现在保险合同里。建议家庭及个人在进行大额保单配置时，仔细阅读保险合同，必要时向法律专业人士咨询，如何能把保险的法律功能发挥到最大，如何搭建保险架构，以确保保单能够真正满足家庭保障的目的。

五、对于保单财产，谁拥有的权利最大？

在一份保险合同中，最常出现的有三个角色，分别是：投保人、被保险人和身故受益人。在这三个角色中，拥有最多权利的当数投保人了。

投保人，顾名思义，是向保险公司提出投保要求、订立保险合同，并按照约定缴纳保费的人。投保人是法律意义上保单的持有者，享有相应的各项权利，在一份人身保险合同中，所有关于保险产品权利和义务的解释说明都是以投保人为说明对象而展开的。

那么，投保人的权利包括哪些呢？常见的有以下几项：

1. 在犹豫期内撤销合同的权利

当投保人决定签订一份保险合同并支付保费之后，投保人拥有15天的犹豫期，在此期间之内，若投保人出于任何原因想要解除合同，可以向保险公司申请，保险公司将全额退还投保人已支付的保费。

2. 领取保单分红的权利

若投保人购买的是分红型保险，保险公司会根据每年的实际经营情况对红利进行分配，领取分红的这一权利属于投保人，投保人可以选择将红利提取或继续购买同公司的其他产品（如万能险）。

3. 部分领取账户价值或加保、减保的权利

犹豫期满后，投保人在持有保单期间，如有需要，可以申请降低保额和保费，并领取与保额减少部分相对应的现金价值，减保的额度要受保险合同约定的限制。当然，如果投保人想要加高保额，也可以提出申请，并支付更高的保费。

4. 申请保单贷款的权利

在持有保单期间，如果投保人需要一定的资金周转，可以申请用自己的保单向保险公司申请贷款，贷款额度一般以保单现金价值的80%为限，每次贷款期限一般不超过180天，贷款利率以保险公司当期公布的为准。

5. 指定和变更受益人的权利

投保人或被保险人可以指定和变更保险的身故受益人，被保险人为无民事行为能力人或限制民事行为能力人时，由其监护人指定受益人。投保人在指定和变更身故受益人时，须经过被保险人同意。

6. 解除保险合同的权利

投保人可以在任何时候申请解除保险合同，如在犹豫期（15天）内退保，则保险公司返还全部已支付的保费；若犹豫期满后，投保人在持有保单期间任意时间点想要解除合同，保险公司将退还保单账户内的现金价值，此时若现金价值尚未增长超过已支付的保

费，投保人可能会面临一定的经济损失。

7. 变更投保人的权利

作为保单的持有人，投保人可以选择将保单转让给其他人，例如父母将自己作为投保人的保单变更为子女所有，此时可向保险公司提出申请，完成投保人的变更。不过新任的投保人也应当满足《保险法》的要求，对被保险人具有保险义务。

此外，投保人还享有变更保险合同的内容、选择保费减额交清、申请恢复合同效力、申请将非年金类的产品转换为年金保险等权利。

投保人享受保单各项权利这一原则是全球通行的。无论从各国的保险法律还是税收政策来看，保单持有人都享有变更受益人、退保、领取现金价值等权利，并承担相应的纳税义务。

因此，在设计保险架构时，我们应当充分考虑和利用保险合同中不同角色的法律权利和义务，结合投保的目的，做出合理的保险规划。

除了投保人，保单中还有被保险人和受益人，其中被保险人是享有保险保障的人，享有保险金请求权，年金保险中的年金、满期金，医疗险和重疾险中的理赔款，其领取权利往往都是由被保险人享有的。而身故受益人是由投保人或被保险人指定的，在被保险人身故的情形下享有保险理赔金请求权的人。

> **延伸阅读**
>
> 我国《保险法》中对保单中不同主体的权利义务有如下规定：
>
> 第十条　保险合同是投保人与保险人约定保险权利义务关系的协议。
>
> 投保人是指与保险人订立保险合同，并按照合同约定负有支付保险费义务的人。
>
> 保险人是指与投保人订立保险合同，并按照合同约定承担赔偿或者给付保险金责任的保险公司。

第十四条　保险合同成立后，投保人按照约定交付保险费，保险人按照约定的时间开始承担保险责任。

　　第十五条　除本法另有规定或者保险合同另有约定外，保险合同成立后，投保人可以解除合同，保险人不得解除合同。

　　第二十条　投保人和保险人可以协商变更合同内容。

　　第三十九条　人身保险的受益人由被保险人或者投保人指定。

　　投保人指定受益人时须经被保险人同意。投保人为与其有劳动关系的劳动者投保人身保险，不得指定被保险人及其近亲属以外的人为受益人。

　　被保险人为无民事行为能力人或者限制民事行为能力人的，可以由其监护人指定受益人。

　　第四十条　被保险人或者投保人可以指定一人或者数人为受益人。

六、什么情况会导致保单被强制执行？

　　具有现金价值的保单是投保人的一种金融资产，是投保人的责任财产，具有储蓄性和有价性，投保人可以通过解除保险合同获得保单的现金价值。因此，当投保人对外负有应当履行的财产义务、成为被执行对象时，保单都有可能被强制执行。换句话说，如果投保人有欠债或与配偶承担共同债务、投保人承担连带责任、投保人承担担保责任、投保人离婚时不依法履行法院的财产分割、投保人欠税或面临罚款和滞纳金等，保单和其他类型的资产在强制执行层面都具有其价值。

　　在司法实践中，各省高院都针对保单的强制执行流程和路径进行了探索，许多省份的高院都发布了针对执行案件中对保单的处理意见，只是力度和流程各有不同。以下是我们整理的部分省市对于保单强制执行的指导意见。

　　最高人民法院在（2020）最高法执复71号《邓翔、兴铁一号产业投资基金合伙企业财产份额转让纠纷执行复议案》裁定中就明确了，如被执行人可以单方面行使保险合同解除权而未行使，致使债权人的债权得不到清偿，人民法院在此情形下可以强制被执行人行使，代替投保人解除所购的保险合同。可以说这一裁定代表了我国最高法院对于保险合同的可执行性的确认。

北京市高级人民法院印发的《北京市法院执行工作规范》第四百四十九条规定："【对商业保险中享有的权益的执行】对被执行人所投的商业保险，人民法院可以冻结并处分被执行人基于保险合同享有的权益，但不得强制解除该保险合同法律关系。保险公司和被执行人对理赔金额有争议的，对无争议的部分可予执行；对有争议的部分，待争议解决后再决定是否执行。对被执行人所设的用于缴纳保险费的账户，人民法院可以冻结并扣划该账户内的款项。"

上海市高级人民法院发布的《关于建立被执行人人身保险产品财产利益协助执行机制的会议纪要》中，明确被执行人为投保人的，可冻结或扣划归属于投保人的现金价值、红利等保单权益；被执行人为被保险人的，可冻结或扣划归属于被保险人的生存金等保险权益；被执行人为受益人的，可冻结或扣划归属于受益人的生存金等保险权益。若投保人、被保险人或受益人均为被执行人同一人，人民法院可直接冻结或扣划；若投保人（被执行人）与被保险人或受益人不一致，则被保险人或受益人拥有相关赎买保单的权益，人民法院对赎买款项进行执行。

四川省高级人民法院、国家金融监督管理总局四川监管局联合发布的《关于人身保险产品财产利益执行和协助执行的工作指引》做出的规定与上海市高级人民法院类似，既规定了被执行人为投保人的，人民法院可以冻结或扣划归属于投保人的现金价值、个人账户价值、红利等保单利益，也允许被保险人或受益人对保单进行赎买。该指引同时规定，保障型的低现价产品，人民法院应当秉承比例原则，一般不予冻结。该指引还规定了保单强制执行的流程，为先冻结再扣划。

浙江省高级人民法院发布的《关于加强和规范对被执行人拥有的人身保险产品财产利益执行的通知》中规定，投保人购买传统型、分红型、投资连接型、万能型人身保险产品，依保单约定可获得的生存保险金，或以现金方式支付的保单红利，或退保后保单的现金价值，均属于投保人、被保险人或受益人的财产权。当投保人、被保险人或受益人为被执行人时，该财产权属于责任财产，人民法院可以执行。

江苏省高级人民法院发布的《关于加强和规范被执行人所有的人身保险产品财产性权益执行的通知》中规定，保险合同存续期间，人身保险产品财产性权益依照法律、法规规定，或依照保险合同约定归属于被执行人的，人民法院可以执行。人身保险产品财产性权益包括依保险合同约定可领取的生存保险金、现金红利、退保可获得的现金价值（账户价值、未到期保费），依保险合同可确认但尚未完成支付的保险金，及其他权属明确的财产性权益。

但是，并非所有省份对保险是否可供强制执行都持上述强硬态度，广东省高级人民法院发布的《关于执行案件法律适用疑难问题的解答意见》中规定，保险的强制执行以被执行人的同意为前提，若被执行人不同意退保，法院不能强制退保。同时规定，指定有受益人且受益人不是被执行人的保单，不能强制执行。

山东省高级人民法院在《山东高院执行疑难法律问题解答（五）》中对保险执行的态度也较为温和，要求"在强制执行中，应注意区分投资获利型和生活保障型人寿保险性质，结合保险合同数额、数量、签订目的、被执行人生活情况等因素，不能忽视人身保险合同本身的保障功能，做到执法的人性化和合理化"。

可见，虽然全国各地对于保险资产的执行标准和执行流程尚未统一，但司法界对保险产品的功能和价值的探究及讨论已经展开，如果你配置人寿保险的目的是防范企业经营风险或债务风险，那么在投保时一定要关注保险当事人的设计，合理的当事人设计才能避免保单被强制执行。

七、保险当事人怎么设计才能避免被强制执行？

张先生和张太太感情甚笃，家庭美满，两人共同经营一家小公司，还养育了两个可爱的孩子。随着公司规模的不断扩大，夫妻二人意识到，企业经营的风险和可能面临的债务风险并不完全可控，身边也有一些小企业主朋友因决策失误或受他人牵连，不得不用家庭财产对外承担债务。看着两个年纪尚小的孩子，两人想为孩子购买一些保单作为未来的教育储备，但又听说保险也是可以被法院强制执行的财产，因此想了解有什么办法可以让自己为孩子做的储蓄不受未来可能的债务牵连。

首先，保险不是一种避债的工具，而是一种具有风险转移功能的金融工具。因此，保单应当在资产状况健康时配置，以对冲家庭的财务风险，从而在经历危机时能解燃眉之急甚至化险为夷，但绝不是一条逃避债务责任的通道。早年间由于司法领域对保险这一资产较为陌生，在执行时比较保守，客观上使一些人产生了误解，认为保险是一种"欠债不还、离婚不分"的另类资产。但实际上，所有有现金价值的保单都是一种金融资产，与房产、存款、公司股权等其他类型的资产一样，都是债务人持有的具有变现价值的财产。随着司法实践的不断进步，保单已经进入司法强制执行的财产范围，会出现在人民法院的司法强制执行系统中，成为可供执行的财产。

因此，对于债务风险较高的人，如果想为子女和家庭留下一些财产，甚至为自己在面对债务时留一些喘息的空间，能够让自己以适当的节奏去应对债务问题，那么就应该避免让债务风险高的人担任保单的投保人，而应作为被保险人。

保险天然具有所有权和受益权分离的特点，在一定程度上可以通过保单结构的设计，规避一些被强制执行的风险。但我们也应当看到，随着司法领域对保险产品理解的不断加深，一些储蓄性强、金额过大的保单都在逐步进入强制执行的范围，甚至在一些情况下，被保险人、身故受益人享有权益的保单也有可能成为被强制执行的对象。

因此，回到我们在本节开篇中提到的，保险不应当成为避债的工具，想要规避债务风险的客户，应当做到以下三点：第一，在财务健康时及时、足额配置财富型保单，并且避免自己担任投保人，而是由父母或成年子女作为投保人和身故受益人；第二，如果企业主家庭本身的经营风险较高，那么在企业还在良性经营期间，就可以配置2.0版本的保险金信托，将整张保单装入信托架构，利用《中华人民共和国信托法》（以下简称《信托法》）对信托财产的强保护原则；第三，及时为家人配置风险保障型产品，如医疗险、重疾险等，才能真正为家人构筑保障网络，防范未来风险。

八、子女在父母身故后获得的理赔金需要用来替父母还债吗？

小张的父亲去世时给小张留下了不少财产，包括两套房子价值共计2000万元，银行存款1000万元，公司股权价值1000万元，还有一张大额人寿保单，保额高达3000万元（父亲为投保人和被保险人，身故受益人是小张）。但同时，父亲还给小张留下了3000万元的债务。现在遗产的继承手续还没办完，债务人已经找到小张要其还钱，说父债子偿天经地义，3000万元的债务一分也不能少，甚至经常去骚扰他们一家的正常生活。这些债务人得知小张手里有大额的保险理赔金，就直接说房子、公司都不要，让小张用理赔金还债。小张夫妻俩很迷茫，到底该不该用保险理赔金还债。

首先说结论：若保单是以父母为投保人、父母为被保险人，子女为身故受益人，那么在父母身故后，子女获得的保险理赔金无须用于偿还父母的债务。

我国《民法典》第一千一百六十一条规定："继承人以所得遗产实际价值为限清偿被继承人依法应当缴纳的税款和债务。超出遗产实际价值部分，继承人自愿偿还的不在此限。继承人放弃继承的，对被继承人依法应当缴纳的税款和债务可以不负清偿责任。"所以，所谓"父债子偿"，只是一种基于老百姓朴素情感下的诉求，并不具有法律依据，也得不到法律的支持和保护。继承人只需要在其继承的遗产范围之内优先偿还债务，再继承剩余的财产，所以最差的情况就是没有财产可以继承，绝不会出现债务继承的情况（子女自愿偿还的除外）。

下面我们回到小张的案例。如果小张想要继承父亲留下的4000万元遗产（包括房产、存款和公司股权），那么就必须承担这3000万元的债务，等还清债务以后，才能获得余下的1000万元。

那么，债权人提出的，用3000万元的保险理赔金直接偿还债务，是否有法律依据呢？

答案是没有。依据《保险法》第四十二条规定，若保单指定了身故受益人，那么在被保险人身故时，该保单不作为被保险人的遗产。既然不是遗产，那么自然也无须按照《民法典》的规定用于债务的清偿。

所以我们不妨再做一个假设。假设张父去世时，只给小张留下一张保额为 2000 万元的保单以及 500 万元的银行存款，同时有 3000 万元的债务，情况会如何呢？此时，所有的存款都将用于偿还债务，作为继承人的小张无法继承。不过，通过人寿保险所领取的 3000 万元的保险理赔金，依据《保险法》的规定，将不被视作张父的遗产，所以无须用于偿还其欠下的债务。

总结一下，如果父母离世时既留下了遗产，又对外负有债务，那么子女以其继承的财产为限，对外优先偿还债务，余下的才是真正可以继承的财产；若父母留下的财产不足以偿还所欠债务，子女也无须替父母还债。而子女作为保险的指定受益人获得的以父母身故为触发条件的保险理赔金，不作为父母的遗产，无须用来偿还父母生前的欠款。

九、领取人寿保险理赔金时需要办理继承手续吗？

王先生的父亲因病去世，全家人都很悲痛，由于事发突然，王老先生并没有来得及对遗产做出安排。在处理好父亲的后事之后，王先生和母亲开始处理父亲的遗产，但在这个环节遇到了阻碍——王先生的弟弟长期生活在海外，因为工作的原因迟迟无法回国配合办理继承手续，继承程序陷入了停滞。这时候，王先生突然想到，几年前父亲曾为自己购买过保单，他第一时间联系了父亲的保险代理人，查询到保单的身故受益人为母亲。王先生想知道，领取这份保险理赔金也需要弟弟回国配合办理手续吗？

我国《民法典》对继承程序做出了明确的规定，具体的流程与可能出现的法律风险在本书第五章有比较详细的介绍。案例中王先生的弟弟长期在海外生活，短期内很难回到国内配合王先生和母亲办理各类继承手续，必然会给王先生和母亲造成一定的困扰。王先生想要处理父亲的遗产，不但会涉及继承权公证或法律诉讼，而且会耗费大量的时间精力，想要短时间内解决这个问题几乎不可能。

不过，王先生的父亲购买的这几份保单却可以绕过法定继承的复杂程序，因为指定了受益人的保险合同在领取保险理赔金时不需要办理继承手续。根据我国《保险法》的规定，保险合同中指定了受益人，被保险人死亡后产生的理赔金不属于被保险人的遗产。因为保险合同的赔付在本质上是保险公司基于合同进行的给付行为，所以不需要办理继承程序，只需要满足保险公司的理赔要求，提供相关的证明文件即可。一般而言，保险理赔需要提供的核心材料如下：

- 理赔申请书。
- 保险合同。
- 申请人的有效身份证件。
- 国务院卫生行政部门规定的医疗机构、公安部门或者其他有权机构出具的被保险人的死亡证明。
- 所能提供的与确认保险事故的性质、原因等有关的其他证明和资料。

案例中王先生的父亲在保险合同中指定了王先生的母亲为身故受益人，因此在准备好上述材料之后，王先生可以帮助母亲向保险公司申请理赔。大部分情况下保险公司会在 5 个工作日内做出理赔核定，王先生的母亲在核准后 10 日内就能领取到理赔金。这样一来，保险合同中约定的身故理赔金，就可以不经过继承手续，也不需要王先生的弟弟配合，而是直接由其母亲领取。

十、父母出资给子女买保险时，如何防范子女婚变带来的风险？

如今的父母为女儿准备嫁妆的时候，选择保单的形式越来越多，这是为了防止以后女儿婚姻出现风险，自己的财产受到损失。但保单怎么购买，又有怎样的优势呢？接下来我们具体拆解分析一下。

情况一：在女儿结婚前，父母把钱直接给女儿，女儿用这笔钱趸交保单保费，自己当投保人和被保险人，身故受益人写自己的父母，未来可以替换成自己的子女。如图1.1所示。

投保人 女儿 ➡ 被保险人 女儿 ➡ 受益人 父母/未来子女

图1.1 以女儿为投保人配置的保险架构示例

这样一番操作下，婚前的存款变成了保单，在形态上发生了变化，因此不会和婚后的夫妻共同财产发生混同。虽然形态发生了变化，但如果女儿在婚后需要用钱，随时可以用保单里的资金，因为不管是减保还是保单贷款，都可以保持一定的流动性，相当于持有现金资产。即便女儿在婚后突遭意外离世了，这些财产还是在自己家，相当于这笔财产定向回流给父母用于日后的养老金补充，或者留给了自己的孩子，保障孩子日后的衣食住行。

情况二：父母直接给女儿购买保单，父母当保单的被保险人，身故受益人写女儿。如图1.2所示。

这样一来，父母给女儿的陪嫁，相当于由父母代持再锁进保单里，这笔资金在表面上看是父母的财产，不会成为女儿和女婿的共

```
投保人        被保险人       受益人
父母    →    父母      →    女儿
```

图1.2　以父母为投保人配置的保险架构示例

同财产。如果女儿婚后伉俪情深，也可以更换投保人和受益人，保证了父母对保单的绝对控制权。即便父母多年后离世，女儿领到的身故赔偿金也是个人财产。若是一朝婚变，这笔身故赔偿金也不会作为夫妻共同财产，不会面临分割（财产混同的情况除外）。这就保证了女儿的婚前现金回流到女儿手上后仍然保持法律上的独立性。

情况三：女儿结婚后，父母出资，以女儿的名义购买保单，父母要与女儿签订资金赠与协议。如图1.3所示。

```
投保人        被保险人       受益人
女儿    →    女儿      →    父母/未来子女
```

图1.3　父母出资以女儿为投保人配置的保险架构示例

女儿结婚后，父母对女儿的资金赠与，根据《民法典》的规定，如果没有特别说明，容易被认定为父母对小两口的共同赠与。所以建议父母给已婚女儿支付保费时签订资金赠与协议，协议里明确购买保单的资金是赠送给女儿个人的，而不是赠送给小夫妻的共同财产。这样女儿用这笔属于自己的资金作为投保人购买的保单，属于婚后个人保单。

十一、婚前买的人寿保险，婚后所得的收益要分配偶一半吗？

这个问题看似简单，实则非常笼统，我们需要区分以下几种不同情况加以讨论。

第一种，婚前以个人财产购买保险并且在婚前已经全部交完保费，在婚后产生的现金价值的增长或取得分红，是否属于可分割的夫妻共同财产？如果婚前购买的是增额终身寿险产品，且已经将全部保费交清，那么在婚后保单的现金价值增长产生的高于婚前交纳的总保费的部分（可以理解为婚前交纳保费产生的增值），是否仍然是个人财产，目前司法界还没有广泛共识。但从婚姻家庭法律原理上来说，由于这部分增值不要求投保人付出时间、智力、精力等，也并非得益于夫妻间的协力作用，我们认为，应当视为婚前金融财产的自然增值，不应被当作夫妻共同财产。

第二种，婚前购买的重疾险、医疗险等保险，婚后发生理赔，理赔款是否为夫妻共同财产呢？根据《第八次全国民事商事审判工作会议（民事部分）纪要》的相关精神，夫妻一方在婚内由具有人身性质的保险（如意外险、重疾险、医疗险）获得的理赔款应当被认定为个人财产。《民法典》第一千零六十三条也规定了，夫妻一方因受到人身损害获得的赔偿或者补偿，为夫妻一方的个人财产。因此，以身体伤害、疾病为原因获得的健康险、意外险的赔偿金，为一方个人财产，无须区分该保单的保费来源是否为夫妻共同财产。

第三种，婚前以个人财产购买的保险，投保人与被保险人为同一人，在婚后被保险人身故发生理赔。这种情况下，只要保单有指定的受益人，那么无论理赔金额相比已交保费发生多少增值，理赔金都应当直接支付给保单受益人，与被保险人的配偶无关。

第四种，婚前以家人为被保险人购买保险，投保人同时作为保单受益人的，被保险人身故发生的理赔。这种情况下，夫妻一方作为受益人，依据以死亡为给付条件的人寿保险合同获得的保险金，会被认定为一方的个人财产。

第五种，婚前以个人财产购买了年金保险，那么在婚后给付的年金收益应当作为夫妻共同财产吗？答案是有可能。《第八次全国法院民事商事审判工作会议（民事部分）纪要》提及："依据以生存到一定年龄为给付条件的具有现金价值的保险合同获得的保险金，宜认定为夫妻共同财产，双方另有约定的除外。"而年金保险中每年产生的年金分配，便是一种以生存为条件给付的保险金，在这种情况下，如果保险直接对被保险人分配年金，那么年金所得将很有可能被认定为夫妻共同财产。当然，这仅限于分配出来的年金部分，保单本身仍然属于投保人的个人财产。

第六种，婚前以个人财产投保了年金险，并且同时投保了万能险，投保时约定将年金险每年产生的年金分配和分红继续投入万能险账户，留存增值不做提取，那此时万能险账户便回到我们讨论的第一种情况。目前法律没有明确规定，我们认为此万能险账户的价值属于无须投保人投入时间精力而发生的自然增值，更倾向于万能险这张保单仍然为投保人的个人财产。

> **延伸阅读**
>
> **《第八次全国法院民事商事审判工作会议（民事部分）纪要》**
>
> 二、关于婚姻家庭纠纷案件的审理
>
> （二）关于夫妻共同财产认定问题
>
> 4.婚姻关系存续期间以夫妻共同财产投保，投保人和被保险人同为夫妻一方，离婚时处于保险期内，投保人不愿继续投保的，保险人退还的保险单现金价值部分应按照夫妻共同财产处理；离婚时投保人选择继续投保的，投保人应当支付保险单现金价值的一半给另一方。
>
> 5.婚姻关系存续期间，夫妻一方作为被保险人依据意外伤害保险合同、健康保险合同获得的具有人身性质的保险金，或者夫妻一方作为受益人依据以死亡为给付条件的人寿保险合同获得的保险金，宜认定为个人财产，但双方另有约定的除外。

婚姻关系存续期间，夫妻一方依据以生存到一定年龄为给付条件的具有现金价值的保险合同获得的保险金，宜认定为夫妻共同财产，但双方另有约定的除外。

《民法典》

第一千零六十三条 下列财产为夫妻一方的个人财产：

（一）一方的婚前财产；

（二）一方因受到人身损害获得的赔偿或者补偿；

（三）遗嘱或者赠与合同中确定只归一方的财产；

（四）一方专用的生活用品；

（五）其他应当归一方的财产。

十二、婚前婚后分期支付保费，这份保单会变成夫妻共同财产吗？

小吕是个风险意识很强的小姑娘，早早就开始为自己投保各类保险。她最近突然想到一个问题，自己买保险时还未婚，要是以后结婚了，保费还要继续交，这会不会导致保单变成夫妻共同财产呢？

这个问题是想要购买保险的朋友的常见困惑之一。市面上的保险产品以分期交费为主流，有的产品甚至不支持趸交，保费一交就是3年、5年，甚至10年、20年，在这个过程中，投保人身份关系发生变化，从未婚到已婚是很高频的事件。那么保单到底是个人财产还是夫妻共同财产呢？这取决于婚后支付保费的钱来自婚前存款还是夫妻共同财产。

小吕担任投保人，且婚后支付保费的资金来自个人财产

如果在婚后使用明确的、独立的来自婚前或婚内的个人财产交纳后续保费的，那么整张保单仍然是个人财产。

什么是个人财产呢？小吕能够证明的属于自己的婚前财产，或是来自亲戚朋友明确赠与她一人的财产，抑或小吕通过财产协议约定的在婚后取得的属于她个人的收入或经营收益，均可以被认为是她的个人财产。

小吕担任投保人，但婚后支付保费的资金来自夫妻共同财产

如果婚后用共同财产交费的，那么保单很可能变成"混合物"，即部分属于婚前个人财产，部分属于婚后夫妻共同财产。

什么是共同财产呢？根据《民法典》的规定，夫妻在婚内取得各类合法收入和受赠财产，在没有特殊约定的情况下，基本上都属于夫妻共同财产，归夫妻共同所有，夫妻二人享有平等的处理权。

如果婚后用夫妻共同财产支付了保单的部分保费，那保单的价值既有小吕婚前个人财产的贡献，又有夫妻共同财产的贡献，一旦婚姻出现风险，婚后交纳的保费对应的现金价值，是可以在计算后参与财产分割的。

延伸阅读

《民法典》

第一千零六十五条 男女双方可以约定婚姻关系存续期间所得的财产以及婚前财产归各自所有、共同所有或者部分各自所有、部分共同所有。约定应当采用书面形式。没有约定或者约定不明确的，适用本法第一千零六十二条、第一千零六十三条的规定。

夫妻对婚姻关系存续期间所得的财产以及婚前财产的约定，对双方具有法律约束力。

夫妻对婚姻关系存续期间所得的财产约定归各自所有，夫或者妻一方对外所负的债务，相对人知道该约定的，以夫或者妻一方的个人财产清偿。

十三、美国绿卡持有人作为保险受益人，获得的保险理赔金在美国相关税法下要缴税吗？

小李高中毕业以后就远赴美国求学，在那里度过了自己的本科时光并一路攻读到了博士学位，毕业后就在当地找了一份与自己专业相关性非常高的研究工作，并申请了美国绿卡。小李的父母高兴之余开始操心起了财富跨境传承的问题，听说在美国有各种各样的税，自己在国内奋斗一辈子的这点家产以后该怎么给儿子才可以少缴点税呢？

我们对美国国内收入署（Internal Revenue Service，IRS）网站和美国当地税务、律师事务所网站进行检索，得到如下结论：

美国税收居民作为身故受益人，领取的人寿保险身故理赔金免税，但仍然有义务进行收入申报。

假如定居在国内的李爸、李妈分别以自己为投保人和被保险人，购置1000万元保额的大额人寿保险，那么在他们离世之后，小李将分别获得两笔金额为1000万元的保险理赔金，这两笔理赔金在汇入小李的美国账户后，其作为美国税收居民，需要在当年税务申报时向美国国内收入署如实告知自己的这两笔进账，但并不必为此承担纳税义务。

美国税收居民作为保单持有人，如果购买其他国家具有投资性质的寿险保单，其从保单中获得的收益需要进行申报。

假如小李用自己的名义，以自己为投保人和被保险人在国内购买一份总保费为 300 万元的年金险或增额终身寿险，并长期持有这张保单，那么小李作为美国税收居民，应当每年向美国国内收入署如实告知这份保单的存在和当年的交费情况。直到某一年，这张保单的现金价值增长到 400 万元时，因为一些原因，小李需要将保单中的钱全部取出。此时，小李也应当将这一操作告知美国国内收入署，美国国内收入署将对保单这 100 万元的增值部分（400 万元现金价值 –300 万元已交保费 =100 万元增值）征收税款。

在另一个关于领取父母身故保险金是否需要报税的问答中，美国国内收入署强调，如果是以被保险人身故为原因获得的赔偿金，无须报税。

综上所述，无论是定额终身寿险还是增额终身寿险，在被保险人身故后向受益人赔付身故赔偿金的，作为美国税收居民的保单受益人都无须向美国国内收入署报税。

十四、如果想保证老后用钱方便，保单如何实现流动性？

李女士购买了一份养老保险，以便为她的晚年生活提供资金保障。然而，随着年纪的增长，她逐渐意识到老年生活有很多不可预知的情形，可能都需要资金去应对。李女士想知道自己交纳多年的养老保险是否能够在未来满足她对流动性的需求。

答案其实是肯定的，如果李女士购买的养老保险金额比较高，未来真的需要动用保单中的储备时，目前有以下几种常见的方式可以确保保单的流动性。

保单贷款

许多保险合同允许投保人向保险公司借款，贷款金额通常跟保单的现金价值挂钩，而贷款利率以保险公司当月或当季度公布的为准（一般与银行同期贷款利率持平）。这种贷款不需要信用评估和资产审核，方便快捷，成本合理。如果采取这种方式，李女士可以很快收到这笔钱，以解燃眉之急。她可以利用贷款来应对紧急的资金需求，比如突发的大额支出、资金周转、人情往来、急病救治等。与贷款一样，周转过后，需要连本带息及时归还，否则可能会造成保单价值的贬损。

部分提取现金价值

保单的现金价值是保险公司对保单价值的评估，是明确写在保险合同上的固定金额，李女士也可以选择部分提取这些现金价值。与保单贷款不同的是，这部分现金价值提取之后无须向保险公司归还，而是降低了保险的保障额度，换言之，李女士在未来可以领取到的养老金数额将会下降，相当于提前支取了未来的储备，换成了现在的应急资金。通常，保险公司会在合同中约定提取规则和提取比例，在提取规则允许的范围内，李女士可以根据自己的需要选择领取的金额。

退保

李女士也可以选择直接退掉这张保单，从而获得保单全部的现金价值。退保意味着与保险公司解除合同，在获得现价返还的同时失去对未来的保险保障，但可以获得现金以满足现在的需要。至于退回的现金价值是否比她交纳的保费多、具体产生了多少收益，要看她保单的存续年限以及具体的产品设计。

固定领取

市面上很多的商业养老保险，一般是到约定期限后一次性领取或者定时定额领取一定额度的养老金，在购买这种类型的保险时可以按照自己的实际情况规划领取方式。如果不是着急用钱治病，对李女士来说，这是让她能够稳定养老的相对理想的方式。

综上所述，李女士有多种方法可以实现这张保单的流动性，但每种方法都有其优缺点。所以未来无论是着急用钱还是细水长流，这张保单都能够满足她对流动性的要求，给她充分的安全感。

十五、如果想实现养老保障，如何选择保单类型？

单身母亲张总能干又坚强，一个人带着女儿打拼，还要照顾日渐年迈的父母，是一位令人十分钦佩的事业型女性。随着父母年龄的不断增长、医疗照护需求的不断上升，张总逐渐意识到自己的养老需要尽早安排。

张总的想法是比较有前瞻性的，作为家中的顶梁柱，又是单身，张总未来的养老生活必须依靠自己，尽早安排，才能够在保证自己生活品质的同时，减轻独生女儿的负担。因此，张总可以以自己为投保人和被保险人、女儿为受益人，投保一份保险产品，在不过多影响现在生活品质的前提下尽可能多交纳保费，为未来的资金状况提前布局。

该选择什么类型的保险产品呢？如果是出于养老的考虑，张总需要选择能够稳定增值或产生收益的保险产品，例如长期年金险或增额终身寿险，原因如下。

第一，养老储蓄应该具有抵御通货膨胀的能力。也就是说，我们配置的产品应当能够享有可预测的稳定收益，收益率不一定很高，但需要在一定程度上抵抗通货膨胀带来的财富贬值，而不是坐吃山空。

假设张总60岁退休，从61岁起，每年开销20万元，到张总90岁时她需要准备多少钱呢？答案并不是600万元（20万×30），还需要考虑通货膨胀的影响。

根据国家统计局官方数据，2013—2022年这10年我国的通货膨胀率为0.98%~2.9%；2024年国务院政府工作报告提出，2024年居民消费价格涨幅的预期目标在3%左右。所以，我们保守假设张总61~90岁这30年的年均通货膨胀率在2.5%，如果想要维持张总61岁时20万元的生活水平，其实际上需要准备的资金为878.05万元（20万+20万×1.025+……+20万×1.025^{29}），比不考虑通货膨胀时多出将近280万元！如果没有提前了解这样的资金缺口并想好应对方案，等到七八十岁再发现储备不足，恐怕只能不断降低自己的生活和医疗水准勉强维持了。

第二，养老储备应当具有安全的特性。人到老年之后，不仅创造财富的能力下降了，而且抗风险甚至从头再来的能力也会下降，机会也会减少。因此，养老储备应当更多考虑投资的安全性和稳定性，避免高风险投资，远离投资失败的风险。储蓄型的年金险或增额终身寿险由于具有合同约定的保额增长或年金分配，加上复利计息，能够在未来给张总提供可预期的安全收益，而不用承担投资市场的风险。

以现在市场上销售的一款产品为例，如果张总为自己购买该产品，年交保费100万元，3年交清，共交费300万元，那么到第30年，保单现金价值预计可以达到近600万元。通过大额人寿保险做养老储备的安排，一方面保单现金价值的增长速度正好可以对冲长期持有货币资产面临的通货膨胀风险，另一方面保单的收益由保险合同约定，是安全稳健的长期金融资产，无论在安全性还是在收益的确定性上，都适合作为以养老为目的的资产长期持有。

第三，如果选择具有养老权益的保险公司产品，张总还可以通过这张保单享受各类康养、医疗的权益，甚至入住养老社区，而养老经费就从自己的年金账户中支取，享受潇洒的晚年生活和便利的医疗条件，也让女儿相对轻松，能够专注于自己的事业。

随着我国社会经济和医疗卫生水平的不断发展，人均寿命不断延长，长寿带来的收入损失风险日渐突出，养老日渐受到人们的关注。保险公司也积极承担社会职责，发挥保险应有的保障作用，持续在养老领域发力。目前已经有多家保险公司在养老领域提出并实施构想，一方面设计出适合养老的保险产品，另一方面为投保人和被保险人提供了诸多养老方面的权益和服务，为大众的养老规划提供了更多选择。

十六、有全球资产配置需求的人，如何实现境内外保险双配置？

随着国内高净值人群对全球化的参与越来越深，中国出现了许多国际化家庭，如子女在海外留学甚至定居，或者常年从事国际贸易，还有在2024年中国民营企业家出现了到境外直接投资（Overseas Direct Investment，ODI）的"出海"高潮。这些国际化家庭实现了境内境外均有财富的布局，因此也产生了全球资产配置的需求，境外保险这几年也成为国际化家庭境外资产配置的重点考量对象。那么，是否需要配置境外保险？如何配置？境外保险与境内保险应该如何选择呢？

还是先告诉大家结论：境内外保单各有优势，在资产配置上可以形成良好的互补，因此两者绝不是非此即彼的关系，而是一加一大于二的优质搭配。

第一，从投资角度来说，境外保险偏风险投资，境内保险偏稳定收益。由于监管政策和投资方向不同，境外有些投资型保险的收益比境内保险高一些，这是许多境内人士比较青睐境外保险的一个原因。追求高收益无可厚非，但我们需要了解，境外保险的保证收益很低，而浮动收益较高，这是因为境外保险的高演示收益是建立在保险公司优秀投资业绩的基础上的，并不能保证在所有公司、所有产品、所有年份都能够获取高额收益。反过来，境内保险采用的是 100% 保证或保证收益＋小幅度浮动的收益模式，留给投保人的想象空间并不大，但保单约定的收益必须按合同兑付。不过，从 2025 年开始，随着国内降息政策的发布，许多境内保险公司也开始推出分红型人寿保险，这种产品在保证收益部分有降低趋势，而在分红部分更彰显各家保险公司的投资实力，这其实是一个新变化。境内外保单各有优劣，在考虑家庭资产配置时，我们需要在两者之间进行平衡。

第二，从资产类别来说，境外保单是外币资产，境内保单是人民币资产。当我们持有外币资产时，除了考虑收益，还不能忘记另一个重要因素——汇率。汇率的波动受国际经济、政治、国家经济发展需要等多重因素影响，不以个人意志为转移。外币与人民币的汇率是相对的，以美元为例，当美元升值，就意味着人民币相对贬值；反过来，当人民币升值，美元则相对贬值。所以当我们同时持有境内人民币保单和境外外币保单时，两者可以形成风险对冲。

第三，从配置保单的目的来说，要考虑到中国是实行外汇管制的国家，将来交保费或享受保险利益时要提前规划好地域及场景。如果家庭成员中本来就有外国国籍、境外永居身份，或是二代子女在境外留学或工作，则境外保单可以实现保单在家庭成员间长期传承，适合作为家族外汇资产配置，穿越不同投资周期，为家族中去境外求学生活的成员提供长期经济支持。如果家庭成员主要生活定居在境内，则境内保单方便投保人随时提取保单现金价值或用好保单质押贷款，拿到流动性资金支持境内的企业经营或消费，更易实现境内现金财产的精准高效传承（关于精准传承本书第五、六章有详细介绍），在法律上为财富的流向增强确定性。另外，境内的大额保单还意味着能够享受到保险公司提供的各类客户服务资源，例如养老资源、医疗资源、法律资源、保健资源等，对中老年家族成员规划远期生活有很大价值。

综上所述，境内外保险功能不同，两者互为补充，相得益彰，如何配置还是要看每个家庭的具体情况和需求，进行个性化的方案设计。无论进行境内还是境外的保险配置，都须明确目标，将长期与短期投资目标纳入考量范围，例如资产增值、子女教育金储备、退休养老规划、使用场景、外汇管制等，从而为选择适宜的保险产品和投资组合奠定基础。

十七、如果想实现婚姻财产的隔离与保护，保单当事人该如何设计？

经常有单身人士向我们咨询，怎么买保单才能使自己的婚前财产和婚后财产有效隔离，从而使婚姻财产得到保护。以下两个方案供大家参考。

方案一：即将结婚的小王作为投保人和被保险人，小王的父母作为保单的身故受益人。小王婚前交纳全部保费，购买大额保单。待将来小王有了自己的后代，可以将保单的身故受益人变更为自己的子女。如图 1.4 所示。

投保人 小王 → 被保险人 小王 → 身故受益人 小王父母（未来可能变更为子女）

图 1.4 婚前配置保单婚后变更示例

这样一来，婚前存款变成保单，形态上发生了变化，就不可能与婚后资金发生混同了。虽然形态发生了变化，但如果婚后确实有需求的话，小王还是可以随时动用保单资金，无论是退保还是保单贷款，仍然可以保持相当的流动性，相当于持有现金资产。万一婚后小王发生意外或者因疾病身故，这些财富不会外流。因为这些钱还可以定向回流给父母用于养老支持，保证父母老后生活有稳定的经济支撑。

方案二：小王父亲作为保单的投保人和被保险人，小王自己作为保单的身故受益人。如图 1.5 所示。

投保人 小王父亲 ➡ 被保险人 小王父亲 ➡ 身故受益人 小王

图 1.5　以父亲名义投保自己收益的保单架构示例

小王的现金资产在婚前转给父亲代持，然后锁定进保单，那么这笔财产在名义上就会成为第三人——小王父亲的财产，因而不会成为夫妻共同财产。婚后可以根据婚姻经营的实际需要做投保人、受益人的变更，保证小王对保单的控制权。

父亲离世后，小王领取的身故受益金为小王的个人财产，若一朝婚变，该笔理赔金不作为夫妻共同财产，从而不会面临分割（财产混同的情况除外），这就保证了小王的婚前现金回流到自己手上。

当然，实现婚前财产隔离并非仅限于上述两个方案。例如，如果小王保费较为充足，总预算可以达到 300 万元时，还可以考虑在婚姻中设置一个保险金信托，而且是 2.0 版本的保险金信托，这样可以实现将 300 万元保费一次性锁进信托架构，也能实现婚前财产与婚后财产的隔离。

十八、如果想实现企业家业的风险隔离，保单当事人该如何设计？

朱总和太太共同经营一家企业并且这几年一直蒸蒸日上，但也目睹了身边一些朋友因周转失败满盘皆输的情况，加上挣钱全靠企业经营，没有被动的资产增值，两人就开始思索：有没有什么办法能够让现金类资产既能避险，又能获取一定增值，最好还能保持一点流动性？

对朱总和太太来说，具有增值功能的大额保单就是一个非常好的选择，例如年金险或者终身寿险（包括分红型）。一方面，这种保单能为他们带来稳定被动的财富增长，以抵抗未来财富缩水、收入降低的风险；另一方面，在企业经营中如果遇到现金流吃紧，保单贷款也可以帮忙实现快速周转。但财富型的保险产品也是一种金融资产，保单结构如何设计，才能更好地规避风险呢？我们可以分以下两种情况来分析一下。

只配置保单，不考虑信托架构

由于朱总夫妇是直接从事经营、直接承担风险的人，那么要实现保单资产的避险，保单就不能由他们两位持有，必须避开他们而选择双方父母或者成年子女来投保，只有这样才能将保单资产与两位的风险隔离开来。朱总和太太是家庭创收的核心，因此两人也理所当然地成为保单的被保险人，也就是保险的"标的物"。四位老人或子女则应当成为保单的受益人，一旦朱总和太太因为任何原因离世，保险的理赔金都能保证老人老有所养、子女能够高效精准继承财富。这时，最好搭配一份有杠杆功能的寿险保单，为父母和子女留下足额的可传承财富。而在流动性方面，如果朱总夫妇需要保单贷款、减保或退保，只需要让父母或者孩子操作即可。此外，朱总和太太还应当为家人投保健康风险保障类的保单，例如医疗险、重疾险等，保障家人最基本的健康风险。

考虑信托架构，选择范围会更大

此时，如果朱家企业经营还比较稳定，没有出现明显的债务风险，那么可以用朱先生或朱太太的名义直接投保，可以为自己投保，也可以是夫妻互保，然后配置一个2.0版本的保险金信托，将整张保单锁进信托架构。只要保费资金来源是合规的，那么这张保单就是非常安全的。企业经营并不是一帆风顺，经营不善或者运气不佳时，好好的企业一夜崩盘的案例并不鲜见。而且，企业发展壮大的过程也是风险和责任发展壮大的过程。新《公司法》于2024年7月1日开始实施，它对股东及公司董监高提出了更高的职业要求，企业经营的风险穿透到家庭也未可知（关于新《公司法》本书第十一章有详细介绍），因此企业家未雨绸缪，将经营成果及时返给家庭，隔离安全资产就显得很有必要，这样才能在应对未来时有所准备并把握住机会。

十九、如果想实现财富精准传承，保单当事人该如何设计？

王总夫妇从事制造行业，从一家小作坊开始，辛辛苦苦打拼了一辈子，天道酬勤，总算是积累了丰厚的身家。辛苦养育的一儿一女也长大了，开始独立生活，夫妻俩的生意也不打算再继续，只想将手里的现金资产安稳地传给孩子们。现在夫妻二人主要的诉求有两个：一是确保资产不要过度缩水；二是保证这笔钱不受外界因素干扰，稳妥地交给孩子们。如此，保单应该怎样设计呢？

在前文中，我们已经介绍了法定传承的流程和子女可能面临的挑战，包括遗嘱有效性的挑战、继承手续繁杂造成的时效性问题、继承人之间的矛盾纠纷、继承后的财富外流问题等，客观上会造成父母的财富不能完全按照自己的意愿交给子女。

其实父母真正追求的是"精准传承"，这里面包含的内容是很丰富的，既包括传承对象的精准，又包括传承数额或比例的精准，还包括传承时效的精准，以及传承发生前后对财富的控制权。要做到这些，单纯依靠遗嘱或者父母与子女之间的约定，很难顺利实现，所以我们应当借助一些成熟的工具，帮助完成传承规划。

王总可以自己为投保人和被保险人，以孩子为受益人，购买一些增额终身寿险和年金保险，保费以计划留给子女的现金资产为限，如图1.6所示。如果身体条件和年龄允许的话，还可以同样结构搭配购买一些定额终身寿险。

投保人 王总 → 被保险人 王总 → 受益人 女儿与儿子

图1.6 通过保单实现财富传承的示例

这样一来，就可以在以下几个方面实现"精准传承"。

第一，传承对象的精准。通过具体受益人的指定，确保每份保险产生的身故理赔金通过保险公司准确直接地支付给指定的子女，无论是指定一名受益人还是两名受益人，都可以确保这笔财富只流向指定的人。[①]

第二，数额和份额的精准。通过不同保单受益人的不同受益人分配，确定了每名受益人能够获得确定的数额或比例。例如，王先生以自己为投保人和被保险人，在A保单中指定唯一受益人为女

---

① 这是与遗产继承纠纷相对而言的，无论是通过公证处的继承权公证流程来传承，还是通过后期的遗产继承诉讼来传承，遗产继承都会存在诸多的不确定性。

儿，保额 200 万元；在 B 保单中指定唯一受益人为儿子，保额 200 万元；在 C 保单中指定受益人为王太太（40%）、女儿（40%）、儿子（20%），保额 300 万元。那么当王先生离世之后，王太太可以得到确定的 120 万元，女儿可以得到 320 万元，儿子可以得到 260 万元。对王先生来说，谁得到多少财产，精准可控。

第三，传承时效的精准。子女获得的保险理赔金是根据保险合同取得的，在理赔时只需要按照保险公司要求，提供对应的保险合同、身份证明、死亡证明等文件，就可以直接从保险公司领取身故赔偿金，通常在审核后 5~30 天即可获得理赔，无须通过复杂的遗产继承法定程序，快速高效。

第四，财富控制权的精准。手握高额的人身保险保单，可以确保王总夫妻俩安享幸福晚年，不会丧失对财富的控制权。如果出现任何情况需要资金，他们可以优先保障自己的需求得以满足，直到夫妻俩离世之后账户里剩余的现金价值或身故理赔金再定向传给子女。在此过程中，还可以根据子女的事业发展情况、对父母的关爱程度、未来生活规划等情况，实时地调整保单收益人的收益比例，真正实现对财富的主动控制。

第五，传承后财富所有权的精准。根据《民法典》第一千零六十二条的规定，婚姻关系存续期间一方获得的受赠或继承财产，如无特别约定，为夫妻共同财产。如果发生突然继承，没有遗嘱限制，父母传给子女的现金类资产通过法定继承程序，很有可能成为夫妻共同财产。但根据最高人民法院《第八次全国法院民事商事审判工作会议（民事部分）纪要》的规定，子女通过人寿保险获得的父母身故赔偿金，宜认定为个人财产。通过保险的安排，即便发生突然传承，仍然能够确保子女通过保险赔偿获得的财富为其个人财产，在未来能够免受婚姻的不确定风险影响。

如果想要实现更加长远和精准的传承安排，还可以在保险之后对接保险金信托，具体的内容会在后文展开论述，此处不再赘述。

二十、子女已经定居海外，如果想实现跨境财富传承，国内保险有何优势？

小周在美国留学，念完了硕士就在纽约找到了工作，慢慢地就定居美国，并加入了美籍。时间久了老周夫妇也就放弃了让儿子回来的念头，只惦记儿子生活得好不好、钱够不够花。考虑到美国税务违规成本很高且稽查严格，老周夫妇想了解，怎样能让儿子以便捷的方式和较低的税负成本在未来继承他们在国内的现金资产。

说起跨境财富传承，我们需要考虑两个方面的问题，一是中国境内的相关法律法规和税费成本，二是子女所在国家或地区的相关规定和税费成本。在这个案例中，小周长期在美国生活并加入了美国国籍、成为美国的税收居民，他就必须遵守美国联邦政府及所在州的关于遗产继承、个人收入方面的税务规定。现在我们一起来分析一下。

如果老周夫妇去世，其国内的财产将由唯一的儿子小周来继承。但小周的继承并非一帆风顺，而是要经历一个较为复杂的继承程序，我们称之为继承权公证程序，详见图1.7。

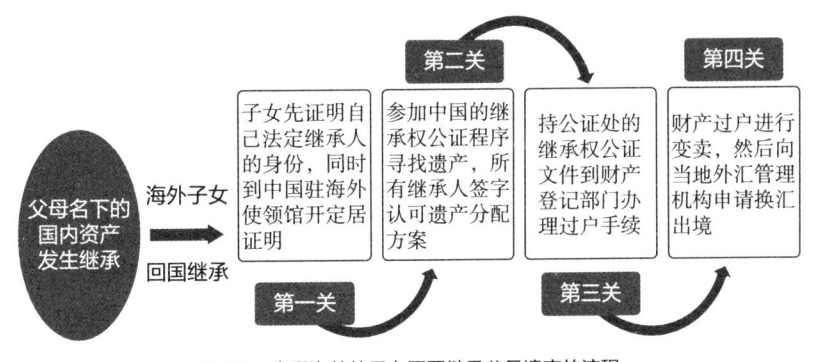

图1.7 定居海外的子女回国继承父母遗产的流程

首先，小周需要证明自己法定继承人的身份，即与国内父母之间的法律身份上的关系；其次，小周需要提交父母在境内所有遗产的财产凭证，包括房产证、银行账户、基金账户、股票账户等；然后，小周要到父母生前定居城市的公证处提起继承权公证程序，由公证处来审核小周的继承人身份的合法性，以及老周夫妇遗产的合法性，在此环节，公证处还要调查了解是否还有其他的法定继承人或遗嘱继承人；在公证处审核完成后，将为小周出具继承公证书，小周拿到多份继承公证书后再去银行、住建委、基金公司、证券公司办理父母遗产过户手续；最后，小周才可以将有关资产进行变卖，换成现金后再向外汇管理机构申请换汇，而且换汇时还要遵循中国外汇管理相关规定，在满足有关条件时才有可能换汇出境。

通常情况下，海外定居的继承人回到国内都要走这样一个复杂的法律流程。本案例还算简单，因为只有小周一位法定继承人，如果存在多位继承人就更麻烦了，因为公证处会要求多位继承人都到公证处来，表明自己对遗产继承的态度，同时要求多位继承人就遗嘱真实有效性全部签字认可（没有留下遗嘱的要求所有继承人对遗产分配方案全部签字认可）。由此可见，此时的跨境继承充满了不确定性。

那么，境内保单在帮助小周这样的跨境家庭进行财富传承上就起了大作用。

原因是，老周夫妇如果早年在国内投保了定额寿险，而身故受益人写的是美籍的小周的话，具体如图1.8所示，那么小周回国内办理保险理赔就简单快速多了，根本无须进行前述的继承权公证程序，也不需要提供各类烦琐的证明文件，更无须其他法定继承人签字同意。小周只需要按照国内保险公司的规定，证明自己是保险合同上的身故受益人，就可以快速拿到保险理赔金，可谓是省时省力还省钱。

投保人老周 ➡ 被保险人老周 ➡ 身故受益人小周

图1.8 基于跨境财富传承目的的保单架构示例

另外，如前文的分析，如果老周夫妇配置的是纯粹的终身寿险，那小周从国内保单拿到的保险理赔金，在国内不用缴个人所得税，而且其作为美国税收居民，只需要披露这笔保险理赔金，不涉及税负。所以，保单传承从税收成本角度来说也是非常实惠的。

二十一、人寿保险在赠与税、遗产税上有筹划空间吗？

目前全世界有超过100个国家和地区实行"遗产税＋赠与税"制度，具体的计税规则不尽相同，但共同点是这些国家和地区中绝大多数都对保险理赔金实行一定的遗产税减免政策，即大额人寿保险在这些国家和地区有一定的遗产税筹划空间。我国至今尚未设立遗产税、赠与税的制度，了解其他国家的遗产税及规划要求，有助于我们理解保险在遗赠税上的筹划空间和作用原理，以便参考借鉴。

在此我们需要明确一个前提，无论是遗产税还是赠与税，都只能对本国税收居民或遗产涉及本国资产部分征收，也就是说，假如父母是中国税收居民，财产都在中国，而子女是外国税收居民，那么即便子女所在国有遗产税制度，也不对中国税收居民的父母产生影响，中国税收居民的父母没有纳税义务。所以，要理解和借鉴他国遗产税制度与人寿保险在传承中的功能，我们需要了解本国税收居民离世之后由本国税收居民子女继承遗产的纳税规则，而非针对非居民的税务政策。

美国遗赠税与人寿保险

在美国，父母在一生的时间里，对子女做出的超过每年免税额（2024年免税额为1.8万美元）的财产赠与（剔除养育子女正常的教育、医疗等开支），都会在父母离世之后被统计进"遗产税+赠与税"的计税范围，扣除免税额之后，按比例征收遗产税，遗产税的税率为18%~40%。

父母在一生内对子女的赠与都要计入征税范围，这样的征税力度听起来已经超过很多人的想象了，但即便如此，美国国内收入署仍然规定，如果父母能够在身故前3年以上的时间里，设立不可撤销的人寿保险信托（Irrevocable Life Insurance Trust），由信托持有人寿保险，则父母离世后产生的身故理赔金进入信托，这笔理赔金不计入遗产税范围。而如果父母只是持有以自己为投保人和被保险人的人寿保险，那么在父母离世后，子女获得的理赔金依然计入遗产税计税总额之中，但子女无须对这笔理赔金缴纳个人所得税，不过仍然需要按照美国国内收入署的要求对该笔资产进行申报，详情可参阅美国国内收入署网站相关内容。

英国遗赠税与人寿保险

英国政府对父母留给子女的遗产，及父母去世前7年内对子女赠与的资产计收遗产税，2024年的免税额度是32.5万英镑，超过这一金额的遗产需要按照40%的税率缴纳遗产税。在这样的遗产税制之下，提前置入家族信托中的保险和保险理赔金，可以免除遗产税的纳税义务。详情可参见英国政府网站。

人寿保险的遗产税减免原理及借鉴思路

综合来看，众多有遗产税制度的国家和地区普遍对人寿保险的身故理赔金设置了一定的减免政策，其原理是相通的，即以被保险人生命为保险标的的保险，在被保险人身故时发生的保险理赔金不属于遗产，既然不属于遗产，自然会有优惠空间。从原理上看，目前我国也对保险理赔金采取同样的态度，根据我国《保险法》第四十二条的规定，指定了受益人的人寿保险理赔金不属于被保险人的遗产。

目前我国没有遗赠税制度，是否开征遗赠税一直是一个广受关注和讨论的话题，也曾经有过相关提案，但实际上遗赠税在我国从未进入实质推行阶段。未来中国是否会开征遗赠税，尚未可知。不过，借鉴世界其他国家和地区的经验，即便在遗赠税制度下，人寿保险的身故理赔金也可能继续不被视作被保险人的遗产，从而获得一定的税收筹划空间。

二十二、什么是第二投保人？还需要加配遗嘱吗？

第二投保人是近年来保险公司创新设置的一个新角色，是由原投保人（第一投保人）指定的，在投保人身故或失去民事行为能力之后，接替其地位，继续履行投保义务、享受投保人权利的人。保险公司对第二投保人的身份也做出了严格的限制，第二投保人与被保险人应当存在保险利益关系，第二投保人往往被限定在以下范围：

- 被保险人是未成年人的，第二投保人为其父母，也就是父母一方担任第一投保人，另一方担任第二投保人。
- 被保险人是成年人的，第二投保人可由其本人担任。
- 夫妻一方可以设置另一方为自己的第二投保人。

第二投保人的存在有以下两个方面的作用：

首先，在保费交清之前，若投保人身故，第二投保人可以继续履行交费义务，确保保险合同继续有效，避免保单因为无人照管而中止、失效或者价值发生贬损，确保被保险人得到持续保障。

其次，通过设置第二投保人，可以体现原投保人对保单财产的分配意愿。有观点认为，第二投保人可以视作原投保人对第二投保人所做的附条件的赠与，而赠与条件便是原投保人的身故或失去民事行为能力；也有观点认为，该设计体现了被继承人对遗产的分配意愿，具有遗嘱的功能。但无论从法理上怎样理解，从实操层面看，有了这样明确的指定，保险公司可以更便捷地实现保单的保全变更，提升服务体验。

那么，设置第二投保人之后，是否还应当加配遗嘱呢？我们认为，加配一份遗嘱是合理且必要的，这一考量是基于以下三个原因。

第一，需要加配第二投保人的保单，其投保人、被保险人有可能是不一致的，那么一旦投保人身故，保单不会触发理赔，反而会即刻成为投保人的遗产，从理论上来说，保单也应当进入继承程序，要么依法分配，要么依遗嘱分配。

第二，原投保人虽然已经通过合同设置了第二投保人，但与保险公司的合同形式并不满足《民法典》中对有效遗嘱所做的要件要求，所以这一安排虽然意思表达明确，但从形式上来说不能被自然而然地视作遗嘱，我们还需要一份专业、有效的遗嘱来保证安排的效力，以避免这一设置因为没有明确遗嘱而遭受挑战。

第三，第二投保人一旦"走马上任"，意味着这张保单成为其财产，通过前文的分析，我们知道投保人的权利是很大的，若非经过特别约定，这张保单有可能被投保人进行其他的处分，例如保单质押贷款、提取保单现金价值、退保等，这都有可能伤害受益人的利益。而预先"打配合"的遗嘱可能会对相关事项做出限制性规定，或是在投保人获得保单利益的同时，通过调整其他遗产的分配数额来平衡其他继承人的利益。这样有利于继承人家庭和睦。

基于以上三个方面的原因，在设置第二投保人之后，我们还是建议投保人加配一份专业有效的遗嘱，明确自己对这张保单的遗产分配意愿，并且对该财产是否属于第二投保人的个人财产做出约定。

综上，第二投保人的设计作为我国保险领域的一个新生事物，是保险公司为明确权责、优化服务所做的积极探索与尝试，我们相信保险公司在这方面会越来越成熟和完善。

二十三、什么情况下父母出资给子女买保险，还需要签订赠与协议？

刘先生和刘太太一直把唯一的女儿视作掌上明珠，悉心教养，温柔呵护，女儿也很争气，无论在学业还是事业上都颇有进取之心，未来可期。这些年银行存款利率一降再降，刘先生和刘太太想给女儿配置一点收益稳定的资产，从而在未来给孩子一个长期的经济保障。但其毕竟涉世未深，未来还有很多不确定性，更让两人操心的是，女儿很重感情，未来一定会为婚姻家庭倾其所有，万一所托非人，自己赠与孩子的现金和保险就会面临损失。夫妻二人虽然对女儿毫无保留，但断然不会允许其他人伤害自己的女儿，侵吞自己的财富。所以，刘先生和刘太太有什么办法既可以逐步将部分现金财产转移给女儿，又可确保女儿不会被不确定的婚姻风险伤及根本呢？

刘先生和刘太太的担心不无道理，被父母精心呵护长大的子女往往比较单纯善良，对待感情也是义无反顾，甚至飞蛾扑火，如果在财产上不做防备，真有可能面临人财两空的境遇。根据我国《民法典》的相关规定，父母对婚龄子女赠与财产，可能会面临以下几个风险：

1. 父母对子女赠与的个人财产（尤其现金类资产）与子女婚后共同财产发生混同。
2. 父母在子女婚后向子女的赠与被认定为对子女夫妻二人的共同赠与，一旦子女面临婚变，可能会被对方主张分割。
3. 父母赠与子女的财产在未来成为子女的遗产，被配偶继承后面临分散或损失。

所以，如果想要应对上述风险，那么刘先生和太太自己出资为女儿购买保险，应当与女儿签署赠与协议。因为在多数情况下保费都不是一次性交纳，而是分期交费的，但女儿的婚姻却很难提前规划，交费期间女儿步入婚姻也很有可能。而根据《民法典》第一千零六十二条，夫妻在婚姻关系存续期间受赠财产为夫妻的共同财产，换句话说，如果在保单交费期内女儿进入婚姻殿堂，其后续获赠的来自父母的现金也很可能被推定为夫妻共同财产，这张保单作为女儿个人财产的性质将面临挑战，一旦女儿婚姻解体，保单资产可能会有损失的风险。

在赠与协议中，刘先生夫妇应当对赠与的保单与现金资产的权属进行约定，约定保单为女儿的个人财产，并且约定向女儿转账的现金资产的赠与目的是支付后续保费，在协议中还可指定用于转账的银行账户。这样一来，有了赠与协议的约定，辅以清晰的银行流水，就可以将赠与女儿的保单和未来保费锁定为女儿的个人财产，并尽量避免与夫妻共同财产发生混同。

不仅如此，还应该对保单的架构进行合理搭建。为了防止父母赠与财产在未来成为女儿的遗产而被其配偶继承，这张保单应当以女儿本人为投保人和被保险人，以刘先生夫妻作为身故受益人，未来女儿如果有了自己的孩子，也可以将孩子列为受益人。这样万一女儿因意外身故，能保证该笔财富回流至刘先生夫妇或指定传给外孙子女，避免外流。

总结一下，当父母选择以分期交费的形式出资，为子女购置大额保单，但对子女未来的婚姻风险有所担忧的时候，可以综合使用赠与协议和保单结构的设计，来防范财富损失风险。

二十四、父母将保单的投保人变更为子女，是否需要签订赠与协议？

曹先生早年间创造了非常丰厚的财富，现在很希望将家中的财富安稳地传给子女，而不是投入企业扩大再生产。为了让子女可以长期享受到自己奋斗的红利，使家中的财富稳健地保值、增值，曹先生以子女为被保险人，购买了很高额度的理财型保险。现在孩子逐渐长大，曹先生想把当年购买的部分保单转到孩子的名下，但他不知道这样做是否有风险，若有风险该如何规避。

大额保险作为一种财富管理工具，正在被越来越多的高净值家庭使用。作为一种金融资产，保险也正在加入父母对子女的财富代际流动规划中。如果像曹先生这样，将保单的投保人变更为子女，其实相当于将自己持有的保险资产赠与子女，那么需要考虑几个常见的风险：一是现在的年轻人离婚率较高，将财产赠与子女时应当避免子女未来的婚姻风险伤及赠与的财产；二是高额保险作为一份重大资产，赠与子女后要防止子女利用保单贷款功能甚至退保将其变现，将财产挥霍或者因投资失败而导致损失。因此，父母保持对财产一定程度的控制权也很有必要。

依据《民法典》第一千零六十二条、一千零六十三条的规定，夫妻在婚姻关系存续期间受赠或继承的财产，为夫妻共同财产，但遗嘱或者赠与合同中确定只归一方的财产除外。而根据《民法典》第六百六十一条、六百六十三条、六百六十五条，赠与可以附义务，不履行约定义务的赠与可以撤销。

依据上述法律规定，为了防范子女的婚姻风险、理财能力不足等风险，曹先生可以与孩子签订一份赠与协议，约定赠与的保单在赠与之后为孩子的个人财产，未来无论孩子的婚姻状况如何，都与这份保单无关。同时，曹先生可以与子女约定保单的权属以及赠与和受赠双方的权利义务，明确提出对孩子的要求，例如是否可以使用保单贷款功能、是否可以退保，以及在什么情形下可以撤销对子女的赠与等。

不只是曹先生，现实中很多高净值人士都有这方面的需求和考量。除了像曹先生这样已经交纳全部保费的情况，赠与协议还适用于下列两种情况：

1. 以父母为投保人、子女为被保险人的保单，保费尚未全部交纳，父母将投保人变更为子女的，无论后续保费是否由父母出资，均可以通过赠与协议约定保单及后续保费的权属。
2. 父母作为实际出资人，以现金赠与的形式将保费赠与子女，由子女本人作为投保人购买保单的，也可以通过赠与协议实现对财产的保护。

延伸阅读

《民法典》

第一千零六十二条 夫妻在婚姻关系存续期间所得的下列财产，为夫妻的共同财产，归夫妻共同所有：

（一）工资、奖金、劳务报酬；
（二）生产、经营、投资的收益；
（三）知识产权的收益；
（四）继承或者受赠的财产，但是本法第一千零六十三条第三项规定的除外；
（五）其他应当归共同所有的财产。
夫妻对共同财产，有平等的处理权。

二十五、已经配置的人寿保险，需要在预防性遗嘱中也写明吗？

刘小姐这些年事业发展得不错，随着自己心态不断成熟，开始考虑拟定预防性遗嘱，以防自己因意外走在父母前面，父母没了依靠。虽然自己跟先生关系很好，但两人并没有孩子，一旦自己身故，先生肯定会有下一段婚姻。想到先生有经济能力，而父母却只有自己，刘小姐内心十分不忍，也不希望一旦出现意外，自己最爱的父母和先生之间为了遗产发生纠纷，于是便委托律师为她处理遗嘱事宜。在为刘小姐梳理财产时，律师发现刘小姐此前为自己和家人配置了不少人寿保险，在这种情况下，刘小姐还需要在遗嘱中做出关于保单权益的安排吗？哪些应当列入遗嘱呢？

根据《民法典》相关规定，自然人可以订立遗嘱处分个人财产，个人财产既包括一方的个人财产，例如来自受赠、继承获得的个人财产和婚前拥有的个人财产，也包括夫妻共同财产中属于一方的份额。因此，帮助刘小姐判断她购买的保险是否需要在遗嘱中做出安排，律师应当先梳理她的相关保单，看她究竟在保险关系中担任什么样的角色。

第一种情况，如果刘小姐既是投保人又是被保险人，并且指定了父母或先生作为受益人，那么刘小姐无须再通过遗嘱做出安排。若刘小姐不幸离世，保单便会触发理赔程序。届时，理赔金将依据约定直接支付给她的父母和/或先生，同时保险合同随之终止。在此过程中，并不需要经历继承诉讼或者继承权公证等流程，而是由保险公司在完成核赔工作后，直接向受益人支付款项。根据《保险法》相关规定，这笔赔偿金并不在遗产范畴之内，所以自然也无须通过遗嘱来对其进行安排。

第二种情况，如果刘小姐是投保人，被保险人是父母，且交纳保费的钱来自刘小姐的个人财产，那么一旦刘小姐离世，这张保单将成为刘小姐的遗产而依法发生继承。所以，刘小姐应当在她的遗嘱里对这张保单做出安排和分配，此时刘小姐可以用好保险公司的第二投保人设置规定。

第三种情况，刘小姐为投保人，被保险人是先生或子女，保费来自夫妻共同财产，这种保险属于刘小姐夫妻的共同财产，当刘小姐发生意外时，保险的现金价值有一半可以作为刘小姐的个人遗产，刘小姐可提前在遗嘱中做出相关安排。

第四种情况，刘小姐仅作为保险的受益人，此时保险的受益权不能作为一种可继承的权利，也就无须在遗嘱中进行安排了。

> **延伸阅读**
>
> ### 《保险法》
>
> 第四十二条　被保险人死亡后，有下列情形之一的，保险金作为被保险人的遗产，由保险人依照《中华人民共和国继承法》的规定履行给付保险金的义务：
>
> （一）没有指定受益人，或者受益人指定不明无法确定的；

（二）受益人先于被保险人死亡，没有其他受益人的；

（三）受益人依法丧失受益权或者放弃受益权，没有其他受益人的。

受益人与被保险人在同一事件中死亡，且不能确定死亡先后顺序的，推定受益人死亡在先。

二十六、如果家庭成员发生继承诉讼，保单也属于诉讼分割遗产范围吗？

赵太太上个月不幸去世，一双儿女正沉浸在失去母亲的悲痛之中，没想到在这个节骨眼儿上，两个孩子却收到了法院的传票，他们的外婆，也就是赵太太的母亲，将他俩告上法庭，要求分割赵太太的遗产！赵太太是一个风险意识很强的人，生前为自己和家人购买了不少保单，现在两个孩子犯嘀咕：这些保单会被纳入诉讼遗产的范围吗？

这个问题不能笼统地给出回答，通过继承诉讼能够分割的仅限于被继承人的遗产范围。因此，保单是否分割，取决于保单是否属于被继承人的遗产；保单是否属于被继承人的遗产，取决于保单的结构是如何设计的，也就是说，赵太太在保单之中究竟担任什么角色。所以，我们应当将所有保单分为以下几类来进行剖析。

第一类，赵太太既是保单的投保人，又是保单的被保险人。如果赵太太在保单中明确指定了受益人，例如受益人为两个子女，当赵太太离世时，触发保险理赔，保险公司会向两个子女支付保险理赔金，之后保险合同便宣告终止。依据《保险法》的规定，这些理赔金并不构成赵太太的遗产，该保单也不属于被继承人的遗产范畴，不参与继承程序。不过，倘若由赵太太担任投保人及被保险人的保单没有指定明确的受益人，而是将受益人范围设定为"法定"，那么赵太太离世之后触发理赔，保险合同仍然终止，而理赔金将作为赵太太的遗产，按照《民法典》所规定的继承流程发生继承。

第二类，赵太太以自己为投保人，以其他家庭成员作为被保险人购买的保险，其中涵盖了以两个子女为被保险人的重疾险、年金险，以及以先生为被保险人的终身寿险等。在赵太太身故之后，这些保单依然有效，且具备确定的财产性利益。当赵太太去世时，赵太太名下的保险会自动成为赵太太的遗产，从而被纳入诉讼遗产的范围，其他法定继承人确实有权提出遗产继承分割。

第三类，这类情况比较容易被忽略，即如果赵先生持有的保单是在与赵太太结婚后以夫妻共同财产购买的，投保人和被保险人均是赵先生，那么这张保单仍然应当视作夫妻共同财产，其中属于赵太太的那50%也应当依法发生继承。也就是说，由赵先生投保购买的不以赵太太为被保险人的保险，其中一半价值应当被纳入遗产诉讼范围。

第四类，赵太太可能在一些保险结构中仅作为受益人，而不作为投保人和被保险人出现，例如赵太太的儿子以自己作为投保人和被保险人购买了一份保险A，赵太太作为受益人。一旦赵太太离世，那么保险金的受益权是不能够发生继承的。此时，如果A保单中没有与赵太太平行的其他受益人，那么按照《保险法》第四十二条的规定，受益人先于被保险人死亡，没有其他受益人，A保单所产生的理赔金将在赵太太的儿子离世后成为其遗产，依法发生继承。此时，虽然赵太太的保险受益权不能作为遗产被继承，但赵太太的子女应当及时去变更自己持有的保单的受益人。

第二章　保险金信托：资产保全及财富传承的宠儿

一、什么是保险金信托？什么是其 1.0 版本和 2.0 版本？

保险金信托，顾名思义，是保险和家族信托的结合体，在国内是一种新型的家族财富规划工具，既发挥了保险的保障与传承功能，又利用了家族信托的财富管理特性。

按照《信托公司信托业务具体分类要求》中的说明，保险金信托是指"信托公司接受单一自然人委托，或者接受单一自然人及其家庭成员共同委托，以人身保险合同的相关权利和对应利益以及后续支付保费所需资金作为信托财产设立信托。当保险合同约定的给付条件发生时，保险公司按照保险约定将对应资金划付至对应信托专户，由信托公司按照信托文件管理"。

也就是说，一个保险金信托架构包含着三对法律关系：投保人与保险公司签订的保险合同关系、投保人作为信托委托人与信托公司签订的信托合同关系，以及背后的保险公司与信托公司之间的业务合作关系。

随着保险金信托业务的不断发展，保单和信托之间产生了不同的对接模式，行业中一般普遍称为 1.0 版本、2.0 版本。这两者功能差异较大，下面我们来简单解释一下。

什么是1.0版本的保险金信托？

1.0版本的保险金信托是最早出现的模式，用一句话形容，可以是"前保险，后信托"。其操作方式是投保人购买保单之后，将保单的受益人变更为信托公司，如图2.1所示。

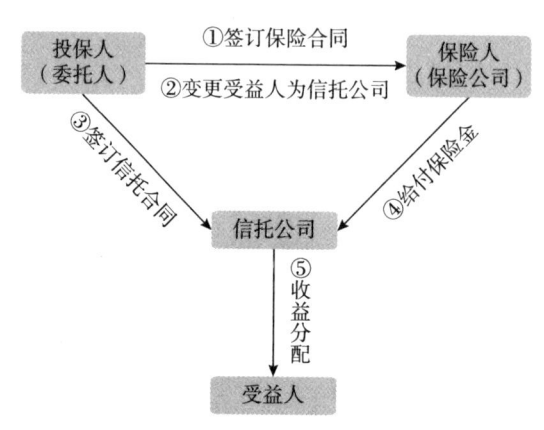

图2.1　1.0版本的保险金信托的法律架构示例

在1.0版本的保险金信托架构下，当保单没有发生理赔时，信托架构是待运行状态，当保单产生的理赔金进入信托变成信托财产，信托才被激活，开始发挥功效。因此我们称之为"前保险，后信托"，其更适合自身经营、债务风险小的客户，主要解决的是客户传承问题。由于这种模式的信托对接的产品既可以是年金、增额终身寿，也可以接入杠杆型的定额终身寿险，如果有人不想一次性拿出过多资金，但又看重身后财富传承，那1.0版本的保险金信托还是非常合适的。

什么是2.0版本的保险金信托？

2.0版本的保险金信托被称为"内保险，外信托"，顾名思义，是将保单作为信托资产整体装入信托。其操作模式为，投保人在支付首期保费、保单生效之后，将保单的投保人和受益人均变更为信托公司，并且将未来应交纳的续期保费一并转入信托，由信托公司按照约定按时交纳续期保费，具体如图2.2所示。

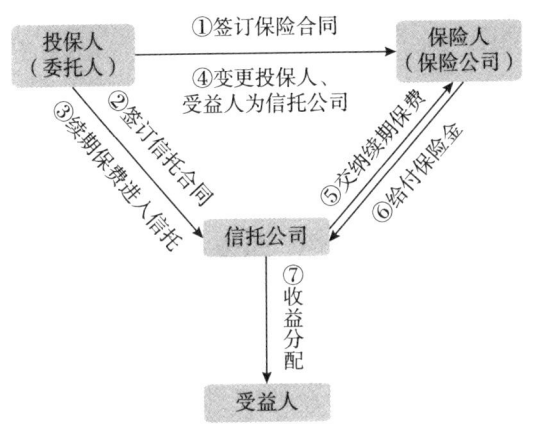

图2.2　2.0版本的保险金信托的法律架构示例

可以看出，相比于1.0版本，2.0版本的保险金信托对投保人/委托人提供了更坚固的保护，但对投保人/委托人的现金流也提出了更高的要求，需要其在一个保单年度内拿出首期保费和全部的续期保费。此模式的优点在于，将保单作为信托资产，置入一个合法合规设置的信托，从而享受信托架构的保护。一旦投保人/委托人遭遇债务或者婚变，信托中的财产（包括保单本身及未缴纳的续期保费）都能够避免被执行、被分割的命运。因此，2.0版本的保险金信托更适合自身经营风险、债务风险比较高的人，例如一代企业主、接班的二代子女，可以综合隔离多重风险。

二、保险金信托与家族信托的主要差异是什么？

保险金信托与家族信托两者各有侧重，主要差异体现在以下几个方面。

第一，从资金门槛来看，保险金信托门槛更低，因此受众更广。2018年8月17日原中国银保监会下发《信托部关于加强规范资产管理业务过渡期内信托监管工作的通知》，这是第一次以官方形式明确规定了，"家族信托财产金额或价值不低于1000万元"。因此，在实务操作中，信托公司在开展家族信托业务时，都会将该通知视为行政性规定，将1000万元作为设立家族信托的最低门槛。而保险金信托的门槛大多是总保费或保额达到几百万元即可，并且保费还可以分期分年支付。相对来说，保险金信托比家族信托的设立资金门槛低。

第二，从设立便利性来看，保险金信托资产争议小，操作简单。在设立家族信托时，信托公司需要对委托人进行复杂的尽职调查，以确保信托资产的合法性。如果有些客户的信托资金来源说不清楚，就有可能无法通过信托公司的前期尽调。而保险金信托设立的流程相对比较简单，根据《中华人民共和国个人所得税法》第四条的规定，保险赔款免征个人所得税。又根据《保险法》第四十二条的规定，指定了受益人的保险理赔金不视为被保险人的遗产。因此，保险金作为信托财产，其资金来源和权属都非常清晰，保证信托财产的合法性，操作起来更便捷，争议也更小。

第三，从投资收益来看，保险金信托中的投资较为简单，家族信托则取决于具体的投资配置。保险金信托中的保单，无论是年金险、增额终身寿险，还是传统终身寿险，都具有一定的人身保障功能和一定的投资属性。在保险金信托设立前期，客户交纳的保费并不交由信托公司管理，而是停留在保险账户上获取一定的收益，直到被保险人身故后，被保险人的身故理赔金才进入信托账户，由信托公司负责投资管理。因而其投资比较简单，适合家人不善理财或没有时间去研究理财的情况。而家族信托中的资产，自家族信托财产交付之日起，就交给信托公司和财务顾问负责投资和管理，一般情况下信托委托人自身最好具备一定的投资理财经验，有能力与信托受托人或财务顾问讨论沟通信托财产的投资管理。

第四，在个性化服务和其他功能上，家族信托的功能性、复杂性高于保险金信托。保险金信托只能利用家族信托的部分功能，其结构相对简单，多集中在资金管理、财产保全、子女传承方面发挥优势，能够处理的财产类型也仅限于资金。在保险金信托下，部分信托公司提供的个性化服务也难以完全量体裁衣，而是采取半标准半定制的模式。而家族信托则可以形成一个复杂的、精密的机制，其中信托资产可以是现金，也可以是其他资产，比如非上市公司的股权、上市公司股票，甚至不动产。一个大规模的家族信托可以服务于家族的长期综合治理，实现多方面功能，包括但不限于资产管理、投资、慈善、股权结构调整优化、税务成本优化、子女长期照护、婚姻财产保护、家族家风建设等。

综上所述，初期想尝试搭建信托架构时可以从保险金信托开始，如果家庭积累的财富越来越多，再搭建可以解决更多个性化需求的家族信托，逐渐完善整个家族的财富"金字塔"。

三、保险金信托与单纯的保单相比，有何优势？

具有更好的隔离功效

如果设立 2.0 版本的保险金信托，投保人／委托人将保单、续期保费均装入信托"保护壳"，从而使保单和续期保费作为独立的资产与委托人的其他资产隔离。当投保人／委托人面临债务或婚变时，（合法合规设立的）保险金信托内的保单、续期保费均不会受到债务执行或离婚财产分割的影响。而在投保人／委托人仅持有保单的情况下，无论是债务或者婚变，保单都是可供执行、可被分割的金融资产。此点的主要法律依据是我国现行《信托法》第十七条，原则上信托财产不得被人民法院强制执行（特殊情况例外）。

实现对子女长期强有力的保护

目前在国内保险公司的实操中，绝大多数的保险产品在理赔时都是一次性将保险理赔金给付受益人，能够实现理赔金分期支付的产品少之又少。当保险金成为受益人子女的财产后，又再次面临子女管理不善（如挥霍、受骗等）、债务纠纷、投资亏损等风险。如果保单接入了保险金信托，保险理赔金不再直接付给受益人，而是进入信托账户，由信托公司进行专业的资产管理，一方面实现保险金的保值增值，另一方面信托合同条款提前约定了这些钱如何分期付给子女，还可以附上家长个性化的激励条件，这样一来，信托就会"替家长们管好钱"，防止子女被骗或是投资理财失败。

突破保单受益人的限制

目前我国的人身险保单受益人一般限定为被保险人的直系亲属，即父母、子女、配偶，以及其他近亲，如（外）孙子女、（外）祖父母、兄弟姐妹等，想要成为保单受益人，受到许多限制。而保险金信托的受益人范围则适用家族信托受益人的相关规定，只要和委托人有亲属关系的人都可以作为受益人，例如直系、旁系的血亲、姻亲等，均可以从中受益。此外，保单受益人只能是已经出生的人，但是保险金信托受益人可以是未出生之人。

四、保险金信托在财富传承方面有何优势？

周总的独生女儿已经跟男朋友谈婚论嫁了，高兴之余，周总又有一些担忧。

周总的第一个担忧是，如果将自己毕生奋斗获得的高额财富传给女儿女婿，两个人会不会失去奋斗的动力。尤其是女婿，如果结婚后，突然发现自己的岳父这么有钱，还能守住自己的质朴和节俭吗？两个人会不会陷入不思进取、坐吃山空的状态？

周总的第二个担忧是，与上一代人相比，当代年轻人的婚姻面临的风险更多，离婚率也更高。未来的不确定性很多，人生境遇和心态都会发生变化，万一随着年纪的增长，两个人发现过不到一块儿去，自己给女儿留下的大量财产会不会受到婚变的影响？

周总的第三个担忧是，女婿家境普通，但他一直对创业有很大热情，周总虽欣赏这种冲劲儿，可要是真创起业来，难免风高浪急，自己给女儿攒的这些家底儿，会不会有朝一日被全赔进去？

针对周总的这些担忧，建立周总本人的"分期传承＋保险金信托"就是非常合适的解决办法。一方面，周总可以小笔资金的方式支持女儿一家的生活或创业，即使失败了也只损失小笔资金。另一方面，周总可以自己为投保人、被保险人、信托委托人设立保险金信托，将计划留给女儿的资金在未来以保险理赔金的形式注入家族信托，从而规避他所担心的风险。

第一，在周总离世之后，保险理赔金不会直接全额进入女儿的个人账户，而是先进入信托账户，再通过制度化的分配方案按期限、按条件分配给女儿。这样就确保小夫妻不能一次性控制所有的财富，而只能定时定量地领取财产，从而降低了他们在巨额财富面前迷失自我、沉迷挥霍的可能性。

第二，当代年轻人的婚姻状况面临诸多的不确定性，父母如何对已婚子女进行资助也就成了一个"技术活"。而信托之中的财产独立于受托人、委托人和受益人，如果周总离世后留下的现金以保险理赔金的形式注入信托账户，同时在信托合同里约定，受益人女儿拿到的信托资产都属于婚后个人财产，那么这笔钱就独立于女儿的夫妻共同财产。未来即便女儿的婚姻发生变数，信托中的钱也不会受到婚变的影响。

第三，无论是周总的女儿还是女婿，在未来的人生中都可能面临投资、创业、企业经营等人生际遇，一旦失败或者被人欺骗利用，就有可能造成大规模的财富损失。而保险金信托中的财产独立于小夫妻俩，不受女儿女婿的控制，因而不会参与他们的投资和企业经营，也就保证了即便投资失败或者经营失败也不会伤及根本，能够维持他们的正常生活，甚至为他们东山再起提供支持。

正是这些优势与功能，使保险金信托成了近年来在国内很多家庭中炙手可热的财富传承和管理工具。

五、保险金信托在保护子女方面如何运用？

家住河北的赵总是一家大型工厂的老板，家产颇丰。赵总跟太太只有一个女儿，女儿生性浪漫，醉心艺术，很争气地考上了国内一所知名的美术学院。天真的性格、优渥的家境使她在学校很受欢迎，不等大学毕业，已经遇到了自己的"人生真爱"，发誓要与之厮守终生。这可把赵总夫妇吓坏了，自己的女儿自己最了解，从小豪爽仗义，为朋友花起钱来毫不心疼，对自己的"真爱"那可更是掏心掏肺、不分你我。这要是哪天接手家里的财产，难保女儿不会把家底儿都掏给对方。可未来的不确定性太多，万一两人走不下去了，女儿岂不落个人财两空？又或是遇到不怀好意的另一半，被欺骗，继承的财产也因此遭遇损失。想到这些，赵总就忧心忡忡。

可以看出，赵总需要寻求一个制度化的解决方案，将风险降低。

我们推荐其采取保险金信托方式,将欲留给女儿的现金类财产注入保单,在自己离世后,由信托代替赵总保护女儿和财产。

首先,保障女儿的物质生活。保险金信托可以设定为每月或每年向女儿提供一笔固定的生活费用,作为收入补充,保障她的高品质生活所需,这部分费用女儿自用也好,与未来的配偶共享也罢,定时发放,数额有限。

其次,防范因女儿婚姻问题造成的财产损失。即便女儿是已婚状态,也可以在信托分配文件里规定受益人获得信托利益属于女儿个人所有,不属于夫妻共同财产。这样就算未来女儿的婚姻出现危机,从信托中分配出来的部分财产也不会受到重大损失。此外,信托财产本身具有独立性,其独立于女儿的个人财产和婚后共同财产,可以防范女儿未来可能遭遇的婚变、夫妻共同债务等风险。

最后,防止因女儿理财不善造成财产损失。通过设立保险金信托,可以规定子女在不同年龄阶段领取不同金额的保险金,避免女儿在年轻时因心智不成熟或理财不善损失过多财产,确保资金能够长期稳定地支持她的生活。

保险金信托就像一座堡垒,守护着家族财富,即使子女在成长过程中偶有迷失,它也能凭借科学的设计和严格的执行机制,让财富免受不必要的损失。通过这样的财富管理工具,父母的心血得以保全,子女也能在理性和财富的双重保障下,更好地面对生活的挑战,同时保全家族的繁荣与稳定。它不仅仅是一份财富传承的规划,更是一种对子女长远幸福的守护。

六、保险金信托如何巧妙地保护婚姻财产?

小夏是家中的独生女,父母的经济条件很好,自己的收入也很不错。

最近小夏跟男朋友开始谈婚论嫁，男朋友的收入及家境都不如自己，但自己的父母却早已备好 200 万元作为嫁妆。小夏在憧憬未来的同时还有隐隐的担忧，万一婚姻失败，自己很可能人财两空。

  针对这种情形，小夏可以巧妙地使用保险金信托工具，将自己的婚前现金财产以大额"年金险保单＋万能账户保单"组合方式放入保险金信托，再以自己和父母为信托受益人，并且约定信托分配的收益为个人财产。这样既可以将婚前财产隔离，避免与婚后财产发生混同，又可以保证婚后一旦发生婚变或者出现债务问题，保单财产不会受到影响。

  苏女士与先生生育了两个子女，后来她选择退出职场，全力为小家庭付出。所幸先生事业发展顺利，收入也越来越高。但因为对先生事业版图的逐渐疏远，加上先生早出晚归、频繁出差，夫妻俩聚少离多，苏女士的不安全感越来越强，她希望可以找到一个保障，至少未来能够保障两个孩子的教育和生活开支。

  对苏女士来说，她最大的优势是夫妻关系仍然和睦，先生对她呵护有加，对孩子也尽职尽责，但作为夫妻间财务能力弱势的一方，无论是苏先生本人未来遇到任何风险，还是他们夫妻关系出现危机，都可能对苏女士造成"灭顶之灾"。如果苏女士以自己为投保人、先生为被保险人、子女为信托受益人，设置一份 2.0 版本的保险金信托，以先生现在对家庭的负责姿态，应该不会提出异议。未来无论是夫妻缘尽，还是丈夫的事业发展受阻，苏女士都能有一笔提前规划出的资产，用于保障孩子日后的生活和教育的开支。

人前风光、事业有成的王女士，丈夫却风流成性，在外面拈花惹草，还与第三者生育了私生子。王女士可谓悲愤交加，真心错付不说，这样复杂的家庭关系，以后还会影响到自己的孩子对财产的继承权——本应该是父母婚姻中的独生子，现在却要与另一个同父异母的妹妹共享父亲的遗产。王女士认为这挑战了她作为一个母亲的底线，于是想了解如何让自己的孩子独享她和丈夫的财产。

王女士和丈夫的财产是在两人结婚之后共同创造的，并且两人从没有在婚姻中约定分别财产，因此王女士和丈夫的财产是两人的共同财产。依照我国《民法典》的规定，无论是婚生子女还是非婚生子女，均享有平等的、法定的继承权，因此王女士丈夫的非婚生子享有的继承权是法定的、不容挑战的，在这种情况下，王女士可以利用保单、保险金信托、家族信托来扩大自己孩子的可继承财产范围，同时缩小非婚生子对王女士丈夫可继承财产的范围。

例如，王女士可以自己为投保人，以自己和丈夫分别为被保险人，成立2.0版本的保险金信托并追加现金，尽可能多地装入信托资产，再通过信托，把自己的孩子设立成信托受益人，日后信托里的全部资产都会分配给自己的孩子。根据信托财产的独立性，这些信托财产都不算作王女士的夫妻共同财产，也不算作丈夫将来的遗产。这样一来，夫妻共同财产的"蛋糕"变小了，丈夫的遗产也相应减少，更多的资产通过信托无声地、精准地传承给王女士的孩子。

七、保险金信托如何隔离债务风险？

王总和太太共同经营着一家公司，夫妻二人分别持股60%和40%。

随着企业的不断发展，公司的经营越来越复杂，交易规模越来越大，他们的压力也越来越大。新《公司法》正式颁布后，王总一直在思考，未来企业业规模扩大过程中难免会出现一些债务风险，有没有什么办法能够避免企业业的债务风险影响到自身的资产安全呢？

对于家族财富保全，最稳妥的办法当然是设立家族信托。但是王总目前因企业经营上的资金压力，一时间无法拿出闲置的1000万元资金放入信托，于是对王总这样经营家族企业的客户来说，2.0版本的保险金信托就成了一个优选。

具体如何操作呢？我们以一张年交200万元、交费期3年的保单为例。王总应该先购买一张保单并交纳首期200万元的保费，然后与信托公司签订信托委托协议，再联系保险公司把保单的投保人和受益人都变更为信托公司，然后在下一年交纳保费之前将余下的保费（400万元）转入信托。

根据我国《信托法》第十七条的规定：满足特定前提的信托资产，不得被强制执行。这样就达到了用信托架构保全家庭保单资产的目的，如果王总设立信托之后的几年出现债务风险，保单不会成为被执行资产。同时400万元的续期保费也成为信托资产，不受债务风险影响，保证了续期保费交纳不会出现困难。通过这样的方案，王总只需要一次性拿出600万元的现金就可以实现家族财富的保全规划。

当然，以上只是一个方案，实操过程中，在不同的信托公司与保险公司的合作模式下，对于保单资产与现金资产的总体规模的最低要求会有所不同，何种方案能够以最低的现金成本实现保全目标，还需要结合具体实际测算。

> **延伸阅读**
>
> **《信托法》**
>
> 第十七条 除因下列情形之一外，对信托财产不得强制执行：
>
> （一）设立信托前债权人已对该信托财产享有优先受偿的权利，并依法行使该权利的；
>
> （二）受托人处理信托事务所产生债务，债权人要求清偿该债务的；
>
> （三）信托财产本身应担负的税款；
>
> （四）法律规定的其他情形。
>
> 对于违反前款规定而强制执行信托财产，委托人、受托人或者受益人有权向人民法院提出异议。

八、保险金信托在保护幼小子女方面有什么突出作用？

秦总是一家知名企业的创始人，他近来十分开心，因为他要老来得子了。原来，秦总与现任太太年龄差距比较大，结婚之后，秦总一直想要再生一个孩子，只是太太因为年轻还不太想生，所以他也没有强求。没想到就在前几个月，太太突然改变主意，也很快成功怀上了孩子。秦总高兴之余，又十分忧虑：自己跟未出世的孩子年纪相差比较大，太太又不善于经营管理企业，老来得子纵然大喜，但万一自己日后得了重病或意外离世，留下的孤儿寡母该怎么办？太太也不善于投资理财，就算是留下金山银山，也难保两人不会坐吃山空。

中国有句老话叫："匹夫无罪，怀璧其罪。"对没有自我保护能力、缺乏是非分辨能力的幼小孩子来说，在较小的年纪拿到高额的家族资产有可能对其人生产生不利影响。如果没有父母的正确引导和保护，幼小的孩子可能会遭人算计，甚至误入歧途，这是亲人们不愿意看到的。这种情形下保险金信托就能够很好地发挥作用。

秦总可以自己为投保人和被保险人，为孩子设立保险金信托。平日里，保单可以作为秦总资产配置的一个保障板块。一旦秦总离世，保单产生的理赔金将进入信托，为孩子提供一笔可观的资金并由信托公司进行管理。这笔资金可以用于孩子的教育与生活费用、医疗支出等，确保孩子在经济上无后顾之忧。具体来说，有以下几个突出作用。

第一，提供长期稳定的经济保障。信托公司将对保险金进行长期管理和投资，通过多元化的投资组合，实现资产的保值增值。同时，根据子女在不同人生阶段的需求，合理安排资金的分配和使用，为子女提供持续稳定的经济来源。

第二，防止资产被滥用或侵占。保险金信托可以对资金的使用进行严格的监管。秦总可以在信托分配条款中明确规定资金的使用范围和条件，例如只能用于支付子女的教育、医疗、生活费用等特定用途。信托公司会对每一笔资金的支出进行审核和记录，确保资金的使用符合秦总的意愿，防止子女因年幼无知而被他人欺骗或误导，滥用资金。

第三，资产隔离保护。保险金信托可以作为子女的专属财产而与家中其他资产进行隔离，防止因为秦太太管理不善导致资产损失，影响日后孩子的生活保障，从而为孩子提供长期有效的经济后盾。

秦总还可以在信托合同中设定对特殊情况的应对措施。例如，如果孩子患有重大疾病或遭遇意外事故，信托公司可以立即启动紧急资金支持机制，为子女提供及时的医疗救助和生活保障。

总之，保险金信托作为一种创新的财富管理工具，在保护幼小子女方面可以起到制度化规范的作用。通过合理的规划和设计，保险金信托可以为子女提供长期稳定的经济保障，防止资产被滥用或侵占,引导子女树立正确的价值观和理财观,从而灵活应对各种特殊情况。未来,随着人们财富管理需求水平的不断提高,保险金信托将得到越来越广泛的应用。

九、保险金信托在隔代传承上如何应用?

很多老人对孙辈都是格外疼爱,孙总就是这样,他希望将自己的一部分资产直接给外孙女,而不经过女儿。因为女儿个性柔弱,缺乏主见,也没有遗传自己的经商才能,只是一个普通的上班族。倒是外孙女聪明伶俐,可以培养,说不定将来长大了是个经商人才。但是孙总也十分担忧,一方面是因为外孙女年纪小,就算几年之后再给,她也不具备理财以及进一步创造财富的能力;另一方面是因为给外孙女的资产理论上是给了孩子,但实际上很可能是由父母掌管,万一女儿女婿动用了资金,自己留给外孙女的资产就保不住了。

孙总可以采用保险金信托的方式实现自己的目的。由孙总为自己购买一张大额的增额终身寿险保单,再将保单接入保险金信托,对于外孙女的分配方案由她自己来决定。这样孙总在世时可以继续照顾女儿和外孙女,离世之后,身故理赔金进入保险金信托,再由信托对外孙女进行分配,大部分的现金将由信托公司持有至孩子成年后再集中分配。这样一来,留给外孙女的钱便可一直保管在信托专户里,即便女儿女婿急用钱,他们也不能动用信托财产救急,这笔钱可以安稳、长久地保障外孙女的生活品质。甚至,如果女儿女婿彻底破产,这笔钱也能为外孙女提供成长与教育的资金,不影响其正常生活。

孙总不是个例，上述方案对于有隔辈传承想法的家庭是非常适合的，尤其是以下几种情况：一是对某个孙辈特别偏爱，想要单独给其留一笔资产的老人；二是对孙辈感情深厚，想留资产给孙辈，但对子女及其配偶管理这些资产有所担忧的老人；三是子女不幸离世，老人想把资产直接给孙辈，但又怕被子女的配偶侵占的老人。

十、保险金信托如何实现企业经营风险隔离与财富传承双重规划？

在竞争激烈且市场波动频繁的商业环境中，李先生经营着一家颇具规模的中型制造企业。这家企业在行业内虽有一定的竞争力，但也面临诸多潜在风险。尤其是2024年7月1日新《公司法》正式实施后，李先生参加了当地工商联组织的企业家新《公司法》培训，通过专业的学习，李先生了解到，原来作为股东、法人、公司董监高，法律责任很大，很多情况下，企业债务都有可能牵连企业家个人。

李先生跟太太育有一儿一女，都尚未成年。作为一位深谋远虑的企业家，李先生深知企业经营的不确定性，因此他怀揣着隔离企业债务保障家庭财富安全，以及日后财富顺利传承给子女的双重愿望，开始寻求可靠的财富管理方案。

经过多方了解，李先生决定为自己的家庭设立2.0版本的保险金信托，他配置了总保费3000万元的人寿保险，并将这份保险放入信托，同时追加了一部分现金在信托账户，为整个家庭构建起一道坚实的、长久的经济保障防线。《信托法》第十七条规定：在符合特定条件下，信托资产不得被强制执行。当然这是有前提的，例如，设立信托的资产来源必须是个人合法资产，设立信托的目的也一定要合法。什么叫不合法呢？假如有人听说信托资产法院不能强制执行，因此在自己身负巨额债务的情况下，把自己的其他资金放入信托。这种操作的目的就是恶意避债，那么债权人是可以起诉撤销信托的。

企业经营的过程并非一帆风顺。在风云变幻的市场中，李先生的企业如果遭遇经济纠纷面临诉讼，不但企业的现金流可能出现危机，而且李先生的家庭资产都可能被企业债务波及。

保险金信托的独特法律属性决定了其财产的独立性。如果李先生的保险金信托是在财务状况良好、企业和家庭都运行顺畅的时候设立的，依据相关法律规定，信托财产能够保持其独立性，与企业债务和诉讼风险隔离，从而可以很好地将李先生的家庭财富与企业经营风险进行隔离。

同时，李先生和太太关心家庭财富传承安排，这一点也完全难不倒保险金信托，因为保险金信托本身就是非常厉害的财富传承工具。

李先生可以通过信托分配条款对子女未来的传承做出合理安排。比如，可以根据子女的年龄、发展阶段和个人需求，灵活设定保险金信托财产的分配条件。对于未成年子女，可以设定在其成长的不同阶段分配的金额，如大学教育费用、创业资金或个人深造的费用等。在子女结婚生子等重要人生节点，也可以有相应的资金支持。这种按阶段、需求分配的方式有助于培养子女的理财观念和独立生活能力，实现财富的有序传承。

通过精心设计并实施这一保险金信托方案，李先生不仅有效地隔离了企业经营风险对家庭财富的潜在威胁，而且更重要的是，为子女的未来发展绘制了一幅蓝图，这体现了李先生作为企业家和父亲的高瞻远瞩与深谋远虑。

十一、如何设立一个稳妥可靠的保险金信托？

国内保险金信托行业正爆发式增长，很多客户在了解保险金信托的功能之后都觉得这一产品与自己的综合需求十分匹配，便毫不犹豫地签下了保险合同与信托委托合同。但同时我们也发现，很多客户其实并不清楚自己签了哪些条款、享有哪些权利，以及需要承担哪些义务。

实际上，标准化的保险金信托合同有时不能完全满足客户的长期规划和私人财富管理需求，真正设立一单合心意、合需求的保险金信托，很多时候需要信托律师团队提供专业服务，这样的保险金信托在日后才能真正发挥出它的效用和威力。

我们在服务诸多财富家庭的过程中，总结了以下保险金信托设立的经验，供大家参考。

明确设立信托的目的及配套策略

通常情况下，律师团队会先了解客户的目的与需求，进行尽职调查，尽可能全面掌握客户的企业经营情况、家庭财产状况、婚姻及家庭情况，并明确设立保险金信托的目的，如实现家族财富传承、资产隔离、保护子女婚姻、保障养老生活等。通过前期的尽职调查，为客户提供全面的框架方案，如"保险金信托＋赠与协议公证＋股权转让协议＋预防性遗嘱"，然后与客户沟通具体设计方案。

选择合适的信托公司

中国有60多家信托公司，但并不是每一家信托公司都擅长保险金信托业务，而且每一家信托公司在保险金信托专业服务上各有特点，再加上客户个性化的需求使得有时需要对信托公司的标准化合同进行调整，所以律师团队需要与信托公司进行预沟通。专项律师团队会在综合考虑客户资金规模、服务需求等因素后，帮助客户选择信誉佳、专业强、服务优的信托公司。倘若客户有更换现有保险公司或者新增保险产品以充实信托财产的计划，专项律师团队也需要确保客户选择优质的保险产品，确保保单与信托公司的衔接顺畅无碍。

信托方案与分配条款设计

根据客户的家庭情况和成立信托的目的，专项律师团队会精心设计与之契合的信托架构，明确信托当事人的权利和义务。比如，是否选择成立不可撤销信托？日后是否给受益人做信托监察人的机会？在信托财产管理上，是委托人自行决策，还是全权委托信托或者其他金融机构代为决策？在设计财产分配条款时，律师团队会充分考虑客户的个性化需求，力求每一项条款都能精准实现信托目标。例如，根据受益人的年龄阶段进行不同的分配安排，可以选择一次性或定时定额支付，也可以设置激励或约束机制对受益人进行引导和培养。律师团队在进行方案设计时还需要与信托公司、保险公司进行协商，考虑方案落地的可行性。

信托合同及配套法律文件修改

在明确信托模式与分配方式后，专项律师团队将代表委托人与信托公司进行协商，在信托公司提供的制式合同基础上进行修改调整。明确权利义务关系，保护委托人利益，确保合同条款能够符合委托人的意愿，避免任何可能导致歧义或模糊理解的表述影响委托人权利的实现。律师团队会向客户详细解释合同条款的含义、法律后果以及对客户权益的影响。客户会根据自己的理解和实际需求提出意见和建议，律师将根据客户的反馈对文件进行修改和完善，确保客户充分理解并认可信托方案，从而保障信托计划在各方的共同意愿下顺利推进。

后续信托内容调整

随着时间的推移，客户的家庭情况、法律法规等都可能发生变化，这就需要对信托方案进行适时调整。专项律师团队还可以为客户提供信托方案的调整建议及相关服务。例如，如果家庭成员结构发生变化，如新增子女、受益人去世等，律师可以协助修改信托合同中的受益人条款；如果信托或保险行业有新的法律法规出台，律师可以帮助调整信托方案以确保其符合新的法律法规要求；如果市场环境发生重大变化，如金融市场波动剧烈影响信托财产的投资收益，律师可以建议调整资产配置策略或修改财产分配条款等。这样可以确保信托在不断变化的环境中保持稳妥可靠，实现其设立的初衷和长期目标。

十二、什么样的保单能嫁接进信托？

首先，我们需要明白的是，目前中国市场上各家保险公司都有许多保险产品在出售，但只有保险公司特定的保险产品才能嫁接进信托，并不是所有保险产品都可以，例如消费型保险，如医疗险、意外险，就不能嫁接进信托。

其次，从产品类型上来看，目前市场上能够放入保险金信托的保险产品主要分为两类：大额年金险和终身寿险。大额年金险，一般指在约定期限内，按一定周期给付保险金，能为受益人提供稳定的现金流，适合用于养老规划、子女教育金规划等。终身寿险，既包括高杠杆的定额寿险，也包括保额不断增长的增额终身寿险。终身寿险的保险期限为被保险人终身，通常具有较高的现金价值和身故保额，可实现家族财富长期稳健的传承，还能起到一定的债务隔离等功能。

再次，对进入保险金信托的保单也是有保费或保额门槛要求的，必须满足信托公司的要求。我们需要了解的是，目前我国不同信托公司的门槛要求不同。例如，有的信托公司要求保单的保费或者保额 100 万元起就可以嫁接进保险金信托；有的信托公司则要求最低保费或者保额为 300 万元、500 万元，甚至更多。

最后，我们提升一下本节问题的难度：如果家庭中多份保单的投保人为不同家庭成员，或者家庭有多份不同保险公司的保单，是否能将不同家庭成员做投保人的保单以及不同保险公司的保单放入同一份保险金信托中？很多人认为这很难操作成功，但我们的实践经验是，目前不同信托公司在实操中的尺度不同，针对以上两种情况，有部分信托公司在满足一定条件的情况下，是完全可以帮助客户实现的。

十三、过去购买的几张保单都能嫁接进一个信托吗？

从理论上来说，同一投保人在不同保险公司历年所投的保单，只要是满足信托财产要求的险种（如有现金价值的大额年金险、大额终身寿险），都可以放入同一个信托。

但是，为什么很多人在新购买了大额保险，设置保险金信托的过程中，会被保险公司或者信托公司告知，之前购买的某保单不能一同进入新设立的保险金信托呢？

从实操层面讲，阻止之前购买的保单进入信托，更多是因为之前所购保单所属的保险公司与信托公司之间未达成商业合作。因为，某款保险产品进入某信托的前提是，出售该保险产品的保险公司与该信托公司已经完成总对总的保险金信托业务的合作签约。

保险公司在开展保险金信托业务选择合作信托公司时，会从合作的安全性、专业性、便利性、服务性等多角度综合考虑。目前国内一家保险公司通常与3~5家信托公司联合开展保险金信托业务合作。因不同信托公司服务有差异，保险公司也会根据业务需要，逐步扩大合作信托公司的范围。也就是说，客户被告知一些险种符合保险金信托要求的保单无法嫁接进信托，并非因为行政层面或者法律层面有禁止性规定，而是因为该信托公司与出售该保单的保险公司尚未达成合作。

不过，当下已经有保险公司和信托公司在积极尝试此类业务，协助客户将其在不同保险公司购买的保单嫁接进一个信托。因此我们相信，未来随着市场需求的不断增长和保险金信托产品的不断成熟，保险公司和信托公司之间的合作会愈发深入和高效，最终实现更广泛的保单和保险金信托的便利对接。

十四、设立保险金信托后，保单资产还有流动性吗？

张女士在理财经理的建议下，打算为家人设立一单保险金信托，但设立前突然开始担心：自己和先生的企业现在经营平稳，可未来万一有什么情况需要用钱怎么办？这么大量的现金一旦进入保险金信托，是不是就不能取出来了？家庭资产的流动性如何保证呢？

目前在实操中，保险金信托大体分为两个版本，即1.0版本和2.0版本，两个版本最大的差异就在保单资产的流动性上。

假如张女士设立的是1.0版本的保险金信托，保单理赔之前由投保人也就是她本人控制，在保险金进入信托之前，保单本身是相对自由的，信托只是一个未激活的法律架构，理论上保单的质押贷款、减保取现、退保等权利，仍然保留在投保人张女士的手里，可以说保单资产的流动性基本不会受到影响。如果此时张女士和先生急用钱，她可以自行决定用保单贷款甚至退保，只不过如果退保或者减额取现后保单价值过低无法达到信托要求，保险金信托可能会面临解散或者撤销。此类保险金信托中保单投保人权利是否有限制，还要看她当时签订的保险金信托合同的具体约定。如果合同中限制了投保人的部分权利，应当优先遵守合同的约定。

如果张女士设立的是 2.0 版本的保险金信托，由于已经将保单的投保人变更为信托公司，并且已经将后续的保费一次性注入信托，此时信托已经开始发挥资产配置、风险隔离等功能，保单就是信托架构中的核心资产。这时张女士其实已经放弃了保单的各项权利，保单不再受她控制，也就不能再进行抵押、减保等操作。此时如果张女士希望获得一定流动性的话，只能是通过信托受益人分配的方式来实现，具体受益人什么时候能够获得分配，也要取决于当时设置保险金信托所签订合同的条款。

综上所述，想要实现保险金信托里资产的流动性，既要看保险金信托的级别版本，还要看信托合同的具体约定。

十五、可以设立一个委托人在世时就能分钱的保险金信托吗？

来自深圳的王总，年纪轻轻就事业有成，而且家里老人都十分高寿，因此王总对财富传承的需求并不迫切。相反地，他希望能够设立一单保险金信托，在自己在世的时候就开始分配，为自己和家人未来的工作生活托底；如果有一天他想要提前退休，也可以有充分的资金支撑后续生活。

信托除了是优秀的财富传承工具，在财富保护和现金流管理方面也能发挥一定的作用。在我们日常接待的客户中，很多人都很看重信托工具的生前财富分配的功能，尤其是年轻客户的需求更旺盛。

　　王总可以设立"年金+分红"形式的保单，并将其嫁接进保险金信托，以自己为投保人与被保险人，将自己和家人共同列为信托受益人，让生存金、保单分红和满期金都进入信托，成为信托资产，由信托进行分配。在以上设计里，年金是以被保险人生存为给付条件的，因此王总在世时就会有年金产生，还有保单分红，从而信托里很快就会有现金流入，再由信托进行分配。一方面进入信托的年金和分红资产实现了风险隔离；另一方面何时开始分配、每次分配多少，可以由王总根据自己和家人的需求决定并进行调整，做到了在世即可分钱。

　　王总也可以在设立保险金信托之后，向账户中追加部分现金，并委托信托公司进行资产配置，获得一定的投资收益。信托账户中追加的现金和获取的投资收益都可以分配给信托受益人，用作未来收入的补充或者养老费用。目前市场上有信托公司可以提供此类服务。

　　当然，市场上并不是所有的保险金信托产品与架构都能够实现这一功能，这受到具体保险产品属性的限制，同时信托公司、保险公司的合作模式也会影响保险金信托的落地，这些都需要客户前期充分了解和考察。

十六、设立保险金信托需要配偶签字吗？

　　李总夫妻想给孩子小李设立一个保险金信托，但小李目前是已婚状态，银行的理财经理告诉他们必须儿媳妇签字才能设立。李总想知道，是否必须儿子配偶签字呢？

这个问题的答案是：不一定。在实际操作中，需要根据信托财产性质和保险金信托的架构分情况讨论。

第一种情况是，李总夫妇以小李的名义设立保险金信托，由小李担任保单的投保人和信托的委托人。此时，是否需要儿媳妇签字，就要看保费的来源，也就是保单的性质了。如图2.3所示。

投保人/委托人 小李 → 被保险人 李总夫妇 → 保单受益人 信托公司

图 2.3 以小李为保单投保人与信托委托人的情况

如果小李只是作为名义上的信托委托人，实际上设立信托的保单是由李总夫妇交费，或者是用李总夫妇此前赠与小李的个人财产，那么在提供相应证明文件的情况下，可以不需要小李的配偶签字，便可完成保险金信托的设立。不过在实操中，即便这样，也不是所有的信托公司都能够接受，而且需要出具哪些证明、签署哪些文件，还需要看信托公司的具体要求。

如果置入信托的保单是由小李婚后的夫妻共同财产购买的，那么这份保单自然也属于夫妻共同财产。小李要用夫妻共同财产设立一个保险金信托，设立时理应由其配偶，也就是李总的儿媳妇知悉并同意，而且需要签署一系列法律文件，以确保她明确知晓自己放弃了哪些权利。实际上，在目前的市场实践中，也有部分信托公司为了流程便利，会跳过配偶签字这一环节，但这并不意味着小李可以独自设立保险金信托而无须承担任何法律风险。在这种操作下，信托公司一般会要求小李签署风险知情同意书或风险自担承诺书，一旦信托资产来源的合法性遭到小李配偶的挑战，该法律风险由小李自担。小李的配偶有可能会挑战信托的有效性或合法性，从而要求撤销该信托。

第二种情况是，李总夫妇以自己的名义设立保险金信托，而小李只作为信托的受益人。如图 2.4 所示。

```
┌─────────────┐    ┌─────────────┐    ┌─────────────────┐
│ 投保人/委托人 │ ─▶ │  被保险人    │ ─▶ │ 保单受益人：信托公司│
│  李总夫妇   │    │  李总夫妇    │    │ 信托受益人：小李  │
└─────────────┘    └─────────────┘    └─────────────────┘
```

图 2.4　李总夫妇作为保单投保人与信托委托人、小李作为受益人的情况

如果李总夫妇考虑的仅是财富的传承和对子女的支持与保护，那么可以直接由李总夫妇中的一人担任保单的投保人、信托的委托人及保单的被保险人，设立保险金信托，将儿子小李作为信托的受益人，在李总夫妇离世之后保险的理赔金进入信托，再由信托向小李分配。此时，小李作为接受信托分配的一方，只有"领钱"这一项"幸福的任务"，无须经过配偶知晓和同意。至于信托分配的财产是否要作为小李的夫妻共同财产，则由李总夫妇决定，并在信托合同中做出明确约定即可。

十七、保险金信托里除了保单，还可以配置一些其他金融产品吗？

王女士一直关注财富的管理和传承，两年前就为自己的两个孩子设立了保险金信托，成为身边朋友中"第一个吃螃蟹的人"。这两年王女士时常庆幸，自己在保单定价收益较高的年份购买了保单，也感慨这两年投资市场的风险高，企业经营收益也不如预期。这时她突然想到：是不是可以把手里的闲散资金放进保险金信托，由信托公司的专业团队来配置呢？

狭义的保险金信托，是指以保单及后续保费（2.0 版本的保险金信托）或保险理赔金（1.0 版本的保险金信托）为全部资产设立的信托架构。在此类狭义的保险金信托之中，只能配置保单资产。

很明显，这样单一的结构并不能够满足当前的市场需求，因此出现了更广义的保险金信托，也就是在信托里置入"保单＋现金资产"。这实际上相当于王女士可以先设立一份家族信托（资金规模 1000 万元起），然后用信托里的钱先配置一张保单，剩下的资金再做资产配置。这些现金可以由信托公司按照王女士的投资偏好进行资产配置。如果王女士是从银行渠道发起设立的家族信托，则通常银行方会担任信托资产的投资顾问（或财务顾问），此时王女士就会与银行方的投资顾问来沟通信托中现金的资产配置方案，购买其他类型的金融产品。

十八、家人有美国绿卡，还能为其设立保险金信托吗？

北京的曾女士想以自己的孩子为受益人，成立一单保险金信托，保证孩子可以一直有钱花。但曾女士的两个孩子都已经在几年前获得了美国绿卡，这种情况还能为其设立保险金信托吗？

无论是拥有美国绿卡还是美国国籍，一般情况下都已经成为美国相关税法下的税收居民身份。根据《美国国内税收法典》（IRC）的规定，美国税收居民应当对其全球收入缴纳美国的所得税，同时对其全球资产的转让计征遗产税、赠与税。这就意味着，拥有美国税收居民身份的中国籍家人，即便是作为中国的家族信托的受益人，也可能面临因为获得信托财产分配而触发在美国的纳税义务的风险。

因此，若想在国内设立以美国税收居民为受益人的信托，需要获得美国税务师出具专业的税务意见书等文件，否则国内的信托公司及拥有美国税收居民身份的受益人都将面临很大的税务风险。因此，在过往的实践中，涉及以美国税收居民为受益人的信托，信托公司往往不予承做。但随着市场需求的不断增多、国内信托行业从业者专业技能的不断提升，现在已经有公司开始涉足此类业务。那么，当设立以美国税收居民为受益人的保险金信托时，客户需要从以下几个角度考虑。

信托及保单的种类

为了降低美国税收居民的纳税义务，为其设立的信托最好是外国赠与人信托（Foreign Grantor Trust，FGT），以避免信托成为美国相关税法下的纳税实体。那么，保单的险类与架构设计就应当非常谨慎，信托资产的分配应当以委托人/投保人生存为前提。因为一旦委托人/投保人身故，信托极有可能被认定为外国非赠与人信托（Foreign Non-Grantor Trust，FNGT），从而给受益人带来高昂的税务成本。那么以投保人和被保险人为架构的、以被保险人身故理赔金为信托资金来源的保险金信托显然不满足上述要求，此时应当考虑投保人和被保险人不为同一人的结构，或选择年金型保单，以生存金作为信托财产。当然，上述操作的前提条件是信托委托人，即保单持有人，不能是美国税收居民；如果信托设置监察人，监察人也应由非美国税收居民担任。

此外，还应当对信托的时效进行必要的监控，避免投保人/委托人身故而使外国赠与人信托转为外国非赠与人信托，何时撤销该信托、在何条件下撤销该信托，均应当在设立时予以考虑。

关于外国赠与人信托与外国非赠与人信托，后文会有更详细的讲解。

申报义务

并非设立了外国赠与人信托就可以免除拥有美国税收居民身份的受益人的所有税务风险。当曾女士的子女作为美国税收居民获得外国赠与人信托分配时，该笔收入在美国税法下被视为外国人向美国税收居民的赠与，该笔收入无须缴纳税款，但该税收居民有义务向美国国内收入署进行申报，将信托的信息与分配情况如实告知，否则将面临严苛的处罚。因此，作为境内赠与人，有必要提醒作为美国税收居民的受益人，及时、准确地申报信托收入。

外汇出境

我国是一个外汇管制国家，境内外机构、个人的外汇收支和经营活动都需要满足外汇管理相关规定。目前，信托分配财产在现行外汇管理体系下还没有明确归类，在实践中也无法操作，信托受益人在领取时往往需要在境内开立人民币账户接收人民币，若要换汇出境，则应当遵守《个人外汇管理办法》《个人外汇管理办法实施细则》的规定。这里会产生两个难点：第一，信托受益是否属于"境外个人经常项目合法人民币收入"类别管理；第二，境外个人超过5万美元限额的部分是否需要国家外汇管理局审批。

从现有政策来看，境内信托分配给境外个人的资金，目前还没有明确的通路，在实操中各地银行、国家外汇管理局也有不同的考量，还需要进一步完善与明确。

完税证明

在个人办理购汇后，若受益人想将资金汇出境外，可能还需要提供资金的完税证明，但目前我国对信托分配并没有明确的征税规定，信托实际分配时往往不会主动代扣个人所得税，因此是否可以顺利汇出，也存在一定的不确定性。

通过以上论述，对于拥有美国税收居民身份的子女是否应当被作为信托受益人设立保险金信托，相信大家已经有了自己的判断。整体而言，对于拥有美国绿卡的子女，我们建议直接为其配置保单，而非保险金信托，相比后者，前者更简单清晰，并且设立的时间成本和经济成本会更低。

十九、"保单+信托"升级为"养老金信托"是什么意思？

随着我国人口老龄化趋势加剧，养老问题日益凸显，养老需求和市场规模不断扩大，无论是政策层面还是商业层面，都在积极探索新的养老模式和金融方案。2023年10月底召开的中央金融工作会议将"养老金融"定位为金融"五篇大文章"之一；2022年2月，国务院印发《"十四五"国家老龄事业发展和养老服务体系规划》，提出"鼓励金融机构开发符合老年人特点的支付、储蓄、理财、信托、保险、公募基金等养老金融产品"。在这样的背景下，不少致力于养老产业的保险公司携手信托公司，开始了"保单+信托+养老=养老金信托"的模式探索。

目前市场上主要有两类养老金信托，一类是以职工的企业年金和职业年金为受托资产，由信托公司管理服务的养老金信托，但此类信托市场规模非常有限，本节不予讨论。本节主要讨论的是第二类养老金信托，即基于个人商业保险模式下的养老服务类信托，或叫作养老保险金信托。

养老保险金信托的服务模式

此类产品融合了保险与信托的双重功能，是以个人配置的商业保险作为受托财产，再由保险公司与信托公司联手为客户提供保险保障、养老储备、医疗照护、资金管理、财富传承等服务，集养老服务与财富管理服务于一身的复合型产品模式。

如图 2.5 所示，在该模式下，客户购买指定的长期险产品，并将其委托给信托公司，保单和现金价值从此由信托公司管理。当客户入住养老机构后，由信托公司按照约定直接从客户的信托账户中支取费用，与养老机构结算费用，包括房费、餐费、医疗护理费等。

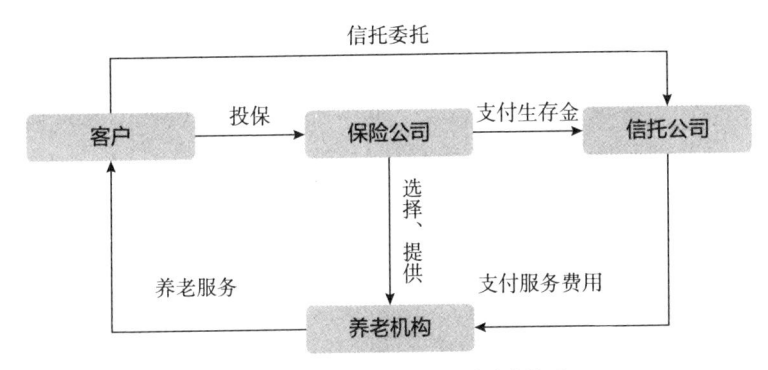

图2.5 养老保险金信托各方当事人关系

养老保险金信托的优势

相较于其他金融养老产品，养老保险金信托具有以下几个特殊优势。

1. 养老资产安全隔离

对老年人来说，选择值得托付的对象照顾自己的晚年生活十分重要。随着年纪的增长，老年人的认知能力、对信息的收集能力、辨别风险的能力、自我保护的能力、对身边人和环境的控制能力都会逐步下降，因此我们才会频频在新闻报道中看到老年人遭遇诈骗的事件。而保单产品具有高保障性、收益确定性，信托财产具有强独立性，两者结合使得养老保险金信托成为一个值得充分信任的工具。对外可以防止养老储备遭遇投资风险、诈骗风险；对内可以保障养老储蓄，避免养老储备遭到挪用，从而享受社会优质养老资源。

2. 确保养老目的实现

整体来看，我国老年人养老主要有居家养老和社区养老两种模式。近年来，随着社会观念的变化、养老社区服务不断发展，越来越多的老人选择从家里走出来，进入养老社区养老。此时，国内多家保险公司提供的养老服务就是针对老年人这一需求的。养老服务的需求是复杂、长期、全面的，业内需要针对老年人不同的生命周期、身体健康状况、心理需求变化、财务管理目标等给出灵活和贴切的方案。而保险公司作为平台机构，可以为客户直接打造或在第三方机构中选择值得信赖的、专业水平相对较高的养老服务提供商，使老年人的养老品质、生活体验得以保证。

养老的品质在很大程度上依赖于财富的储备，"保险＋信托＋养老"这一模式能够在前期为老年人锁定足额经济储备，再通过生存金的缓慢释放，确保老年人在经济上无后顾之忧，无惧长寿。信托对养老机构的直接支付模式，可以有效精简以往需要由老人或子女完成的对养老机构的付款流程，费用不再经由老人中转而直接从信托支付，避免老人年迈后因理财与认知能力下降而遭遇独自处理财务问题的难题，也可以保证养老服务机构及时、足额收取服务费用，从而为老年人长期的养老金管理、养老服务的续接提供了保障。

3. 养老服务与财富管理相结合

虽然是以养老为优先目的成立的保险金信托，但在养老之外，此类信托仍然具备了常规保险金信托所具有的风险隔离、财富管理的功能。信托财产的独立性既能够防范老年人自身可能遭遇的意外、疾病、失能失智等带来的风险，也可以防范监护人挪用、侵占财产的风险，发挥"财富保险箱"的作用，保障老后的生活质量。

在老人离世之后，保险金信托中如果仍有未分配的资金，则可以按照委托人的意愿，实现有规划的财富传承，在未来的家庭生活中继续发挥作用，比如防范子女婚姻风险、挥霍风险，避免子女为继承发生纠纷等。

整体来说，现阶段我国此类养老保险金信托的业务模式还比较简单，多集中在以保险资产支付养老费用这一环节，行业标准、行业协同性有待加强。未来，在服务能力上还有很大想象空间，我们也期待养老保险金信托能为社会养老问题提供更多、更优、更惠民的解决方案。

二十、如果保险金信托的受益人为无行为能力子女，受益金该如何监管？

张女士的儿子患有严重肌无力，18岁了生活还不能自理。夫妻俩为这个孩子尽心尽力，四处寻医问诊，治疗训练，但孩子的身体情况始终不如预期。张女士的丈夫生意非常忙，平时都是张女士与保姆来照顾儿子，为了照顾好儿子，夫妻二人也没有再生育子女。张女士很担心一旦自己和先生不在了，孩子无依无靠，因此想为自己的孩子做长远的安排。

都说"有妈的孩子像块宝"，这对于无行为能力的孩子更是适用。这类孩子既缺乏照顾自己的能力，也缺乏保护自己的能力，让父母格外揪心。无论贫穷还是富有，父母在世的时候会拼尽全力护孩子周全，为孩子撑起一片天空，可一旦父母离世，生活无法自理的孩子就不得不独自走完余下的人生旅途。

案例中的张女士夫妇虽然创造了不菲的财富，且完全可以支撑儿子接下来的日常开支，但是由于儿子生活无法自理，想找到一个可以托付的人日后代管财产和照顾儿子，实在太难了。

第一，愿意承担责任的亲朋好友，本就不多；第二，就算有人愿意，但信任这一关也很难过，毕竟这么大一笔钱给一个亲友管理，还把孩子的终身托付给亲友，这对人性是巨大的考验。亲友会不会虐待孩子，私吞财产？答案不可知。

张女士夫妇需要做好两方面的安排：一方面是生活保障，保证日后孩子有人照顾；另一方面是财富保护，使自己留给孩子的财产能够真正用于孩子的生活开支而不被他人觊觎和侵占。这时保险金信托就可以很好地发挥作用。

张女士可以自己为投保人和被保险人购买一份大额保单，然后将这份保单放入家族信托，形成一份保险金信托。保单连同所有的保险利益都是信托资产。根据这份保单架构，日后张女士不在了，保险公司将赔付一大笔保险金，这笔保险金将进入信托，成为信托资产。信托按张女士儿子的生活需求，定时定量发放费用用于支付孩子生活所需的各种开支。由信托公司帮张女士儿子选择一家24小时全天候的护理机构，日常所有费用都由信托资产直接支付。同时，指定一位自己信任的亲友作为信托的监察人，每年给监察人支付一定的费用，用以保证监察人的积极性和支付其履行检查责任的合理开支。这样信托公司因为监察人的存在，也会更加审慎地履行职责，保障受益人的权益。

我们建议，一定要指定可信赖、负责任的亲戚朋友作为信托的监察人，全方面保证弱势子女的权益，在其权益受损时可以站出来为其维权，保证信托良好运转。

第三章 境内家族信托：
保障家企财富的强力盾牌

一、什么是家族信托？其法律架构是什么？主要有哪些角色？

近些年，境内家族信托已成为私人财富保障传承的经典工具，许多人会主动咨询和了解。那我们就从基础概念开始，介绍一下什么是境内家族信托。

什么是家族信托？

2023年3月银保监会对外发布的《中国银保监会关于规范信托公司信托业务分类的通知》，对家族信托做出了以下规范性的说明：

"信托公司接受单一自然人委托，或者接受单一自然人及其亲属共同委托，以家庭财富的保护、传承和管理为主要信托目的，提供财产规划、风险隔离、资产配置、子女教育、家族治理、公益慈善事业等定制化事务管理和金融服务。家族信托初始设立时实收信托应当不低于1000万元。受益人应当为委托人或者其亲属，但委托人不得为唯一受益人。家族信托涉及公益慈善安排的，受益人可以包括公益慈善信托或者慈善组织。单纯以追求信托财产保值增值为主要信托目的、具有专户理财性质的信托业务不属于家族信托。"

家族信托的法律架构

家族信托中，通常存在委托人、受托人、受益人这三类基本的信托主体。举例来说，王总希望设立一个家族信托，那么王总作为拿出财产放进信托的人，则属于信托的委托人；承担信托财产管理和信托利益分配的职能并与王总签订信托合同的信托公司，毫无疑问是信托的受托人；而信托的受益人，则可以是王总夫妻及其子女，受益人只需要享受信托分配的利益即可，但前提是满足信托利益分配的设定条件。如图3.1所示。

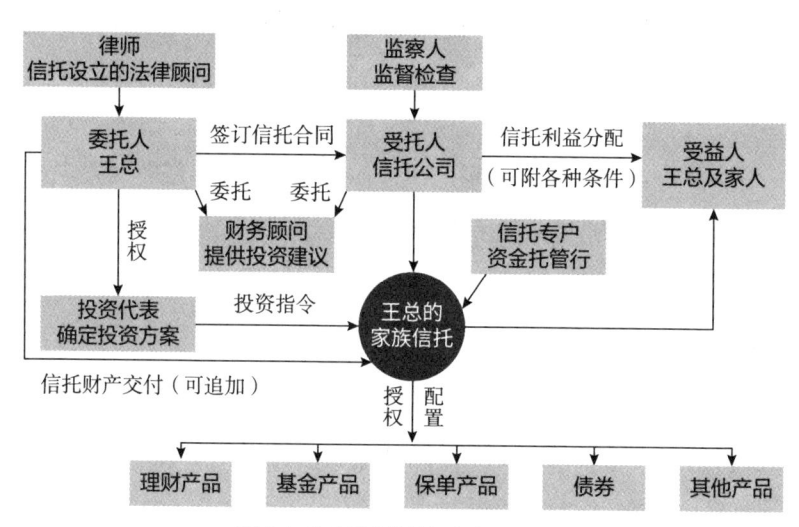

图3.1 资金型家族信托法律架构示例

信托还可以设置监察人的角色，主要承担监督和检查信托运行的职责，防止受托人履职不到位。通常情况下，监察人是在委托人发生意外等特定情形时，替委托人做一些工作，下文会详细讲解哪些情况下需要设置监察人。

信托还可以设置投资代表的角色，由委托人聘请，通常代表委托人与受托人进行沟通，包括讨论信托资产配置哪些产品，发出投资指令，听取信托财产管理报告，还可以为委托人提供投资建议，解决委托人时间精力不够的问题。当然，投资代表这个角色不是必须有的。

有些信托还会有财务顾问的角色，银行发起设立的家族信托一般会由银行来担任财务顾问，这个财务顾问可以由受托人聘请，也可以由委托人直接聘请。这主要是为了发挥银行在投资理财上的优势：一是有强大的投研团队，二是有丰富的金融产品可供选择，三是有规范的风控机制。所以，受托人会与银行一起服务好委托人。如果委托人是自行找到信托公司直接签约设立家族信托的，可以与信托公司协商是否设置财务顾问的角色。

有些委托人设立信托时还会聘请专业的律师作为法律顾问，协助设计信托方案，修订信托的法律文件。委托人聘请律师主要是因为以下 10 种情况：

1. 设立的信托方案比较复杂，例如股权信托、上市公司股票信托。
2. 设立信托的委托人的婚姻家庭情况复杂，例如再婚家庭、继子女家庭。
3. 设立信托的委托人的企业情况比较复杂，例如正遇到债权债务诉讼。
4. 设立信托的资金来源复杂，例如从第三人转来的代持资金。
5. 设立信托的委托人的身份关系复杂，例如有外籍身份或海外永久居留权。
6. 设立信托的目的复杂，例如想照顾患有疾病的子女。
7. 设立信托要照顾的人较多，例如还包括兄弟姐妹及外甥侄子等。
8. 设立信托的税务比较复杂，例如受益人为美国税收居民。

9. 设立的信托还需要与委托人其他的举措配套实施，例如家族宪章、预防性遗嘱要求与信托合同条款配套实施。
10. 设立信托要解决特殊类型问题，例如离婚财产分割时要拿出部分资金建立子女养育信托，要把离婚事项与信托设立同步解决。

以上都需要专业律师协助委托人与信托公司一起设计信托方案，同时需要律师对信托合同条款逐一审核修订，最终帮助委托人设立一个精准可靠的信托。

二、中国境内家族信托的发展现状

笔者之一王芳律师曾有幸参与了中国境内第一单家族信托的设立。当时为了实现客户的心愿，王芳律师与某私人银行频繁开会探讨论证，还联系了《信托法》的起草专家以及最高人民法院民事审判庭法官，与他们探讨在中国境内落地第一单家族信托的可行性与法律效力。可以说，作为境内家族信托创设及发展历史的见证人之一，面对如今家族信托、保险金信托业务的迅速增长，王芳律师感慨万千。

如今行业对家族信托的监管和分类已经非常清晰了，其实家族信托只是整个信托领域的一个分类。根据2023年的《信托公司信托业务具体分类要求》，信托领域分为资产服务信托、资产管理信托、慈善信托等25个业务品种，资产服务信托按照服务内容和特点分为财富管理服务信托、行政管理服务信托、资产证券化服务信托、风险处置服务信托和新型资产服务信托5类。我们熟知的家族信托、保险金信托、家庭服务信托均属于第一类的财富管理服务信托。

究竟是什么原因推动了家族信托快速增长？其未来发展又呈现

何种趋势？

财富传承需求促进了家族信托业务增长

根据胡润研究院发布的《2023 胡润财富报告》，中国拥有千万资产的高净值家庭共 208 万户，亿元资产的超高净值家庭可达到 13.3 万户。预计在未来 10 年内，将有 21 万亿元财富传给下一代，20 年内将达到 49 万亿元，30 年内则将达到 84 万亿元。因此，随着中国第一代创业者年龄增长及财富观念的改变，这类群体日益注重家庭财富的传承需求。而家族信托作为一种起源于英国工业革命时期，经历史检验的财富传承工具，能够起到帮助高净值人群实现财富安全传承和有效管理的作用。

政策支持和市场金融主体大力推动

《信托法》从 2001 年 10 月 1 日便已生效实行，20 多年来成为信托发展的有力支撑。2023 年 6 月实行的《中国银保监会关于规范信托公司信托业务分类的通知》，进一步规范了家族信托的实行规范、分类规则，为家族信托的实践业务展开提供了明确的方向。而以银行、信托公司、保险公司为主体的一系列金融机构也积极主动地创新服务产品，以资产服务信托为客户提供财富保障传承服务。

法律税务监管加强进一步促使客户启用信托的风险防范

2024 年 7 月 1 日新《公司法》开始实施，其中加强了股东及董监高的职业风险意识，同时随着"金税四期"智能化的税务服务和税务监管越来越成熟，许多企业主和董监高也对企业家业风险隔离更加重视，此时家族信托及保险金信托的需求被进一步激发。

可以预见，未来中国境内家族信托类型将更加丰富，认可并设立信托的家庭也会越来越多，信托工具也必将绽放其绚烂的光彩！

三、家族信托的受益人激励机制和约束机制是什么？

我们曾经帮助一位戴总成立家族信托，该信托的受益人分别为戴总10岁的儿子和8岁的女儿。在签订家族信托合同前，戴总提出要举办一场别开生面的家族信托签约仪式，并且邀请自己的主要亲属前来参加。为了满足戴总的心愿，我们和银行方共同精心筹划了一场鸡尾酒酒会。在仪式当天，戴总将两位穿着礼服的子女领到台上，对他们说出了一番意味深长的话："孩子们，爸爸的财富并不直接属于你们，为了鼓励你们成长，爸爸在信托中为你们规划了未来奋斗的方向。倘若你们能保持正能量，积极学习，阳光生活，我的财富将通过信托守护在你们的身边。但是，倘若你们将来不务正业或是染上恶习，那么我的财富宁愿捐赠给慈善组织，也不会留给你们。"戴总之所以煞费苦心地组织信托签约仪式，就是想通过这一重要的时刻，告诉子女在以后的漫漫人生中，这份信托将和父母一起陪伴着他们，并且信托条款会时刻激励与约束他们，鼓励他们拥有健康的生活习惯、积极的工作态度，时刻丰富自己的精神内涵，防止他们挥霍败家。

家族信托的激励与约束机制具体是什么呢？它为什么能对子女的生活产生激励和约束作用？

在将子女设置为受益人的信托中，委托人通常会规定每年给子女一部分基础资金，用这笔钱确保子女日常开支所需，使他们享有基本的物质生活保障。同时在家族信托的协议中做进一步的约定，例如，当子女考上世界名牌大学或者考上研究生时，家族信托便向子女发放奖励基金；又如，当子女在专业赛事获得奖项、取得一些专业研究成果或考取某项职业资格证书时，家族信托便向子女发放专业奖励基金；还有，当子女结婚生子，家族信托便向子女发放一笔结婚准备金和抚养支持金。通过设立家族信托的按条件分配条款,让作为受益人的子女在成长过程中得到正向激励。

家族信托还可以通过约束机制不让子女"走歪路",例如发现子女有赌博、沉迷电子游戏、打赏主播等行为时,便减少或延期发放信托资金,甚至停止分配。正如案例中的戴总和其他很多高净值人士所期望的那样,即使未来自己不在了,信托也能代替自己长久地陪伴在子女身边。

在设计家族信托的分配方案时,委托人还需要与信托公司进行沟通,根据具体需求对信托的合同条款进行弹性调整。

四、家族信托的受益人可以安排哪些人?

家族信托中的受益人身份,通常可以分为法律上的受益人身份和实务中的受益人身份两种。法律上的受益人身份,是指依据《信托法》的相关规定,理论上所允许的受益人范围。实务中的受益人身份,则是因为多种原因,对法律上的受益人身份的范围进行调整。以下我们来分别说明。

法律上的受益人

《信托法》第四十三条规定:"受益人是在信托中享有信托受益权的人。受益人可以是自然人、法人或者依法成立的其他组织。"同时根据《信托公司信托业务具体分类要求》,家族信托中的受益人应为委托人或其亲属,但委托人不得为唯一受益人。家族信托涉及公益慈善安排的,受益人可以包括公益慈善信托或者慈善组织。

由此可见,家族信托中受益人先定为委托人及其亲属。《民法典》第一千零四十五条规定,亲属包括配偶、血亲、姻亲。

这主要是防止人们利用家族信托做违法违规的事,例如洗钱、转移资产避债、进行商业贿赂、转移夫妻共同财产等。

实务中的受益人

实务中的受益人，还包括继子女或继父母、养子女或养父母、《民法典》中认定的与委托人拥有照顾、赡养、抚养义务的人，以及依赖委托人生存的人。

例如，王先生有一个表姐，表姐有一个8岁的女儿，在一次车祸中表姐夫妻不幸双双身亡。之后，王先生将表姐的女儿接到家中抚养，表姐的女儿从此依赖他生活，这就形成了特殊的抚养关系。因此，王先生可以在设立家族信托时，将表姐的女儿定为受益人。当然，这需要提供相应的证据，并经过信托公司前期尽职调查后再确定。

也存在一些较为特殊的信托形式，例如慈善信托，其受益人一般不为自然人，而是法人或者依法成立的其他组织，这在实务中较为常见。

五、家族信托财产的分配方式主要有哪几类？

理论上，家族信托财产的分配方式比较灵活，可以按照委托人的意愿量身定制。不过，当前承办家族信托业务的金融机构一般在信托合同中设定了标准化的选项，主要分为以下三种：定期定额的分配，满足一定条件分配，一次性分配。

定期定额分配

该分配方式是家族信托最普遍的分配方式，一般为委托人事先设定分配日期、分配对象后，受托人在指定时间将固定数额的资产分配给受益人。例如，在信托合同中委托人可以这样约定：

"自2030年后,每个月给我的孙子××生活费10万元,并于每月1日分配。"这样的分配方式在家族信托中最常见,主要优点是分配规则清晰简单,执行层面稳定,能长期均衡保障受益人的利益等。

满足一定条件分配

该分配方式可以理解为,受益人如果满足家族信托中约定的条件,可向受托人递交书面申请,获得信托财产分配。通过该分配方式可以实现信托的激励和约束机制,例如设定"受益人获得硕士学位时可申请分配××万元""受益人生育子女时,可申请分配××万元""受益人购买住房时,可申请分配××万元""受益人领证登记结婚时,可一次性分配不超过××万元""受益人若违法犯罪,则暂停×年内发放信托分配金"。通过设定这些条件,达到激励与约束子女的目的,让信托成为子女最好的"财富老师",陪伴其成长。值得注意的是,违反公序良俗的条款不能设立。

一次性分配

该分配方式是指,受益人在满足一定条件时,申请一次性领取所有或部分家族信托的财产。例如,可以根据受益人的年龄指定财产的分配。香港女演员沈殿霞生前曾在家族信托中要求,在女儿郑欣宜35岁前每月定期发放少额的信托受益金给她,在女儿年满35岁后,可提出申请,将剩余的大多数信托财产一次性分配给女儿。

在实践中,信托受益人难免会遇到紧急的突发情况,例如需要出国治疗重疾,企业经营周转困难需要过桥资金,创业需要启动资金等,信托合同可以赋予受益人临时申请分配的权利,经受托人或监察人审核同意后就可以分配,这使得家族信托财产的使用更具灵活性。

除了上述三种标准的选项,信托合同还可以根据委托人的意愿及受益人的需求，对分配条款进行调整。

六、家族信托的委托人和受益人各有哪些权利？

我们在日常工作中，发现许多客户对家族信托设立后自己是否还有控制权这一点存在误解，这主要是他们对家族信托的法律架构以及委托人的权利不清楚造成的。接下来，我们先来看看委托人拥有哪些权利。

委托人的权利

1. 信托管理知情权

《信托法》第二十条规定："委托人有权了解其信托财产的管理运用、处分及收支情况，并有权要求受托人作出说明。

委托人有权查阅、抄录或者复制与其信托财产有关的信托账目以及处理信托事务的其他文件。"

在《信托法》中，委托人被授予了对信托的知情权利，这样便能够满足委托人时刻掌握信托动向、了解信托运行状况的需求。

2. 撤销处分行为与解任权

在实践中，委托人最关心的一个问题就是受托人会不会严格遵守信托协议，即按照自己的心意处理信托资产，不盲目运行、私下消费、暗中转移信托资产。因此《信托法》赋予了委托人撤销受托人处分信托财产行为的权利。

《信托法》第二十二条规定："受托人违反信托目的处分信托财产或者因违背管理职责、处理信托事务不当致使信托财产受到损失的，委托人有权申请人民法院撤销该处分行为，并有权要求受托人恢复信托财产的原状或者予以赔偿；该信托财产的受让人明知是违反信托目的而接受该财产的，应当予以返还或者予以赔偿。"

同理，在信托实践中，委托人享有对受托人任免的权利，此权利在《信托法》第二十三条亦有相关规定。该条规定受托人倘若违背信托目的处理信托财产或造成重大过失的，委托人有权依据信托文件的规定解任受托人或申请法院解任受托人。

3. 调整信托财产管理方式权

在信托实践中，委托人通常对信托资产及其运行方式有间接的管理和控制权。其中一部分权利往往体现在信托订立的初期。委托人通过订立信托协议，使信托资产的运行方式和分配制度符合自己的心意，协议成立后受托人严格按其执行。信托协议生效后，委托人通常缺少直接管理信托资产的权利，但《信托法》第二十一条也有例外规定："因设立信托时未能预见的特别事由，致使信托财产的管理方法不利于实现信托目的或者不符合受益人的利益时，委托人有权要求受托人调整该信托财产的管理方法。"

由此可见，委托人在信托运行后，也可以要求受托人遵循自己的意思更改信托的运行方式，因此对于信托资产仍然拥有部分间接的调整权。但值得注意的是，本条的成立条件是因设立信托时未能预见的特别事由，因此只适用于特殊状况下。委托人擅自频繁地干涉信托管理，很可能让法院判断其对信托资产仍然拥有实际的控制权，因此在委托人发生债务危机时导致信托被法院击穿，信托资产也被列入强制执行的范畴。

4. 解除信托权

在信托实践中，委托人在一定条件下享有对信托的解除权。《信托法》第五十条规定："委托人是唯一受益人的，委托人或者其继承人可以解除信托。信托文件另有规定的，从其规定。"换言之，信托委托人可以事先通过信托合同条款约定哪些情形下自己可以行使合同解除权。

总体来说，在我国《信托法》等相关法律规定中，依然保留或者允许委托人享有较大的权利，其中包括对信托的控制力，只不过委托人对信托资产的控制力越强，信托资产的独立性就越弱，也更容易在面对法院执行时被击穿。如何有效对两者进行平衡，就成了每一位客户应该深思的问题。

受益人的权利

在家族信托主体中，受益人是指通过家族信托接受实际利益的人，其享有受益权、受益权的放弃、受益权的转让和继承，还享有与委托人重合的部分信托管理权及撤销解任权。

1. 信托财产受益权

《信托法》第四十三条规定："受益人是在信托中享有信托受益权的人。受益人可以是自然人、法人或者依法成立的其他组织。"

对受益人来说，其享有的受益权是其最基础的权利，通过委托人的指定，信托协议中的资产经过配置后将最终流入受益人的口袋，其中不仅包括信托资产投资理财后产生的收益，而且包括注入信托资产的本金。

2. 受益权的放弃

《信托法》第四十六条规定："受益人可以放弃信托受益权。全体受益人放弃信托受益权的，信托终止。"

3. 受益权的转让和继承

《信托法》第四十八条规定："受益人的信托受益权可以依法转让和继承，但信托文件有限制性规定的除外。"

根据本条，受益人倘若想要放弃受益权，并将其收益部分转交给其他人，需要满足一个条件，那就是信托协议中明确允许受益人转让或继承收益权。在信托实践中，委托人通常不会允许该行为。

4. 与委托人重合的权利

《信托法》第四十九条规定："受益人可以行使本法第二十条至二十三条规定的委托人享有的权利。"相当于受益人享有前述委托人具有的知情权、管理权、撤销解任权。

七、信托委托人的投资代表是什么定位？主要负责什么工作？

很多人容易将委托人指定的投资代表和受托人聘请的财务顾问弄混。例如，误以为投资代表就是信托公司或者银行，其实不然。信托委托人的投资代表其实是独立的个体，其受委托人聘请或指定，有些合同称之为"投资指令人"。

受托人聘请的财务顾问

当家族信托成立后，受托人要开始履行对信托财产管理和分配的职能，此时受托人经常会聘请银行、第三方理财机构等担任信托资产的投资顾问，从而借助第三方专业机构来提供投资建议或投资标的。参见图 3.2。

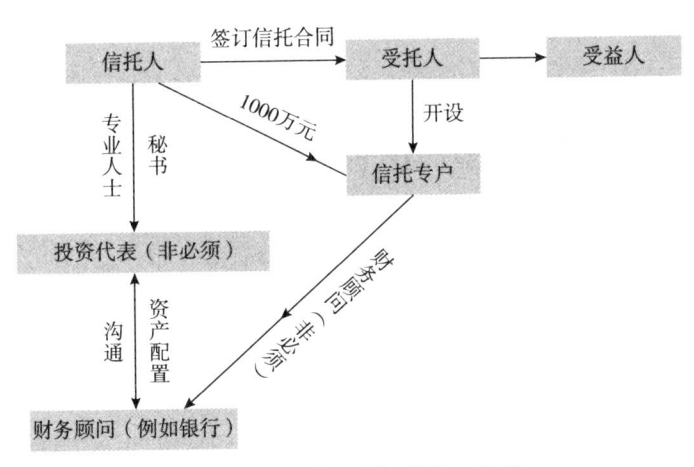

图 3.2 境内家族信托财产管理方式示例

委托人聘请的投资代表

在信托财产进行资产配置的实践中，委托人是可以另行聘请投资代表（或称投资顾问、投资指令人）的，其定位主要是：第一，为信托财产的配置提供专业的建议；第二，针对信托财产管理情况与受托人进行沟通与协商；第三，对信托受托人的投资建议进行专业判断和决策；第四，对信托财产的资产配置给出投资指令；第五，接受受托人年度信托管理报告；第六，在委托人出现意外情况或是丧失民事行为能力的情况下代委托人继续与受托人沟通。投资代表类似于信托委托人的专业财务管家，既解决了委托人不擅长投资理财的问题，又很好地缓解了委托人管理实体企业时间精力不足的压力。

值得注意的是，我国现行的《信托法》虽未对委托人的投资代表做出明确规定，但其在信托实践中常被应用。委托人倘若想在信托中增添投资代表这一角色，一要看信托公司既有的家族信托设计方案是否有该角色。倘若有，可聘请投资顾问；倘若没有，也可与其磋商，在信托架构中添加委托人的投资代表。二要看自己身边是否有适合担任投资代表的专业人士或专业机构。

八、纯资金型家族信托财产的管理方式有哪些？

目前纯资金型家族信托主要是由银行发起，银行与信托公司配合完成的。本节以某银行客户张先生设立的纯资金型家族信托为例，来介绍一下信托财产管理的方式。在这类信托中，信托公司担任的是信托受托人，银行担任的是信托的财务顾问。委托人直接在信托公司设立的家族信托或是通过第三方理财机构设立的家族信托，其信托财产管理方式有所不同，本节不展开介绍。

全权委托

全权委托，是指委托人委托财务顾问或受托人委托财务顾问，由财务顾问，也就是银行在金融市场中寻找合适的投资产品，并自行决定信托资产的配置对象。全权委托并不需要委托人亲自下指令，以及过问每次投资的产品，通常情况下在设立信托时签署全权委托的文件即可，每半年或在全年某个时间段，由信托受托人及财务顾问统一向委托人汇报信托财产管理情况。由各大银行发起的纯资金型家族信托会专门成立为委托人全权管理信托资产的部门，银行内部有完整的管理机制、产品范围、配置原则。这种方式相对会节省委托人的时间与精力，比较适合委托人非常忙碌且对受托人及财务机构非常倚重的情况。

指令委托

指令委托，是指受托人的财务顾问（即银行）并不直接决定信托资产的配置，而是根据委托人的风险偏好和信托财产管理目的，制订合适的投资方案后，征求委托人（或者委托人的投资代表）的意见。委托人或其投资代表经过审核后，便会对不同的理财方案做出指令，有可能进行调整，也有可能全部接受，受托人收到命令后才能操作。这种情况适合于委托人自身精通金融投资，擅长理财且有足够的时间精力与受托人或财务顾问沟通的情况。

例如，张先生通过银行设立了1000万元资金的家族信托，并做出指令由自己的女儿担当投资代表，同时受托人（即信托公司）聘请某银行担任信托的财务顾问。该银行制订出5种不同金融产品的投资方案，交给张先生的女儿进行审核，审核后出具投资指令书交给财务顾问及信托公司，之后信托公司按照此投资方案操作。

九、什么是信托的监察人？什么情况下要安排监察人？

在我国的信托实务中，有些高净值客户往往对信托的运行状况感到担忧，希望将资产的控制权时刻掌握在自己手里，最担心的是如果自己将来离世后，信托财产管理得怎么样，又有谁来替自己盯着。因此，在家族信托中，委托人可以根据自己的实际需要，设立监察人来监督家族信托的运转，并通过信托协议赋予其不同的权利和义务。监察人可以是信托委托人本人或其配偶，可以是其子女或父母，也可以是没有血缘关系的朋友或专业律师。我们经常帮助客户在信托合同中单独设定监察人的权利与义务，通常体现在信托合同分则里。以下通过一个实际案例来说明在哪些情况下我们可以考虑设置监察人。

离异单身的孙总考虑设立一个家族信托，受益人为自己的一双儿女，他非常信任自己的妹妹，而且他的妹妹有金融从业经验，于是他打算让自己的妹妹来担任信托的监察人。我们来分析一下孙总在哪些情况下可以考虑安排监察人，并如何用好这一角色。

孙总无暇监管信托的运行情况，赋予监察人知情权

例如，妹妹作为监察人，代表孙总对信托的运行情况进行监督，了解信托财产的管理、运行、投资情况、支出与收入、处分用途等，并要求受托人解释说明，再将这些信息汇报给孙总。而且监察人拥有对信托合同未约定事项的决定权，一旦发生信托协议中未约定的意外情形，监察人有权做出决定。

孙总去世后的财富传承，监察人有对信托的监督权

例如，信托合同可以约定，一旦孙总去世，那么信托公司有义务将信托财产的管理情况向妹妹汇报，信托财产资产配置的指令将由妹妹发出。另外，向信托受益人分配财产时，信托公司要先取得妹妹的同意。如果信托受益人一双儿女将来想把第三代直系血亲加到信托受益人的范围，也需要妹妹的同意。总之，监察人的权利范围是可以量身定制的。

孙总丧失民事行为能力，监察人代其看管信托

现实中，孙总可能会遭遇一些突发情况，例如突发疾病、遭遇车祸，导致其昏迷不醒，丧失民事行为能力。在这种情况下，妹妹作为监察人可以代替孙总与信托公司继续沟通，同时监督信托财产的管理情况和利益分配情况。

监察人可以被用来保障单亲家庭未成年受益人的利益

如果孙总是在离婚后用自己的个人财产为未成年子女设立的家族信托，可能会担心倘若自己去世，信托中分给未成年子女的利益会落入前妻手中，因为此时未成年子女的法定监护人是前妻。在这种情况下，孙总可以将自己的妹妹设为监察人，与孩子未来的"法定监护人"相抗衡。孙总可以事先在信托合同里将妹妹设为监察人，修改信托利益的发放时间，减少对未成年子女的发放额度，积累到子女成年后再逐年增加利益分配的额度，就很好地保护了信托利益不会落入前妻之手。

以下两种虽不是将妹妹设为监察人的情况，但也是我们在设置监察人时常遇到的情况，所以在此做补充说明。

离异夫妻的信托分配，设立监察人来相互制衡

假如当年孙总与妻子离婚时，夫妻共同财产有5000万元，离婚时双方商量好从中拿出1000万元设立家族信托，受益人是两人的一双儿女，作为孩子未来的成长教育基金，另外4000万元两人离婚时平均分割。如果信托的委托人是孙总，那么妻子可能会担心孙总将来私自变更信托受益人，因此妻子可以担任监察人，达到相互制衡的目的。

对丧失或部分丧失民事行为能力的受益人提供保护

我们曾经接待过一对夫妻客户，他们只有一个女儿，但女儿患有严重的抑郁症，生活不能自理，夫妻俩平时聘请家政阿姨全天照顾她，他们担心自己离世后，无人照顾女儿。于是我们建议他们通过以下组合方案来解决：指定女儿的监护人（代女儿从事民事行为）+ 保险金信托（提供未来照顾女儿的资金）+ 高端养老社区（对女儿进行照顾）+ 监察人（对女儿的被照顾状况进行监督），此时监察人就起到了照顾和保护女儿的作用。

十、为实现家庭成员的债务风险隔离，设立家族信托或保险金信托时要注意什么？

前文介绍过，为了对企业经营与债务风险进行隔离，最好能够搭建家族信托或保险金信托，那么有些企业主会有疑惑，是不是只要设立了家族信托或保险金信托，就一定能隔离债务风险呢？

答案是，只有按照法律的要求设置了精准的信托架构，才能真正起到隔离债务风险的作用。我们根据多年从业经验，提醒大家要注意以下三点。

设立信托时的家庭资产额大于债务额

我们在接待客户咨询时遇到过这样一起案例：张总的公司业务是承接建筑工程，但近期出现了严重的"三角债"，一方面他的公司承接的上游房地产开发商迟迟不给张总结账，拖欠了上千万元；另一方面张总欠下游建筑材料供应商建材款数千万元，已经有十多家公司把张总的公司告上了法庭，并且冻结了张总公司对公银行账户。张总公司的注册资本是1亿元，他本人实缴了1000万元，还有 9000 万元未出资到位。张总问我们，最近有一家上游企业要回款结账 3000 万元，这笔钱能不能不进公司的账户，而是直接转到其个人银行账户，然后用这 3000 万元设立家族信托。我们听了以后哭笑不得，家族信托岂能用来恶意避债？

要想通过家族信托实现债务隔离，在设立前委托人应对个人及家庭资产及负债做出评估。在家庭良性负债时设立家族信托或保险金信托是没有问题的，例如有住房按揭贷款或是信用卡临时消费等。但是如果已是负债累累，诉讼缠身，如上述案例中张总的情况，设立家族信托或保险金信托就来不及了，因恶意避债而设立信托，一来很难通过信托公司前期的尽职调查，二来容易被击穿，变成一个假信托，根本起不到风险隔离的作用。

企业主本人不能是唯一受益人

在家族信托中，一般情况下委托人是企业主，他最好不要成为受益人，尤其不要成为唯一受益人。这是因为《信托法》第十五条规定："设立信托后，委托人死亡或者依法解散、被依法撤销、被宣告破产时，委托人是唯一受益人的，信托终止，信托财产作为其遗产或者清算财产。"

倘若委托人现在或未来面临较大的债务风险，但又想把自己变成信托受益人的，那么受益比例一定要小。这是因为如果信托利益分配给企业家自己，相当于又变成了企业家个人名下的财产，此财产脱离了信托，照样可以被法院强制执行。

避免赋予委托人过多的权利，尤其避免设立临时紧急分配权

我们的一位客户提出："我把钱都放进家族信托，万一将来我急用钱怎么办？我能不能在家族信托的协议中设一个特别条款，把自己设成信托受益人，然后享有临时紧急分配权，且没有限制。这样当我急需用钱的时候，就从信托里提取资金，想提多少提多少，

岂不是很好？"

我们告诉客户，这种条款将导致信托对于资产的保护能力大大降低。这是因为信托一旦设立，客户的资产将属于受托人，由受托人实际控制。而如果信托合同赋予委托人受益人的身份，并且可以任意申请提取信托利益，这很可能被认定为假信托，一旦委托人面临债务风险和诉讼时，债主们有可能会挑战信托的效力。

从法律原理来说，信托之所以能够隔离债务风险，就是因为其本质是信托财产，而不是委托人的财产，也不是受益人的财产。如果信托合同赋予了委托人过多的权利，就容易被视为假信托。

除了以上三点，还要注意信托公司前期尽职调查的合规要求，这些要求比较琐碎，如信托财产必须是合法财产来源，信托委托人对放进信托里的财产拥有完全处分权等，此处就不再赘述了。

十一、信托设立后，如果委托人或受益人临时需要用钱怎么办？

有些客户尤其是企业主，虽然认可家族信托的各种功效，但仍时有担心，如果临时急用钱怎么办，放进信托里的钱能拿出部分来救急吗？我们给的答复是，如果以委托人身份把钱从信托里拿出来是行不通的，但通过受益人分配的方式还是有操作空间的。

家族信托分配的方式较为灵活，除了定期定额的分配方式，还有两种其他分配方式，可以为受益人或其家庭提供临时的资金支持，分别是临时分配与一次性申领。委托人可以在信托中设立这两种分配方式，受益人则按照固定格式填写信托利益临时分配申请书或信托利益一次性申领书，并提交信托公司且审核通过后，即可获得相应的财产分配。

临时分配

以王总在某信托公司设立家族信托为例,王总为儿子设立一份装入 1000 万元的家族信托,儿子作为唯一的受益人,信托合同中约定,在满足以下任一条件后,便可向信托申请临时资金的分配。

- 当受益人年满 20 周岁后,一次性分配不超过 ×× 万元。
- 当受益人考取硕士或以上学位时,一次性分配不超过 ×× 万元。
- 当受益人购房时,一次性分配不超过 ×× 万元。
- 委托人临时书面要求受托人进行临时分配,一次性分配不超过 ×× 万元。

以上范本,相当于设计了应急条款,确保子女在遇到紧急情况仍有足够资金渡过难关。这对信托基础的定期定额分配方式起到了补充作用。

一次性申领

在某些情况下,委托人可能会在信托合同中设立一次性申领的分配方式,例如,张总为儿子与女儿设立一份装入 1000 万元的家族信托,每名子女最高受益份额不超过信托财产总净值的 50%。对于一次性申领的分配方式,张总可以这样约定:

当本信托的受益人满足下列任意一项或更多项的条件时,受益人可提交书面一次性申领申请,领取信托中属于其对应受益人份额的全部资产。

- 当受益人年龄大于 40 周岁。

- 当受益人生育两名子女及以上。

要特别提醒大家的是，在信托中设立临时分配或一次性申领，并不意味着受益人可以任意从信托中调取资产，否则，这个信托就容易变成假信托，其债务风险隔离功能将大打折扣。所以，我们建议委托人在设立弹性分配规则时要把握好分寸，毕竟家族信托设立的根本目的是资产保全和财富传承，而非解决流动性问题。真正要解决流动性的问题，还是要用信托之外的资金。

十二、如果信托公司经营不善破产了，信托财产还安全吗？

我们所接到的涉及家族信托和保险金信托的咨询，客户问得最多的就是这个问题。这也难怪，因为近几年的确出现过信托公司爆雷或是破产的事件。但是，信托公司破产清算并不会影响客户设立的家族信托财产。这是因为我国《信托法》第十六条规定："信托财产与属于受托人所有的财产（以下简称固有财产）相区别，不得归入受托人的固有财产或者成为固有财产的一部分。受托人死亡或者依法解散、被依法撤销、被宣告破产而终止，信托财产不属于其遗产或者清算财产。"

由此我们可以得知，当信托公司作为受托人依法解散或被宣告破产终止时，只清算信托公司本身的资产，客户所设立的家族信托或保险金信托内的资产不属于清算的范围。同理，如果信托的受托人为自然人，当受托人死亡时，该信托内的财产也不属于受托人的遗产。因此，信托财产相对来说是安全的。

在境内信托实务中，为了防止受托人出事儿，可以在信托合同中补充以下条款，"若日后受托人依法解散或被宣告破产时，委托人或受益人可更换信托受托人"，或者选择在信托终止情形条款里增加以下条款，"当本信托的受托人被宣告破产或解散时，本信托则终止"，以此来结束这份信托。

十三、如果对信托公司的财产管理不满意，可以更换受托人吗？

在信托实践中，客户经常会问的另一个高频问题就是，信托的受托人能否更换。客户是担心万一受托人不可靠或是不尽职，会影响信托财产的安全性。实际上，信托的受托人是可以更换的，主要分成以下三种情形。

依法定原则申请解任受托人

《信托法》第二十三条规定："受托人违反信托目的处分信托财产或者管理运用、处分信托财产有重大过失的，委托人有权依照信托文件的规定解任受托人，或者申请人民法院解任受托人。"

倘若受托人有了重大过失，没有按照信托合同的约定来履职，对信托财产经营不当导致财产发生损失，或对信托资产的处置违背信托合同中的根本目的，委托人此时可以提出要求对受托人进行解任，或申请由法院来裁判。

依信托合同约定更换受托人

根据《信托法》第二十三条，信托合同在设立时，如果信托委托人与受托人经过协商，约定了在某种情况下可以更换受托人的，那么当约定情形触发后，也是可以更换受托人的。但这种情形在实务中很少见。

受托人职责终止或辞任可以更换

《信托法》第三十八条规定："设立信托后，经委托人和受益人同意，受托人可以辞任。本法对公益信托的受托人辞任另有规定的，从其规定。

受托人辞任的，在新受托人选出前仍应履行管理信托事务的职责。"

该条规定的意思是，倘若委托人与受益人同受托人已经进行了良好的沟通，受托人职责已经终止或是基于某种原因主动辞任，那么经委托人与受益人的同意即可解任受托人。在选择信托的新受托人时，可以依据信托协议中的相关条款由委托人优先选任，在选出新受托人后，新受托人将拥有处理该信托事务的权利和义务。

由此可见，如果只是委托人对受托人在信托财产管理方面不满意，原则上是不能更换信托受托人的。所以，我们设立家族信托选择信托公司时，还是要事前考察一下。

十四、如果信托的委托人去世了，信托还能有效运行吗？

我们接待过的许多客户都问过："如果设立了信托，我活着当然好说，我能盯着信托的运行，但当我离世后，信托还能正常运行吗？能够确保我的子女分到信托里的钱吗？"

这个问题非常重要！

《信托法》第十五条规定："信托财产与委托人未设立信托的其他财产相区别。设立信托后，委托人死亡或者依法解散、被依法撤销、被宣告破产时，委托人是唯一受益人的，信托终止，信托财产作为其遗产或者清算财产；委托人不是唯一受益人的，信托存续，信托财产不作为其遗产或者清算财产；但作为共同受益人的委托人死亡或者依法解散、被依法撤销、被宣告破产时，其信托受益权作为其遗产或者清算财产。"

基于以上法律规定，我们可以分成以下三种情况来看。

委托人是唯一受益人

举个例子，若王总设立了1000万元的家族信托，受益人只有自己一人，当王总意外身故后，唯一的受益人也就去世了，信托资产则失去了分配的对象，因此该信托将终止。这1000万元将变为王总的遗产，由王总的继承人继承。此时信托就不存在了，变成了法定继承。

委托人与其家人为共同受益人

王总设立家族信托，将自己和儿子同时设为家族信托的受益人，儿子也享有信托的受益权。在这种情况下，倘若王总身故，该信托属于王总的那部分受益资产将变为王总的个人遗产，从信托资产中剥离。属于其儿子的部分仍然在信托里持续运行，不受影响。

具体来讲，王总设立了1000万元的家族信托，约定自己和儿子为信托的共同受益人，并且约定两人各占信托50%的利益。在设立完信托后第3年王总去世，该信托继续运行，儿子仍将陆续收到信托分配的500万元，而信托财产中属于王总的500万元将不再分配，变成王总的遗产分给其遗产继承人。

委托人不是受益人

王总设立家族信托，将自己的儿子设为信托的受益人，只有儿子一人享有信托的受益权。在这种情况下，倘若王总身故，信托继续运行，儿子也继续享受信托利益分配。一般情况下，设立家族信托时还会赋予儿子增加第三代受益人的权利。

由此可见，当委托人想在自己离世后信托仍能稳妥运行时，最初的信托合同的设计非常关键。我们建议，如果设立家族信托的目的是财富传承，那么一代作为受益人的受益份额就少一些，二代作为受益人的受益份额就多一些，这样做是为了防止把信托财产变成遗产，起不到财富传承的作用。此外，还要充分考虑委托人、监察人、受益人谁先去世的各种情况，如果发生低概率的事件，信托的利益分配又如何安排，这些都需要在信托合同里提前约定清楚。

十五、设立家族信托后可以修改信托的利益分配方式吗？

张总是中国家族信托的首批客户，他一直是某私人银行的贵宾客户，2018 年得知该私人银行正在积极推广家族信托业务时，张总就认为家族信托能很好地帮助家族财富传承，所以很快就拿出 2000 万元设立家族信托。5 年过去了，中途张总和原配发生了婚变，结束了自己的第一段婚姻，后来又迎娶第二任妻子并生育了一对双胞胎。张总想知道原来设立信托时的信托利益分配规则能不能变更。

在信托实务中，关于受益人变更，我们将其分为"按法定条款的变更"与"按约定条款的变更"两种情形，以下分别论述。

按法定条款的变更

《信托法》第五十一条规定："设立信托后，有下列情形之一的，委托人可以变更受益人或者处分受益人的信托受益权：

（一）受益人对委托人有重大侵权行为；

（二）受益人对其他共同受益人有重大侵权行为；

（三）经受益人同意；

（四）信托文件规定的其他情形。

可以得知，当信托设立后，满足以上四种情形，委托人才可以变更受益人或处分受益人的信托受益权。倘若不符合以上四种情形，委托人无权对其进行变更。其中第一至第三款情形，都属于法定变更受益人的情况，只不过在实践中较少发生。

按约定条款的变更

根据《信托法》第五十一条第（四）款，当信托文件规定了其他情形，委托人也可以变更受益人或者处分受益人的信托受益权。这一款规定反而在实践中用得比较多。信托公司的标准化合同版本基本上都赋予了委托人可以变更受益人或调整信托受益权的权利。例如，合同约定"委托人有权指定及变更受益人""委托人有权调整信托利益分配的方式"。

回到本节的案例，张总再婚后又生育了子女，他能否将再婚生育的子女追加为信托受益人呢？答案是"不一定"。因为这要看当年信托合同的具体约定，如果最初的信托合同没有设监察人，且信托合同中有"委托人有权制定及变更受益人"等条款，那么张总便可以追加信托受益人。但如果最初的信托合同设前妻为监察人，且约定如果委托人变更受益人或调整信托利益分配方式时要经过监察人同意，那么现在张总追加新的受益人就比较困难了。

十六、美国绿卡持有人能设立国内的家族信托吗？需要报税吗？

姜太太和孩子都持有美国绿卡，近几年姜太太带着孩子在美国生活，姜先生没有美国绿卡，且常年在国内经营企业，他们的家庭已经在美国设立了信托，是否还能在国内设立家族信托？

我国法律并没有明确禁止外籍人士或外国绿卡持有者在境内设立家族信托，对受益人的国籍也没有明确限制的规定。

但是，在实践中，很多信托公司从风险控制的角度考虑，会对委托人的国籍有所限制。

以美国为例，根据美国相关法律规定，美国国籍拥有者及美国绿卡持有者均是美国税收居民，而美国税收居民受到美国《海外账户税收合规法案》（Foreign Account Tax Compliance Act，FATCA）的严格限制，美国税收居民在海外开设金融账户时，海外的金融机构有向美国报告和提供相关数据的义务，如果金融机构不提供，则会面临美国的一系列制裁。

在具体开展业务时，国内很多信托公司出于通盘安全的考虑，并不愿意接受FATCA，向美国披露商业数据，所以在设立家族信托业务时，面对美国税收居民作为委托人的，信托公司是非常谨慎的，甚至不少信托公司会直接拒绝。

但如果境内家族信托的委托人不是美国税收居民，只有受益人是美国税收居民，一般境内的信托公司不会严格限制，但会在信托合同里明确约定，受益人有如实告知信托公司其税收居民身份及身份发生变化后的披露义务。同时会要求成立针对美籍受益人的外国赠与人信托。

随着境内家族信托的不断创新发展，外国赠与人信托的架构在境内已经全部落地实现，为众多拥有美国税收居民身份的受益人专门成立。

外国赠与人信托的规定是，委托人在世期间，美国税收居民受益人收到的信托收益无须缴纳美国联邦所得税，而当委托人去世后，外国赠与人信托转为外国非赠与人信托，美国税收居民受益人须就收到的信托收益缴纳美国联邦所得税。因此，谁是委托人十分关键。

尽管外国赠与人信托名义上的确有助于家族将财富传承给拥有

美国税收居民身份的子女，但在实际操作过程中仍然存在很多问题。一是，外国赠与人信托在向美国税收居民受益人进行财产分配时，受益人仍须向美国汇报相关财富收入，征得美国认可后才能真正实现所谓的避税效果。二是，一旦委托人去世，外国赠与人信托就自动变成外国非赠与人信托，这意味着美国税收居民受益人一旦收到信托收益，都将缴纳个人所得税。所以，外国赠与人信托只有在委托人在世时，才能实现最佳的税收筹划效果。但大多数委托人并不打算在自己在世时就分配家族信托的财产，这就导致该类信托的实际避税效果大打折扣。

十七、境内股权信托有哪些重要的应用场景？

我们在与各地企业家进行交流时发现，大多数人对境内股权信托知之甚少，其实境内股权信托 10 年前就已经成功落地了，如今设立股权信托的企业主越来越多，因为其功能十分强大，能够帮助企业家解决很多问题，其简单架构如图 3.3 所示。以下我们简单介绍一下境内股权信托的应用场景。

家族企业传承

很多企业家的困惑是：一方面，家族日渐庞大，但不可能让家族所有的后代都参与企业经营管理，如何让家族成员都能享受家族企业发展的红利；另一方面，如果把股权直接传给二代接班人，担心他们私自变卖或是在股权利益分配上产生矛盾。

境内股权信托可以完美解决上述难题。创一代企业家把家族企业的股权都装入家族信托。那么股权不再属于某一个后代，而是属于信托资产，这样永远都不用担心二代或三代私自变卖家族企业股权。同时，把家族成员都列为股权信托受益人，无论他们是否有能

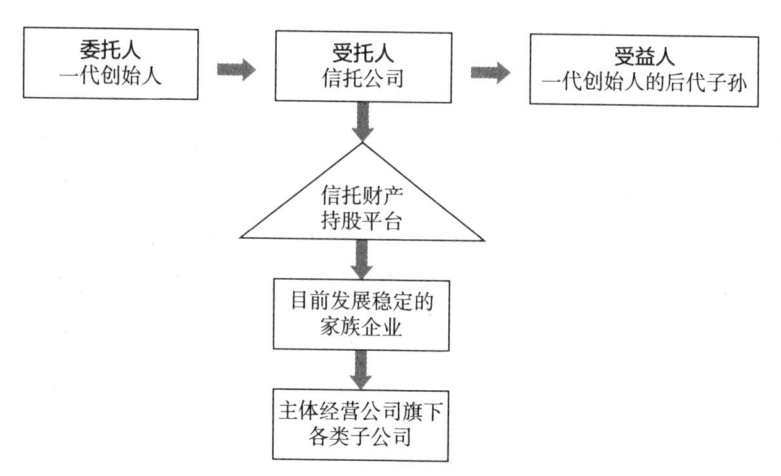

```
委托人              受托人              受益人
一代创始人    →    信托公司    →    一代创始人的后代子孙
                     ↓
                 信托财产
                 持股平台
                     ↓
                 目前发展稳定的
                  家族企业
                     ↓
                主体经营公司旗下
                  各类子公司
```

图3.3 境内股权信托的简单架构示例

力参与企业经营管理，都可以享受家族企业发展带来的长期利益分配。而且股权信托利益如何分配，是由一代创始人事先在信托合同里约定好的，所以后代也不会因此产生矛盾。

家企风险隔离

当公司的股权变成信托财产后，原则上就成为最安全的财产，如果企业在经营中遇到债务问题，或是家族成员个人遇到债务诉讼，信托里的股权也不会因为败诉而被法院强制执行。这是因为我国《信托法》第十条中的"保护性原则"，也是信托的突出优势。

婚姻财富保护

有很多家族企业的创始人担心自己及后代遭遇婚变，家族企业的股权及增值会被分割给配偶。因为家族企业、企业增值、企业股权收益，通常是企业家最具价值的资产，一旦把家族企业的股权从个人名下转移到信托，那么股权、股权增值、股权收益分红均为信托资产，即使企业家及后代遭遇婚变，信托内家族企业的股权也完全不受任何影响，不会被分割。

设立单一家族办公室

有些企业家已经完成了丰厚的原始资本积累，现在基本上退居二线，开始颐养天年了，手里的家族财富如何管理、如何分配是他们当前重点考虑的问题。再加上这些企业家投资的品类丰富，既有直接的股权投资，也有基金等金融产品的投资，因此可以通过股权信托的方式来进行投资，产生的分红或退出红利自然就会进入信托，信托财产也会按照一代创始人事先设定的分配规则来执行，这就很好地解决了整个家族财富的投资和分配问题。

十八、上市公司股票也可以用来设立信托吗？什么时间点设立最合适？

随着中国信托业的快速发展，家族信托业务也在快马加鞭地优化，业务模式不断创新，放入家族信托的资产也呈现出多样化的趋势。越来越多的上市公司股东开始尝试通过家族信托来持有上市公司股票，我国目前成立的上市公司股票信托保守估计有近百单。

什么是股票型家族信托？简单来说，就是将上市公司的股票装入家族信托，以信托公司名义持有的模式。也就是，信托委托人将自己持有的上市公司股票转移给受托人（信托公司），受托人按照信托合同的约定，为受益人的利益或者特定目的，对这些股票进行管理和处分。例如，委托人可能希望通过信托为子女的教育、自己的养老等提供资金保障，于是将股票资产交给受托人来运作。

例如，2023年深交所创业板某上市公司发布公告称，公司实控人范先生成立"安享财富家族信托"第180号，委托人是范先生，家族信托持有上市公司4.49%的股份（对应股份数10 776 500股），而且范先生与受托人信托公司签订了一致行动协议。图3.4

为案例中上市公司股票信托的法律架构示例。本案例中的股票型信托是用信托架构直接持有上市公司股票。

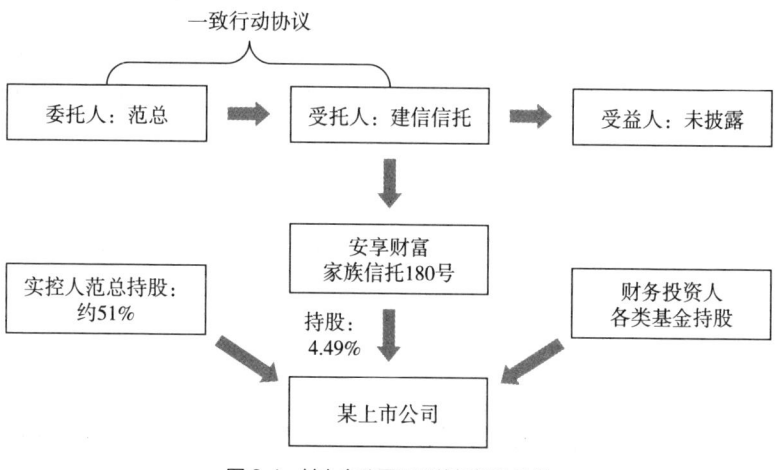

```
                  一致行动协议
        ┌──────────────────┐
   委托人：范总 ──→ 受托人：建信信托 ──→ 受益人：未披露
                        │
                        ↓
                  安享财富
   实控人范总持股：  家族信托180号    财务投资人
     约51%         持股:            各类基金持股
         ↘         4.49%           ↙
              ↘      ↓      ↙
                  某上市公司
```

图 3.4 某上市公司股票信托架构示例

什么时候设立上市公司股票信托较为合适呢？这要看上市公司及其实控人的需求，一般情况下，当市场流动性不足、公司股价低迷时，可以选择将部分股票减持到家族信托中。这样做有两个核心优势：一是税务优化，股价处于低位，相较上市当年增值不多，意味着减持股票装入信托的环节涉及的税款较少；二是充分利用实控人或董监高的减持机会，不浪费每年的减持额度。目前我国证券相关法律规定，大股东、董监高、特定股东每年减持有固定比例的限制。所以当年如果有减持机会，可以先放进家族信托里。

通常，上市公司股票产生的收益，如股息、红利等，会按照信托合同的约定变成信托里的现金。如果股票价格上涨，以家族信托的名义可以在合适的时候出售股票实现资本增值，减持部分也会变成现金。这些现金可以再进行适当的资产配置，以待在合适的时机分期分配给受益人，实现资产保值增值的作用。

上市公司股票信托设立后，委托人可以指定专门的投资代表，向受托人发出股票减持、回购或资产配置的指令，同时与受托人签订一致行动协议，并且受托人会出具授权委托人行使该比例股票所对应的企业管理决策权，可能包括参加股东大会、行使股东表决权等。所以，即使设立了一个小比例的上市股票信托，也不会影响实控人股东的公司治理和表决等权利。

十九、股权信托在家族企业传承方面有什么突出优势？

唐总是一位非常出色的民营企业家，他的企业主要从事化工产品生产与销售，在境内境外均占有庞大的市场份额。但是因为家族企业的传承，他已经不堪困扰。原来唐总有一儿一女，如今都已经成家，但是谁也不愿意接班，儿子对化工行业不感兴趣，尤其不愿意去工厂做管理，女儿又没有商业管理的才华，不是接班的料。可是企业如今的规模这么大，员工有数千人，大家把未来的希望放在唐总身上，因此唐总觉得压力特别大。民营企业的传承，影响的不仅是创始人一家，还包括数千个家庭。

最后，我们为唐总设计了以股权信托为基础的一整套解决方案，唐总眼前一亮，反复论证后这套股权信托方案最终顺利落地。

随着国内家族信托业务的不断发展，越来越多的企业家开始考虑把企业的股权转入自己的家族信托，这是因为股权信托在企业发展与传承方面拥有突出的优势。

相比于直接将公司的股权传给后代，这样做有什么好处呢？我们先来看股权直接传承有哪些风险，再来看股权信托能起到怎样的作用。

第一个风险是代际传承时会出现股权分散。无论是生前赠与传承，还是身后遗嘱传承，企业创始人的股权往往需要在自己的配偶、子女和父母之间进行分配，这必然会带来股权的分散，而股权的分散则意味着决策权的分散。企业里股东太多，往往带来公司治理的困难，甚至发生家族成员股东把股权卖给外人的情况。而股权信托则避免了这种情况，因为股权是信托财产，不会因为家族成员离世而发生股权分割。

第二个风险是后代不愿意接班或没有能力接班。就像本节案例所示的情形，在当下发生的概率相当高，许多有关家族企业传承的白皮书表示，接近一半的二代都不愿意接班或没有能力接班。而股权信托解决了这个问题，因为股权信托将企业的所有权与经营权、分红权完全分离。企业所有权被锁进信托，企业经营权另行通过股东会、董事会、监事会及高管班子来设置，企业分红权通过股权信托变成信托财产，信托财产的分配则按照一代创始人事先签订的信托合同来执行。这样的"三权分立"机制使得企业由职业经理人来经营，利益则留给了家族成员。

第三个风险是二代继承股权后，有可能会遭遇婚变而使股权外流乃至丧失控制权。这种情况并不少见，我们曾接待过一位四川企业家，他将自己创办的有限责任公司改成股份有限责任公司时，直接将名下 10% 的股份无偿转让给了儿子，但没想到的是，三年后儿子要离婚，儿媳请来的律师直接提出要分割这 10% 的股份。根据我国《民法典》第一千零六十二条的规定，父母对已婚子女的赠与被视为夫妻共同财产（除非事先签订法律文件），所以儿媳要求分割这 10% 的股份是有法律依据的。因为婚变造成的股权分散，给企业的长久经营埋下了巨大的隐患。在一些案例中，二代在财产分割后，直接由公司第一大股东变为第二大股东。

二十、房产能否通过家族信托实现财富保障传承？

一对夫妻计划在海边购置一套上亿元的别墅，但在买别墅前夫妻俩拿不准用谁的名字来签购房合同。用父母的名字怕将来会有政府开征遗产税的风险，用儿子的名字怕儿子在他们离世后把别墅卖了或瞒着他们把儿媳的名字加进去。所以他们向我们团队咨询，如何实现这套别墅的传承——他们夫妻可在此养老，将来留给儿子，儿子再留给孙子。我们的建议是使用不动产信托。

不动产信托，是指委托人将其名下的土地、房屋等不动产通过信托的方式交给受托人设立信托，或是委托人将资金交付给受托人，由受托人将信托资金投放至委托人指定的不动产，根据双方签订的信托合同，对不动产进行新建、出租、经营或出售，提高不动产的运用效率及收益，再将所获收益向受益人分配。

当房产变成信托财产后，无论父母是否在世，原则上子孙后代是不能随意变卖房产的，只能居住使用或享受出租收益，也不会因为二代婚变使房产被分割。

当前在境内设立不动产信托主要有以下三种操作方式：

1. 先设立资金型信托，再用信托里的现金去购买委托人或家庭成员名下已有的房产，这种操作被视为左手买右手，相当于房产交易买卖。
2. 先设立资金型信托，然后用信托里的现金去购买开发商手里的新房，相当于用信托架构去买房。
3. 如果客户的房产本来就在公司名下，则搭建股权信托架构，将持有房产的公司股权全部或部分装入信托，这样房产就间接成了信托下的公司资产，相当于股权信托。

要注意的是，与资金信托不同，设立不动产信托需要办理信托登记。《信托法》第十条规定："设立信托，对于信托财产，有关法律、行政法规规定应当办理登记手续的，应当依法办理信托登记。未依照前款规定办理信托登记的，应当补办登记手续；不补办的，该信托不产生效力。"因此，如果是将不动产作为信托财产设立信托的，应该在不动产管理部门办理变更登记，该登记为不动产信托的成立要素。

2024、2025年，北京、上海先后试点公布了《不动产信托财产登记通知》，并明确了不动产信托的登记流程。其中，北京的是：①产品项登记，②签署信托文件，③办理财产登记；上海的是：①产品项登记，②申请登记文件，③办理财产登记，④反馈登记结果。此流程也反映了在试点地方，不动产信托可以直接登记，无须其他信托架构变相操作。

二十一、如果用信托财产进行资产配置，万一赔了怎么办？

这个问题的答案是，要看信托的财产管理方式。

标准型家族信托的财产管理方式一般分为"指令型"和"全委型"两种。"指令型"的家族信托是由委托人或其指定的投资代表来做出投资决策，信托公司仅执行委托人下达的投资指令。"全委型"的家族信托是投资决策和执行均由信托公司或投资顾问全权处理。原则上，如果是由信托委托人或其指定的投资代表以"指令型"的方式来进行资产配置的，那么信托财产发生的损失，一般由信托委托人自行负责。如果采用的是"全委型"信托财产管理模式，那么要看信托合同的具体约定，各家信托公司的合同可能有不同的约定。以下举例说明。

我们在替委托人审核信托合同时，经常看到信托公司提供的合同版本是如此约定的："受托人遵守信托文件的约定管理信托财产所造成的损失，由信托财产承担。但就下列情形造成信托财产损失的，受托人将以其固有财产承担赔偿责任：受托人违反信托目的处分信托财产或者因违背管理职责、处理信托事务不当致使信托财产受到损失的；受托人将信托财产转为其固有财产，造成信托财产损失的；受托人违反信托文件规定或者未经委托人或者受益人同意，或未以公平的市场价格，将其固有财产与信托财产进行交易或者将不同委托人的信托财产进行相互交易，造成信托财产损失的。"

所以，如果委托人在设立家族信托时担心将来信托财产发生亏损，可以在设立信托合同时与受托人多加沟通，就与受托人讨论的各种情形下的责任承担约定下来，避免日后出现纠纷。

二十二、在中国能否设立遗嘱信托？遗嘱信托适合哪些人？

遗嘱信托，是指通过遗嘱这种法律行为而设立的信托，也叫身后信托。所谓的遗嘱信托，也就是委托人预先以立遗嘱的方式，将财产的规划内容，包括交付信托后遗产的管理、分配、运用及给付等，详订于遗嘱中。等到遗嘱生效时，再将遗产转移给受托人变成信托财产，由受托人依据遗嘱中的信托条款，也就是委托人遗嘱所交办的事项，管理处分信托财产。与金钱、不动产或有价证券等个人信托业务比较，遗嘱信托最大的不同点在于，它是在委托人死亡后契约才生效。

我国《民法典》第一千一百三十三条规定："自然人可以依法设立遗嘱信托。"根据《信托法》的规定，通过遗嘱设立的信托在受托人承诺信托时即成立。信托按信托目的和业务性质的不同可分为民事信托、营业信托和公益信托；从设立和生效时间来看，信托可分为生前信托和遗嘱信托。

2023年银保监会发布的《中国银保监会关于规范信托公司信托业务分类的通知》及相关规范性文件中，将遗嘱信托作为财富管理服务信托中的一个业务品种。该通知的附件1《信托公司信托业务具体分类要求》对遗嘱信托的定义如下：单一委托人（立遗嘱人）为实现对遗产的计划，以预先在遗嘱中设立信托条款的方式，在遗嘱及相关信托文件中明确遗产的管理规划，包括遗产的管理、分配、运用及给付等，并于遗嘱生效后，由信托公司依据遗嘱中信托条款的内容，管理处分信托财产。

那什么样的人适合设立遗嘱信托呢？

1. 无第一顺序法定继承人的人。何女士与先生婚后并未生育子女，后来先生因病去世，自己的父母也已经离世，她只有一个妹妹，此时何女士的想法是，自己在世时可以享受积累的财富，离世后将财富分给妹妹、外甥、创业伙伴，以及一位家政阿姨，且分配的条件是受益人遇到某些困难或急用资金时才可由受托人分配，相当于设立一只资助亲友的基金。

2. 希望在世时自己掌控财富，离世后由信托代为管理财富，分配给子孙后代的人。这类人通常精通投资理财，且时间精力充足，由自己管理财富，但同时担心子女缺乏财富管理的能力，所以想着如果自己不在了，就让信托替自己管理。

3. 对信托公司不太信任，希望由自己的亲友担任信托受托人的人。遗嘱信托受托人不仅限于信托公司，也可以由自然人来担任，委托人希望由自己信任的亲友替儿女看好财产，一点一点通过民事信托发给儿女，避免儿女将来上当受骗或挥霍钱财。

二十三、如何在国内设立慈善信托？国内的慈善信托有什么功能？

根据银保监会 2023 年 3 月发布的《中国银保监会关于规范信托公司信托业务分类的通知》，公益慈善信托按照信托目的分为慈善信托和其他公益信托两个业务品种：

一是，慈善信托。委托人基于慈善目的，依法将其财产委托给信托公司，由信托公司按照委托人意愿以受托人名义进行管理和处分，开展慈善活动的行为。

二是，其他公益信托。除了慈善信托，信托公司依据《信托法》开展，经监管部门认可的其他公益信托业务。

在我国设立慈善信托，要从以下几个步骤来展开。

第一步，确定慈善信托目的。委托人要先明确设立慈善信托的慈善方向，如扶贫、济困、扶老、救孤、恤病、助残、优抚，或救助自然灾害、事故灾难和公共卫生事件等突发事件造成的损害，抑或促进教育、科学、文化、卫生、体育等事业的发展等。

第二步，选择受托人。我国信托公司有 60 余家，不同的信托公司擅长的领域不同，不是所有信托公司都擅长慈善信托业务。可以选择慈善组织作为受托人，慈善组织在慈善项目运作经验方面通常较信托公司更为擅长。

第三步，确立慈善信托的架构模式。在实践中，慈善信托的委托人可以根据自己的意愿和需求，选择不同的信托模式，例如信托公司作为受托人，慈善组织仅作为慈善公益项目执行人，或者慈善组织作为委托人，信托公司作为受托人。此外，还可以采取慈善组织和信托公司共同作为受托人的"双受托人"模式，模式越来越丰富。

第四步，签订信托合同。委托人和受托人要签订书面信托合同，合同内容需要包括慈善信托的名称、目的、财产范围、受托人职责等诸多重要事项。例如要明确信托财产是现金、股权还是不动产等具体形式，受托人如何管理和处分这些财产。

第五步，转移信托财产。委托人将信托财产转移给受托人，如果是资金，要确保资金足额划转到指定的信托账户；若是不动产或股权等财产，要依法办理相关的产权转移手续。

第六步，备案。受托人应当在慈善信托文件签订之日起7日内，将相关文件向受托人所在地县级以上政府民政部门备案。备案内容包括信托合同、信托财产情况说明等。备案过程中，主管机构如果发现问题会要求修订和完善，在完成备案后，慈善信托就正式设立并可以开展慈善活动了。

慈善信托的功能非常强大，我们总结为以下几点。

第一，财产管理。慈善信托能够有效整合委托人的慈善资金或财产，把分散的资金汇集起来，通过专业的管理，实现资产的保值与增值。比如一些慈善信托会将资金投资在稳健型的理财产品上，让资产在安全的前提下稳健增长，为慈善活动提供更雄厚的资金支持。

第二，持续做慈善。慈善信托的设立和运作为各种慈善项目提供了灵活且持续的资金支持。无论是扶贫、教育救助、医疗救助，还是文化遗产保护等，慈善信托都可以根据委托人的意愿精准地投入资金。比如，定向资助贫困山区学校的建设，为罕见病患者提供医疗资金等。而且慈善信托的期限可以根据具体情况灵活设定，这就保证了慈善项目在较长时间内能够持续获得资金支持。

第三，增强慈善透明度。慈善信托的运作过程受到严格的法律和监管约束。受托人必须按照信托文件的规定管理和使用信托财产，并且需要定期向委托人和社会公众披露信托事务的处理情况和财务状况。这种透明度可以增强公众对慈善事业的信任，让捐赠人清楚地知道自己的财产是如何被用于实现慈善目的的。

二十四、如果不想找信托公司做受托人，那么可以找自然人做受托人吗？

先揭晓正确答案：家族信托的受托人当然可以是自然人。

我国《信托法》第二十四条规定："受托人应当是具有完全民事行为能力的自然人、法人。法律、行政法规对受托人的条件另有规定的，从其规定。"由此可见，自然人是可以担任信托受托人的。

在信托关系中，受托人要承担管理和处分信托财产等诸多责任，因此对作为受托人的自然人就会有一定要求。比如，受托人需要具备完全民事行为能力，能够独立处理信托事务，像未成年人等不具备完全民事行为能力的人就不能担任受托人；受托人要有能力对信托财产进行管理，而不能置信托财产于很大的风险；受托人要有能力对信托财产进行财务记录，制作信托管理事务报告；受托人要按照信托合同要求，给受益人分配信托利益。总之，自然人受托人也应当遵守信托文件的规定，为受益人的最大利益处理信托事务，要忠诚、谨慎地履行自己的职责。

特别说明：商业信托是不允许自然人做受托人的。因为，按照信托是否以营业为目的，我国信托可以分为民事信托和商事信托。商事信托，就是营业性的信托，是以信托业务为其营业的主要内容，故而要求其受托人必须由法人担任，必须取得相应的信托业经营资质，且受到国家金融监督管理总局的监管。

《信托公司管理办法》中规定："未经国家金融监督管理总局批准，任何单位和个人不得经营信托业务。"不过，该规定特指商事信托，并不包含为家族财富安全与传承设立的家族信托，自然人担任家族信托受托人不构成"经营信托业务"。

同时，自然人作为家族信托的受托人管理信托财产，也可以要求获得正当、合理的报酬。

虽然自然人可以作为家族信托的受托人，但是在我国，以自然人为受托人的民事信托尚处于起步阶段,在实务中占比极少,更多还是以信托公司为受托人的模式。

鉴于目前以自然人为受托人的家族信托的体量极为有限,可复制的案例也很少,大家如果想尝试设立,最好由家族信托律师来协助设立一系列配套的法律文件,确保信托的专业性和合法性,否则最后可能变成委托法律关系,变成经不起推敲的"假信托"。最容易发生问题的场景就是委托人设立了以自然人做受托人的遗嘱信托,但在委托人离世后其继承人不认可这个遗嘱信托,就会发生遗产继承纠纷。

第四章 离岸信托：国际化时代下的财富保障传承

一、什么是离岸信托？其法律架构如何？主要有哪些角色？

目前国内对于离岸信托并没有统一官方定义，通常可以理解为，信托委托人在离岸地适用的相关信托制度下设立的信托。

离岸信托里的"离岸"，一般情况下意味着信托设立的离岸地与委托人的国籍地是分离的，而且此处的离岸地并非指中国境外的所有地方，而是指某些特殊的适合设立信托的国家或地区。举个例子，张先生是 A 国国籍，但他本人作为委托人在开曼群岛设立了一份信托，这就是设立了一份离岸信托。

离岸信托通常要利用离岸地的特殊法律、税务、金融体系的优势，来更好地为委托人管理信托资产，以实现委托人设立离岸信托的特定目的，比如家族资产保护、债务风险隔离、税务规划或委托人的家族遗产长久规划等。

常见的与信托相关的离岸地，包括库克群岛、泽西岛、开曼群岛、英属维尔京群岛、百慕大群岛、新加坡、中国香港等。

对于所有的家族信托，包括离岸信托和在岸信托，我们都可以将其简单理解成一种特殊的法律架构，通常各离岸地都有自己的相关信托制度，使得信托在不同离岸地得以合法设立和运行。常见的离岸信托架构如图 4.1 所示。

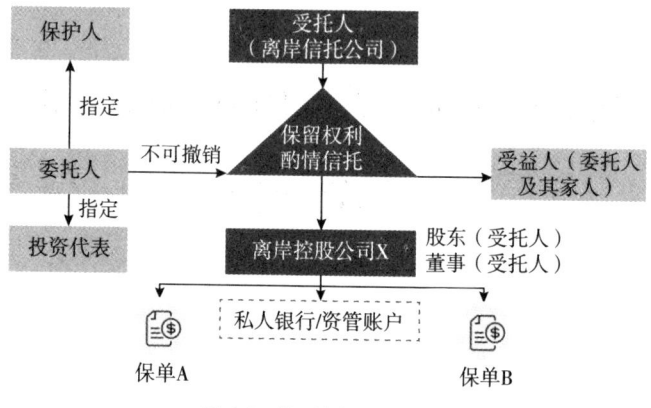

图 4.1 常见的离岸信托架构

离岸信托的法律架构，可以简单理解为，委托人与受托人（如离岸信托公司）签署离岸信托协议，将自己的合法财产交给信托，成为信托财产，从此以后信托财产由受托人（有时还会有专业投资顾问）进行管理，同时受托人按照信托协议的约定，将信托财产及收益按条件、按周期支付给信托受益人。

离岸信托里的主要角色包括：委托人、受托人、受益人和保护人（也被称为"监察人"）。

委托人：是指主动发起设立信托，并且将自有财产装入信托的人，当信托成立后，信托委托人就不再拥有对信托财产的所有权和管理权。信托委托人同时也可以成为信托的受益人之一。值得提醒的是，为了确保离岸信托的有效性，委托人必须放弃其对信托资产的所有权。

受托人：信托财产的管理权归于受托人，信托成立后，受托人就负责管理信托资产。受托人在管理信托资产时，必须谨慎、勤勉，必须以信托受益人的利益为唯一的目标。同时，信托财产是独立的，不能跟受托人的自有资产混为一谈，需要独立管理、独立核算。

受益人：受益人是信托资产的最终获益者。委托人可以同时是受益人之一，一般情况下信托还要有除委托人之外的其他受益人。受益人既可以是一个自然人，也可以是法人或者是慈善组织。

保护人或监察人：保护人或者监察人并不是信托的必设角色，其作用是监督受托人履职，确保受托人按照信托文件的规定和委托人的意愿履行职责。当受托人在管理信托事务过程中出现不当行为或决策时，保护人或监察人有权提出异议并要求纠正。信托委托人可以委托其好友或专业顾问作为信托的保护人或监察人，其通常需要具备一定的专业知识和经验，如法律、金融、财务等方面的知识，以便能够对受托人进行有效的监督。同时，保护人或监察人应具有良好的信誉和独立性，与委托人、受托人及受益人之间不存在重大利益冲突。保护人或监察人在行使权利时，应依据信托文件的规定进行，不能超越其授权范围。同时，其权利的行使也应遵循一定的程序和原则，不能随意干涉受托人正常的管理决策。

需要说明的是，每一个法域的离岸信托当事人的权利义务均要看该地的法律与税务说明，不是完全相同的。前文只是介绍其基本的身份。

二、离岸信托主要有哪些功能？

离岸信托主要用来保护客户的境外资产，其主要功能包含以下六个方面。

资产保护与风险隔离

利用信托架构，将资产所有权从委托人转移至信托名下，使得债权人等难以追溯到这些资产。即使委托人面临法律诉讼或债务问题，信托资产也能独立存在，其安全性有保障。对于从事高风险商业活动、易面临法律诉讼风险的人士，或是想为家族资产筑牢防护墙的高净值人士，离岸信托很有帮助。

税务优化与遗产税筹划

选择合适的离岸地，凭借当地优惠的税收政策合理降低整体的税务成本，例如一些离岸地对信托收益等征税极少甚至免税。巧妙设计信托结构，可以在财富传承等环节避开高额的遗产税等税费，实现财富更好地传递。

财富传承和继承规划

凭借清晰的信托协议条款，委托人能精准安排资产流向，指定各受益人的具体份额等，有效避免家族内部因财产继承产生矛盾和不合理分配的情况。离岸信托在多子女家庭、家族企业传承等复杂继承场景中的作用非常明显，可保障财富平稳交接。

婚姻风险防范

一旦委托人把资产合法放入信托，那么信托资产便不再属于委托人个人，同样不再属于委托人夫妻共同财产。合法设立信托后，即使委托人遭遇婚变与财产分割，信托资产也不属于离婚可分割的财产范围，所以离岸信托有效实现了资产与婚姻风险的隔离。

隐私保护

委托人设立离岸信托时通常会选择一些对信托信息保密性要求非常高的离岸地，比如英属维尔京群岛、新加坡、泽西岛、开曼群岛等，这些离岸地的相关信托制度对信息保护非常严格，不会轻易对外披露信托相关情况，很好地保护了信托委托人及信托财产等隐私信息。

长期照顾子女

国际化家庭中许多子女留学或定居海外,其生存的环境更加复杂,面临着投资理财亏损、他人诈骗或借款不还、婚姻失败财产分割、创业失败负债累累等诸多风险,如果有了离岸信托的保护,他们能更好地对抗前述各类风险并减少财富损失,保持长期衣食无忧的生活。

三、离岸信托的受托人可以由哪些机构担任?

离岸信托受托人可以由哪些机构担任要看各离岸地信托制度的规定,不同的离岸地对受托人有不同的要求,许多离岸地规定受托人还需要金融监管机构审批发放的专业资质或牌照。所以,接下来所述的受托人只是简单的总结,大家在实际设立时还需要咨询相应离岸地的要求。

信托公司

一般情况下,持牌的信托公司长期专注信托业务,积累了深厚的专业知识并形成了成熟的管理模式,能妥善应对各类信托事务。而且信托公司历经众多信托项目,熟悉不同场景下的问题及解决办法,能保障信托平稳运行。专业的信托公司有系统的风险管理体系,可有效防范信托财产面临的多种风险,维护受益人的利益。专业的信托公司更能提供从信托设立、管理、资产配置到收益分配等全方位、标准化的信托服务。

私人银行

私人银行依托强大的金融专业背景,在资产投资、理财规划等方面有独到见解，利于优化信托财产配置。通常私人银行的投资渠道更广泛，可提供丰富多样的投资产品。私人银行担任受托人，会更侧重于运用金融手段对信托财产进行灵活投资与管理，提升资产收益。

信托律师事务所

有些离岸地允许专业的信托律师事务所来担任受托人。长期从事信托业务的律师事务所对各离岸地的信托相关法律法规了如指掌，可以确保信托从设立到运行各环节都严格依法合规，规避法律风险，更能凭借专业的法律审查能力，保障信托文件、操作流程等都符合不同离岸地的要求。通常律师事务所作为信托的委托人，更注重信托的合法性与有效性。

离岸信托的受托人要承担诸多重要的责任和义务，具体如下所述，所以我们在选择时还需要慎重考虑。

1. 信托财产管理义务

首先，需要谨慎管理。受托人须以谨慎的态度和专业的技能管理信托财产，如同管理自己的财产一样。在投资决策时，要充分考虑信托财产的安全性、收益性和流动性，避免过度冒险或不当投资。其次，需要使资产保值增值。应根据信托合同的规定，合理运用信托财产进行投资等活动，实现资产的保值增值。

2. 忠实义务

首先，禁止利益冲突。受托人必须将信托利益置于首位，不得将自己的利益置于与信托利益相冲突的位置，不能利用信托财产为自己或第三人谋取私利，如进行自我交易或与信托财产进行不公平的关联交易。其次，不得擅自转委托。未经委托人或信托合同的明确授权，受托人不得擅自将信托事务转委托给他人处理，以确保信托事务的处理符合委托人的意愿和信托目的。

3. 信息披露义务

首先，定期报告。受托人有义务定期向委托人和受益人报告信托财产的管理情况、投资状况、收支情况等，通常以季度或年度报告的形式呈现。其次，重大事项报告。当信托财产面临重大风险或发生可能影响信托利益的重大事项时，受托人应及时向委托人和受益人披露相关信息。

四、离岸信托能放入什么类型的资产？

经常有客户向我们咨询：是否可以将境内公司股权放入离岸信托？境外有几套房产，分属不同国家或地区，能否放入一个离岸信托？境内外银行的存款，能不能放入离岸信托？

首先，我们需要明确的是，离岸信托可以接受的资产类型具有广泛性，既包括有形资产，如房产、艺术品等，也包括无形资产，如知识产权、股权等。但是从地域上划分，原则上只有境外的财产才能放入离岸信托（特殊的境内资产能否放入离岸信托，我们在后文再详细介绍）。

- 有形资产：房产、珠宝、艺术品等有形资产可以纳入离岸信托。这类资产通常需要进行详细的评估，并确保过户手续合法合规。
- 无形资产：知识产权、股权、债权、虚拟货币等无形资产同样可以纳入离岸信托。这些资产的价值评估可能涉及复杂的技术和法律问题，因此需要专业机构来处理。
- 金融资产：股票、债券、基金等金融资产也可以纳入离岸信托。这类资产具有高流动性、易于管理的特点，适合用于税务筹划和资产配置。

我们可以看到，大多数境外资产都可以放入离岸信托，但具体到每个客户的需求，又面临多重考验，还要遵循设立地或相关司法管辖区的信托相关规定，而且需要考虑对信托资产的规划，最终才能判断该资产是否要放入离岸信托，以及能否放入离岸信托。

以下我们对几类特殊的资产重点说明一下。

境内公司股权：境内公司股权有些是可以放入离岸信托的，但有些不能。因为离岸信托是在境外建立的，这是一家境外信托公司，如果将境内公司股权转入离岸信托，需要将境内公司的股东变更为这家境外公司，而境内有些特殊行业是不允许外资进入的。除非有打算将公司在海外上市，否则我们一般不建议客户将境内公司股权放入离岸信托。如果是为了对公司股权进行风险隔离或未来财富传承，那可以将境内公司股权直接放入境内家族信托。之所以这样建议，是因为境内公司股权放入离岸信托需要通过复杂的股权架构来实现。同时为了符合我国外汇管理规定，不仅需要办理《国家外汇管理局关于境内居民通过特殊目的公司境外投融资及返程投资外汇管理有关问题的通知》，即"37号文"登记，而且需要境外外汇资金成本。我们曾接待过一位企业家，他在境内有诸多的企业实体，特别想搭建离岸信托股权结构，结果花费了许多资金成本、股改成本和时间成本才操作完成。

艺术品、珠宝或古董：这些资产原则上可以放入离岸信托，但是因为实物资产放入信托需要办理资产转让，转让前都需要对资产价值进行评估，以此衡量转入的涉税成本及持有成本。即使放入信托，受托人也不容易对资产进行保管，存储的成本相当高，需要特定的环境、特定的设备，同时资产在管理中不一定能产生收益。

五、离岸信托中的资产管理方式有哪几种？

熟悉境内家族信托的朋友应该知道，境内家族信托的资产是由银行（投资顾问）或信托公司（受托人）来打理的，而离岸信托的资产管理方式就不同了，其资产管理的方式更加多样化。目前主流方式有五种，我们对照图 4.2 进行一一介绍。

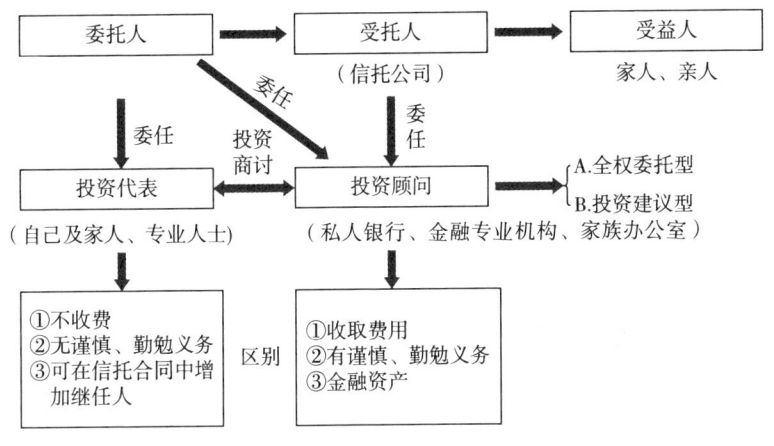

图 4.2 离岸信托的资产管理方式示意

第一种，委托人选择自己或家族成员担任投资代表。委托人可以在信托合同中保留信托投资的权利，由自己或家族中具有专业投资管理能力的成员担任投资代表。投资代表负责在全市场遴选金融产品，并与委托人沟通信托资产的配置方式。

第二种，委托人如果担心投资代表的专业水平有限，可以聘请外部专业机构或个人，为信托提供投资顾问服务或专业的资产配置意见。这些专业投资机构角色丰富，可以是私人银行、金融专业机构、家族办公室等，投资代表依据其意见最终做出资产配置的决策。

第三种，受托人如果自身具备投资管理的能力，例如境外一些大的综合性金融服务集团，旗下既有擅长投资的银行，又有持牌的隶属信托公司，受托人会与其他业务部门协同，在一个集团之内完成信托财产的管理。

第四种，受托人如果不具备专业的投资管理能力，可以根据信托合同中规定的投资顾问的选任标准，遴选委任专业的投资顾问。但是在这种情况下，受托人需要对自己的遴选过程承担责任，不得出现重大过失或欺诈等行为。

第五种，委托人或受托人全权委托外部专业机构行使信托中的投资权利，担任全权委托投资顾问，它们在对信托资产进行资产配置时，无须征得委托人或受托人的同意，可以自行决策。

针对以上五种方式，离岸信托的委托人可以根据自身的情况与需求，选择适合的投资管理方式。

六、可以为境内的个人财产设立离岸信托吗？

许多人分不清境内信托和离岸信托，以为境内财产可以被任意选择做境内信托或离岸信托，这是一个很大的误区。

第一，个人境内的金融资产是不能直接设立离岸信托的。境内金融资产设立离岸信托的，需要将境内个人银行账户中的钱转入境外个人银行账户，而中国是有外汇管制的国家，每个人每年便利化结汇的额度只有5万美元，可离岸信托的基础资金门槛通常是在境外银行存款百万美元，所以境内银行的存款是无法直接做离岸信托的。

第二，个人境内的公司股权有可能无法设立离岸信托。首先，个人境内的公司股权是有可能设置离岸信托的，例如许多境内民营企业通过搭建红筹架构的方式，在境外上市过程中设立离岸信托。如图4.3所示，这种架构一般指境内实际控制人（委托人）在英属维尔京群岛或开曼群岛等离岸法域设立特殊目的公司，然后嵌入离岸信托，通过离岸公司控股境内的外商独资企业（WFOE），进而控制境内实际运营公司，以此方式实现国内公司股权放入离岸信托。目前境内众多知名上市公司，比如小米、龙湖地产等就采用这样的架构。但是并非所有的境内公司都可以实现,因为这一架构需要离岸公司控股境内公司,使境内公司成为一家外商投资企业,但是境内一些行业如传媒、教育、互联网等存在一定的外资准入限制,根据相关规定不允许进行跨境并购,这些公司的控制权转移至境外可能会受到限制,因此可能无法放入离岸信托。

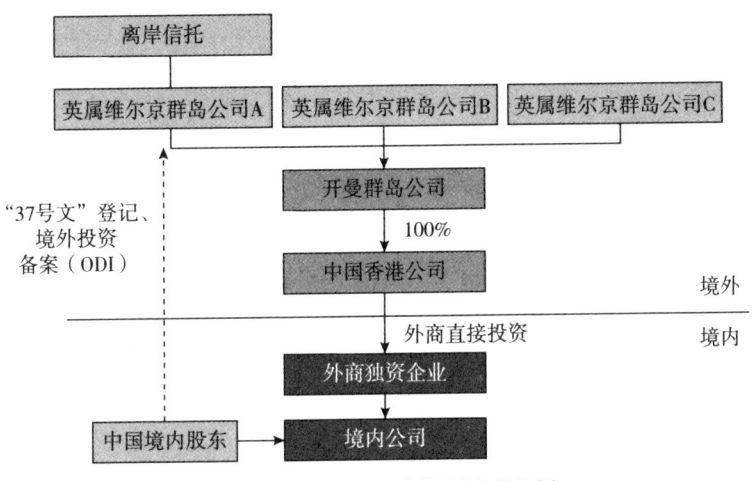

图 4.3 境内公司境外上市的法律架构示例

第三,个人境内的房产原则上是不能直接设立离岸信托的。在实践中,大家持有房产的方式有两种:一种是自然人直接持有房产,另一种是通过公司架构持有房产。对于以公司持有房产的,可以通过上述第二种方式尝试将公司股权放入离岸信托,从而实现将房产放入离岸信托,但是该方式下实际直接持有房产的主体还是境内公司,所以房产的运营机制并未发生改变。如果是以自然人直接持有境内房产的,将房产放入离岸信托,就需要将境内房产转入离岸公司名下,但是根据住房和城乡建设部联合国家外汇管理局发布的《关于进一步规范境外机构和个人购房管理的通知》,在境内设立分支、代表机构的境外机构只能在注册城市购买办公所需的非住宅房屋。通过该规定可以看出,对于在境内没有分支机构的境外公司，是不能在境内买房的，也就无法将境内房产直接转入离岸公司名下，因此对于自然人持有的境内房产，无法设立离岸信托。

综上所述，我们会发现除了境内公司股权，其他资产无法放入离岸信托，即使是境内公司股权也并非全部都能放入离岸信托。根据长期服务客户的经验，我们还是建议将境内个人资产放入境内家族信托，目前境内家族信托也在逐渐完善中，且众多信托公司都已经有包括上市公司股票信托、非上市公司股权信托、房产信托、金融资产信托的实践经验，可以助力众多客户实现信托的落地。当然如果客户的资产本来就是在境外，那离岸信托不失为一个很好的选择。

七、为什么境内企业在境外上市时，通常会提前将境外股权放进离岸信托？

在全球化日益加深的今天，越来越多的境内企业选择赴境外上市，以拓宽融资渠道、提升国际知名度和品牌影响力。而在这一过程中，许多企业会选择在上市前将境外股权放入离岸信托。

不同的人设立离岸信托的主要目的可能不同，结合离岸信托的功能，我们大致总结为以下几点。

资产保护与隔离

离岸信托的一个重要功能是资产保护。通过将股权装入离岸信托，企业主可以实现企业经营风险的隔离。离岸信托一旦成立，就从委托人（企业主）的财产中分割出来，成为一种独立运作的资产，从而确保了股权的安全性和稳定性。对即将在境外上市、面临更高风险和不确定性的企业来说，这是一种有效的资产保护策略。

税务筹划与优化

离岸信托在税务上具有特殊优势，特别是在税务筹划方面。通过设立离岸信托，企业可以利用不同国家或地区的税收优惠政策，实现税务的优化和减少。例如，一些离岸地对于信托资产和收益的税收规定较为宽松，企业可以通过在这些国家或地区设立信托来降低税负。此外，离岸信托还可以帮助企业实现税务递延，即在一定条件下，将应纳税额推迟到未来某个时间点再缴纳，从而为企业的资金带来更多的流动性和灵活性。

保持控制权稳定与便于未来传承

对于即将在境外上市的企业来说，保持控制权的稳定至关重要。离岸信托作为一种有效的控制权安排工具，可以帮助企业实现控制权的稳定和传承，避免未来因为传承问题导致公司股权结构调整，而且将股权装入信托也不会影响实控人对公司实质运营的决策。目前在境外上市企业股权搭建时，为了平衡实控人对公司的管理及委托人不保留过多权利这两者的关系，通常会采用双层股权架构的离岸信托模式，这样在上层离岸公司中，公司董事由信托受托人指定，但在下层离岸公司中，公司董事由委托人担任或指定，以此实现对公司的管理。

保护公司实控人的隐私信息

一些离岸地的信托相关规定通常具有良好的保密性和灵活性，能够满足企业保护隐私的需求。在上市过程中，上市主体只需要披露上层股权由信托公司持有即可，无须对离岸信托的设计及利益分配情况进行披露，从而保护了公司实控人的隐私信息。

企业国际化战略与品牌建设

对于许多境内企业来说，在境外上市是其国际化战略的重要组成部分。通过设立离岸信托，企业可以更加便捷地参与国际资本市场的运作，吸引更多的国际投资者和合作伙伴。同时，离岸信托还可以帮助企业提升品牌形象和知名度，增强其在国际市场上的竞争力和影响力。

综上所述，境内企业在境外上市前选择离岸信托作为信托架构，是出于资产保护、税务筹划、控制权稳定与传承、隐私保护以及国际化战略与品牌建设等多方面的考虑。然而，企业在选择离岸信托时也需要谨慎评估不同司法管辖区的法律环境、监管要求以及信托服务机构的实力和信誉等因素，以确保信托架构的合理性和有效性。

在未来的全球化进程中，随着跨境资本流动的日益频繁和复杂，离岸信托将继续成为境内企业在境外上市前的重要工具之一。企业需要密切关注相关规定和政策变化，及时调整和优化信托架构和管理策略，以适应不断变化的市场环境和监管要求。

八、离岸信托适合哪些类型的境内客户？

离岸信托作为一种复杂的金融和法律工具，在全球范围内得到了广泛的应用。它不仅能够帮助客户实现资产保护和隐私保护，还能在税务筹划、控制权稳定与传承等方面发挥重要作用。以下几类人更加适合搭建离岸信托。

在境外有大量外汇资产的个人或家庭

对于在境外有大量外汇资产的个人或家庭，他们有必要对部分资产进行资产保全，这是因为全球经济出现了很多不确定性，而离岸信托相当于为客户设立了资产保全的钱口袋，并且可以减少因法律纠纷、婚姻变动或遗产继承等问题而遭受的财产损失。离岸信托能够将资产置于一个独立的法律实体下，从而有效隔离风险，确保财产的安全和稳定。

跨国企业或计划进行境外投资、上市的公司的股东

近几年企业投资出海比较火热，很多企业主在境外投资新企业。但各地法域不同、文化政策差异也比较大，导致企业经营风险较大，也很容易穿透影响股东个人。为了防范此类风险，这类公司的股东可以将境外公司股权放入离岸信托，以对个人财产进行保护。

拥有高税负国家税收居民身份的个人

美国、加拿大、澳大利亚等国是中国高净值人士移民较多的国家，根据联合国国际移民组织发布的2024年《世界移民报告》，美国是全世界各国移民人士的首选国家，但是按照美国相关税法规定，只要取得美国绿卡，即使不居住在美国，也属于美国的税收居民，需要就其全球所得在美国申报及缴税，而且美国的个税税率和遗产税税率都不低。为了规避像美国一样的高税负国家的纳税问题，具有境外税收居民身份的个人也可以搭建离岸信托，通过离岸信托结合高税负国家的相关税法规定，实现合规的税务递延或节税。

拥有涉外婚姻的人

拥有涉外婚姻的人会因涉及国家的不同而面临不同的婚姻财产制度，有的国家是共同财产制，有的国家是分别财产制，甚至有的国家规定夫妻双方在离婚的时候，个人名下的婚前财产也需要分割。所以为了更好地保护婚前婚后的个人财产不会因为离婚而被分

割，可以考虑把财产放进离岸信托。

长期从事国际贸易的企业家

这类企业家通常在海外设立公司，通过长期的国际贸易已经在海外积累了不少的外汇资产，客观上也需要进行资产配置和传承规划，加上国际贸易中可能面临不同国家法律和交易的诉讼挑战，为了防止国际商战的风险波及家庭，也可以选择将在境外积累的财富放入离岸信托。

子女已经定居境外，担心未来跨境传承烦琐的人

如果子女已经在境外定居且父母在境内外均有财产，这类家庭未来在财富传承环节将非常麻烦。首先在境外的资产将按照所在国家或地区的司法继承程序来实现传承，而不同国家或地区的规定又各不相同，这些法定继承或遗嘱继承的司法流程相当烦琐，时间冗长，有的国家还规定必须有律师参与，成本也较高。倘若客户提前做了一个离岸信托，那么信托里的资产就可以直接分配给受益人，而不用受所在国或地区的司法强制继承程序约束。

综上所述，离岸信托适用于多种类型的客户，它在资产保护、税务筹划、隐私保护和财产管理等方面具有显著的优势和广泛的应用前景。然而，需要注意的是，离岸信托的设立和管理涉及复杂的法律和金融问题，大家在选择和使用时应谨慎评估自身的需求和风险承受能力，并在需要时寻求专业的法律和财务咨询。

九、在境外购买的保单是否需要放进离岸信托？

在全球化的今天，越来越多的人选择到境外购买人寿保险或储蓄型保险等金融产品，这些通常被称为境外保单。与此同时，离岸

信托作为一种复杂的金融和法律工具，也在全球范围内得到了广泛应用。那么，将这两款工具相结合会产生什么样的效果呢？什么情况下需要将境外保单放进离岸信托呢？这主要取决于客户配置保单的目的。以下我们针对不同目的进行拆分介绍。

基于传承的目的配置的保单

如果是基于传承的目的，那么一般不需要将保单放入离岸信托，这是因为目前众多境外保单如中国香港的保单产品自带"类信托"功能，保险合同里明确约定了受益人领取理赔金时既可以一次性给付，也可以有多种分期支付的方式，比较灵活，投保人可以自行选择（具体分配方式请参见保险合同）。

基于风险隔离目的配置的保单

如果委托人是债务风险比较高的人，那境外保单也可能会因为破产、诉讼等被冻结，而将保单放入离岸信托，保单就不再属于投保人的资产，法院无法冻结和强制执行，从而很好地保护了家庭及个人的资产。此时，还是需要投保人主动操作来将境外保单放入离岸信托，这有点类似于境内 2.0 版本的保险金信托。

基于婚姻资产保全的目的

假如投保人当年配置保单是为了让自己在婚姻里更有安全感，那么最好将保单放入离岸信托，但也并非一定要如此。无论保单是否放入离岸信托，在境内的离婚诉讼中，法官一般是不会在判决书中直接分割境外财产的。当事人如有境外资产有待分割，还需要在境外法院另行起诉。所以，基于此目的购买的境外保单并非一定要放进离岸信托，还是要视不同婚姻家庭情况来讨论。

另外，不同离岸地的相关规定和监管要求各不相同，也并非所有地区的保单都可以放入离岸信托，因此我们需要充分了解并遵守相关规定，以避免可能的风险。此外，这种结构可能需要支付额外的成本和费用。例如，设立和管理离岸信托需要支付一定的费用，包括律师费、信托公司管理费等。

十、设立离岸信托时通常会选择哪些离岸地？各有什么特色呢？

英属维尔京群岛

英属维尔京群岛的信托法律体系成熟且灵活，能满足多样化信托需求，允许设立特殊目的信托等创新信托形式。同时，英属维尔京群岛对信托相关信息的披露要求低，信托文件无须公开登记，受托人也无强制公开受益人信息的义务，有效保护了委托人及受益人隐私。同时，税务环境也更友好，不征收资本利得税、遗产税等多种税，企业所得税税率很低，有助于降低信托运营成本、减轻税务负担。

开曼群岛

开曼群岛是全球知名的离岸金融中心，金融机构众多，专业服务完善，能为离岸信托提供从设立到管理的一站式专业服务。开曼群岛的信托法律与国际接轨，基于开曼群岛法律设立的信托在国际上具有较高的认可度和公信力，便于跨境资产配置和财富传承。开曼群岛的法律对信托资产的保护力度强，在资产隔离、债权人追索限制等方面有完善规定，可有效保障信托资产安全。

泽西岛

作为英国皇家属地，泽西岛政治经济环境稳定，法制健全，为离岸信托的长期稳定运作提供了良好的基础保障。这里拥有大量经验丰富的信托专业人士，包括律师、会计师、信托公司等，能提供高质量的专业服务。泽西岛的信托监管制度完善且执行严格，既保障了信托的合法合规运营，又不过度干预信托的自主管理，在监管与自由之间实现了较好平衡。

中国香港

香港离岸信托的优势也非常明显。香港的税收制度简单且税率相对较低，这使得香港离岸信托本身及受益人能享受低税率。香港离岸信托有完善且稳定的相关规定和金融配套环境，尤其在债务及婚姻风险隔离上的效果是非常明显的。

新加坡

新加坡的信托法律体系完备，对信托的设立、运作、管理等各方面都有明确规范，法律确定性高，为信托当事人提供了清晰的法律依据。新加坡作为亚洲重要的金融中心，金融市场发达，投资机会丰富，受托人可在此进行多元化的资产配置，实现信托资产的增值。

十一、设立离岸信托有什么前置要求和风险点？

2014年，L女士在英属维尔京群岛成立家族信托壳公司，分别在瑞士信贷银行、德意志银行建立账户。此后半年里，L女士先后将1亿美元转到瑞士信贷银行账户，之后又将其中的0.8亿美元转到德意志银行账户。6月，L女士又将英属维尔京群岛的公司的全部股权转让给在库克岛新成立的信托，离岸信托受益人为她的儿子及其子女，信托托管人为亚洲信托。但是在2022年11月新加坡高等法院披露的裁判文书中，家族信托财产被认定为 L 女士的个人财产，L 女士被认定为实际控制人，因此信托资产被用于偿还 L 女士之前的债务，离岸信托被击穿。根据公开报道，我们可以了解到，L 女士在搭建信托之前，就已经存在债务纠纷，因此搭建信托这一行为本身可能就有瑕疵，同时在设立离岸信托之后，L 女士继续担任英属维尔京群岛的公司的独立董事。同时，L 女士也是英属维尔京群岛的公司在新加坡开设的两个银行账户的唯一授权签字人。也正是因为 L 女士在信托中保留的权利太大了，致使信托资产虽然置入信托，但是 L 女士还是可以随时控制资产，最终令信托的风险隔离作用失效。

可以看出，设立离岸信托面临一些合规要求，如果设立或运行时忽略了重要的风险点，后期信托可能会被挑战甚至被击穿。

前置要求主要包含以下三个方面。

第一，合规方面。不同离岸地有不同的信托相关规定，设立前需要深入了解并确保信托设立及运营符合当地相关规定，包括信托契约的起草、当事人的权利义务、资产转移等方面。一些离岸地对信托的登记备案有严格要求，须按程序完成相关手续。

第二，资产来源证明。为防止洗钱等非法活动，离岸地通常要求委托人提供清晰的资产来源证明，如银行流水、资产购置凭证、企业财务报表等，以证明拟放入信托的资产合法合规。信托受托人前期也会进行尽职调查，不能满足财产来源合规要求的，受托人可能会拒绝为委托人设立离岸信托。

第三，受托人资质与选择。受托人须具备合法资质和良好信誉，一些离岸地对信托公司的资质有严格审批和监管要求，通常需要受托人对信托设立及管理经验丰富。委托人要对受托人进行全面尽职调查，包括其专业能力、管理经验、财务状况等。

第四，信托目的明确。设立离岸信托需要有明确合法的信托目的，如财富传承、资产保护、税务规划等，且目的需要符合离岸地的相关规定和公共政策，不能用于非法或逃避法律责任等不当目的。

离岸信托的主要风险点，包含以下四个方面。

第一，法律风险。离岸信托法律适用和司法管辖权问题较为复杂，可能存在不同法律体系之间的冲突。若离岸地法律发生变更，可能对信托的有效性、运营管理等产生不利影响。

第二，税务风险。各国税务机关对离岸信托的税务监管日益严格，并对信托受托人提出了信息交换或申报的一系列合规要求，若信托架构设计不当或运营过程中不符合相关税务规定，可能导致双重征税或税务处罚等问题。

第三，政治经济风险。离岸地的政治稳定性和经济环境对信托有影响。若离岸地发生政治动荡、经济危机等情况，可能导致信托资产安全受到威胁，影响信托的正常运行和资产价值。

第四，信息披露风险。随着国际反洗钱和反恐融资等监管日益严格，离岸信托可能面临更严格的信息披露要求。若信托信息被不当披露，可能泄露委托人及受益人的隐私，甚至给他们带来不必要的麻烦。

十二、设立离岸信托的操作流程是什么？

离岸信托的设立比较复杂，又涉及诸多的法域，往往需要专业的中介服务机构辅助。我们根据多年从事离岸信托法律顾问的经验，将设立离岸信托的流程总结为以下八个步骤。

第一，聘请专业信托律师，对委托人的企业和家业进行全面评估，设计初步的信托方案，并且把信托方案与其他法税规划进行配套安排，例如准备房产赠与协议、公司章程修订完善、起草预防性遗嘱、保险规划等。另外，专业信托律师还会帮助委托人遴选境外的受托人供应商，并陪同委托人洽谈。

第二，设立前进行尽职调查。在设立离岸信托之前，受托人通常会对委托人的基本情况进行详细调查，包括委托人的基本信息（如国籍、婚姻状况、居住地址等）、财产情况、债务状况等。这样做既为了了解委托人的具体信息，又为了避免委托人设立信托的目的违法。

第三，受托人了解委托人的真实需求，选择离岸地。根据委托人设立信托的目的，如资产保护、财富传承、税务规划等，委托人设计相应方案及选择离岸地。对委托人的真实需求进行了解是非常必要的一步，因为只有真正了解清楚需求，才能为其设计出适合的方案。

第四，起草并修订信托协议及其他信托文件。在了解清楚委托人的真实需求后，受托人就可以起草委托人与受托人之间的信托协议及其配套文件。在这些信托文件中，应写明委托人的真实情况以及设立离岸信托的目的，以及有关信托财产、受托人、受益人、保护人等的准确信息及权利义务。而委托人的律师在接收到这些文件后要进行审核并提出修订意见，一是为了保护委托人的利益，二是要与境内法律政策相衔接。受托人往往会与委托人的律师沟通几轮，才会确定正式的信托协议等法律文件版本。

第五，签署信托协议及其他配套信托文件。委托人与受托人共同签署信托协议。此外，配套信托文件可能包含《意愿书》《受托人任命书》《受益人声明》《担任投资顾问同意书》等。

第六，转移信托财产。信托协议及其他信托文件签署完毕后，委托人应将所涉财产转入信托名下。当然，不同资产转移方式也不相同。例如，现金可以通过银行转账，房产需要办理产权变更登记，在离岸信托股权架构中，表现为所涉股权持有人变更为离岸信托下设公司。

第七，委托人聘请投资顾问，投资顾问可以是自然人也可以是金融机构，主要职能是协助对信托财产进行投资和资产配置。

第八，支付相关费用并根据规定予以备案。以上流程全部完成后，委托人须向受托人、中介服务机构支付相应费用，并根据离岸地信托相关规定，在当地的信托登记机构进行登记，提交信托契约、资产证明等相关文件。部分离岸信托还需要向税务机关进行税务办案，确保信托的设立和运营符合税务相关规定。

第二篇

财富保障与传承的全面规划

第五章　财富传承实操案例及高风险要点

一、在女儿婚前送她的现金嫁妆，如何避免与其婚后夫妻共同财产混同？

我们的一位知性优雅的女客户提到自己两个女儿时既欣慰又忧虑。欣慰的是，大女儿毕业于美国哥伦比亚大学，目前在一家上市公司做高管；小女儿在香港大学读研究生，未来会考虑在深圳工作。两个女儿从小就努力学习，踏实奋进，没让父母操过心。忧虑的是，女儿目前都是未婚，夫妻俩计划给她们各准备一笔丰厚的现金嫁妆，但考虑到目前越来越高的离婚率和周围许多婚姻失败的案例，他们担心把财产传给女儿后，一旦女儿发生婚变，财产会被女婿分走。于是她问：在女儿结婚前把财产给女儿，如何避免与其婚后夫妻共同财产混同？

这位妈妈的担忧很有代表性。随着法律知识的普及，父母也知道子女一旦结婚再给与财产，存在被认定为夫妻共同财产的风险，因此他们通常选择在子女结婚前给与财产。那么，这是不是就能避免未来发生婚变时财产被分割呢？是不是就能保证这笔钱专款专用，保障女儿一生呢？其实不然，婚前赠与子女财产，虽然在法律上属于子女的个人财产，但在婚姻生活中个人财产容易因混同而转变为夫妻共同财产。婚内金融资产混同是一个高风险和高概率事件，混同的形式一般有以下两种。

第一，账户内的资金来源混同。比如，父母在女儿婚前向其个人账户存入100万元，这是婚前个人财产，但是结婚后，女儿又向这个账户存入其工资、奖金、亲友的转账100万元，这是婚后夫妻共同财产，婚后这个账户又进行了各种支出，最后所剩的余额100万元已无法区分究竟是婚前存入的钱还是婚后收入的钱，这就发生了混同。

第二，本金和收益混同。女儿婚前个人账户的钱通常都会被用来投资理财，进而产生收益。相关法律规定，一方个人财产在婚内产生的收益，如果属于孳息和自然增值的，仍然是个人财产，而投资收益则是夫妻共同财产。此时，个人账户既有个人财产的本金，又有夫妻共同财产的收益，再加上每一笔投资有赚有赔，长此以往，本金与收益混在一起，无法分清。

因此，父母在子女婚前就完成财产传承，并不能完全规避子女因婚变而导致财产被分割的风险，还是要采取必要的隔离措施，对各种混同风险进行防守。以下几种保护措施供大家参考。

第一，个人存款用单独银行账户管理。婚前存款单独存入一个账户A，婚后开设新的个人银行账户B，婚后的所有共同财产全部放入账户B，以该账户的钱应对日常生活开支。而婚前的个人财产都放入账户A，两个账户的钱互不干扰。

第二，为子女购买人寿保单。父母作为投保人为子女购买人寿保单，因为保单属于投保人的资产，不会与子女名下的存款发生混淆，未来即使子女发生婚变，该资产也不会被分割。而且该类保单随着时间不断推移，现金价值会不断增长，如果子女真的遇到婚变，这类保单还可以为离婚后的子女提供一定的经济支持。

第三，父母设立家族信托。父母作为委托人，设立一份家族信托，将子女列为信托的受益人，并通过信托合同明确约定子女每年从信托中领取的受益金是个人财产。因为信托财产是独立资产，不属于小两口的夫妻共同财产，发生婚变也不能分割。

二、为子女在婚前买房，要注意什么事项？

做电子代加工的企业主王总，在儿子结婚前花了500万元买了一套房子，登记在儿子名下，但儿子在结婚后经不住儿媳妇的软磨硬泡，瞒着父母悄悄在房本上加了儿媳的名字，后来小两口闹起了离婚，房子也被儿媳直接分走了一半。

当下，房价普遍居高不下，准备成家的子女往往不具备经济实力购房，通常是父母给予帮助，一旦子女发生婚变，财产难免受到损失。那么，父母为子女在婚前买房，应该注意哪些事项？

首先，是购房出资的问题。出资，既可以是直接赠与子女，也可以是借给子女。父母给孩子出钱买房，大都是希望给子女的生活提供保障，但是真实的情况往往是子女的婚姻父母无法左右，甚至许多子女在结婚后与父母渐行渐远。鉴于此，许多父母在给孩子出资购房时就不再是赠与子女，而是借给子女，甚至父母与子女间还会签订一份借款协议，并且依据该协议将房产再抵押给父母，这样可以防止将来儿女擅自处理房产。

其次，是按揭购买的问题。如果是父母付首付，以子女的名义向银行办理按揭，那情况会复杂一些。因为与银行签订借款合同的是子女，即使父母帮着每月还贷款，也需要将还款先转到子女名下的指定账户，使婚前婚后还贷的资金混同。因此，父母可以与子女先签订一份赠与协议，其中说明首付款及按揭还款均由父母提供，购买的房产是父母对子女的赠与，并非对夫妻双方的赠与。

关于以按揭方式购买住房的情形，《最高人民法院关于适用〈中华人民共和国民法典〉婚姻家庭编的解释（一）》第七十八条规定："夫妻一方婚前签订不动产买卖合同，以个人财产支付首付款并在银行贷款，婚后用夫妻共同财产还贷，不动产登记于首付款支付方名下的，离婚时该不动产由双方协议处理。

依前款规定不能达成协议的，人民法院可以判决该不动产归登记一方，尚未归还的贷款为不动产登记一方的个人债务。双方婚后共同还贷支付的款项及其相对应财产增值部分，离婚时应根据民法典第一千零八十七条第一款规定的原则，由不动产登记一方对另一方进行补偿。"

最后，是房子登记的问题。如果父母全款买房登记在子女个人名下，房子就属于子女的婚前个人财产，结婚后也跟配偶无关。如果父母担心子女私自处理房产，比如将房子卖掉买新房或直接在房本上加上配偶的名字，可以在买房时约定房子为父母和子女共有，同时父母享有小比例产权，这样子女在处置房产或添加新产权人时父母就能及时知情，没有父母的签字，登记机构也很难办理业务。

当然，实际的生活场景千差万别，因篇幅有限，此处介绍的更多是原则层面，实际操作时还要视具体情况而定。

三、子女结婚后，父母给的房产和现金会变成夫妻共同财产吗？

王女士家境优越，她偶然结识了一位小伙子，但这位小伙子无论从工作还是家庭条件上来说都与王女士差距较大。不过王女士还是义无反顾与其结了婚。结婚后，王女士与老公的工资加起来也只能勉强维持基本生活，大多数时候都是靠王女士的父母资助过活。其间王女士的父母陆续往王女士的个人账户转入近600万元。没想到才不到两年，王女士就觉得与老公三观不合，生活习惯也无法融合，最终提出了离婚诉讼。在诉讼中，王女士老公就主张这600万元是夫妻共同财产，来自王女士父母的赠与，要求分得一半。最终法院判决支持了其主张。

由以上案例可以看出，结婚后父母赠与子女的财产很容易被认定为子女的夫妻共同财产，结果就是像王女士这样，结婚不到两年就损失了几百万元。之所以发生这样的案例，就是因为很多人对《民法典》中婚内夫妻共同财产的相关规定不了解。《民法典》第一千零六十二条明确规定："夫妻在婚姻关系存续期间所得的下列财产，为夫妻的共同财产，归夫妻共同所有：（一）工资、奖金、劳务报酬；（二）生产、经营、投资的收益；（三）知识产权的收益；（四）继承或者受赠的财产，但是本法第一千零六十三条第三项规定的除外；（五）其他应当归共同所有的财产。"因此，我们可以看到，夫妻婚后通过赠与获得的财产，在没有特殊约定的情况下，是夫妻的共同财产，归夫妻共同所有。父母在婚内给与子女的资金支持，在法律上属于赠与，属于夫妻共同财产。

《最高人民法院关于适用〈中华人民共和国民法典〉婚姻家庭编的解释（一）》第二十九条第二款也规定："当事人结婚后，父母为双方购置房屋出资的，依照约定处理；没有约定或者约定不明确的，按照民法典第一千零六十二条第一款第四项规定的原则处理。"因此夫妻婚后如果父母出钱给买房，父母和子女小两口之间没有特别约定房子归谁，那么也是夫妻共同财产，归小两口共同所有。

在什么情况下，父母给与子女的财产不属于夫妻共同财产呢？首先《民法典》第一千零六十三条明确约定："下列财产为夫妻一方的个人财产：（一）一方的婚前财产；（二）一方因受到人身损害获得的赔偿或者补偿；（三）遗嘱或者赠与合同中确定只归一方的财产；（四）一方专用的生活用品；（五）其他应当归一方的财产。"可以看出，如果父母在赠与的时候跟子女签订了赠与合同，并且在合同里写明赠与的财产或房子只归子女个人所有，与其配偶无关，那么此时的财产就属于子女的个人财产，不作为夫妻共同财产。

回到本节王女士的案例，如果王女士的父母在转入 600 万元的时候与其签订赠与协议，明确表示给王女士个人，并且王女士收到款项后进行专户管理，没有混同的情形，那么在婚变的时候就可以避免被丈夫分走一半了。

因此，如果大家担心婚后收到的财产会变成夫妻共同财产，一定要提前做好婚前（内）资产保全规划。

四、传给子女的资产会因其配偶欠债而产生风险吗？

一年冬天，北京还下着大雪，一对母女慌慌张张地来到我们的律所，母亲说女儿的银行账户被法院冻结了，原因是女婿创业时借了钱现在还不上，被债主起诉了。这位母亲不理解的是，为什么女婿欠债要冻结女儿的银行账户，而且女儿的这个账户里的钱是婚前父母给的嫁妆，她认为法院无权冻结女儿名下的银行账户。所以，她来寻求律师的帮助，希望与法院沟通把女儿的账户解冻。

以这个案例我们来分析一下，父母传给女儿的资产为什么会被女婿的负债牵连。

第一种情况是，传给女儿的资产属于女儿和女婿的夫妻共同财产。这种情况比较常见，例如父母在子女婚后给与钱财或者为其买车，且没有明确是对子女一个人的赠与，那么这些都属于夫妻共同财产。对于上述案例，如果女婿负债，赠与的资产本来就有女婿的份儿，自然可以被用来还女婿的债。

第二种情况是，传给女儿的资产属于其个人财产。例如本书案例中的母亲在女儿结婚前给与的嫁妆，这种情况下女婿负债是否会牵连女儿，关键在于女婿欠的是他个人的债还是他们夫妻共同的债。

先给出结论，案例中女儿的个人资产在女婿负债时仍然存在风险。这是因为在夫妻关系中，一方负债按照相关法律规定，需要先明确债务的性质是个人债务还是夫妻共同债务，个人债务意味着女儿的个人财产不会受到牵连，而夫妻共同债务就需要女儿女婿以全部财产共同偿还，这里既包括他们夫妻的共同财产，也包括女儿或女婿的个人财产，此时女儿的婚前个人财产就无法保全了。

那么，什么情况下女婿的欠债会被认定为夫妻共同债务？

《民法典》第一千零六十四条规定："夫妻双方共同签名或者夫妻一方事后追认等共同意思表示所负的债务，以及夫妻一方在婚姻关系存续期间以个人名义为家庭日常生活需要所负的债务，属于夫妻共同债务。

夫妻一方在婚姻关系存续期间以个人名义超出家庭日常生活需要所负的债务，不属于夫妻共同债务；但是，债权人能够证明该债务用于夫妻共同生活、共同生产经营或者基于夫妻双方共同意思表示的除外。"

针对本节案例，如果女儿女婿都在借款协议上签字了，那肯定是夫妻共同债务。如果女婿欠债后女儿对债务进行了追认，同意偿还，或者女婿借款是为了满足家庭日常生活需要（如孩子的教育、医疗、家庭成员的扶养、买房等），又或者女婿借钱投入与女儿共同经营的公司等，都会被认定为夫妻共同债务。

许多家长以为只要在婚前将钱财传给子女，子女的配偶欠债就不会影响自己的孩子，其实不然。这也是为什么我们建议家长如果要给子女大笔的财富支持时，要通过专业工具（如保险金信托或家族信托）来实现，尤其是子女的配偶从事企业经营或创业的家庭。

五、已经传给子女的资产在其投资理财时会面临哪些风险点？

在日常咨询工作中，经常会有高净值人士向我们"吐槽"，表示在财富传承时对子女很不放心，尤其担心子女将财产败光。此处，我们总结一下财富传承过程中二代可能面临的风险点。

缺乏专业理财知识和投资实践

投资理财是一门复杂的学问，需要投资者具备金融市场、投资工具、经济形势等多方面知识。如果子女仅凭小道消息就盲目买入，一旦市场波动，财富有可能大幅缩水。或是子女受到某些机构对高收益产品宣传的吸引就下单，如果这些产品发生亏损或不幸"爆雷"，这可能会让传承的财富在短时间内遭受重创。

投资收益太低且无流动性

某些资产，如房地产、企业股权基金等，流动性低，在需要资金时难以迅速变现。例如，有这么一位"富二代"，他喜欢投资二级市场股权基金，在 2018 年前后共投资了 8 个项目，共计 6000 万元，但遗憾的是赶上了新冠疫情以及资本市场的调整，其投资的项目中一个企业也没有上市成功，导致已经投入的资金迟迟拿不回来，想退出又没有人接手，把他急坏了。如果在投资期间突然急需大量资金，例如遇到突发疾病需要支付高额医疗费用，就可能会使投资人陷入困境，无法及时满足资金需求。

被人诈骗

当前社会诈骗手段花样繁多、投资"爆雷"事件层出不穷，如果子女对投资理财项目的真实性、风险性缺乏足够的判断，可能会盲目投资高风险或带有欺诈性的项目，导致家庭财产的损失。

父母传给子女大量财富，是希望这些财富能够帮助子女生活得幸福，但是如果子女不具备管理大额财富的能力，反而会给子女带来无尽的烦恼。因此，建议父母在向子女传承财富之前，做好以下系统性的规划，以防止发生上述风险。

第一，培养子女的投资理财能力。一代为二代遴选合适的老师，提供财务管理和投资方面的培训，或者提供在金融理财机构实习的机会，以培养子女的财商，使其掌握国家的经济政策，同时建立必要的风险意识。

第二，设立家族信托或保险金信托，请专业人士来投资理财。父母可以将部分财产的管理权交给专业的财务顾问或信托公司，由这些专业团队来进行资产配置，实现财富保值增值，而子女只作为信托的受益人，相对来讲会稳妥一些，当然选择的机构必须是可靠的、知名的。另外，父母可以通过信托合同规定子女从信托中获得收益的时间及数额，既可以防止子女挥霍家财，又可以通过信托"锁住"资产，使子女身边别有用心的人难以得逞。

第三，设立带有理财性质的人寿保单，通过金融机构的专业理财，享受投资分红。如果父母担心子女不具备投资理财的能力，可以通过购买人寿保单让子女享受财富的保值增值。至于具体投资哪个项目，是亏损还是盈利，皆有保险公司的资管团队来打理，子女只需要享受收益即可。

六、中国的遗嘱有哪几种类型，分别适合什么情形？

每个人都不可避免地面临一个现实：离世。遗嘱作为一种法律工具，我们可以按自己的意愿规划遗产分配，以此表达对家人的关爱，并确保财产的有效传承。按照《民法典》，目前遗嘱的有效形式有六种，分别为：自书遗嘱、代书遗嘱、打印遗嘱、录音录像遗嘱、口头遗嘱与公证遗嘱。在生活中，该如何选择适合自己的遗嘱形式呢？我们需要从遗嘱人意志表达是否清楚、书写是否方便、是否在意私密性、效力挑战难度、费用成本等角度来确定自己适合哪种遗嘱。

自书遗嘱

自书遗嘱是指由遗嘱人亲笔书写、签署的遗嘱。这种遗嘱方式简单易操作，自己书写并不需要经过特殊的法律程序，也没有费用成本，随时随地可以完成。同时，相比于其他需要见证人的方式，自书遗嘱的私密性比较高。如果不希望其他人知道自己家庭的资产情况及家庭成员的隐私，可优先考虑这种方式。但自书遗嘱也有明显的劣势，就是真实性和有效性容易被质疑，例如平时很少写字的人，又上了年纪，写的内容很难识别，且没办法找到适合比对的文本，如果对此有顾虑，可以考虑用自书加录音录像的方式留下遗嘱。

代书遗嘱与打印遗嘱

这两种遗嘱形式比较契合当下人们的书写习惯，效率高，成本低。但是立遗嘱的时候需要两名见证人，且两名见证人要在遗嘱上签字。将来这份遗嘱发生争议的时候，两名见证人要作为证人还原订立遗嘱的过程。与自书遗嘱相比，这两种方式私密性不高，毕竟有见证人知情参与，对于比较注重隐私的家庭，不是最优选择。如果没有家庭隐私方面的顾虑，这两种遗嘱形式是可以考虑使用的。但是，作为专业律师，我们不推荐打印遗嘱，因为这是最容易被质疑的形式。

录音录像遗嘱

智能手机的发展提升了人们生活的便利度，立遗嘱也方便了许多，录音、录像方式与自书方式一样，简单、易操作，且没有额外的费用成本，但也需要两名见证人，还需要对声音、人像的信息采集。与前述的自书遗嘱、代书遗嘱及打印遗嘱相比，这种方式的效力挑战相对较小，但要注意数据的提取与保存。

公证遗嘱

在六种遗嘱中，公证遗嘱的法律效力是最强的，一旦经过公证，其真实性和有效性可以得到保障，公证处在对遗嘱的审核和公证程序上相对严谨，可以避免一些无效遗嘱的出现。但是，公证遗嘱要前往公证机关办理相关手续，流程相对烦琐，不如其他几种形式便利，公证时公证处会对遗嘱内容进行审核，可能会限制一些个人意愿的表达，同时需要承担一定的公证费用。

口头遗嘱

只有在危急情况下，才可以采用这种方式，例如突然发生交通事故需要紧急手术，不确定能不能顺利从手术台上下来，这个时候来不及以其他方式订立遗嘱，只能通过身边的医生和护士口头交代遗愿。因为口头遗嘱很容易被篡改和伪造，一旦遗嘱人离世也很难查证。所以危急情况解除后，能够用其他形式立遗嘱的，建议用其他形式重新订立遗嘱，避免将来遗嘱的效力被质疑。

七、立遗嘱就可以顺利精准地实现传承吗？

王女士遇到了一件麻烦事，半年前她的老公生病去世留下了一份公证遗嘱，家里的房子和公司股权由她和唯一的女儿继承，不想王女士办完老公的身后事去市场监督管理局办理股权变更登记时被拒绝了，原因是她需要提供继承权公证书。王女士很疑惑，手中的遗嘱已经办过了公证，怎么现在又要公证？

其实，问题出在王女士没有搞清楚公证遗嘱和继承权公证的区别。遗嘱作为传承工具之一被我们所熟知，公证遗嘱是遗嘱类型之一，而继承权公证是继承的流程，是对遗产继承人资格和遗产分配方式的公证，无论被继承人是否留下遗嘱，继承人都需要在被继承人去世后办理。即使父母生前立下了公证遗嘱，在父母去世后，子女继承财产仍然要办理继承权公证。在我国，没有继承权公证书就不能办理遗产继承过户手续（部分城市的房产继承除外）。在实践中，继承权公证书的办理具有一定难度，因为继承权公证必须同时满足以下三个条件。

第一，继承人身份证明材料和遗产证明材料要清楚完备。这些材料包括家庭成员之间的亲属关系证明、被继承人的死亡证明、继承人合法身份证明、所有继承的财产所有权证明等，证明材料可能跨几代人，甚至可能有不认识的亲属。例如2024年有一则新闻是一位温州的独生女继承父母遗产却冒出22位继承人，可以试想其材料准备的难度。

第二，全部继承人共同到公证处公证。因为公证处要核实每一位继承人的身份，并核实他们对遗产分配方案的意见，包括遗嘱的真实性。有些家庭的继承人比较多，并且继承人分散在不同城市甚至是不同国家，因为各种原因，部分继承人不能与其他继承人一起到公证处办理继承权公证手续。若出现这种情况，继承权公证就只能被搁置。

第三，如果死者生前有遗嘱，就要求全部继承人都认可遗嘱的真实合法性；如果死者没有留下遗嘱，继承人要就遗产分配方案达成共识。在实践中，我们发现，就算全部继承人同时到齐，往往也难以达成一致，尤其是子女多的家庭，多半会为父母的遗产分配多寡而争吵不休。也就是说，即使全部继承人同时到了公证处，只要继承人的意见不统一，公证处也会拒绝办理继承权公证。

当公证处无法为某位继承人出具遗产继承权公证书时，该继承人如果还想继承父母的遗产，就只能提起遗产继承诉讼了，一般情况下诉讼打完一审还有二审，动不动就要耗时三年，当事人往往也会心力交瘁。

这里要提醒大家的是，虽然通过遗嘱传承财富要经历这么多曲折和麻烦，通常还会搞得子女为了继承遗产劳神费力，但并不是说立遗嘱就没有意义了，而是建议财富传承要多管齐下。首先通过提前赠与过户、人寿保险、保险金信托、家族信托等不同的法律手段和金融工具避开继承权公证，同时提前准备好预防性遗嘱，因为上述工具也无法解决全部的财富传承问题，对于只能在身后传承的资产，通过预防性遗嘱可以充分体现自己对于未来财富分配的意志。

八、哪些人需要提前安排好遗产管理人？

林先生家中有祖屋需要办理租赁登记，但是因为自己不是唯一的继承人，其他的继承人要么找不到，要么未协商好，导致手续迟迟办理不下来。于是他向当地人民法院申请指定自己为遗产管理人，对祖屋进行出租和日常维护修缮，防止祖屋平白无故受到损失。

案例中提到的遗产管理人，是《最高人民法院关于适用〈中华人民共和国民法典〉继承编的解释（一）》的重大突破，是指在继承流程中主持大局的人，负责召集继承人、代为管理和保护遗产、解决继承人之间矛盾，让继承变得更加柔性，避免动辄对簿公堂。

中国法律环境下遗产管理人的职能是什么呢？《民法典》第一千一百四十七条对遗产管理人的职责做出了规定。

遗产管理人应当履行下列职责：
（一）清理遗产并制作遗产清单；
（二）向继承人报告遗产情况；
（三）采取必要措施防止遗产毁损、灭失；
（四）处理被继承人的债权债务；
（五）按照遗嘱或者依照法律规定分割遗产；
（六）实施与管理遗产有关的其他必要行为。

那么，是不是每个人都需要提前安排遗产管理人呢？对此，法律并没有强行要求必须提前安排遗产管理人，我们基于实践经验认为以下五类家庭有必要安排遗产管理人。

第一，传承财产种类复杂且数额较大的家庭。有一位企业主，家有房产数十套，公司十多家，银行存款数亿元，还收藏了许多名车名表，光在遗嘱的附件清单罗列出所收藏的限量版车辆就多达40辆。除此之外，还收藏了许多红木家具和珠宝。像这样量级的财富传承，最好还是事先安排遗产管理人，因为将来分配交接时的工作量应该挺大。

第二，成员结构比较复杂的家庭。有一对夫妻，两人都是再婚人士，分别从前婚带过来一个孩子，结婚后两人又生育了一个孩子。后来夫妻俩又收养了一个亲戚家的孩子，最后成为由 4 个孩子组成的大家庭。这样的家庭在传承方面肯定需要个性化的方案，我们也建议设立遗产管理人。

第三，开立多家公司，债权债务关系比较复杂的企业主家庭。许多企业主的朋友圈比较广，往来拆借资金也比较多，今天你帮我，明天我帮你，但并不是每笔钱的往来都有借条和合同，全凭多年的信誉与交情，这类家庭的财富传承也包括债权债务的传承，只有律师能够梳理清楚，所以最好也要有遗产管理人。

第四，涉及跨境传承的家庭。2024 年我们接待了一起复杂的跨境传承案例：夫妻俩在北京、香港、新加坡及美国均有财产，并育有三名子女，丈夫突遇车祸去世，妻子在处理遗产继承时遇到了较大麻烦，因为四个不同法域在财富传承时面临四种不同司法程序。后来我们陪着妻子联系了各地律师，分别建立委托关系，其中工作量非常大，所以这类家庭最好事先也安排好遗产管理人。

第五，涉及大型企业集团或上市公司传承的家庭。2023 年我们服务了一位上市公司实控人，当时承接的是帮其设计企业家业双维传承方案。在设计过程中，一代创始人强调要通过家族治理机制，让后代继承他的创业精神，带领企业继续发扬光大。而在家族治理过程中，我们建议他安排一位遗产管理人，同时兼任家族委员会法律顾问，这样可以把整个传承机制有力地落实下去。这位企业家非常认可我们的建议，就安排了他的法律顾问来担任这个重要的职位。

最后补充说明一下，一般家庭的遗产管理人由最信任的亲属担任就可以，但是本节介绍的五类家庭，由于情况复杂，涉及诸多繁杂法律流程和法律关系，建议还是由专业律师和家族成员一起来担任遗产管理人。

九、已设立好的遗嘱，未来继承时还需要其他继承人同意吗？

龚女士的老公刚去世不久，在临终前向她吐露了一个秘密，他在婚内有过出轨行为，还生了一个孩子。出于愧疚，在临终前想向妻子坦白，并且说明在遗嘱中给非婚生子留了 20% 份额的遗产。龚女士听后虽然很气愤，但也无法同即将去世的人计较，不过她心里想着一定不能把遗产分给丈夫的非婚生子。没想到的是，她拿着丈夫的遗嘱去办理继承权公证时，公证员告诉她必须经过那个非婚生子的同意才行。她非常不解，自己拿着遗嘱要继承，为什么还需要其他继承人同意？

公证员的话没错，在遗嘱的执行过程中，确实需要法定继承人对遗嘱的效力进行确认。在实践中，遗嘱指定的继承人想要顺利实现遗产转移，仅仅持有遗嘱是难以实现的。遗产管理或登记机构通常需要继承人先行证明自己享有继承权及继承的遗产份额，有效的证明方式一般就是公证处形成的继承权公证书或人民法院做出的裁判文书。以继承权公证为例（详见图 5.1），需要全部继承人共同到公证处，对披露的遗嘱的真实合法性均表示认可，才能按照遗嘱的内容进行继承，此时有任何一个人对遗嘱有所质疑，那么公证的程序就走不下去，只能通过诉讼途径确认遗嘱的效力。

继承人之一向公证处提出申请办理并交公证费	公证员核实继承人身份证明及各项财产证明	公证处通知所有继承人前来，就遗嘱效力表态签字，或无遗嘱时要达成遗产分配一致方案并签字	公证处出具书面遗产分配方案公证书，继承人签字领取	继承人持公证书到各机构办理遗产过户手续

图 5.1 中国境内继承权公证的流程示意

我们虽然能够理解龚女士的心情，但不得不说，她丈夫生前的非婚生子也是法定继承人，即使丈夫生前在遗嘱上没有给非婚生子留钱，公证处仍然会征求这个孩子的意见，主要是就遗嘱的真实合法性征求其意见，防止遗嘱有真假之争或还有其他的遗嘱。如果非婚生子没有成年，公证处还会征求孩子的母亲来替孩子表态。

回到本节的问题，立遗嘱的人生前写好的遗嘱，在其去世后，继承人必须办理继承权公证，在此环节，公证处会征求每一位继承人的意见，问他们是否认可遗嘱的真实合法性。请大家牢记这一点。

十、财富传承容易发生矛盾纠纷的六大类家庭

在财富传承的过程中，家庭关系和财产分配的复杂性往往会引发一系列矛盾，这些矛盾可能对家庭的和谐与稳定产生重大影响。接下来我们就来聊聊财富传承容易发生矛盾的六类家庭。

再婚重组家庭

这类家庭财产关系复杂，夫妻双方通常带有前一段婚姻的子女。在财富传承规划中，亲生子女与继子女之间、前婚子女与后婚子女之间的利益平衡是矛盾的焦点。而且，婚前财产和婚后共同财产的界定可能不够清晰，容易引发争议。例如2023年一位上市公司创始人突发意外离世，该创始人有两段婚姻，与前妻育有一子且儿子已在公司任职；与现任妻子育有多名子女。由于他的突然离世，此前也并未做好财富传承规划，最终引发了前婚儿子与后婚妻子关于上市公司控制权之争。

多子女家庭

子女之间可能因父母财富分配不均而产生矛盾。曾有一档生活

类的节目尝试调解一个拥有五名子女家庭对母亲的赡养矛盾。这位母亲说自己辛辛苦苦把五名子女拉扯大，现在他们都成家立业了，但是谁也不养她了。五个儿女都说自己有不养母亲的理由，但节目组摸底发现，其实是各家都盯上了母亲在北京城区的一套平房，表示如果母亲把这套房留给自己，就愿意赡养母亲。大家试想，如果这位老母亲去世，这五家子女为了争房产还不得撕破脸？

有非婚生子女家庭

非婚生子女在法律上享有与婚生子女同等的继承权，但传统观念和家庭内部实际情况可能导致矛盾。婚生子女可能抵触非婚生子女参与财产分配，认为其会分走属于自己的份额。父母在处理非婚生子女继承问题时，也会面临来自配偶、婚生子女和社会舆论的压力。

企业主家庭

企业主家庭在财富传承时面临企业控制权交接和资产分配的双重挑战。子女对是否接手企业可能有不同意愿，有的想继承企业，有的想另谋职业。企业股权分配若不能满足子女期望，就会引发矛盾。而且企业的经营状况、未来发展战略等因素也会影响财富传承，如企业负债可能导致子女对继承遗产有所顾虑。

隔代财富传承家庭

当祖父母或外祖父母希望跳过子女直接将财富传承给孙子女时，可能引发子女（孙子女的父母）的不满。子女可能认为这是对自己的不信任，或者觉得自己对财富的控制权被剥夺。这种传承方式还可能打乱正常的家庭财富传承顺序，引发家庭内部权利结构变化和矛盾。

婆媳关系紧张的家庭

如果男方是家里的顶梁柱，是家庭主要创造收入方，因为意外而离世，这时候如果男方父母还健在，则男方的遗产将由父母、子女、配偶直接均分，但是男方可分割的遗产范围仅是夫妻共同财产中的个人部分，其余部分是女方的财产，这样再加上女方通过继承取得的财产，最终女方将掌控家庭财产的绝大部分。对于刚刚失去孩子的男方父母来讲，看到即将面临的"人财两失"局面往往不能接受，而导致男方财富传承遇到阻力。

财富传承中的矛盾可能源于家庭结构、婚姻状况、文化差异以及财富性质等多种因素。了解这些容易产生矛盾的家庭类型，对于提前规划财富传承、避免家庭纷争具有重要意义。无论是制定遗嘱、设立信托还是选择其他财富传承工具，都需要充分考虑家庭的具体情况，以保障财富传承的顺利进行和家庭的和谐稳定。

十一、定居境外的子女如何继承父母在境内的财产？

近年来，随着经济的不断发展，中国的高净值人士越来越多，投资全球化、身份国际化的现象也越来越普遍。已经定居境外的子女，比较关心未来如何继承父母在境内的财产，这就涉及跨境财富传承的问题。

按照《中华人民共和国涉外民事关系法律适用法》，不动产适用不动产所在地法律，动产一般适用被继承人住所地法律。也就是说，如果父母一直在中国生活，不论是动产还是不动产，都适用中国的相关法律来继承。依据中国相关法律的规定，继承的程序大致可以分为以下几个步骤。

第一步，继承人身份证明。定居境外的子女，往往已经获得了境外身份，此时继承境内父母的遗产，就需要先进行继承人身份的证明。举例来说，中国张先生的女儿小美移民后叫瑟琳娜，现在瑟琳娜想继承张先生的遗产，就要证明自己是小美且与张先生是父女关系。这个证明的过程需要小美在其居住地的公证机关办理公证文书，文书中需要有小美的住址、居住情况、职业、与张先生的关系等。公证文书办理好后，需要按规定办理该地与中国的领事认证或该地附加证明书。

第二步，办理继承流程。前述公证书和相关凭证办理好后，小美就可以携带这些文书和其他证明资料（如遗嘱、房产证等）在中国境内走继承流程。继承流程分为两种，第一种是继承人之间没有争议且材料齐备，可以到境内的公证处办理继承权公证手续，取得继承权公证书后向相关财产保管或登记机构请求办理财产的继承过户手续。第二种是继承人间有争议或材料不齐备，可以向有管辖权的人民法院提起继承诉讼，取得法院裁判文书后再向财产保管或登记机构请求办理财产的继承过户手续。这个流程和国内继承的流程是一样的。

第三步，继承的财产换汇出境（对申请换汇的继承人有特殊身份要求）。中国人民银行《个人财产对外转移售付汇管理暂行办法》第九条规定："申请人申请办理继承转移，需向所在地外汇局提交以下材料：

（一）书面申请。内容包括：申请继承转移的原因；申请人与被继承人之间的关系；被继承人财产来源和变现的详细书面说明等。

（二）由申请人或其代理人签名的《个人财产对外转移外汇业务申请表》。

（三）申请人身份证明文件。

申请人为外国公民的，应当提供中国驻外使领馆出具或认证的申请人在国外定居证明；申请人为香港特别行政区、澳门特别行政区居民的，应提供香港特别行政区或者澳门特别行政区的居民身份证以及回乡证或护照。

（四）申请人获得继承财产的证明文件。

（五）被继承人财产权利证明文件和被继承人财产所在地主管税务机关开具的税收证明或完税凭证。

（六）外汇局要求提供的其他资料。"

因此，以下两点需要我们特别注意：

第一，继承转移的申请人需要是外国公民或取得香港特别行政区、澳门特别行政区永久居留权居民，才可以将依法继承的境内遗产变现，通过外汇指定银行购汇和汇出境外。第二，申请人需要提供依法继承财产的完税证明。在实际办理过程中，许多人无法提供全部资产的完税证明，那对于无法提供的财产，就无法办理继承转移手续。因此，建议大家早早准备好未来子女继承财产换汇带出境所需的完税证明。

十二、有两任婚姻并各有一个孩子，为避免财富传承产生矛盾该如何提前安排？

从事房地产开发的赵总，前婚有一个儿子，目前在公司担任管理层，后婚有一个女儿，正在读研究生。两个孩子多年来都是跟赵总一起生活，赵总年事已高，所以想安排未来传承的事宜，也希望兄妹俩未来是彼此最亲的人。但是令他困扰的是，两个孩子的母亲，也就是赵总的前妻与现任妻子关系比较紧张，而且前妻还经常在儿子面前说现任妻子的坏话，这使赵总左右为难。

其实传承时子女是否会产生矛盾，取决于父母选择的传承方式和传承工具。

针对赵总的困扰，我们有以下策略建议。

策略一，房产及公司股权采取生前赠与方式。赵总采取赠与方式提前给与两个子女财富，此时他对财富具备完全掌控能力，不论在两个子女之间怎么分配，都能顺利实现传承，即使子女知情后心理不平衡，这种不平衡也不会成为传承的实际阻碍。不过这些资产可以分期分批慢慢完成转移。

策略二，部分金融资产采取家族信托的方式。赵总作为委托人设立家族信托，两名子女均作为家族信托的受益人，未来通过信托利益分配方案获得受益权，彼此间不需要对方配合就能各自获取信托利益。同时，家族信托具有较强的私密性，可以实现每名子女只知道自己的受益权情况，不知道是否还有其他受益人及受益权，在一定程度上可以避免因利益不均衡而产生矛盾。

策略三，为两名子女分别配置人寿保险。赵总作为投保人和被保险人，购买两份人寿保险，每份保单列一名子女为受益人。子女作为保险合同的身故受益人，当保险事故发生，子女依据保险合同直接领取理赔金，无须彼此配合，也无须经过继承权公证环节。如果投保人不主动披露保单配置情况，两名子女对彼此是否获得了保险金并不知情，不仅没有矛盾，连心理失衡也不存在了。

策略四，采取遗嘱进行兜底继承。对于赵总最后打算传承的资产，或者是变动较大的资产，可以通过遗嘱进行兜底。我们建议最好由夫妻双双立下预防性遗嘱，原因是某些夫妻共同财产不好分割，加上尊重现任妻子的意见，更能平衡好前婚子女与后婚子女的利益。在此兜底性遗嘱上对子女的财富分配尽量不要明显失衡，这有利于他们彼此能配合完成继承权公证环节。

因此，父母在进行财富传承时，为避免子女间产生矛盾，可以多策并举，综合使用不同传承方式和工具，达到最优的传承效果。

十三、婆媳关系不太融洽，妻子将来传承丈夫的财产时会不会遇到什么阻碍？

梅女士原本有一个幸福美满的家庭，丈夫常年经商，婆婆早年离婚，独自把一双儿女拉扯大。可以说，梅女士的丈夫是整个家里的经济支柱，婆婆、小姑子，还有梅女士及夫妻俩的孩子均依靠梅女士丈夫的商业经营收入生活。然而一场意外如同晴空霹雳一般打碎了这个家庭的平静，梅女士的丈夫突发脑部疾病被送进医院抢救，仅十来天就不治身亡。此时的梅女士十分悲痛，和家人一起为丈夫办葬礼，可她没想到的是，小姑子找到梅女士，非常强势地要求她把家里的所有银行卡交出来，还要求梅女士把家里所有存款列出清单，并说这是婆婆的命令。小姑子还警告梅女士，从现在开始，家里所有的财产她都不能动，要等待婆婆召开家庭会议来清算，并且反复强调家里的财产都是她哥哥多年经商所得，要等婆婆来分配。梅女士十分气愤，没有想到老公刚走，婆家就这样欺侮自己。

从这起案例我们不难看出，在中国式母子关系和婆媳关系中，丈夫是纽带、关键点，当丈夫在世时，什么都好说，当丈夫离世后，婆媳各有各的担心。本节案例中梅女士丈夫一去世，婆家人便变了脸，此时丈夫的财产传承便成为争议的焦点。接下来，我们就从法律角度进行分析。

以继承传承为例。如果丈夫身故后打算通过继承的方式将财产传给孩子，不论是法定继承还是遗嘱继承，想要实现继承财产转移过户，需要到公证处进行继承权公证，取得公证书后方能更名过户。在继承权公证流程中，需要全部继承人到场，对遗产分配方案达成一致，此时丈夫的第一顺位法定继承人包括配偶、子女、父母，也就是婆婆和儿媳需要共同确认才能取得公证书。如果婆媳关系不和睦，可想而知，很难达成一致意见，只能通过诉讼方式解决。回到本节案例，后来由于梅女士没有完全听从婆婆对丈夫遗产分配的想法，双方无法达成共识，也不可能到公证处办理继承权公证，很快婆婆便在当地法院提起了遗产继承诉讼，并且还提起了诉前财产保全冻结，将梅女士及其丈夫名下的数张银行卡里存款的一半进行了冻结，梅女士也不得已聘请律师代她出庭。

以赠与传承为例。如果丈夫生前直接把自己的财产赠与孩子，赠与是单方表示就可以设立的民事法律行为，不需要其他人同意配合，此时丈夫完全可直接处置，婆媳是否和睦并不影响财产传承。

以人寿保险传承为例。如果以丈夫为被保险人、孩子为身故受益人而配置了人寿保险，从而进行财富传承，丈夫一旦离世，孩子可依据保险合同约定直接获得保险金，无须其他人配合，此时婆媳关系不会成为孩子继承财产的障碍。

以家族信托传承为例。如果夫妻两人设立了家族信托，将孩子设为信托受益人，未来孩子依据信托收益分配方案取得信托利益，也与其他家庭成员无关。同时，可将婆媳共同设立为受益人，即便关系不睦，也能在财富分配与家庭成员照顾、家庭矛盾可控上进行平衡。

十四、丈夫有非婚生子，如何防范丈夫去世后非婚生子来继承家产？

秦女士的丈夫吕先生一个月前去世了，而公婆与秦女士之间发生了遗产继承之争，原本这只是一个法定继承诉讼，我们团队的一位律师代替秦女士及她的女儿，作为原告提起了法定继承诉讼，主要分割的财产是夫妻共同财产中的一半遗产，涉及一套房产和数百万元存款，还有部分股票和基金。就在诉讼过程中，却突然冒出一位杨女士找到了法庭的主审法官，说本案还少了一位继承人。她提出自己在五年前便与本案的被继承人吕先生有了婚外情,且她一直住在外地,三年前她为男方生下一名男孩,并随她姓吕。杨女士向法官提出,根据中国的相关法律,这名姓吕的男孩也是本案的法定继承人之一,不能漏了他的继承份额。于是,接下来案件便进入调查这名男孩究竟是不是死者亲生儿子的程序之中。

非婚生子女是相对婚生子女而言的,在法律上,非婚生子女拥有与婚生子女同等的法律地位。以继承为例,《民法典》中对于法定继承中第一顺位继承人就做出了详尽的规定:第一顺位继承人是指,配偶、子女、父母,其中子女包括婚生子女、非婚生子女、养子女和具有扶养关系的继子女。由此可知,非婚生子女不仅具有与婚生子女同等的继承权,而且没有特殊情况的话,继承的份额也是均等的。

对于出现非婚生子女的家庭,如果希望家产将来都由婚生子女来继承,解决策略是系统性的,因篇幅有限,我们结合多年从业经验重点介绍以下几种策略。

第一,提前将财产赠与婚生子女,在财产还在自己可掌控阶段便将其锁定在自己子女身上。如果不希望提前赠与,也可以考虑与配偶实行财产约定制,分清财产的各自归属,避免自己的财产份额与配偶份额混淆,即便配偶的部分争取不来,也可以决定将自己的份额转移给婚生子女。

第二,对身后遗留的财产通过设立遗嘱的方式,在遗嘱中指定由婚生子女继承遗产,排除非婚生子女的继承权。但有一点需要考虑,未来婚生子女取得遗产无法绕开非婚生子女,因为办理遗产过户时需要通过继承权公证程序或者诉讼程序确认婚生子女享有继承权及继承财产份额,不论哪一个程序都需要全部继承人确认,此时非婚生子女的意见将直接影响继承办理进度。

第三,通过设立家族信托(保险金信托)或者人寿保险的方式,将婚生子女直接作为信托受益人或人寿保险受益人。其原因是信托财产和保险理赔金一般不属于死者遗产范围,不会进入遗产分配和遗产诉讼范围,且未来婚生子女依据信托合同或者保险合同获得相应财产,无须非婚生子女知情配合签字,私密且高效,大大提升了传承的便利度。

当然,以上方式的选择都是建立在一方发现另一方有非婚生子女的情况下依然选择继续共同生活,如果不考虑维系婚姻关系,那关注的方向就是离婚财产分割了,此时又是另一番策略了。

十五、丈夫前婚的儿子有资格继承妻子的财产吗?

优雅的女企业家徐女士早年离过一次婚,后经人介绍认识了姜先生,姜先生也是离异人士且带着一个10岁的儿子。两人结婚后,徐女士不仅承担了家里所有的开销,包括购买新房并装修以及日常开支,而且对姜先生的儿子也是悉心照料,后来两人又生育一个女儿,升级为四口之家,其乐融融。然而,有一件事让徐女士有些不安,原来姜先生的儿子有时候会被其前妻接过去小住,每次小住之后再回到爸爸这边时,徐女士发现继子的神情就有些不对,对徐女士说话也是阴阳怪气的,她猜测姜先生的前妻有可能在继子面前说她坏话了。徐女士既难过又担忧,万一将来继子在他母亲的挑唆下与她反目成仇,那她的财产是否也会被继承了去。

继子能不能继承继母的遗产,取决于有没有与继母形成扶养关系。《民法典》规定,法定继承中第一顺位继承人为配偶、子女、父母,其中子女包括婚生子女、非婚生子女、养子女和具有扶养关系的继子女。一旦继子与继母形成了扶养关系，法律就拟制继子和继母之间有血缘关系，此时继子就有资格成为继母的第一顺位继承人，而且继子能继承的份额原则上与亲生子女是一样的。

那么什么情况下会被认定形成了扶养关系呢？

第一种情况，继子尚未成年随生父与继母共同生活时，继母对继子承担了部分或全部生活教育费；第二种情况，继子与生父继母共同生活，继母对继子给予生活上的照料与扶养，或者虽未与生父继母共同生活，但继母对继子承担了部分或全部生活费、教育费的视为形成了扶养关系。除了前述两种情况，还要考虑共同生活的时间长度，才能最终被认定是否形成了扶养关系。我们认为，按照法律规定，徐女士与继子已经共同生活了三年，并且承担了家庭所有费用，对继子也是悉心照料，大概率已经形成了法律上的扶养关系，所以继子对徐女士的财产是有继承权的。

要想尽量减少继子对自己财产的继承份额，徐女士可以采取以下策略。

第一，徐女士本人一定要立下遗嘱，因为她的婚前财产及婚后夫妻共同财产的一半是总遗产范围，加起来不是小数目，所以她本人可以立下预防性遗嘱指定亲生女儿为主要的继承人，这样就可以排除继子对她这部分财产的继承权。

第二，提前为丈夫配置人寿保险，以自己为投保人、丈夫为被保险人、亲生女儿为受益人，这部分配置是解决丈夫去世后的遗产继承问题，可以将部分夫妻共同财产转化为对亲生女儿的传承资产。

第三，提前设立家族信托，信托受益人为徐女士本人及女儿。家族信托里的钱虽然用的也是徐女士自己赚来的钱，但放进家族信托里的资产既不算是她本人的遗产，也不算是丈夫的遗产，更不算是夫妻共同财产。而且信托受益金给予指定受益人时，无须经过继承权公证，无须继子签字确认，直接由信托公司发放给受益人。

我们还想对徐女士说的是，不要因为继子对她的财产有继承权而有所顾虑，应该继续像以前一样尽心照顾继子，这对维护再婚的婚姻感情十分重要。只要事先采取以上策略，她担心的问题都能得到妥善解决。

十六、单亲妈妈若遇到意外，未成年子女继承的财产会由谁代管？可以事前指定吗？

冉女士一个月前因车祸离世，其生前在一家私人银行存款900万元，是一位很和蔼且好相处的客户。冉女士生前的经历非常曲折，10年前离婚时就离得特别艰难，因为前夫经常对她实施家庭暴力，并威胁她不准离婚，她只好放弃所有财产净身出户。离婚后的冉女士独自带着3岁的女儿找工作、做生意，好不容易辛苦奋斗了7年终于事业成功，不仅买了房，还成为该私人银行的客户，没想到突然发生车祸离世，留下了一对70多岁仍在农村老家的父母和一个10岁的女儿。冉女士去世后，其前夫突然找到银行，要求银行尽快把冉女士的900万元存款转到女儿的账户上，并且要求给女儿办好银行卡立即交到他手里。冉女士的前夫表示，虽然他不是冉女士的法定继承人，但女儿作为冉女士的法定继承人是有资格继承她的财产的，而自己作为父亲，当然是女儿的法定监护人，所以这银行卡一定要交到他的手里。

如果冉女士没有留下遗嘱，那么就有三位法定继承人，分别是她的父母及女儿，首先需要三位法定继承人前往公证处办理继承权公证。如果父母没有放弃继承的话，那女儿可以分得300万元，银行将凭继承权公证书将300万元存款过户转到10岁女儿名下，但是考虑到 10 岁女儿属于限制民事行为能力人，接下来很可能将由父亲抚养，实际上这张银行卡必将由父亲控制着，很难保证这笔钱不被其挪用。

单亲妈妈如果意外离世，留下了尚未成年的孩子，即便孩子能够作为继承人继承妈妈留下的遗产，可是未成年人并不具备资产掌控能力，此时财产由谁代管，就涉及未成年人的监护人问题了。这里的监护人并不是生活中的照顾概念，而是基于法律的特别规定，对未成年的人身、财产等负有监护职责的人。

按照《民法典》的规定，未成年人的法定监护人是父母，如果父母身故或者没有监护能力的，由祖父母、外祖父母，以及有监护能力的兄、姐担任监护人。由此可知，如果单亲妈妈离世了，孩子的爸爸尚在的话，那应当由孩子的爸爸担任监护人，代管孩子继承的财产。大家可能会有疑惑：夫妻两人已经离婚了，孩子跟妈妈一起生活，抚养权归妈妈，怎么爸爸还能做监护人呢？在我国的法律中，抚养权和监护权是两种完全不同的权利，父母成为孩子的监护人依据的是血亲关系，这并不会因为父母离婚而隔断，即便有一方没有对孩子的抚养权，对于孩子也有抚养、教育和保护的义务，在法律上仍然是孩子的监护人，只不过相较于有抚养权的一方而言，进行抚养、教育和保护孩子没有那么便利而已。

对于已经离异的家庭来说，单亲妈妈可能不希望看到哪天自己因意外不在，想留给孩子的财产被前夫代管，那么有没有什么办法可以提前规避这种风险呢？以下策略可供参考。

首先，单亲妈妈最好将部分存款转化为保险金信托或者家族信托，并指定未成年的孩子为信托受益人。这是因为我们可以巧妙地运用一个机制——信托利益的分配可以远期分配或是长期分配。如果本案例中的冉女士生前设置了一个 300 万元的保险金信托，指定信托的利益在女儿满 18 岁时发放，那么即使前夫作为监护人与女儿共同生活，他也不能染指分毫。当女儿满 18 岁时信托利益开始分配，此时女儿已经成年，钱将直接打给女儿并由她自己完全控制，而且如果信托利益分配 20 年，就可以保护女儿到 38 岁，这样冉女士也就可以安心了。

其次，单亲妈妈还需要事先设立遗嘱并指定监护人。《民法典》第二十九条规定，被监护人的父母担任监护人的，可以通过遗嘱指定监护人。也就是说，单亲妈妈作为未成年孩子的监护人，可以通过设立遗嘱的方式指定一个自己信任的、稳妥的人作为孩子的监护人，一旦自己因意外离世了，由指定的这个人照顾孩子的生活，代管孩子的财产。但遗嘱监护目前也有一个困境，就是指定的监护人和孩子父亲的监护权会存在冲突，尤其是两个监护人都要对孩子进行监护且想法不一致时，到底是遗嘱指定的监护人优先还是孩子父亲优先，目前争议较大。最高人民法院认为，这个问题有待进一步制定规定，但是应本着最有利于被监护人原则和尊重被监护人的真实意愿原则去处理这种矛盾。

十七、父母私人银行账户里的资金没有完税证明，将来能直接传给子女吗？

在中国市场经济大踏步发展的这些年，催生了许多高净值人士，其中不乏财富越来越"丰满"，但纳税很"骨感"的一类人。在从创富这个阶段转向传富阶段时，其难免会担忧在银行没有完税的资金，不能顺利传承给后代。我们认为，财富能否顺利传承主要取决于父母通过什么方式去传承。

如果父母在生前直接将资金赠与子女，这通常是没有障碍的。父母可以通过转账方式将钱转至子女名下，也可以将资金取出直接交给子女，在这个环节上没有机构或者人员会设置障碍。但这里也存在一个变量，那就是在赠与前父母出现了涉税问题。比如父母的资金来源是企业经营所得，没有按规定缴纳分红个税，恰好在准备传承期间被税务机关发现，进而引发了税务稽查。此时，涉税问题尚未有定论，如果父母计划把资金赠与子女，一方面可能税务机关已经采取税收保全措施而导致父母银行账户冻结无法操作；另一方面，即便能操作，将来如果父母无法缴清税款、滞纳金及罚款，赠与子女的资金行为可能因涉及损害税款之债的实现而被撤销。

如果父母选择通过身后继承的方式把资金传承给子女，是会面临障碍的。《民法典》第一千一百五十九条规定："分割遗产，应当清偿被继承人依法应当缴纳的税款和债务；但是，应当为缺乏劳动能力又没有生活来源的继承人保留必要的遗产。"由此可知，当父母遗留的遗产尚未缴纳税款时，子女并不能直接继承，首先要用遗产补缴父母生前所欠的税款，补缴后还有剩余的，才能继承。即便子女拿到了这笔资金，将来税务机关需要征缴税款的时候，依然可以让子女在继承的财产范围内清税。

十八、什么是财富传承精准规划的"组合牌"？

本节重点介绍财富传承精准规划的"组合牌"，帮助大家掌握综合运用多种财富传承工具的方法，保障财富能够安全、有效地按照自己的意愿传承。常见的财富传承工具主要有以下几种。

预防性遗嘱

优势：灵活性较高，被继承人可依自身意愿自由分配财产，且成本较低。另外，一个人一生的财富总处于变化之中，子女情况也在变化，所以遗嘱是最后兜底性的财富传承工具。且有些财产类型最后只能通过继承方式来传承，例如自住型的房产、日常生活经费等。

局限：遗嘱的真实性可能遭受质疑，在司法实践中容易引发遗嘱继承纠纷。并且，遗嘱的执行须历经法定继承权公证程序，还需要在所有继承人面前披露遗嘱全部内容，提交各种证明材料，并且需要所有继承人对遗嘱效力进行确认，整个过程较为烦琐。

家族信托

优势：家族信托的优势在于能够实现资产的隔离保护，避免因委托人个人债务、婚姻变故等导致资产受损。同时，信托可根据委托人意愿灵活设计分配条款，如依据受益人的年龄、学业、婚姻等状况进行分配。而且家族信托应用场景较多，前文已有详细介绍，此处不再赘述。

局限：目前设立家族信托的资金门槛比较高，至少为1000万元，另外家族信托的设立与管理成本相对较高，包括信托管理费、财务顾问费、律师服务费等。同时，需要信托委托人或投资代表对资产配置有比较丰富的经验，避免信托财产的管理出现亏本的情况，所以更适合高净值人士。

保险金信托

优势：保险金信托将保险杠杆理赔优势与信托优势相结合，它对设立资金要求不高，一般情况下几百万元保费即可，还可以分期支付。另外，保险金信托的主力资产是保单，故而不需要投保人有专业管理资产的经验。保险金信托的设立成本较低，初期一般无设立费，也没有信托财产管理费，当数年后保险理赔金变成信托财产后才开始产生资产管理费。

局限：保险金信托里的财产适合长期投资，因为保单的现金价值需要时间不断累积而增长，且流动性较低，不太适合短期内就需要资金的人，除非保险公司允许已经设立保险金信托里的保单还能够提取保单现金价值或是办理保单质押贷款。

人寿保险

优势：人寿保险的优势在于其杠杆作用，投保人只需缴纳较少保费，就能为受益人提供高额保险金。同时，保险合同法律关系明确，理赔相对简便。保险在传承上的优势非常突出，避免了遗嘱传承的诸多不确定性，可以实现低成本、私密、快速且精准的传承，前提是选对保单品种且保单当事人架构设计正确。

局限：保险产品收益相对固定，且需要时间积累去增长，适合长期资产配置或是对未来长期刚性现金流有要求的客户，可能无法满足部分高净值人士对资产快速增值的要求。而且保险传承可能受到投保人、被保险人、受益人的保险利益规则等限制。

以上给大家总结了一些主要的财富传承工具，但并没有包括所有，其实还有家族宪章、公司章程、赠与协议、代持协议、股权信托、上市公司股票信托、家族办公室等多种工具。在运用多种财富传承工具组合策略的优势时，我们需要重点关注以下几点。

1. 风险分散

通过多种工具组合使用，可降低单一工具面临的风险。例如，若仅依靠遗嘱传承，可能面临遗嘱无效、继承人争夺等风险，而搭配家族信托和保险，当遗嘱出现问题时，可利用信托资产和保险金保障继承人权益，使财富传承更趋稳健。

2. 个性化定制

不同客户有不同的财富传承需求，企业及家业情况都不同，"组合牌"可依据客户具体情况定制。比如，对于家族企业传承，除了通过遗嘱分配股权，还可利用家族信托持有部分股权，实现企业控制权的平稳过渡，同时利用保险为家族成员提供生活保障资金。

3. 资产增值与保障兼顾

家族信托可进行资产配置，实现资产增值；保险在提供保障功能的同时能实现一定程度的财富积累；遗嘱则侧重于对已有资产的分配安排。这样的组合能在保障财富安全传承的同时，尽可能使资产实现合理增值。

4.依靠专业团队的协助

算上境内企业、境内家业、境外企业、境外家业四个部分的话，我们发现财富传承有时候是挺复杂的，这里不能光考虑工具和法律规定，还要考虑人性和婚姻家庭情感，以及未来事业版图目标，所以借助专业人士的智慧经验也很重要。专业人士包括保险代理人、银行客户经理、专业律师、税务师、会计师、移民顾问等，再加上大型金融财富机构平台上的各种综合资源和服务。只有依靠专业团队，客户才能获得更适合自己的个性化解决方案。

第六章　家业财富保障与传承的技巧与方法

一、父母买保险给女儿当嫁妆有什么优势？

在中国，婚前家庭对女儿的支持表现在多个方面，包括提供房产、购买汽车、给现金以及购买人寿保险等。这些方式不仅体现了父母对女儿未来幸福生活的关怀和支持，也反映了中国家庭对财富传承和管理的重视。在这些支持方式中，人寿保险因其独特的优势而日益受到重视。

人寿保险作为婚前支持女儿的一种方式，与房产、汽车和金融资产相比，具有以下独特优势：

1. 可以给女儿提供长期保障。当下，中国经济进入转型升级时期，又赶上全球贸易逆全球化、去中心化发展，各国间的贸易壁垒加剧，财富积累将变得更加艰难，而人寿保险可以为女儿提供长期的保障，覆盖女儿及其家庭在不同生命周期阶段可能遇到的风险，如疾病、意外伤害或者死亡，确保家庭经济不受重大影响。
2. 避免财产混同变成夫妻共同财产。《最高人民法院关于适用〈中华人民共和国民法典〉婚姻家庭编的解释（一）》第二十六条规定："夫妻一方个人财产在婚后产生的收益，除孳息和自然增值外，应认定为夫妻共同财产。"所以如果婚前直接给女儿现金，女儿又去做投资理财，就容易发生资产混同，使婚前个人财产变成夫妻共同财产。而如果父母是以自己为投保人，为女儿购买一份人寿保单，因为保单属于投保人的资产，未来女儿即使发生婚变，该资产也不属于女儿的夫妻共同财产，无须分割。

3. 避免女儿婚后有债务风险导致财产被执行。女儿结婚后如果因自身负债或老公负债而产生夫妻共同债务的，即使是女儿的婚前个人财产，也有可能要去还债。所以在女儿婚前为其全款买房买车，只能保障其是女儿的个人财产，如果发生债务危机，也无法得到保全。可如果以父母为投保人为女儿购买保单，因保单属于投保人的资产，所以即使女儿欠债也无法执行该保单。

4. 给女儿一份确定能保值增值的资产。给女儿房子，可能会面临婚后被"洗房"，买车更是消耗品。但是如果给女儿购买一份人寿保单，因在保险合同中约定了最低收益，因此它是一种安全稳定、保值增值的资产。

将人寿保险作为女儿嫁妆的做法，不仅体现了对女性经济独立和长期福祉的重视，也是父母对女儿及其未来家庭负责任的体现。通过这种方式，家庭可以为女儿打造一个全方位的保障网，确保她在面对生活中的各种挑战时，拥有足够的经济支撑和安全感。

二、父母如何确保给已婚子女的房产永远属于其个人财产？

在财富传承中，房产是一项重要资产，当父母想将其给与已婚子女时，往往希望房产能始终为子女个人所有，不被婚姻因素影响。要确保给与已婚子女的房产属于其个人财产，需要采用适当且具有法律效力的方法，我们以赠与和遗嘱继承的方式来分别介绍。

赠与

此处仅讨论直接赠与子女房产的情形。在父母赠与已婚子女房产时，需要注意两个环节的操作要点：一个是赠与合同的签订，另一个是房产过户登记。

1. 赠与合同的签订

父母可以与子女签订一份书面的赠与合同。在合同中明确该房产是赠与子女个人的，与其配偶无关。根据《民法典》第一千零六十三条第三款，赠与合同中确定只归夫或妻一方的财产，属于夫妻一方的个人财产。也可以考虑将该赠与协议进行公证，以增强赠与合同的法律效力。经过公证的赠与合同，赠与人不能随意撤销，这就从法律程序上保证了赠与意图的严肃性，也为子女对房产的单独所有权提供了更有力的证据。

2. 房产过户登记

（1）子女单独所有：办理房产过户登记时，需要明确房产过户到子女一人名下，在不动产登记申请表、不动产权证书等相关文件中注明该房产是单独所有，没有共有人。同时，保存好所有与房产过户有关的文件，包括购房合同、过户申请、缴费凭证等。这些文件能够证明房产的来源以及登记情况，在可能出现的纠纷中起到关键的证明作用。

（2）父母与子女按份共有：办理房产过户登记时，父母与子女登记为按份共有，明确父母和子女各自的产权份额。同时，可以在不动产登记的备注栏注明对房产处置的限制条件，如"未经父母书面同意，子女不得以任何方式转让、抵押其名下份额"。这种登记具有公示效力，在一定程度上可以防止第三人在不知情的情况下与子女进行不合理的房产交易。若未来子女想要擅自处分该房屋，比如变卖、增加配偶名字等，父母可以第一时间知情。

遗嘱继承

如选择在去世后将房产过户给已婚子女，可以通过设立遗嘱的方式，在遗嘱中表明该房产在去世后由子女个人继承，与其配偶无关，这样做是为了确保房产由子女继承后只是属于其个人财产。为了使遗嘱更具效力，可以选择对遗嘱进行公证，经过公证的遗嘱在遗产继承过程中更不容易产生争议。

三、如何防止传给子女的财产因其配偶欠债而产生风险？

如第五章第四小节案例所示，在女婿创业出现债务问题时，父母传给女儿的财产可能被视为夫妻共同财产而被用于偿还债务，从而使得原本旨在保障女儿未来生活的资金面临损失的风险。在这种情况下，为了避免传给子女的财产因其配偶欠债而产生风险，我们总结了以下五点建议，供大家参考。

第一，在女婿经营企业的过程中，建议选择有限责任公司的形式。因为有限责任公司以其出资为限，对公司债务承担责任，只要女婿的出资到位了，且未发生个人财产和公司财产混同的情形，则公司经营产生的债务与女婿个人无关，该债务更不会是夫妻共同债务，因此父母传给女儿的财产不受影响。

第二，在新《公司法》实施背景下，女婿如果担任公司的股东、董事、总经理等管理职责，建议其在经营企业过程中遵守忠实、勤勉的义务，避免因为管理失职而对公司债务承担连带责任。

第三，建议女儿具备独立的经济能力，避免过多依靠女婿的企业而生活，对于女婿在企业经营过程中产生的借贷行为，避免在未了解清楚的情况下在借款协议、还款计划等手续上签字，以使女婿经营公司的债务成为夫妻共同债务。因为如果仅是女婿的个人债务，则由女婿的个人财产或夫妻共同财产中的女婿个人部分来还债，女儿的个人财产不受影响。

第四，在实际婚姻生活中，以上操作可能无法全部落地，女婿经营企业的债务属于夫妻共同债务的可能性较大，因此建议父母不要直接给女儿现金或资产，而是通过设立家族信托或保险金信托的方式间接给女儿资产。当女婿出现债务风险时，法院是不能冻结信托里的财产的。另外建议在信托协议中设立债务隔离条款。债务隔离条款可以确保信托资产仅用于受益人（即女儿）的利益，而不会被用于偿还女婿企业的债务。这种方式不仅保护了资产免受外部风险的侵蚀，也确保了资产能够安全、有效地传承给下一代。

第五，除了家族信托，另一个有效的策略是通过购买人寿保单的方式将财产传承给女儿，父母作为投保人，可以将女儿设定为受益人。与直接转移现金或其他资产不同，人寿保单的价值在法律上属于父母名下的资产，即使女婿的企业出现经营困难，保单的现价也不会被用于偿还其债务，从而有效保证了给女儿的金钱支持。

通过以上建议，父母不仅能够有效防止因女婿企业经营的债务风险而导致女儿的大笔存款遭受损失，而且为家族财富的安全传承提供了可靠的保障。无论是选择建立家族信托还是购买人寿保单，重要的是在进行财富传承时考虑到各种潜在的风险，采取合适的措施来保护家族资产，确保财富能够安全、稳定地传递给下一代。

四、如何利用家族信托来避免子女因理财不善而产生的重大损失？

"父母之爱子，则为之计深远。"投资理财，不是人人都可以操作得得心应手的，就连"股神"巴菲特也有投资失利的时候。家族财富的保护与传承确实是一个复杂而细致的过程，需要综合考虑多方面因素。家族信托作为一种有效的财富传承工具，其设计初衷之一就是保护家族资产免受不当管理或市场波动的影响，因而也可避免子女因理财不善而产生重大损失。那么家族信托在这方面具体有什么独特之处呢？

资产隔离

家族信托的核心功能之一是资产隔离。将资产转移到信托，这些资产便与委托人的个人财产相分离，从而避免了因个人债务、破产或法律纠纷而导致的资产被查封或冻结的风险。并且即使子女在理财上犯错，也可确保不直接影响信托中的资产。

专业管理

家族信托通常会聘请专业的受托机构（如信托公司、银行等）来管理信托资产。这些机构拥有专业的投资团队和丰富的市场经验，能够根据信托文件的规定和家族的需求，制定并执行合理的投资策略。这种专业管理不仅提高了资产保值增值的概率，而且降低了因个人理财不当而导致的风险。

灵活分配

家族信托可以制定灵活的分配机制，以满足家族成员在不同阶段的需求。例如，可以规定在子女达到一定年龄或满足特定条件时，才能从信托中获得一定的资金或资产；还可以设定当子女越成熟时就分配得越多，有助于防止子女过早接触大量财富而引发的不当消费或投资行为。

子女财商培养

虽然家族信托本身具有保护资产的功能，但教育子女如何正确管理财富同样重要。通过设立信托监察人、定期向子女报告信托运营情况、邀请专业顾问对其进行财务教育等方式，可以引导子女树立正确的财富观念和投资理念，提高他们的财富管理能力。

风险控制

家族信托还可以设定一系列的风险控制措施，以应对可能出现的市场波动或投资失败。例如，可以设定各类金融产品的投资比例限制、止损点等，以控制投资风险。同时，信托文件还可以规定在特定情况下（如市场剧烈波动、受托机构出现重大失误等）的应对措施和补救措施。

委托人聘请专业投资指令人

在家族信托里，如果委托人不放心，还可以自行聘请专业的投资顾问，安排其担任信托文件中的投资指令人，相当于替儿女安排了一层"保护伞"。投资指令人可以基于保护信托财产利益的目的，与信托公司受托人或是财务顾问进行专业有效的沟通，维护信托财产的保值与增值。

五、父母为自己投保终身寿险，子女作为身故受益人获得的理赔金，是子女的个人财产吗？

我们遇到的一位客户计划为自己购买一份终身寿险，他既是投保人又是被保险人，而身故受益人则指定为自己已婚的孩子。然而，他担心等自己去世后，孩子领到的身故理赔金很可能会被算作夫妻共同财产。一旦孩子日后婚姻出现问题，那么他原本留给孩子的这笔钱就不得不被分走一半。

这个问题涉及保险和法律多领域的知识，我们需要依据相关的法律法规及司法解释来详细解答。

首先，我们来看《保险法》第四十二条，这一条规定了在被保险人死亡后，保险金作为被保险人遗产处理的各种情形，值得注意的是，这里并不包括已经指定受益人的情况。这一规定有着重要意义，它意味着当被保险人（也就是投保人本人）在保险合同中清晰、明确地指定受益人为其子女时，从法律层面来讲，该身故理赔金就不会被视为被保险人的遗产。

除此之外，《第八次全国法院民事商事审判工作会议（民事部分）纪要》对此也有规定。该纪要指出，在婚姻关系存续期间，夫妻一方作为被保险人依据意外伤害保险合同、健康保险合同获得的具有人身性质的保险金，或者夫妻一方作为受益人依据以死亡为给付条件的人寿保险合同获得的保险金，在一般情况下，是宜认定为个人财产的。当然，如果夫妻双方另有约定，则另当别论。这一规定进一步为我们理解保险金在婚姻财产关系中的性质提供了依据。

综合来看，当保险合同明确指定受益人为子女，并且子女在领取理赔金时完全符合保险合同所约定的条件，那么这笔理赔金将直接归子女所有。这种所有权不会因为子女婚姻状况的任何变化而受到影响，无论是婚姻美满还是遭遇不幸，子女都能确保这笔资金作为其个人财产而独立存在。

因此，建议父母在购买终身寿险时，清晰、明确地约定保单的身故受益人是子女，依据我国现行的相关法律法规，这笔资金属于子女的个人财产。这为那些希望通过保险为子女留下专属财产的家长提供了法律上的保障和指导，让他们在进行保险规划时能够更加安心。

六、父母与子女签订的赠与协议是什么？在什么情形下需要签订？

父母与子女签订的赠与协议是一种法律文件，其中父母（赠与人）将他们的财产、资产或权益无偿地转让给子女（受赠人），为了避免未来的纠纷和确保双方的权益，通常都以书面形式将双方的权利和义务固定下来。协议内容主要是说明父母对子女赠与的财产是什么，且重点说明是对自己子女一方的赠与，而非对子女夫妻双方的赠与。有些父母还会说明赠与是否附有条件，什么条件会允许撤销等。

赠与协议一般会在以下场景中使用。

第一，财富传承。父母希望将他们的财产在生前就转移给子女，以确保这些财产得到妥善管理和使用。而《民法典》规定婚内受赠的财产，除非赠与合同明确只归夫妻一方所有，否则要作为夫妻共同财产。出于对家庭财富的保护，父母在给子女买房买车、添置嫁妆时，就需要跟子女签订赠与协议，避免传承的财产成为子女的夫妻共同财产，一旦有婚变风险，财产会被分割外流。

第二，当父母对子女的赠与行为附带条件时，赠与协议不可忽视。父母对子女的赠与往往寄托着期望，希望子女将财产用于特定的用途，如创业、购房等，或者要求子女完成学业、照顾好父母等。在这种情况下，一份赠与协议能够清晰地规定双方的权利和义务，确保赠与目的得以实现。以子女创业为例，父母赠与一笔资金助力子女开启事业，在赠与协议中明确约定这笔资金的用途是创业启动资金，子女就有责任按照约定使用这笔钱。若子女违反约定，父母可以依据协议采取相应措施，以保障自己的权益。

第三，夫妻办理离婚时，约定将一部分夫妻共同财产拿出来，谁也不分，只留给子女，以便对离婚后的子女有更多的保障和支持。

赠与协议应用场景虽多，但在签订时也要注意以下几点：一是，协议中关于赠与的财产应明确说明，包括具体的描述、数量和价值等；二是，避免协议在未来被质疑真实性，可以考虑将协议进行公证备案；三是，可以在协议中设立其他条款，比如赠与的条件（如子女须完成学业）、撤销赠与的条件等。当然，具体怎么写赠与协议，因人而异、因地区而异，因此在签订协议之前，最好咨询专业律师。

七、自书遗嘱易出现效力纠纷的六个雷区

张老先生拥有多套房产和大量存款，他膝下有两个儿子，且一直希望能将自己的财产平均分给两个儿子，于是决定自己撰写一份遗嘱来表明心意。

在遗嘱中，张老先生详细罗列了自己的财产，包括房产的具体位置和存款的数额，并明确表示这些财产在自己离世后将由两个儿子平分。然而，由于在撰写过程中未严格遵循法律规定，这份遗嘱最终未能生效。

首先，张老先生在遗嘱末尾未注明书写日期。依据法律规定，自书遗嘱必须注明年、月、日，以证明遗嘱是在立遗嘱人具备完全民事行为能力之时书写的。缺少这一关键信息，遗嘱的有效性便受到了质疑。

其次，遗嘱上张老先生的签名并非亲笔书写，而是使用了签名印章。自书遗嘱要求必须由立遗嘱人亲笔签名，这种不规范的行为直接导致了

遗嘱失效。

最后，尽管张老先生列出了财产并表明了平分意愿，却未明确财产的具体分配方式。比如，未指明哪处房产归哪个儿子，存款又该如何分配。这种模糊不清的表述在遗嘱执行时引发了极大的争议。

正因上述问题，张老先生的自书遗嘱被法院判定无效。这使得他的财产只能按照法定继承顺序进行分配，这与他生前的意愿背道而驰，也让两个儿子产生了不必要的纷争。

一般情况下，我们建议立遗嘱人找专业人士起草遗嘱，以防因自己的不专业而导致辛苦立下的遗嘱无效。而对于希望由自己撰写遗嘱的人士，为确保其法律效力，避免效力纠纷，提醒各位务必避开以下六个雷区。

立遗嘱人的资格问题

立遗嘱人必须拥有完全的民事行为能力，即年满18周岁且精神状态正常。无行为能力人或限制行为能力人所立遗嘱无效，即便本人后来恢复行为能力，之前所立遗嘱依旧无效。

遗嘱内容问题

遗嘱内容要务必合法，不得违反法律规定，也不能损害国家、集体利益。同时，遗嘱只能处分立遗嘱人自身的财产。在2024年广东惠州人民法院判决的一起案例中，一位先生去世前留下遗嘱，将其财产全部留给婚外情人及非婚生女，后来法官在判决中认定，这位先生留给情人遗产部分内容无效，理由是违反了公序良俗，这也是对遗嘱内容的要求。

遗嘱形式问题

自书遗嘱须由立遗嘱人亲笔书写、签名，并注明日期（年、月、日）。若遗嘱有涂改或增删，必须是立遗嘱人亲自进行，并在涂改、增删处签名确认，同时注明涂改、增删的日期。

遗嘱表达问题

遗嘱表达应清晰、明确，避免使用日常随意用语或不符合法律规范的词汇。若遗嘱内容表述过于隐晦或存在歧义，其法律效力将难以认定。因此，撰写遗嘱时，要运用准确、规范的语言，尽可能详细地阐述遗产分配方式和继承人身份。

未保留必要份额问题

依据《民法典》规定，遗嘱应当为缺乏劳动能力又无生活来源的继承人保留必要的遗产份额，这是为保护此类继承人的合法权益。所以，在撰写遗嘱时，要特别留意这一点，尤其是幼小的孩子，要确保为他们留下充足的遗产份额。

见证人问题

虽然自书遗嘱通常不需要见证人，但为防止可能出现的争议，也可考虑让无利害关系的见证人在场见证。不过，注意以下人员不能担任见证人：继承人、受遗赠人及其他利害关系人。选择见证人时，要确保其与继承人、受遗赠人无利害关系，以此避免可能产生的争议和纠纷。

综上所述，撰写自书遗嘱时，必须高度重视上述六个雷区，并采取相应的规避措施。唯有如此，才能保障遗嘱的法律效力，避免效力纠纷的产生。

八、为什么保单受益人及信托受益人可以不用过继承权公证的难关？

前文已经介绍过，在我国，不管是独生子女，还是多子女、多继承人家庭，在继承遗产时，都要去相关部门做财产过户登记，例如工商局、车管所、银行等，大部分要求申请人提供继承权公证书，证明其合法身份可以继承相应财产。很多人在办理继承权公证时就犯了难，不是全体继承人到不齐，就是有人不同意分配比例，或者是相关材料不齐，总之公证流程常常停滞不前。

所以，现在有些家长在做财富传承规划时，考虑到子女日后进行继承权公证比较麻烦，就倾向于选择用保单和信托做财富的定向传承，因为保单受益人及信托受益人是不用经过继承权公证的。

保单受益人不用经过继承权公证

根据《保险法》第四十二条，被保险人死亡后，有下列情形之一的，保险金作为被保险人的遗产：（一）没有指定受益人，或者受益人指定不明无法确定的；（二）受益人先于被保险人死亡，没有其他受益人的；（三）受益人依法丧失受益权或者放弃受益权，没有其他受益人的。也就是说，如果明确指定了受益人，则保险金不属于被保险人的遗产，无须进行继承权公证。

保险受益人的受益权是基于保险合同的直接约定，且保险受益金本身不属于遗产，这具有明确的法律基础。这种权利是原始取得，而非通过继承取得，因此不受继承权公证的限制。

信托受益人不用经过继承权公证

1. 信托法律制度的特殊性

信托法律制度为受益人提供了一种特殊的财产管理方式。在信托关系中，信托财产的所有权与受益权是分离的，信托财产由受托人管理，而受益人则享有信托利益。这种制度设计使得信托受益人在享受信托利益时，无须经过继承权公证等烦琐程序。

2. 信托受益权的确定性

信托受益权是一种确定的财产性权益，受益人可以依据信托文件的约定享有信托利益。这种权益的确定性使得信托受益人在行使权利时更加便捷和高效，无须再通过继承权公证来确认其权益。

3. 信托财产的独立性

信托财产具有独立性，相应的资金或者资产一旦进入信托，就不属于信托关系人（包括委托人、受托人和受益人）个人或夫妻共同财产了。这一特性也进一步保障了信托受益人无须经过继承权公证即可享有其权益。

综上，保单受益人及信托受益人无须过继承权公证难关，这也是它们在财富传承上的突出优势。正因为如此，我们反复强调财富传承要打"组合牌"，不能仅靠遗嘱这个单一的工具。

九、什么样的人在财富传承时适合配置终身寿险？

终身寿险以其独特的功能和优势，成为许多高净值人士在财富传承时的首选工具。那么，究竟什么样的人适合配置终身寿险呢？

家庭关系复杂，在办理继承权公证时很难达成一致意见的家庭

这类家庭可能因为子女较多，甚至有多段婚姻，且每段婚姻都有孩子，又或者婆媳关系不好，那未来在办理继承权公证时很难对财产分配方案达成一致。而终身寿险可以绕过继承权公证，被保险人身故后，受益人通过保单理赔即可获得财产。

家庭资产量比较大,担心未来开征遗产税、赠与税的家庭

中国目前没有开征遗产税和赠与税,但是从长远看,未来有可能会开征。而终身寿险的受益人通过保单的方式取得的理赔金不属于被保险人的遗产,如果未来开征赠与税、遗产税,终身寿险将是一种筹划方式。

担心子女未来继承的财产变成夫妻共同财产的家庭

根据《民法典》第一千零六十二条,夫妻关系存续期间通过继承或受赠取得的财产,在没有约定的情况下属于夫妻共同财产,而子女通过终身寿险取得的身故理赔金,根据《第八次全国法院民事商事审判工作会议(民事部分)纪要》中的规定,属于个人财产。因此通过终身寿险,父母可以防止留给子女的遗产变成夫妻共同财产。

涉及婚外生子的家庭

这是因为如果出现非婚生子,其必然也拥有法定继承权。因此,即使留有遗嘱,未来在继承权公证环节,婚生子女、非婚生子女、妻子、情人站在各自主场,也很难就遗产继承达成一致,很难就遗嘱效力签字确认。故而通过终身寿险定向指定传承给子女的部分,可以绕过继承权公证的难关。

子女已经取得外籍身份的家庭

如果子女已经在境外定居并取得外籍身份,那未来如果回国继承父母在境内的遗产后,势必要将遗产带出中国,而中国又是一个有外汇管制的国家,按照《个人财产对外转移售付汇管理暂行办法》第九条,子女如果申请办理继承财产转移,需要提供被继承人财产的完税证明。而被继承人如果是通过终身寿险将财产传承给

子女，《中华人民共和国个人所得税法》明确规定，身故理赔金免交个人所得税，因此该财产就无须提供完税证明，方便子女换汇出境。

当然，除了上述典型情况，普通家庭配置终身寿险在传承上也同样拥有突出优点，详见其他章节的说明。

十、设立家族信托或保险金信托的最佳时间点是什么时候？

家族信托（保险金信托）作为一种财富传承工具，就是通过设立信托基金，将家族的资产交由受托人（通常是信托公司）管理，并按照委托人（即家族成员）的意愿，为受益人（通常是家族后代）提供经济支持或资产分配。那么在为传承而设立家族信托时，最适合的时间点是什么时候呢？

从家庭成员的年龄来看，越早设立越好

家庭成员年轻时，以其作为被保险人，随着年纪的增长，保险的杠杆作用越高，未来能够进入家族信托的财富越多，家庭成员受益就越多。同时，这个年龄一般无须考虑民事行为能力问题，避免设立家族信托的行为受到法律挑战。当然，中年时期也是个不错的时间点。中年时期通常是个人和家庭的财富积累的高峰期，也是职业和家庭的稳定期，此时设立家族信托，可以确保在遭遇不可预见的风险时，如健康问题、经济波动等，家族财富能够得到有效的保护和管理。

从企业经营状况来看，风险越小时设立越好

例如在企业资金链条没有断开之前，在企业垫资压账没有那么严重之前，在企业准备融资签订股东连带担保条款之前，在企业主

准备引进财务投资人签订对赌协议之前,在追债人还没有起诉立案之前……实际生活中,企业主经常是已经被债权人起诉到法院,甚至对方已经申请冻结夫妻银行账户了,才想起来设置家族信托,当然为时已晚。即使突击设立,也会面临因为恶意避债而被债权人申请撤销信托的情形。

从一代家长开始有传承动作时看,越早越好

如果你意识到自身可能有潜在的传承风险,就需要尽早考虑传承。前文我们给大家讲过一位单亲妈妈因突发意外去世,辛苦赚的钱在继承中因为孩子年龄太小而被前夫霸占的案例。若是当年这位单亲妈妈已有传承安排,哪怕只是一小部分的传承,也不至于造成这种让人无法接受的结果。

当然,家族信托的设立是一个复杂的过程,需要有充分的时间来准备和执行,也需要专业人士的指导,才能确保家族信托的有效性和传承效果。

延伸阅读

《民法典》

第五百三十八条 债务人以放弃其债权、放弃债权担保、无偿转让财产等方式无偿处分财产权益,或者恶意延长其到期债权的履行期限,影响债权人的债权实现的,债权人可以请求人民法院撤销债务人的行为。

第五百三十九条 债务人以明显不合理的低价转让财产、以明显不合理的高价受让他人财产或者为他人的债务提供担保,影响债权人的债权实现,债务人的相对人知道或者应当知道该情形的,债权人可以请求人民法院撤销债务人的行为。

十一、公证遗嘱在财富传承中起什么作用？

公证遗嘱属于遗嘱有效形式之一，简单来说就是遗嘱人去公证处，由公证员按照法定程序证明遗嘱人设立遗嘱行为真实、合法，然后出具载明遗嘱内容的公证书。在财富传承中，公证遗嘱具有以下优势。

定向传承

在没有遗嘱安排的家庭，通常会按照法定继承传承财产。如果没有安排遗嘱，那么遗产原则上是平均分割。但假如某位子女平时照顾立遗嘱人比较多，其希望把财产多给这位子女，那就可以借助公证遗嘱的方式，在遗嘱中写明所有子女各占多少份额，最终实现定向传承的意愿。

公示效力强

想要订立一份合法有效的遗嘱是需要满足诸多条件的，比如立遗嘱人有民事行为能力，自书遗嘱的书写、签名、日期符合要求，代书遗嘱、录音录像遗嘱、打印遗嘱有见证人，见证人的选定符合法律要求，遗嘱中的财产信息清晰、分配意愿明确等。对非专业人士来说，要把这么多专业的问题搞清楚是很难的，所以才会出现那么多无效遗嘱。而公证遗嘱则不然，公证员具有比较高的专业性，能够指导立遗嘱人规避这些风险。

保存更便捷安全

许多人立了遗嘱后担心没有信任的人看管，担心没有适合的地方保管，还担心遗嘱在发挥功能之前会被毁损、灭失或者被人更改。而公证遗嘱除了遗嘱人自己保管的那份遗嘱，在公证处还会留存备案，将来如果自己手中的遗嘱不慎遗失或者损坏，可以向公证处调取。

继承权公证出现纠纷的概率较低

按照前文介绍的内容，继承人在办理继承权公证的环节，公证员会征求所有继承人对遗嘱效力的表态，如果是普通遗嘱，此时其他继承人若反对遗嘱效力，那么公证处就无法继续办理下去了，继承人之间的矛盾将转为遗产继承诉讼。但如果继承人提交的是公证遗嘱，若其他继承人说公证遗嘱是假的，或说死者还有其他新遗嘱，那么公证处将要求提出异议的继承人提交反证，若没有任何反证提出，公证员就将认定此公证遗嘱的合法性。

十二、高净值人士如何将境内财产传给在境外定居的子女？

中国境内许多高净值人士有这样的情况，子女在境外留学后留在当地找到工作，渐渐适应当地的工作和生活环境后，就结婚生子定居境外了，那么这类家庭如何规划财富传承呢？父母境内的财富如何精准地传给境外定居子女呢？我们根据多年帮助客户进行跨境传承规划的经验，提炼了一个跨境传承"八步法"。

第一步，境内父母设立预防性遗嘱，列明将来分配的财产范围、类型、分配方式、遗产管理人、债权债务、代持资产、财产联络人等内容。最好对自书遗嘱办理公证，拿到公证书后做好备份，并告知境外子女遗嘱存放处。

第二步，父母准备好境内各种资产的财产凭证（例如房产证、股东名册、基金投资合同等），再准备好自己的各类完税证明（之后子女申请换外汇的程序里要用到）。

第三步，子女准备好自己的境外身份证明或境外定居证明、与父母的关系证明，有些证明可能需要通过境外使领馆认证或公证

（这些证明有些是在继承权公证程序中要用到，有些是在申请换外汇程序中要用到）。

第四步，当境内父亲或母亲离世后，由继承人之一发起，向境内公证处申请办理继承权公证，这时候境内子女和境外子女都要到公证处去，提交父母留下的财产凭证、长辈死亡证明、与父母的关系证明、遗嘱原件等，便于公证处进行审核。

第五步，公证处会要求所有继承人发表对遗嘱真实合法性的意见，如果所有继承人均认可签字，则公证处将按照遗嘱内容出具继承权公证书；如果此时有某位继承人不认可，则可能会导致公证程序终止，继承人只能另行到法院提起遗产继承诉讼。

第六步，继承人拿到继承权公证书后，分别去遗产原登记部门办理财产登记过户手续。例如，如果是房产，要到住建委办理过户登记；如果是股权，要到市场监督管理局办理股权过户登记（如果子女是外国国籍，此时要受到国家对外国人承继原中国企业股权的政策限制，例如军工监视器材企业），到银行办理存款过户登记等。

第七步，如果子女希望把继承的资产换成外汇带到境外去，要满足国家对外汇管理的政策规定，因为不是所有继承的财产都能换汇带出境的。首先，根据国家外汇管理局发布的《个人财产对外转移售付汇管理暂行办法》，申请人为外国公民的，应当提供中国驻外使领馆出具或认证的申请人在国外定居证明；申请人为香港特别行政区、澳门特别行政区居民的，应提供香港特别行政区或者澳门特别行政区的居民身份证以及回乡证或护照。注意：该办法中说明了如果想申请继承换汇，子女继承人的身份前提是外国国籍或香港、澳门特别行政区居民。其次，继承人需要向外汇管理部门提交《申请人获得继承财产的证明文件》（即第六步中提到的继承权公证书）。更需要高度重视的是，继承人还需要向外汇管理机构提交"被继承人财产权利证明文件和被继承人财产所在地主管税务机关开具的税收证明或完税凭证"，这也是第二步中强调境内父母要注意保存完税证明的原因。

第八步，在继承父母遗产的过程中，如果涉及补缴有关税费的，子女继承人需要进行补缴。如果涉及父母生前债务问题的，需要与债权人协商偿还方案。

以上八步是境外子女继承境内父母财产的通常程序，但需要补充说明的是，跨境传承项目在实操时往往比前文介绍的更复杂。主要有以下三点原因：第一，每个城市具体的公证程序和过户手续不一样，通常需要先做尽职调查，与当地公证处或财产登记过户管理机构、外汇管理机构做预沟通。第二，境内高净值人士往往在境外还有资产需要传承，如果子女要继承父母境外的资产，用的就不是前述程序，继承人需要走的是财产所在国家或地区的继承程序，通常情况下境内专业律师会与境外的律师分别组队合作，才能为客户制订更精准的跨境传承方案，或是与境外律师合作代理相关诉讼案件。第三，在跨境传承的专业领域，还会有复杂的税费问题，例如个人所得税、资本利得税、遗产税、赠与税，或是财产过户登记的税费等。总的说来，跨境财富传承比较复杂，建议读者朋友严谨规划，预先安排。

十三、财富传承规划落地的秘诀：生命周期四阶段传承策略

传承不是指人离世后资产要留给谁，而是指父母为了保护照顾好子女，在其人生的不同阶段，针对其可能会面临的风险，提前采取相应的措施或工具，为子女提供长期的强有力的保护。我们总结了生命周期四阶段传承策略，它相当于一根串珍珠的线，将每一阶段要防范的风险及父母可用的策略与工具完整地串在一起，以供大家参考使用，详见图6.1。

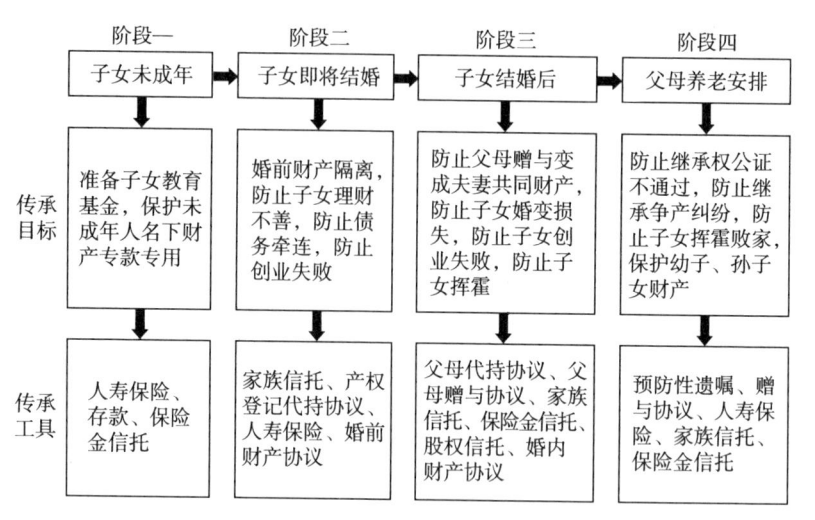

	阶段一 子女未成年	阶段二 子女即将结婚	阶段三 子女结婚后	阶段四 父母养老安排
传承 目标	准备子女教育基金，保护未成年人名下财产专款专用	婚前财产隔离，防止子女理财不善，防止债务牵连，防止创业失败	防止父母赠与变成夫妻共同财产，防止子女婚变损失，防止子女创业失败，防止子女挥霍	防止继承权公证不通过，防止继承争产纠纷，防止子女挥霍败家，保护幼子、孙子女财产
传承 工具	人寿保险、存款、保险金信托	家族信托、产权登记代持协议、人寿保险、婚前财产协议	父母代持协议、父母赠与协议、家族信托、保险金信托、股权信托、婚内财产协议	预防性遗嘱、赠与协议、人寿保险、家族信托、保险金信托

图 6.1　生命周期四阶段传承策略

需要说明的是，图 6.1 所示是按照一般家庭情况来总结的，如果是较为复杂的家庭，则还需要其他的策略及工具。例如，有公司股权要传承的家庭，可能还需要从公司治理的角度来看风险提示，工具也会用到股权信托、公司章程、股东协议等。如果是家族成员众多的家庭，可能还需要家族宪章、家族委员会制度等工具。如果是跨境家庭，可能还需要考虑遗产税、赠与税的规划工具等。此处不再展开，也可以寻找专业律师进行咨询，以获得更加精准的传承建议。

那么，专业律师是如何向客户提供精准的传承建议，并且一步一步实施落地的呢？我们总结了家族财富传承专项法律服务流程，如图 6.2 所示。参照图 6.2 的操作步骤，大家能够有条不紊地将复杂的企业家业财富传承项目落地。

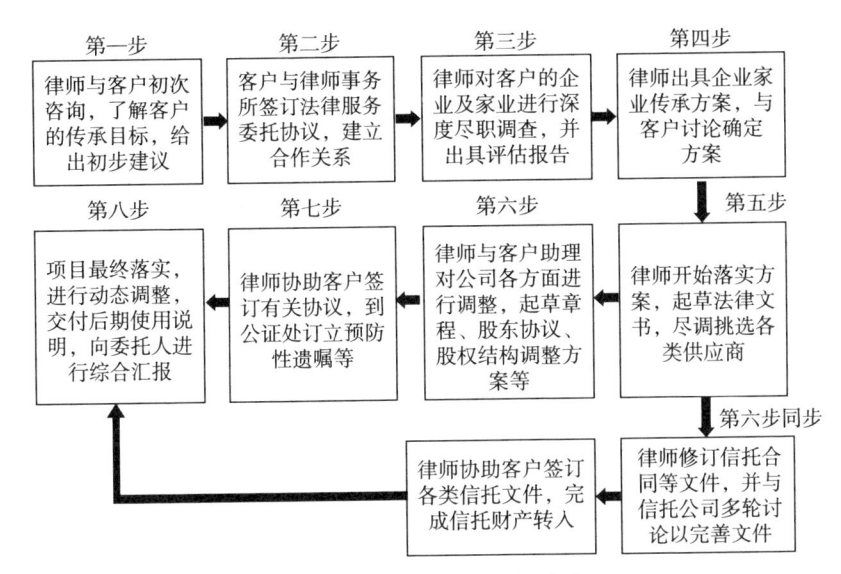

```
第一步                第二步                第三步                第四步
律师与客户初次      客户与律师事务      律师对客户的企      律师出具企业家
咨询，了解客户      所签订法律服务      业及家业进行深      业传承方案，与
的传承目标，给      委托协议，建立      度尽职调查，并      客户讨论确定
出初步建议          合作关系            出具评估报告        方案

第八步                第七步                第六步                第五步
项目最终落实，      律师协助客户签      律师与客户助理      律师开始落实方
进行动态调整，      订有关协议，到      对公司各方面进      案，起草法律文
交付后期使用说      公证处订立预防      行调整，起草章      书，尽调挑选各
明，向委托人进      性遗嘱等            程、股东协议、      类供应商
行综合汇报                              股权结构调整方
                                        案等
                                                              第六步同步

                    律师协助客户签      律师修订信托合
                    订各类信托文件，    同等文件，并与
                    完成信托财产转入    信托公司多轮讨
                                        论以完善文件
```

图 6.2 家族财富传承专项法律服务流程

第七章　民营企业传承案例及系统规划

一、当前民营企业传承的突出难题是什么？

多年前我们就开始协助民营企业主规划公司治理及传承，但我们发现当前民营企业传承的难度远胜于10年前，基于多年来处理各类案例的经验，我们总结了当前民营企业传承的五大突出难题，或者说是五大新挑战。

难题一：从顺风顺水稳定经营基础上的传承，变成企业经营困难基础上的传承。当前许多民营企业面临经营成本提高、公司核心产品技术竞争激烈、市场销售低价"内卷"、国际贸易关税壁垒等诸多困难，导致企业营业额规模下降，利润率快速下滑。此时二代接班人可以说是临危受命，需要与一代创始人共同突破困境。

难题二：从传统产业持续经营基础上的传承，变成产业转型、新质生产力基础上的传承。由于中国近年来开始进行高质量发展格局的调整，新质生产力将逐步取代传统生产力，这意味着二代的接班不是复制型接班，而是需要以二度创业的方式来接班。例如义乌的一代创始人做的是国际货物贸易小商品批发，而义乌的二代则选择TikTok或亚马逊作为电商平台，用新的商业模式来发展一代创始人建立的产业，而且产品本身的技术也得升级，才能满足国际市场的新需求。

难题三：从粗放经营及创始人"一言堂"治理的传承，变成新《公司法》下精细化公司治理的传承。我们发现，许多民营企业的一代创始人对公司的治理采取"一言堂"的方式，这在10多年前中国经济高速增长、市场需求一片蓝海的时代是行得通的，但如今各方面的法律越来越完善，行政监管也更加智能化，尤其是新《公司法》和"金税四期"的新要求，对接班的二代提出了采用现代化公司治理方式的要求，这对其综合能力也是一大挑战。

难题四：民营企业主的婚姻家庭通常有多子女、多家族雇员、前婚后婚等复杂情况，如果前期没有规划好，后期容易出现公司股权传承纠纷、家族雇员在公司任职权力上产生矛盾的情况。

难题五：民营企业传承时间紧迫和企业主认知不足形成了新矛盾。中国社会整体进入了严重老龄化的阶段，民营企业主需要加紧规划企业传承。以我们的经验来看，企业传承的整体过程一般长达10年以上，企业主需要尽早规划安排，但实际上许多企业主总认为时间还早，等到想起来规划时却常常为时已晚。我们曾经代理过一起民营企业集团传承风波诉讼的案例：一代创始人已经70多岁了，虽然经常在与公司高管开会时表态，企业肯定是留给儿子来接班，但就是没有开始规划，甚至连遗嘱都没设立。没想到企业主突然患了病，由于之前已经有其他的基础性疾病，两周后就离世了。然而他的再婚妻子并不愿意将企业交给丈夫前婚的儿子管理，于是双方不可避免地发起一场接班权之争。我们团队代理了儿子一方，参与了十来个连环案，持续了三年之久，耗费巨大的人力财力不说，对企业经营也产生了极大的负面影响。

综上所述，民营企业主要充分重视接班人的培养问题，同时要着手安排好传承时间表和操作步骤，否则，仓促传承很可能会使一代创始人好不容易创立的企业迅速衰败，也就谈不上未来发展了。

二、新《公司法》下，如何设计保障传承一体的公司股权架构？

2024年7月1日新《公司法》正式实施，它不仅对公司设立、资本、运营、治理、变更、注销等进行了许多创新修订，而且使得企业经营对家业也产生了不小的影响。过去，企业主创立新公司时只需要考虑商业模式，现在则不然，企业主在创设新公司时还需要前瞻布局，把未来10年公司经营可能遇到的风险规避掉。因此，我们认为传统的以自然人直接持股的公司架构将不再适应新时代的要求，有限责任公司的股东们可能需要对存量公司股权结构进行改造或新设立公司，将原来的业务逐步迁移到新公司里去。

那么如何设立适应新《公司法》及新时代监管要求的公司股权结构呢？以下几点需要关注。

第一，一定要有防火墙公司的安排。如图7.1所示，某自然人如果直接持股高风险的实质性经营主体A公司60%的股份，一旦A公司发生债务问题，便会牵连上层股东，那么该自然人股东很可能被追加为强制被执行人。但如果在A公司上方设立一家防火墙B公司进行隔离，即使A公司发生债务问题，牵连上层股东时最多也就波及B公司，而B公司是有限责任公司，同时B公司自身没有任何风险经营业务，则上层股东B公司以认缴资本为限承担责任，所以当B公司被追加为强制被执行人时，也仅以其出资为限承担责任，而该自然人又只是担任B公司的股东，便不会被A公司的债务风险波及了。

第二，无论是自然人还是法人，尽量不要让某一位股东对任何一层公司持100%的股权。这是因为新《公司法》第二十三条规定："只有一个股东的公司，股东不能证明公司财产独立于股东自己的财产的，应当对公司债务承担连带责任。"所以，如图7.1所示，该自然人股东一人直接持有公司100%的股份，那么其必须能

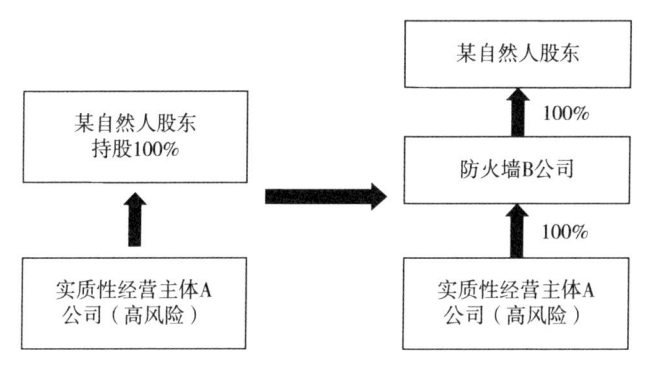

图7.1 民营企业主持有公司股权风险隔离示例

够在财务上"自证清白",否则容易被下层公司经营风险牵连。即使是防火墙B公司,如果对主体经营A公司持股权100%,同样会受到牵连。

第三,设立公司的认缴资本额要精心设计。一方面,企业的认缴资本额代表着企业的经营实力,有些行业的商业模式还要求开拓市场业务时供应商要参加招投标,对参加投标的企业资本额有明确门槛要求。另一方面,新《公司法》要求5年内认缴资本到位,而且股东在各种特定情形下还要在认缴资本范围内对公司或债权人承担一定的连带责任。所以,企业主在设计公司股权架构时,要精心测算每一层公司的认缴资本额,既不能过大也不能过小。

第四,谁来担任公司法定代表人要谨慎思量。新《公司法》明确了企业法定代表人的责任,其中第十一条规定:"法定代表人以公司名义从事的民事活动,其法律后果由公司承受。公司章程或者股东会对法定代表人职权的限制,不得对抗善意相对人。法定代表人因执行职务造成他人损害的,由公司承担民事责任。公司承担民事责任后,依照法律或者公司章程的规定,可以向有过错的法定代表人追偿。"

如果从全面的企业生产经营角度来看,一方面,法定代表人权利比较大,有权代表企业签订各类合同或做出承诺,且其以公司名义从事的民事活动，其法律后果由公司来承担，这就决定了法定代表人得是投资股东最信任的人。另一方面，法定代表人又要受到各方面的行政监管和承担司法责任，例如税务方面的责任、生产责任事故方面的责任、环保达标的责任、消防安全方面的责任、企业经营不善欠债的责任等，这就意味着法定代表人得是谨慎行事又敢于担当的人。所以，设立每一层公司的法定代表人应该考虑的都有所不同，投资股东还需要小心安排。

第五，设立公司股权架构时，要考虑企业税负成本。以前许多企业进行税务优化主要是从财务的角度来考虑的，但现在的税务优化还需要与公司股权结构相结合。举例来说，如果在"家庭防火墙公司"的上层再设计一层"家庭财务公司"，而自然人股东及其亲属移到了家庭财务公司上层，这样一来，这家公司在收取下层主体经营公司利润时，是不用缴企业所得税的，这家公司可用来进行家族投资，可以持有家族投资的财富，同时比较安全。所以，将来的股权架构设计必然会考虑税务优化。当然，还需要考虑未来的股权转让、股东分红、持有资产各方面的税负设计。

第六，在设计公司股权架构时，还需要提前避开投资人持有多家公司的关联关系。新《公司法》第二十三条规定："公司股东滥用公司法人独立地位和股东有限责任，逃避债务，严重损害公司债权人利益的，应当对公司债务承担连带责任。股东利用其控制的两个以上公司实施前款规定行为的，各公司应当对任一公司的债务承担连带责任。"因此，不能独立看待某一家公司的实控人、经营场所、财务人员、法定代表人，而是要全面看待，提前规避关联公司的风险责任。

第七，在设计公司股权结构时，要提前留出传承的接口。以前大多数企业主设计公司股权结构时，倾向于先把公司干起来再说，但后来等到子女要接班了，才发现股权传承存在着各种各样的困难。最典型的就是上市公司自然人股东直接持股，这些上市公司股份根本就无法直接以赠与的方式传给子女，因为非交易过户中就没有这款情形，导致股份迟迟无法传承。如果上市前就是两级股东结构，那么一代所持有上层非上市公司股权就可很灵活地进行传承安排了。还有一些公司，可以提前留出将来设置股权信托的接口。

除了以上需要考虑的七大要素，企业主还需要结合企业的商业模式和未来发展规划，在进行股权结构设计时再将其他的要素考虑进来，例如将来有没有可能出海，有没有可能上市等。总之，企业股权架构设计是商业运营的基础，就好比盖房子打地基，需要精心设计、认真考量。

三、民营企业传承基础之公司股权所有权传承

谈及民营企业传承，我们首先要树立一个基本理念：民营企业的传承规划有三个核心、三个维度。企业股权所有权的传承是基石，代表企业最终交给谁；企业经营管理权的传承，是接班人带领公司高管班子对企业治理经营能力的传承；企业股权财产权的传承代表企业经营的效益最终去照顾谁、惠及谁。这三个维度的传承是可以相分离的，可以实现最佳组合设计。接下来，我们分别从这三个维度的传承详细阐述。

我们总结了民营企业股权所有权传承有五种思路，具体如图7.2所示。

需要说明的是，这几种方式是要根据企业主具体的公司股权架构、原来的商业模块、未来的发展规划以及子女的能力意愿等来综合考虑的。通常情况下，专业律师团队会先与一代创始人进行深度尽职调查，然后提供不同的传承方案，具体操作流程将在本章后面部分详细介绍。

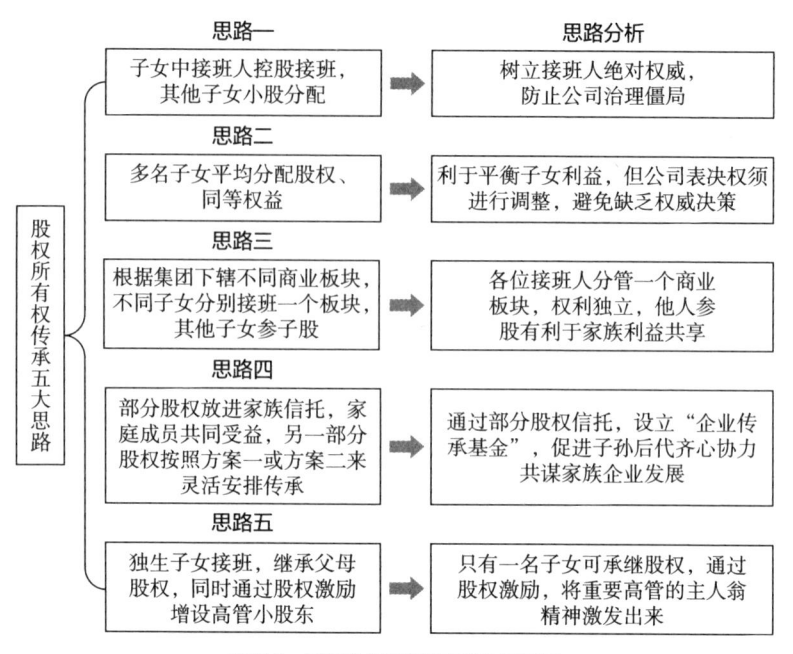

```
                    思路一                          思路分析
              ┌──────────────────┐        ┌──────────────────┐
              │ 子女中接班人控股接班,│───▶│ 树立接班人绝对权威,│
              │ 其他子女小股分配  │        │ 防止公司治理僵局  │
              └──────────────────┘        └──────────────────┘
                    思路二
              ┌──────────────────┐        ┌──────────────────┐
              │ 多名子女平均分配股权、│──▶│ 利于平衡子女利益,但公司表决权须│
     股       │ 同等权益          │        │ 进行调整,避免缺乏权威决策  │
     权       └──────────────────┘        └──────────────────┘
     所            思路三
     有       ┌──────────────────┐        ┌──────────────────┐
     权       │ 根据集团下辖不同商业│        │ 各位接班人分管一个商业│
     传       │ 板块,不同子女分别接班│──▶│ 板块,权利独立,他人参│
     承       │ 一个板块,其他子女参子股│    │ 股有利于家族利益共享│
     五       └──────────────────┘        └──────────────────┘
     大            思路四
     思       ┌──────────────────┐        ┌──────────────────┐
     路       │ 部分股权放进家族信托,│      │ 通过部分股权信托,设立"企业传│
              │ 家庭成员共同受益,另一部│──▶│ 承基金",促进子孙后代齐心协力│
              │ 分股权按照方案一或方案│      │ 共谋家族企业发展  │
              │ 二来灵活安排传承    │        │                  │
              └──────────────────┘        └──────────────────┘
                    思路五
              ┌──────────────────┐        ┌──────────────────┐
              │ 独生子女接班,继承父母│      │ 只有一名子女可承继股权,通过│
              │ 股权,同时通过股权激励│──▶│ 股权激励,将重要高管的主人翁│
              │ 增设高管小股东      │        │ 精神激发出来      │
              └──────────────────┘        └──────────────────┘
```

图 7.2 民营企业股权所有权传承示例

四、民营企业传承基础之公司经营管理权传承

当前民营企业传承中最难的部分就是企业经营管理权的传承。原因是,企业能否发展壮大,对接班人的综合能力要求特别高。我们在服务众多民营企业主的过程中,了解到不同企业主的实际做法,试图从以下四个维度总结一些规律和方法。

第一,从企业经营商业模块分步传承规划角度来看,企业主们创新性地提出以下解决方法,详见图 7.3。

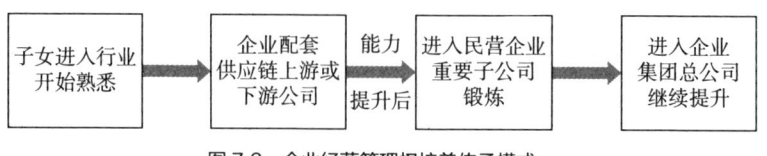

```
┌──────────┐    ┌──────────┐ 能力  ┌──────────┐    ┌──────────┐
│子女进入行业│──▶│企业配套  │ 提升后│进入民营企业│──▶│进入企业  │
│开始熟悉  │    │供应链上游或│──────▶│重要子公司│    │集团总公司│
│          │    │下游公司  │       │锻炼      │    │继续提升  │
└──────────┘    └──────────┘       └──────────┘    └──────────┘
```

图 7.3 企业经营管理权培养传承模式一

例如国内某知名企业集团，创一代在女儿2004年从美国留学归国后，先安排她在集团最基层的工厂车间锻炼，然后于2007年安排25岁的女儿接手集团的某下属供应链公司。当时该公司只是一个非常弱小且仅有传统生产线的企业，此时的女儿其实是在以创业的方式来证明自己的能力。当女儿把这个小公司打造成现代化的智能制造企业，并成为中国民营企业500强后，创一代才放心让女儿进入集团，即便如此，2018年时也只让她担任了品牌公关部的负责人，历经锻炼交出成绩单后，最终在2021年底由女儿正式接任集团副董事长兼总经理，接手了销售工作。2024年，集团发生工商变更，女儿接替已经去世的创一代出任集团法定代表人、董事长、总经理。

第二，如图7.4所示，该模式更强调二代接班人要白手起家，即创业型接班，如创立新业务部门、招聘新的人才、开发新的产品线、开拓新的市场等。这种接班有试验的性质，可能成功也可能失败。有一家上海的企业，父母是运动户外装备品牌的运营商，儿子回国后创业，方向是社区健身房运营，特色是不记名小时打卡会员制，取得成功后，再将父母企业的会员慢慢转移到线下社区健身房，相当于资源融合链接。另一家义乌的企业，一代从事的是国际贸易商品进出口，后来行业出现非常激烈的价格内卷，二代留学归国后开辟了TikTok线上电商运营模式，直接在海外设立物流仓，二代的商业模式与一代的国际贸易资源人脉进行了有效的整合。

第三，从二代接班管理职权的角度来看，大部分企业主都着重让接班人从基层开始锻炼，尤其是在制造业领域。企业主会让子女详细了解自家企业运转情况，然后逐级提升委以重任，直到子女管理能力得到全面提升，才会进行交接班。具体如图7.5所示。

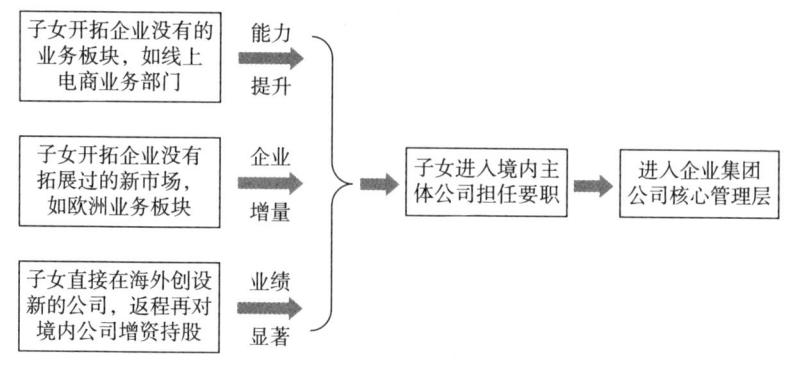

```
[子女开拓企业没有的       能力
 业务板块,如线上   ──▶  提升  ──┐
 电商业务部门]

[子女开拓企业没有       企业          [子女进入境内主      [进入企业集团
 拓展过的新市场,  ──▶  增量  ──▶   体公司担任要职] ──▶  公司核心管理层]
 如欧洲业务板块]

[子女直接在海外创设     业绩
 新的公司,返程再对 ──▶ 显著 ──┘
 境内公司增资持股]
```

图 7.4　企业经营管理权培养传承模式二

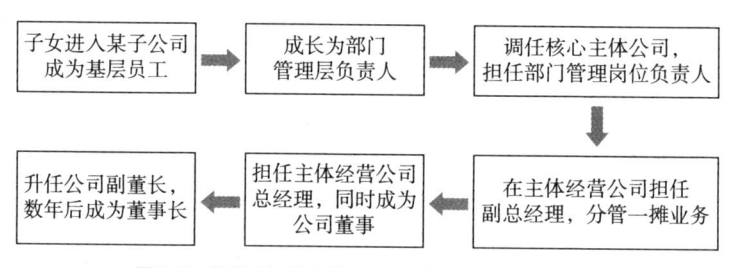

```
[子女进入某子公司] ──▶ [成长为部门    ] ──▶ [调任核心主体公司,
[成为基层员工  ]      [管理层负责人  ]      担任部门管理岗位负责人]
                                                │
                                                ▼
[升任公司副董事长,] ◀── [担任主体经营公司] ◀── [在主体经营公司担任
 数年后成为董事长       总经理,同时成为          副总经理,分管一摊业务]
                        公司董事
```

图 7.5　从子女接班人担任公司职务角度看管理权传承

第四，从律师的角度看，可以将企业股权所有权与股东表决权实行不同比例的传承。例如，我们早年服务一家民营企业，创始人及董事长何总已经 70 岁了，他非常看重长子长孙，且认为长孙才是企业将来最终的接班人，于是何总要求我们在设计股权传承方案时，将公司股权传给儿子一部分、孙子一部分。但当时孙子还在读大学，因此我们采取了动态的同股不同权的方法，在第一个传承阶段，将何总股权的 30% 赠与儿子，20% 赠与女儿，10% 赠与长孙，并且通过公司章程及股东补充协议，约定长孙 10% 的股权表决权暂不行使，而长子虽持有 30% 的股权所有权，却行使了 40% 的股权表决权，这样就可以很好地赋能长子接班管理公司的职权，同时给了长孙成长历练的时间，实现了一代创始人的传承心愿。当然，后面还有第二、第三阶段的传承方案，此处不再赘述。

五、民营企业传承基础之公司股权财产权传承

公司股权财产权的传承大致有以下三种解决方案。

第一种，在以往的实践中，很多企业主认为，股权比例传给儿女多少，那么相应比例的股权财产权也会给与儿女。例如，如果将主体经营公司 60% 的股权传给儿子，那么这 60% 的股权所对应的公司股东分红利益、股权转让利益、股权减资利益、配股送股利益就都归儿子，目前许多企业主仍然采用了这种方法。

而现在的专业律师大多已告别了传统模式，采用新的方法和工具，将股权所有权与股权利益分割开来进行传承，例如接下来将要介绍的第二及第三种方案。

第二种，采用股权信托传承方法。我们以具体案例来进行介绍。谭总的企业属于特殊经营资质的企业，公司经营发展非常稳定，股东收入颇丰。但是，由于谭总工作过于忙碌，平日对子女的企业经营管理能力少有培养，三个子女现在都资质平庸，专注享受生活，他很担心将企业股权分配给三名子女后，如果有子女离婚就会被分走公司股权，或是有子女贪图享受将公司股权转卖给第三人，这样家族企业的股权集中难以保证。我们为谭总设计了股权信托传承架构，如图 7.6 所示，将公司股权 100% 装入股权信托，因为只有股权信托能实现企业股权集中锁定，不会因为后代子女婚变、欠债转股或是离异继承导致股权被分割，而后代只能成为股权信托的受益人，且将来企业分红变成信托财产后如何分配给子孙后代，是根据股权信托合同里的受益人分配条款来实现的，这些都将由谭总事先设定好。如果谭总还不放心，可以设立股权信托的监察人，等他离世后，监察人还可以继续监督股权信托的运营与信托财产的分配。

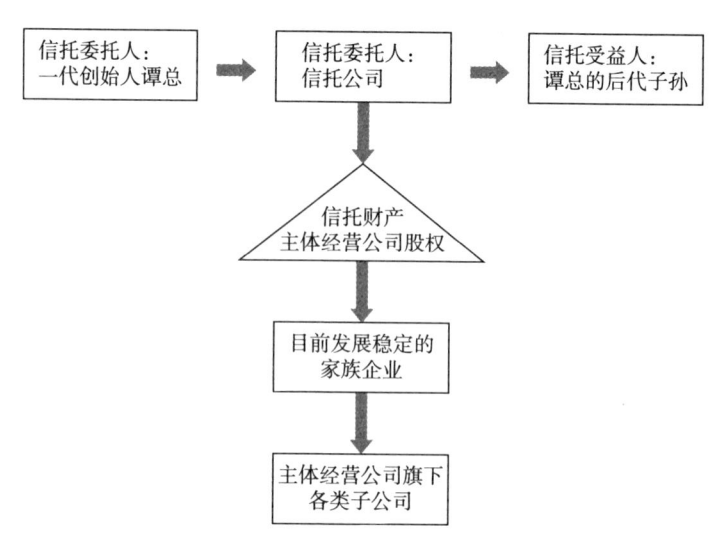

```
信托委托人：        信托委托人：         信托受益人：
一代创始人谭总  →   信托公司        →    谭总的后代子孙
                        ↓
                   信托财产
                   主体经营公司股权
                        ↓
                   目前发展稳定的
                   家族企业
                        ↓
                   主体经营公司旗下
                   各类子公司
```

图 7.6　民营企业股权信托法律架构示例

以上方案很好地实现了股权所有权与受益权相分离。谭总家族企业的股权所有权属于信托，而股权分红等利益则属于受益人，且通过个性化的方案设计，还能为将来可能发生的情况提前做好规划，包括子女结婚、离婚、创业、离世等各种情况发生时，分配给受益人的利益如何调整，都可以通过股权信托合同提前安排好。

第三种，通过将部分股权直接传承与将部分股权装入信托相结合，设立家族传承产业基金。例如，唐总的家族企业从事传统制造业，主要生产建筑工程管道及零配件，已经发展了 20 多年，成为行业里的佼佼者。唐总夫妇有一儿一女，均在家族企业工作，从目前情况来看，最适合的接班人是儿子，因为经营企业很辛苦，唐总希望把大部分的股权传给儿子，小部分传给女儿，而且唐总希望退休后仍然持有一小部分股权用来给自己与妻子养老，同时希望家族成员能和睦共处，子孙后代团结齐心，共同把企业发展下去。因此，我们为其设计了"三维传承机制"，详见图 7.7。

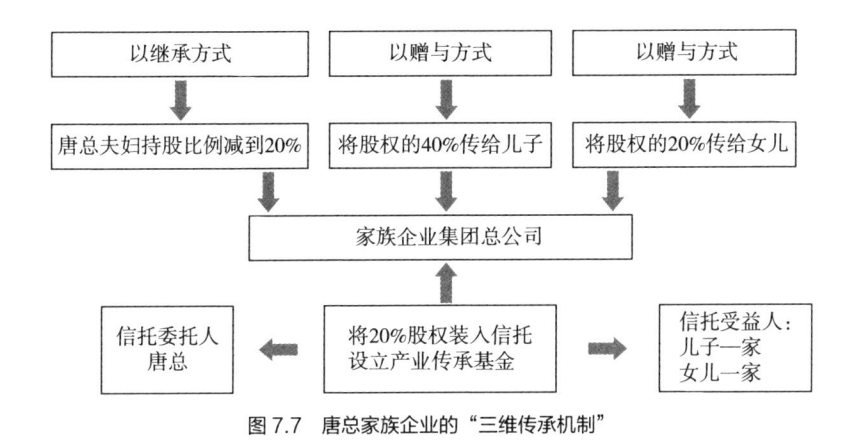

```
以继承方式 → 唐总夫妇持股比例减到20%
以赠与方式 → 将股权的40%传给儿子
以赠与方式 → 将股权的20%传给女儿
                ↓
        家族企业集团总公司
                ↑
信托委托人唐总 ← 将20%股权装入信托设立产业传承基金 → 信托受益人：儿子一家 女儿一家
```

图 7.7 唐总家族企业的"三维传承机制"

可以看到，唐总夫妇留下 20% 的股权一直持有，方便利用企业分红支撑养老生活，而持有 40% 股权的儿子在做出公司经营决策时，无论是与父母达成一致，还是与妹妹达成一致，大多数决策均能通过。另外 20% 的股权装入信托后，信托的受益人是儿子与女儿两个家庭的所有人，这相当于成立了一个企业传承基金，只要企业发展得好，两个小家庭全都受益，即使将来孙辈没有进入家族企业工作，也能因企业发展得好而受益，促使子孙后代齐心协力促进企业发展。放进股权信托的 20% 股权的初期管理权由唐总行使，待唐总退休后，特殊目的公司的普通合伙人将由唐总变成儿子，这就更进一步增强了儿子的治理权威。同时，为了避免儿子权力过大，在设计股权信托方案时将女儿设置为监察人，并且根据唐总的需求对监察人的权利义务条款进行修改，这起到了平衡家族成员利益的作用。当然，律师也可以也与唐总的女儿一起担任监察人。

六、民营企业的股权传承是平均传承好还是集中传承好？

这个问题的答案其实因人而异，我们根据实际处理的案例来分享一些经验，供大家参考。

从事房地产开发的高总，抓住了中国改革开放经济高速发展的机遇，将企业业务拓展到酒店经营、物业租赁管理等赛道，且都做得不错。高总不仅企业做得风生水起，而且有两儿一女，个个踏实勤奋，在高总的带领下分别负责企业不同的业务板块，子女们都很佩服高总。高总认为，他这一生对子女都是平等相待，不会厚此薄彼，虽然五个手指头有长有短，子女的能力也确实有强有弱，但五个手指头不是独立的，而是指指连心，同为一体。所以，高总平时总告诉子女们要团结一心，不要计较小家利益。在高总长期的价值观影响下，三名子女都很谦逊，不争长短，家族氛围特别和睦融洽。因此，高总希望将家族企业平均分成四份，一份归高总夫妇，另三份分给子女，且每个小家庭所获得的企业利益将继续按直系血亲往下传承。

在高总的家族企业传承中，我们团队梳理了所有公司股权，包括代持的股权，按照高总的要求，把能够进行股转的公司股权分成四份（其中对股权表决权进行了不同比例的调整，防止公司治理僵局），而有些公司办理股转税费成本过高，则采取了股权代持的方法，同时律师团队为子女间股权代持起草协议以进行利益约定。然后，我们对所有公司章程都进行了修订，最后为四位重要股东家族成员设立了预防性遗嘱，作为兜底安排。

从以上案例可以看出，股权平均传承不是不能实施，关键要看家族企业及家族成员的传承基础。高总一家家族核心价值观深入人心，子女相处融洽，不重个人利益，而重家族团结，且高总本人一直是子女们的表率。如果将来高总离世，子女在管理企业和利益分配时，大概率仍然会秉承高总的心愿，再加上律师团队专业工具的辅助,这样的平均传承是可行的。

于总的父亲是一位传统的企业主,他的企业主要从事小家电生产。于总的父亲退休前将母公司的股权平均分配给了两个儿子,也就是于总和他的哥哥,两人各拥有50%的股权。在企业经营管理权方面,于总的父亲将母公司的法定代表人及总经理位置给了于总的哥哥,将一家重要子公司的法定代表人及总经理位置给了于总。在企业传承完成后,老爷子便到全国各地旅游去了。慢慢地,于总发现大哥把自己小家的亲戚都安排到了母公司的重要岗位,母公司的财务也越来越不透明,自己想过问一下母公司的经营情况也没有渠道,而且母公司的股东会形同虚设,很多信息都是事后被通知的,这让他十分苦恼,表面上自己持股50%,但公司重大决策都是哥哥独自做出。于总跟哥哥也表达过不满,但哥哥敷衍于总之后,将母公司财务部总监换成了嫂子。于总不想与哥哥闹翻,又对这样的公司治理十分不满,所以他很纠结。

从以上案例可以看出,于总的父亲在传承时没有看清楚情况,也没有根据两个儿子的能力来合理分配股权。俗话说"一山不容二虎",若是两个儿子均有才华抱负,最好的方法就是将商业板块进行切分,各分山头,在两个儿子各自负责经营的板块给他们绝对的控股权,这才是最适合于家的传承。

通过前面两个案例,我们可以总结出来,股权无论是集中传承,还是平均传承,最重要的是看家族企业及接班人的具体情况,而且还需要专业律师设计出制度性的防守方案,通过股权传承的不同方法架构及配套法律工具,预先设立公司传承后二代管理出现分歧的解决机制。

七、民营企业主传承时间表该如何规划与分步实施？

很多企业主会有一个误区，认为企业传承是一件等子女大学毕业进入企业后才需要认真考虑的事。殊不知，企业传承就像一棵树，而这棵树的种子需要很早就种在子女的心里。企业主需要数十年言传身教、潜移默化的影响，才可能让这颗种子发芽，长成参天大树。一位企业主和妻子早年忙于企业发展，且经常出差，没有时间照顾儿子，就把儿子送到国外读初中，直到大学毕业才回国。儿子回国后，这位企业主就安排其在自家企业上班，才两个月儿子便表示不想干了，并且明确说不会接班。当企业主苦口婆心地劝说儿子时，对方不仅听不懂父亲在说什么，还反驳道："我小时候一天到晚都看不到你，和你还不如和同学处的时间多，现在你的那些大道理我听不懂也不想听！"现在这位企业主非常后悔没有在儿子的成长阶段对其言传身教。由此可知，企业主如果想让子女在将来顺利接班，需要在其价值观形成的重要时期陪伴在子女身边，主动引导他们，潜移默化地影响他们；而在子女大学毕业后，还要通过有计划的传承规划，一步一步地帮助他们提升管理能力。因此，家族企业传承规划是一个长期的过程，我们根据实践经验将其分成了四个阶段，如图7.8所示，每个阶段的时间表只是个概数，每个家庭可以根据自己的具体情况进行调整。

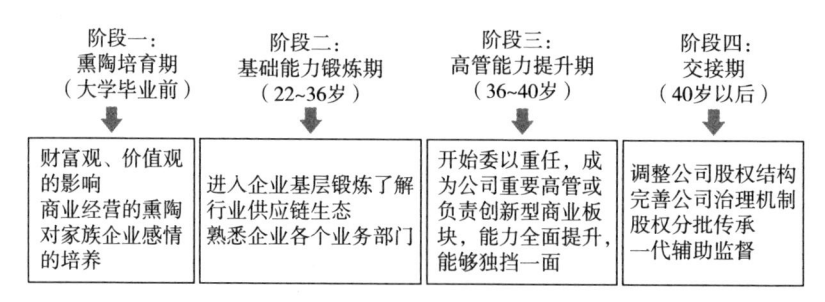

阶段一：熏陶培育期（大学毕业前）	阶段二：基础能力锻炼期（22~36岁）	阶段三：高管能力提升期（36~40岁）	阶段四：交接期（40岁以后）
财富观、价值观的影响 商业经营的熏陶 对家族企业感情的培养	进入企业基层锻炼了解行业供应链生态 熟悉企业各个业务部门	开始委以重任，成为公司重要高管或负责创新型商业板块，能力全面提升，能够独挡一面	调整公司股权结构 完善公司治理机制 股权分批传承 一代辅助监督

图7.8　民营企业接班二代培养规划时间表

需要说明的是，专业律师一般是从第三阶段开始介入的，会协助企业主设计具体的传承方案，包括公司股权传承比例及时间表、公司治理调整计划、公司章程修订、公司高管股权激励、创始人股权传承预防性遗嘱等。在第四阶段，专业律师会协助企业主实施传承方案，并且将企业传承与其他的财产传承进行配套安排，包括家族治理、家族宪章、房产传承、金融资产传承、海外财富传承等。

八、什么是中国境内股权家族信托？

我们在第三章中介绍过股权家族信托的应用场景，其中最重要的也是应用最多的，就是用股权信托来实现家族企业的传承。股权信托为什么会成为家族企业传承的经典工具，又是如何发挥特殊优势功能的？

首先，我们要知道股权信托的法律架构。常见的境内股权信托的法律架构如图 7.9 所示。

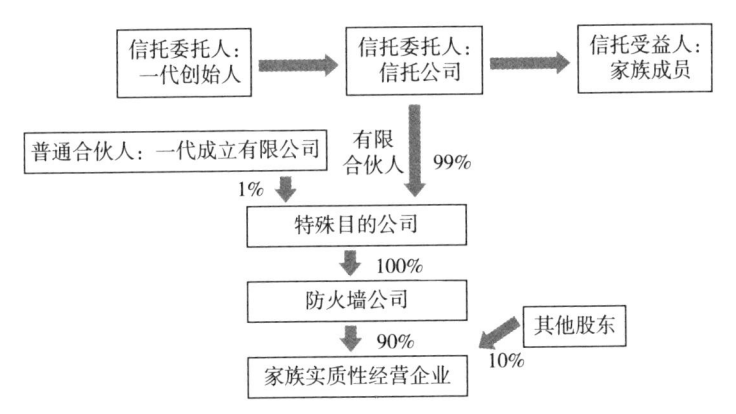

图 7.9　常见的境内民营企业股权信托法律架构示例

可以看到，在境内股权信托的法律架构中，其上层仍类似于一个资金型家族信托，但有特殊目的公司作为中间层，通常情况下信托公司会成为特殊目的公司的有限合伙人，企业主或企业主所控制的公司成为合伙企业的普通合伙人，然后通过特殊目的公司去持有家族企业的部分或全部股权。之所以中间要有一层作缓冲，是因为在股权信托的架构下，境内持牌的信托公司不会参与企业的具体经营，并且还要隔离来自企业经营的风险，而特殊目的公司的有限合伙人身份很好地保护了信托公司。家族成员控制着普通合伙人身份，对实质性运营的民营企业拥有完全的管理权，所以设立股权信托的企业主可以放心，企业的经营管理权仍然在家族成员手里。下层的企业运营像以前一样，仍然有股东大会、董事会及公司高管各层管理决策机构。

当然，图7.9只是最简单的股权信托架构模式，实践中还可能有很多变化。例如，我们曾经帮助客户设计过两层股权结构的股权信托，这是为了给企业主更多的管理信托财产的空间。关于股权信托如何使用，又会产生哪些功效，后文会逐一介绍。

九、境内股权信托如何实现家族企业利润的落袋为安？

股权信托在资产保全与传承方面的一个优势就是能使家族实质性经营企业利润落袋为安。这是如何实现的呢？我们可以对照图7.9来进行分析。

当实质性经营企业的利润向上层股东分配时，将分层进入特殊目的公司（有限合伙企业），进而以现金的方式分配到信托公司事先在银行开设的信托专户，此时股东分红变成了信托财产。

《信托法》第十七条规定："除因下列情形之一外，对信托财产不得强制执行：

（一）设立信托前债权人已对该信托财产享有优先受偿的权利，

并依法行使该权利的；

（二）受托人处理信托事务所产生债务，债权人要求清偿该债务的；

（三）信托财产本身应担负的税款；

（四）法律规定的其他情形。

对于违反前款规定而强制执行信托财产，委托人、受托人或者受益人有权向人民法院提出异议。"

原则上，人民法院不能强制执行信托财产，因此已经进入信托池子里的企业利润自然也不能被强制执行（即使是在企业有负债的情况下），这就实现了家族企业经营利润的落袋为安，也实现了企业经营债务风险与家族财产的隔离。而且这些分红变成信托财产后，如何分配给信托受益人（一般是家族成员），是由信托委托人（一般是企业创始人）预先在信托合同中设定好的，包括什么时候分配、分配多少、有哪些分配条件等，而且委托人后期还可以根据分红的情况和后代成员的发展情况，灵活调整信托利益分配方式。

十、境内股权信托为什么能实现企业经营权与企业利润分配相分离？

在股权信托的架构中，企业的经营权主要体现在实质性经营企业的公司股东会、董事会及高管决策会三层治理上，通常情况下董事会成员及高管班子是创始人已经安排好的，而股东会主要成员主要由上层法人股东和外部其他小股东所组成。穿透到上层，我们会发现特殊目的公司的普通合伙人还是一代创始人，所以虽然家族企业股权放进了信托，但实际上公司治理的三层班子还是控制在创始人手中。

而实质性经营企业的利润却是在信托合同中事先设定好了分配

机制的，这些信托受益人可能是家族企业的股东或高管，也可能是不在家族企业工作的家族成员，还可能是未成年的子女。所以，股权信托很好地实现了企业经营权与利润分配相分离，对未在企业工作的家族成员也可以有很好的照顾和保障。这样一来，一代创始人可以借用股权信托，将后代家族成员的利益捆绑在一起，无论他们是否在家族企业里工作，也无论他们是否成年，均会因为家族企业的发展而受益，因而他们会更加齐心协力地支持企业的发展。

十一、股权信托能解决家族企业无人接班的困境吗？

无论是从公开可查的调研数据，还是从我们接待的众多企业主的案例中，我们均发现有很高比例的民营企业在二代接班的问题上面临困境，主要有两点：一是子女不愿意接班，二是子女缺乏足够的能力和勇气接班。

媒体上的相关案例或调研报告特别多，此处不再赘述。我们关键要讨论的是，境内股权信托在解决二代接班困境中可以扮演什么角色、起到什么作用。接下来，我们以承办过的一个案件为例来详细分析。

林总经营的企业属于行业龙头，拥有硬核的专利技术，产品在国内市场的占有率位于前三，而且林总本人务实又充满大智慧，使企业经营稳定，且在员工福利、环保、纳税等各方面都是行业典范。但就是这样一位企业家，也在为接班的问题头痛。林总的儿子已经30岁了，还是不愿意进入家族企业工作，林总知道培养儿子成为接班人是一个长期的过程，可是留学归来的儿子一直在逃避。林总明白虽然目前自己还能管理企业，但10年后总要有人接班，毕竟这关系到数千名员工的生计。林总与儿子正式谈了数次，儿子才勉强表示，因自己能力有限，远不能跟出色的父亲相提并论，顶多愿意担任一个公司董事或监事,其他的高管职务自己则无法担任。我们在林总的陪同下,参观了数万平方米的厂区,看到多条自动化的生产线,心里想着:这么好的企业如果因为无人接班而衰败,该是多么可惜啊。后来,我们在对林总企业做了详细的尽职调查后,提出"80%股权信托+职业经理人股权激励+一代董事长+二代儿子董事+二代女儿监事"的组合传承方案。此处重点把股权信托的部分拿出来,分析境内股权信托如何在一定程度上解决子女不接班的困境。

股权信托中将林总、儿子和女儿三家均列为受益人,这意味着将来数十年只要企业经营中有利润收入,整个家庭成员均可以长期受益,家庭生活长期有保障。而在搭建股权信托的同时,我们协助林总另行安排了对重要的十多名高管的股权激励,将公司核心高管变成自己人,将来企业的经营主要靠林总及核心高管,即使林总只做个董事长,还可以通过职业经理人挑起整个集团的经营大任,而儿子作为公司董事,适当了解企业经营状况即可。等林总本人退休时,再根据企业发展的情况,决定是否有必要在孙辈中挑选合适的接班人。

十二、股权信托为什么能防范后代婚变或离世带来的股权传承分散?

韩总的企业拥有行业特殊资质,门槛较高,在同业竞争中优势突出,使企业发展平稳,利润可观。韩总有三名子女,在企业经营方面资质平庸,平常更乐于享受生活。韩总找到我们时忧心忡忡,因为如果他将来把企业股权传承给三名子女,会很担心子女好逸恶劳,受他人撺掇,把公司股权变卖转让出去,这样一来,韩总苦心经营的公司就流入他人之手,子女只能坐吃山空。而且韩总想到，即使后代没有把公司股权卖掉，如果赶上二代婚变或是意外身故，公司股权也会因为这些意外因素被分割或被继承，变得越来越分散。我们向韩总建议，将现在主体经营公司大部分股权放进信托，将韩总夫妇和子女均设置成信托受益人，这样一来股权所对应的利润变成现金类财产后，直接分配到股权信托，信托财产的管理和经营将严格按照信托合同来执行，信托中的财产利益分配顺序、比例、条件都可以事先由韩总设定好，且信托受益人不能直接改变信托合同既定分配方式。另外，由于信托财产属于法律上的独立财产，既不属于受托人也不属于委托人，无论是二代想转卖也好，还是遇到后代婚变也罢，都动不了股权的根本，后代只能作为受益人，得到企业利润的分配，而且这种分配是长期的、慢慢的，这样后代也不能挥霍无度，受他人撺掇而上当受骗的可能性也小了很多。

十三、股权信托如何实现企业接班传承过程中家族成员的利益平衡？

在民营企业传承过程中，创始人一代往往会给指定的接班人更大的股权（例如给了长子80%的股权），给其他在家族企业里工作的成员则是小股（例如小女儿、侄子、外甥、弟弟等），还有一些家族成员可能根本不在企业里工作。因此一代创始人希望能在传承的利益中进行平衡，同时促进家属亲戚和睦相处。股权信托就可以很好地实现这一点。

企业主谢总有一儿一女，儿子是指定的接班人，女儿在企业外上班，女婿却在家族企业里工作，还是副总经理，女婿平常很努力，当全家人一起周末聚餐时，女儿女婿两口子眼神里也露出渴望父亲认可的表情。这让谢总多少有些为难，企业股权分配时肯定是给儿子大股，给女儿小股，这样会不会让女儿女婿不满呢？可是，如果给了女婿股权，即使是小股，将来万一女儿女婿离婚，女婿总不能还在家族企业里上班吧？我们建议谢总将股权分别传承，一部分留给自己和妻子养老，大部分股权留给儿子，小部分股权留给女儿，但是可以单独留出20%的股权放进信托，在信托受益人设计时，把女儿、女婿、外孙均作为重点受益人来分配。

这个设计方案有以下三点功能：第一，20%的股权不是直接以赠与转让的方式给女儿，而是放进信托并将女儿列为信托受益人。如果将来女儿发生婚变，这部分股权不会被当作女儿的夫妻共同财产而分割，这是利用了股权信托将股权所有权和受益权分离的突出优势。第二，股权信托受益人可以灵活设计，不仅女儿可以当受益人，女婿也可以成为受益人，这对女婿显然是一种激励，且委托人谢总在信托合同里还保留了变更信托受益人的权利，这样一来，谢总可以进退自如。第三，股权信托在给付利益方面，可以设定条件和要求，谢总可以在信托合同中设定女儿和女婿在满足什么条件下，信托财产就会分配部分利益来奖励他们，如果应用得当，谢总就达到了鼓励女儿一家配合好儿子接班，间接促进二代齐心协力发展家族企业的目的。

十四、设立股权信托能避免家族企业继承时出现争产纠纷吗？

根据我国当前的继承程序，即使父母留下书面遗嘱，子女也不能直接凭遗嘱去办理遗产过户，而要先申请办理继承权公证，不仅要提前准备很多证明材料，还要求所有法定继承人到现场对遗嘱的真实合法性签字确认，整个流程时间较长。如果父母没有留下遗嘱，继承人仍然需要到公证处办理这个程序，且继承人要在公证处达成遗产分配的书面方案。直到这个程序走完，公证处出具公证书后，继承人才能持公证书办理遗产的过户登记或转账。

股权信托可以很好地避免这一纠纷，因为《信托法》第十五条规定："信托财产与委托人未设立信托的其他财产相区别。设立信托后，委托人死亡或者依法解散、被依法撤销、被宣告破产时，委托人是唯一受益人的，信托终止，信托财产作为其遗产或者清算财产；委托人不是唯一受益人的，信托存续，信托财产不作为其遗产或者清算财产；但作为共同受益人的委托人死亡或依法解散被依法撤销被宣告破产时其信托受益权作为其遗产或清算财产。"这一条款结合本节来看，当股权信托受益人不只委托人一人时，信托将存续下去，而且相对应的股权信托财产也不是委托人自己的遗产，因此不需要信托受益人去公证处办理继承权公证，当股权信托委托人离世后，该信托会继续存续，信托财产仍然按照委托人原来设定的分配机制持续给受益人分配。

十五、企业主如何根据企业经营情况及传承目标来设立股权信托？

相比资金型家族信托，股权信托设立起来比较复杂，而且一定要个性化设计，无论是架构还是法律文件，都需要量身定制，所以一般情况下企业主设立股权信托时，会聘请专业的信托律师，并寻找有经验的信托公司一起来落地。我们根据以往作为企业主设立股权信托的专项法律顾问的经验，总结出以下设立的操作步骤，帮助大家避免踩坑。

第一步，聘请专业律师进行前期尽职调查。企业主表达自己设立股权信托的目的和需求，专业律师对企业主的家庭情况和企业情况进行前期尽职调查，通过充分的沟通和尽调，律师会判断设立股权信托能否达到企业主的目的,是否需要多家公司进行前期股改,是否需要将股权信托与其他法律工具进行配合,设立股权信托成本是否过高导致企业主难以承担等。这相当于律师对企业主的企业与家业进行体检,方便之后出方案。

第二步,律师为企业主设计股权信托方案。这里的方案包括选择装入信托的公司主体、现有公司股权结构调整方式、股权装入信托的方式、信托初步资金来源分析、搭建股权信托整体架构、信托利益分配方式、信托持有的公司未来管理机制等。如果现有的公司不能直接设立股权信托,律师还需要先为企业主进行公司股权结构的调整。例如,我们在曾经承办的股权信托专项服务中,有时会为企业先做工商减资或搭建新公司,将原来老公司的业务迁移到新公司,再用新公司做股权信托。

第三步,律师为企业主遴选信托公司服务商。目前境内能够承办股权信托的公司并不多,且由于股权信托涉及极其个性化的需求,这对信托公司团队的专业性、配合度及经验都有较高要求。再加上各家信托公司承接此项业务的门槛要求、合规要求及收费水平都不一样,所以律师需要进行多方考察挑选,以供企业主选择。

第四步,律师与选定的信托公司商洽股权信托细化方案。律师会根据前期了解的客户需求及设计的方案,与承接的信托公司深入讨论如何落地,信托公司有哪些硬性要求,信托合同及配套法律文件的可修改空间,收取费用有多大的优惠,股东分红变成资金进入信托后如何管理,是否需要加配专业财务顾问,信托公司进行资产配置的产品范围,信托利益分配方式变更权,信托监察人权利义务,等等。只有律师与信托公司将方案细化并取得委托人的确认后,信托公司才能根据这个细化方案出具信托合同及配套的法律文件。

第五步,律师对信托公司出具的信托合同及配套法律文件进行全面审核与修订。当信托公司根据前述商量好的股权信托方案出具整套信托合同及相关配套法律文件后（附件大约有十多份），企业主委托的律师就要"撸起袖子加油干"了。因为这些法律文本足有数万字，非专业人士读起来会感觉十分晦涩，但由于信托公司与委托人属于合同利益相对方，保护好信托委托人及受益人的利益非常重要，这主要靠专业律师来把关。例如，查找合同里的霸王条款、漏洞缺失、歧义表达等，做出修订标记，再将其反馈给信托公司。信托公司的法务人员会逐一审阅，律师的修订意见也可能会被驳回，这样一来双方要多次开会沟通后，才可能将信托合同及配套法律文件定稿。

第六步，企业主签订信托合同及配套法律文件，并转入设立信托初始资金。这一步的实施要根据信托合同风控合规要求进行。一般情况下，如果是用夫妻共同财产设立信托，则需要配偶在前置文件上签字。在签订正式的信托合同时，信托公司的工作人员和律师会全程陪同，为企业主解释每份法律文件的意思，将来在什么情况下会用得到。合同签订后，企业主便会将信托初始资金转到信托指定的专户，自此信托生效。但股权信托还未完成。

第七步，设立特殊目的公司，包括配套的夹层公司，同时律师为企业主起草合伙协议或是公司章程。由于每个企业主的目标和需求不同，律师设计的股权信托架构方案就不同。例如我们曾为一位从事家电行业的企业主设计股权信托，这位企业主希望股权信托里的资产管理权留在自己手里，同时希望股权信托里的钱将来能用于对其他企业的股权投资，所以我们在设计时用的是双层企业架构。由于股权信托的企业经营管理权要放在企业主自己手里，其中的合伙协议和公司章程必须量身定制，尽量不要用市场监督管理局的普通标准化公司章程，这样的模板条款不适合家族企业股权信托。当架构搭建完毕后，股权信托才算设立成功了。

第八步，与相关部门沟通并总体检视。由于搭建股权信托要动公司股权，在这个过程中，律师还需要协助企业主与市场监督管理局或税务局进行沟通，防止因为股权信托导致有关管理机构的误解，事前、事中及事后沟通都是灵活进行的。当整体架构搭建起来后，还要对实际运行情况进行查漏补缺，例如有些企业主突然提出来，要求用信托财产为其他经营性企业融资借贷，这个就需要与信托公司协商，看看通过什么样的方式进行最为合规。

十六、案例解析：上市公司实控人的股份传承风险

民营上市公司一直是 A 股市场的重要参与主体。截至 2024 年 12 月 31 日，中国 A 股上市的民营企业总数为 3393 家，占全部 A 股上市公司的 63.08%。30 年匆匆而过，代际风云变幻，A 股已迎来 80 后董事长 357 位，更有 52 家上市公司由 90 后董事长坐镇，其中年纪最小的接近 00 后，新生代陆续登场，初露峥嵘。[1] 由于民营企业上市公司占比较高，加之一代创始人（实控人）年龄较大，因此上市公司传承成为当前社会关注的重点，甚至有些地方政府专门有组织、有计划地协助上市公司来规划传承，可见其重要性。

但近年来，我们仍看到不少上市公司实控人因为对传承一事没有提前规划，导致意外发生时对企业和家庭带来双重不利后果。2024 年，上海市人民法院审理了某上市公司实控人林某被害刑事案件。原来，林某离世后留下三位未成年的幼小继承人，他的婚姻状态是已经离异，三个孩子虽能继承他本人的上市公司股份，却没有能力承接上市公司的管理，而三个孩子的母亲作为其监护人，实则拥有了上市公司实控人的地位，但后来传来的消息是部分股份也转让给其他公司了。另一起案例也是在 2024 年，某上市公司实控

---

[1] 资料来源：《中国民营经济发展报告（2024）》。

人因病离世，而他曾有两段婚姻，在他突然离世后，前婚的大儿子和后婚的妻子就公司的董事长人选也发生了分歧，一度爆发矛盾冲突，后来经过协商，先是由前婚大儿子继任上市公司董事长一职，但一年后公司董事会改选，又变成了再婚妻子继任董事长。这两起案例都说明上市公司股权的传承规划非常重要。

在前述案例中，我们可以看到上市公司传承的复杂性与艰巨性，因此提醒每一位企业主提前做好传承规划，确保企业平稳过渡。关于上市公司传承规划不当而带来的风险类型，我们总结了以下几个。

第一，目前中国的上市公司已有数万家，然而大部分上市公司实控人忙于企业经营发展，没有提前做好公司股权传承的安排，一旦发生意外，庞大的上市公司可能会出现权利纷争和管理真空，近几年类似的案例不少。或者按照相关规定，上市公司实控人直接持有的股份不能以非交易过户的方式转给二代子女，所以这些股份传承容易出现长期悬空状态。

第二，部分上市公司缺乏对接班人的培养机制，当公司实控人突然变更为二代时，接班人常常不具备管理企业的能力，同时企业元老高管有可能对接班人不服，因而在企业经营决策方面与其发生矛盾，导致企业经营不稳定，公司股价波动。

第三，公司股权的传承纠纷不仅会使投资者信心下降、上下游供应商波动，从而影响公司股价，而且公司的负面新闻可能会影响公司的品牌形象和市场口碑，如果竞争对手乘虚而入，那么企业的市场占有率可能会迅速下滑。

第四，上市公司实控人在继承人较多的情况下，如果未做传承规划，则实控人持有的公司股权就要被多个继承人分割，这会导致股权继承分散。而上市公司的运营原则上要求要有实控人，也就是控制权不能分散，所以二者之间的矛盾难以化解。这还需要继承人之间达成一致的约定，并且签订一致行动协议，难度也是相当大的。

十七、案例解析：上市公司实控人的股份传承规划

上市公司实控人的股份传承规划是比较复杂的，我们团队承接过相关案例，为了方便大家理解，在此举例说明。

某制造业上市公司实控人邱总是一位令人佩服的企业家，他虽然已经 70 岁高龄，却仍然奋斗在企业一线。邱总的企业主要从事光缆电线的生产与销售，他带领技术骨干力量创新研发了许多新型传导材料，并获得国家多项专利，企业也慢慢成为中国基础设施建设的重要原材料供应商，并且其"拳头"产品也拥有一定的海外市场份额。10 多年，前企业在当地政府的大力支持下成功在 A 股上市，如今已经成为该省的明星企业和纳税大户。

邱总有一儿两女，其中儿子在集团母公司工作，邱总也一直手把手地带着儿子磨炼成长。大女儿在集团母公司下属的上市公司担任财务总监，也是企业不可或缺的力量。小女儿另有兴趣，在当地某学校担任一名高级教师。邱总的难点和需求主要有以下几点。

第一，邱总目前还担任集团母公司的董事长，同时是上市公司的董事长，但毕竟其年龄已经超过 70 岁，必须考虑企业接班人的规划了。虽然公司众多高管表示反对，但邱总深知年轻一代更富活力和创造力，自己应当让位，避免将来企业在市场竞争中失去优势。

第二，自己的儿子和大女儿究竟谁更适合接班，谁更有雄心抱负来接班，邱总尚不确定。

第三，如果邱总近两年退居二线，那么公司高管层是否需要调整？是否要为接班人留下提拔年轻人才的空间？

第四，如果安排儿子接班，那么邱总持有的上市公司股份和上层母公司的股份如何分步传给儿子？

第五，考虑到上市公司接班人的实控地位，邱总如果把自己两级公司的大部分股份留给儿子，那么另外两个女儿的利益该如何保

证？如何避免家族成员心理不平衡而产生矛盾？

第六，邱总的小女儿虽然没有在集团工作，但小女婿一直在集团工作，那么在传承安排上是否也要考虑女婿的利益呢？

以上都是邱总这些年反复思考的问题，但始终没有很清晰的解决方案。我们团队承接此项重任后，开始进行深入的企业与家业尽职调查，不仅详细了解了企业股份变迁历史、股权结构，还详细了解了邱总一家每一位成员的想法与建议，同时还与公司法律顾问进行了详谈。在做好充分的尽职调查后，我们开始分项解决邱总的问题，主要分成以下五个专项展开：（1）两层公司股权传承机制，集团母公司是非上市公司，故集团母公司的股份传承机制与上市公司是不一样的；（2）子女及女婿就企业经营管理权接班的定位与考核，对企业中的三位家族成员进行评价，并商讨其未来企业任职与定位；（3）企业在传承过程中需要调整的治理机制，为后期接班人上任打下基础，避免接班人威信不足引发企业经营动荡；（4）家中两位女儿在传承中的利益平衡机制，设立上市公司股份家族信托，列多位家族成员为受益人；（5）设立家族委员会及家族宪章，传承邱总的企业家精神和核心价值观，并促进家人齐心协力，和睦共处。

至此，大家应该对上市公司实控人的股份传承规划大致了解了，我们再将一些要点提炼如下。

第一，上市公司股份传承的特殊性决定了需要多管齐下的传承规划。上市公司的股权结构存在差异，有的实控人是直接持有上市公司股份，有的实控人是间接持有上市公司股份，且上市公司的股份原则上无法以非交易过户的方式直接给与子女，所以上市公司股份传承需要综合规划。通常情况下，不能只用一种方式进行传承，专业律师可能采取包括股权信托、股票分期减持变资金再传承、股份买卖、股份回购、股份增发配股、股份继承等方式。首先，设立预防性遗嘱很重要，作为最基本的传承工具，遗嘱具有订立相对简单的优势，能够确保上市公司股份的有序分配。其次，上市公司股份信托也正在成为经典工具，它既可以对股票资产进行灵活管理，又可以通过股份信托设立家族传承基金，对二代、三代进行长期的利益分配和财富支持。

第二，建立接班人的培养机制。上市公司是公众公司，对企业接班人的要求较高，从近两年上市公司二代接班后的情况来看，有的二代将企业发扬光大，有的二代接班后却犯了方向性的错误，将企业带到负债累累甚至退市的地步。所以，企业接班人培养机制是企业持续发展的关键，涉及多方面的规划和实施。我们建议一代实控人尽早制订明确的接班人培养计划，确立接班人的标准、培养能力时间表，并确保接班人的培养与企业的战略目标相匹配。一方面，注重实践机会，接班人需要通过基层锻炼、项目管理、跨部门合作等方式，获得充分的实践机会，以提升业务技能和管理能力；另一方面，培养接班人的领导力，包括沟通技巧、决策能力和团队管理能力等，以胜任高层管理职位。

第三，建立家族成员利益的平衡机制。上市公司在发展过程中，家族成员团结在一起发挥了巨大的生产力，公司上市后，家族成员有的在企业里工作，有的则退出了企业，除实控人之外，有些家族成员还在上市公司持有小比例股份，与实控人签订了一致行动协议。因此，在传承机制中，如何根据家族成员的贡献、能力和责任合理分配股权，或者是将股权集中在二代接班人手里，但相关利益却可以照顾到多名家族成员，这是非常重要的传承补充安排。

第四，制定公司治理紧急预案。曾有这样一个案例，一位上市公司实控人的妻子向我们打来求助电话，原来她的丈夫前一天晚上突然离世，第二天家族成员之间就展开了公司控制权之争，吵得不可开交，这让不懂企业经营的妻子手足无措。这个案例告诉我们，制定公司治理紧急预案是确保公司稳定运营、保护员工及客户利益、维护公司声誉的关键措施。在上市公司传承中，不乏实控人意外离世、被带走调查、突发疾病丧失行为能力等情形，上市公司对于企业的接班管理最好有一个紧急预案，既包括股份继承人的选定，又包括企业经营管理的过渡，以防突发情况对上市公司正常经营带来严重影响，同时还能避免家族成员的猜疑与纷争。

十八、为什么大家族在传承时往往安排家族治理？

王总的企业生产钢管，虽然没有上市，但是经营规模很大，企业名下资产也比较多。王总是公司的大股东及董事长，有一儿一女，目前儿子还在上大学，女儿已经结婚，且女儿和女婿都在公司上班，但王总希望未来将企业交给儿子打理，除了企业资产，其他资产可以多给女儿一点儿，也算是给女儿的补偿。不过这个想法王总之前并未和子女沟通过，因此在后期财富传承时女儿和女婿对此方案完全不接受，而且女儿和女婿在公司担任的还是核心部门的管理人员，为了表达对父亲安排的不满，女儿和女婿用公司正在签约的核心项目来要挟父亲将部分公司股权传给他们。最后为了安抚女儿和女婿，王总不得不提前将名下部分股权转给了女儿，但此举实属无奈，不仅没有规划好未来家族的传承，还使整个家族陷入纷争。

通过上述案例我们可以看到，传统的财富传承方式只能实现财富形式从上一代转移到下一代，但同时很容易造成家庭内部矛盾，从而偏离了一代希望家族长富久安的初衷。在家族整体传承方案中植入家族治理的机制，不仅关乎家族内部的和谐稳定，更是确保家族财富能够顺利跨世代传递的基石（见图7.10）。

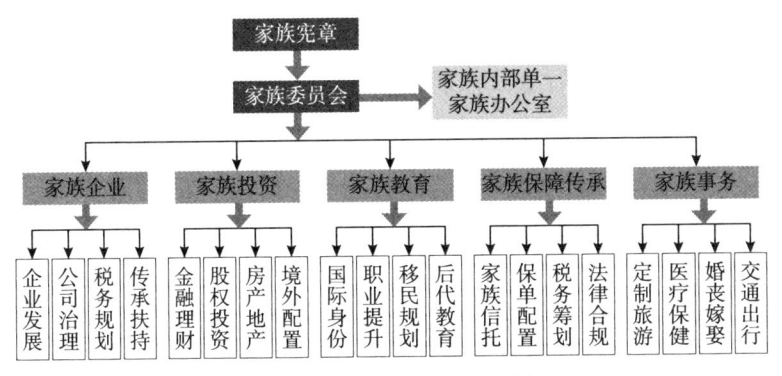

```
                    家族宪章
                       ↓
                    家族委员会 → 家族内部单一
                       ↓         家族办公室
    ┌──────┬──────┬──────┬──────┐
  家族企业 家族投资 家族教育 家族保障传承 家族事务
    ↓      ↓       ↓        ↓          ↓
 ┌─┬─┬─┐ ┌─┬─┬─┐ ┌─┬─┬─┐ ┌─┬─┬─┐  ┌─┬─┬─┐
 企 公 税 传 金 股 房 境 国 职 移 后 家 保 税 法 定 医 婚 交
 业 司 务 承 融 权 地 外 际 业 民 代 族 单 务 律 制 疗 丧 通
 发 治 规 扶 理 投 产 配 身 提 规 教 信 配 筹 合 旅 保 嫁 出
 展 理 划 持 财 资       置 份 升 划 育 托 置 划 规 游 健 娶 行
```

7.10　常见的家族治理架构示例

家族治理具体可以起到的功效包括以下三点。

化解内部矛盾，维护家族和谐

大家族成员众多，关系复杂，容易因利益分配、权力斗争等问题产生矛盾。家族治理通过设立明确的沟通渠道和协作机制，促进家族成员之间的有效沟通和合作，有助于化解内部矛盾，维护家族和谐。例如，洛克菲勒家族通过建立清晰的家族宪章和继任计划，确保了财富的稳定传承。其家族宪章规定了家族企业传承、家族财富投资和家族后代教育及职业发展等方面的要求和标准，促进了家族的凝聚力和财富的持续增长。同时，洛克菲勒家族还成立了家族办公室，为家族成员提供投资、法律、会计等专业服务，确保家族财富的稳定增长和有效管理。

确保财富稳定传承，实现家族繁荣

家族治理通过制定明确的继任计划和治理规则，确保家族财富在传承过程中能够保持稳定。这有助于避免家族成员之间的权力斗争和冲突，确保家族企业的稳定发展。同时，家族治理还能够促进家族成员之间的协作和共同努力，为家族繁荣创造有利条件。例如，沃尔玛家族通过设立家族办公室和制定严格的治理规则，保障了家族财富的多代传承。家族办公室管理着家族的投资，并为家族成员提供教育、医疗和慈善方面的支持。治理规则明确了家族成员在决策和管理中的权利和义务，确保了家族财富的稳定性和延续性。这些措施使沃尔玛家族在财富传承方面取得了显著的成功。

传承家族文化，弘扬家族精神

家族治理不仅关注物质财富的传递，更重视家族文化、价值观和精神传统的延续。通过家族治理，大家族能够传承其独特的家族文化，弘扬家族精神，为家族成员提供共同的价值认同和使命感。这有助于增强家族凝聚力，促进家族成员之间的团结和协作。例如，"晋商八大家"之一的乔家作为晋商的典型代表，其家族财富传承不仅注重商业经营，还注重家族文化和家族精神的传承，使得家族财富历经几百年依然保持着旺盛的生命力。

十九、家族宪章有何意义？包括哪些内容？

家族治理可以协助大家族实现家族繁荣，确保财富有序传承，但是家族治理是一个机制，整个机制的落实需要叠加各类工具，其中家族宪章是首选的工具之一。它不仅可以将创始人对整个家族的核心价值观和家族愿景落地，还可以规定家族成员的行为准则和家族事务的决策机制。它在家族财富传承、家族和谐稳定以及家族文化延续等方面发挥着不可替代的作用。

家族宪章的意义

第一，明确家族价值观和愿景。家族宪章首先提炼了家族的价值观，明确了家族的愿景和使命。这有助于家族成员形成共同的价值认同和使命感，增强家族的凝聚力。

第二，规范家族成员行为。家族宪章规定了家族成员的行为准则，包括在家族企业中的职责、在家族事务中的决策权等。这有助于减少家族内部的矛盾和冲突，维护家族的和谐稳定。

第三，指导家族财富传承。家族宪章明确了家族财富的传承方式和规则，包括家族企业股权的分配、家族信托的设立等。这确保了家族财富能够有序、稳定地传递给下一代。

第四，提供争端解决机制。家族宪章还包含了争端解决机制，为家族成员在发生争议时提供了明确的解决途径。这有助于避免家族内部的纷争升级，保护家族的声誉和利益。

家族宪章的内容

第一，家族历史和愿景。记录家族的历史渊源、发展历程和未来愿景，增强家族成员的身份感和归属感。

第二，家族核心价值观。明确家族的核心价值观，如诚信、勤奋、创新等，为家族成员提供行为指导。

第三，家族成员权利与义务。规定家族成员在家族企业、家族事务中的权利和义务，确保家族内部的公平和正义。

第四，家族企业治理机制。明确家族企业的治理结构、决策机制和管理规则，确保家族企业的稳定发展。

第五，家族财富传承机制。规定家族财富的传承方式、规则和程序，确保家族财富能够有序传递。

第六，家族成员婚姻生育机制。设立家族成员基本的婚姻家庭价值观和要求，对婚姻生育可以进行激励机制安排。

第七，家族成员教育成长安排。这部分主要是对家族成员的在校教育、社会教育、成年后继续教育进行鼓励和经费安排。

第八，家族成员接班规划。这部分主要是关于家族企业接班人的要求标准,以及未来如何选拔与考核,还包括非家族企业接班人的家族成员进入企业就职的选聘机制和晋升机制。

第九,家族事务决策机制。这部分主要是关于未来家族事务遇到哪些重大事项需要家族委员会来表决,表决机制如何,还有哪些事务是家族委员会主任可以单独决策的。

第十,争端解决机制。提供家族内部争端的解决途径和程序,维护家族的和谐稳定。

一个典型案例是李锦记。李锦记家族目前已经存续了130多年,这在华人家族中非常难得。1888年李锦记由第一代创始人李锦裳在广东创立,现在其酱料已卖到了全球100多个国家和地区,整个家族在100多年的发展中也遇到过重大矛盾。当时李家第三代掌门人李文达的同胞弟弟李文乐要求分家,整个家族对于如何分家产生了矛盾,并最终对簿公堂,官司持续了整整6年,这对整个企业产生了致命影响。李文达通过收购了其他家人手里的公司股份,最终掌握了整个企业的控制权,并且为了避免再次遇到同样的事情,在李文达的引导下,家族制定了《李锦记家族宪章》,明确了家族成员在家族企业中的职责和权利分配。同时,该宪章还规定了家族成员的培养和选拔机制,确保了家族企业能够持续拥有优秀的管理人才。此外,该宪章还包含了争端解决机制,为家族成员在发生争议时提供了明确的解决途径。之后,李锦记再也没有因为家族内的问题而影响企业发展,至今已传承4代。

综上所述,家族宪章在家族治理中发挥着不可替代的作用。它不仅明确了家族的核心价值观和愿景,还规范了家族成员的行为和制定家族事务的决策机制。通过家族宪章的制定和实施,家族能够维护内部的和谐稳定,确保家族财富的有序传递,并传承家族的优秀文化和精神。因此,对于每一个希望实现长治久安的家族来说,制定一部完善的家族宪章是必不可少的。

二十、如何将家风家规的传承通过制度化的设计转虚为实？

在家族传承的长河中，家风家规犹如璀璨星辰，照亮家族前行的道路。家风，是一个家族的精神内核；家规，则是对家族成员行为的规范准则。但是我们在实践中发现许多企业主有一个误区——制定了家族宪章就能实现家风家规的传承。如果只是制定了家族宪章，其实并不管用，因为家族宪章本身没有法律约束力，要想让家族宪章里的核心价值观和家族管理制度真正发生作用，还需要在家族宪章的基础上配备一系列的举措和法律文件。为了帮助大家走出这个误区，我们结合多年经验总结出家族治理"八件套"，以供大家参考。

制定家族宪章：筑牢家族制度基石

家族宪章是家族的"宪法"，是整个家族财富管理和价值传承的基石。它提纲挈领地明确了家族核心价值观，这些价值观将成为家族成员行为的基本准则。同时，家族宪章详细规定了家族财富分配的原则，确保公平与合理，避免因财富纷争而破坏家族和谐。在家族事务执行方面，家族宪章制定了清晰的流程和规范，为家族决策提供明确指引。要提醒大家的是，家族宪章并非律师与一代创始人讨论就能决定的，而是需要反复征求家族二代重要成员的想法，结合他们的建议，再综合创作完成。并且，即使有了初稿，也需要举办家族成员大会反复讨论修改，才能形成终稿。否则，家族宪章是制定出来了，但二代口服心不服，根本不遵守，那就形同虚设了。

成立家族委员会：构建民主决策机制

家族委员会是家族事务的决策核心，其成员可以灵活根据家族成员的数量和地位来决定。由于过去国内执行计划生育政策，导致家族成员不多，故而不能像国外一样，先成立家族大会，再投票选出家族委员会。家族委员会负责对家族中的重大事情进行表决，一般情况下律师会为客户起草家族委员会管理运行的一整套制度，这套制度为家族宪章的落地实施提供保障，使家族决策更加民主，避免个人独断专行。它没有标准模板，需要根据每个家族及企业的具体情况来量身定制。

设立家族信托：财富传承与家风守护

家族信托是实现家族财富有序传承的重要工具。通过精心设计信托合同条款，可使其与家族宪章紧密配套。家族信托可以根据家族宪章对哪些事情有激励，对哪些事情有制约，来对财富的分配和使用进行严格规定，确保财富用于支持家族成员的教育、创业以及家族公益事业，从而在传承财富的同时，也传承了家族的价值观和责任感。

调整公司股权结构与修订公司章程

对家族企业而言，调整公司股权结构并修订公司章程是将家族宪章融入企业治理的关键步骤。通过合理的股权设计，确保家族对企业的控制权，同时激励家族成员积极参与企业发展。另外，由于家族宪章里对企业股权的传承、企业利润的分配均有相关标准和期待，所以律师往往会根据家族宪章来修改公司章程，让章程条款与家族宪章相配套，这样家族宪章里的条款如果有人违反，那么公司章程是有法律约束力的，以起到制约家族后代的作用。

起草配套法律协议：细化家族关系与权益

一系列配套法律协议是家族宪章的有力补充。例如父母对子女附条件赠与协议，可以激励子女遵循家族价值观，努力学习和成长；资产代持协议则在保障家族成员权益的同时，确保家族资产的稳定；家族成员财产契约明确了成员之间的财产关系，避免财产纠纷。根据各个家族不同的情况及目的，专业律师结合家族宪章宗旨来起草相关协议，可从不同角度规范家族成员的行为和保障其权益。

起草预防性遗嘱：保障家族传承连续性

一代及二代夫妻预防性遗嘱是家族传承的重要保障。遗嘱内容与家族宪章相配套，明确家族资产的分配和传承方式，确保家族财富按照家族宪章的规划进行传承，避免因意外事件导致家族传承出现混乱。

修订保险受益人条款：强化家族保障体系

修订保险受益人条款，使其与家族宪章相配套，能够进一步强化家族的保障体系。通过合理指定保险受益人，确保在家族成员面临意外或重大疾病时，保险金能够按照家族的意愿进行分配，为家族成员提供经济支持，维护家族的稳定。

举办家族宪章签约仪式与专员培训

举办家族宪章签约仪式，是家族成员对家族价值观和规则的庄重承诺，可增强家族成员的归属感和责任感。同时，还要对家族专员进行培训，让所有人了解所有法律工具及金融工具安排的目的，确保家族制度的有效运行。

二十一、超高净值客户的单一家族办公室是什么，能够发挥哪些重要作用？

在财富管理领域，单一家族办公室（Single Family Office，SFO）

是为超高净值家庭量身定制的财富管理与家族服务机构。它不仅代表家族财富管理的最高形态，更是实现家族财富长期稳健发展、跨代传承的重要工具。国外的单一家族办公室模式引入中国后，慢慢形成了适应我们本土客户需求的单一家族办公室。

单一家族办公室一般是由家族发起设立，专门服务于本家族的财富管理、家族投资、财富传承、家族分配及规划支持其他家族事务（例如国际身份、家族慈善、家族成员培养教育等）的机构。它通常由家族成员完全持有或控制，不具有商业性质，旨在通过专业的团队和全方位的服务，确保家族成员成长及财富管理长期符合家族的预期。

对于超高净值客户来说，成立单一家族办公室具有以下三大核心作用。

第一，全面财富管理。单一家族办公室能够从整体上把控家族财富，进行集中管理。它将家族的所有金融资产汇集到独属于家族的财务报表中，通过在全球市场遴选产品、链接合作资源、配置金融专业人士等方式实现家族资产优化配置。此外，它还负责处理任何涉及金融资本的风险管理、信贷管理、税务规划等事务。

第二，家族事务管理。除了金融资本管理，单一家族办公室还负责规划各类家族事务，例如移民身份规划、国际教育、法律税务规划、家族慈善、子女婚育安排等。同时，它还负责对不同年龄段的家族成员进行针对性教育，全面提升后代的各方面能力和素质，确保家族绵延。

第三，跨代传承规划。单一家族办公室的核心作用之一是帮助家族实现财富的跨代传承。它通过设计个性化的传承方案，利用法律契约、基金会、人寿保险、信托服务等工具，联合专业法税咨询团队，为家族成员规划财富传承路径，确保家族财富与精神文化能够绵延传承。

在全球知名企业中，戴尔集团（DELL）是运营单一家族办公室实现财富传承和家族管理的典范。戴尔是 IT 行业的传奇，它开创了集网络化销售、制造电脑于一体的创新型商业模式。戴尔上市后，其创始人迈克尔·戴尔通过高盛的私人财富管理部门来管理他的财富。随着资产规模的逐渐增大，戴尔邀请高盛两位高管出来创业，并为其筹建家族办公室。

目前戴尔家族办公室聘请了 100 多名全职员工，管理的资产总值超过 130 亿美元。在过去的 15 年间，戴尔家族办公室的投资充分分散在能源、餐饮、通信、金融、建筑与地产等领域，平均每笔投资金额为 1 亿 ~2.5 亿美元。这种多元化的投资策略不仅使得戴尔家族的财富获得增值，还减少了戴尔集团的业绩波动给戴尔整体家族财富造成的影响。例如，2002 年戴尔集团年净利润增长率为 -42.8%，而戴尔家族办公室的年增长率为 14.3%，这主要得益于金融投资所赚取的利润抵销了家族企业的亏损。从 10 年以上的业绩回溯数据来看，家族企业与金融投资的关联度很低，很多时间段内为负相关。

二十二、如何为家族搭建单一家族办公室？主要有哪些模式？

70 岁的陈总，是一个家族企业的创始人，他历经 30 余载带领家族兄弟姐妹创立了一家制造类企业。陈总有一儿一女，女儿担任财务总监，儿子担任 CEO，兄弟姐妹及其他一些二代成员也在企业担任要职。陈总在企业管理方面颇有心得，但对投资了解不足，儿子小陈总虽有兴趣但投资领域过于宽泛，导致投资结果参差不齐。随着年岁增长，陈总感觉身体大不如前，希望退出公司董事长职位，让儿子接班。同时，他也想在退休后腾出时间，安排好家族的投资及传承事宜。目前，所有从上市公司分红和减持的金融资产已经积累超过6亿元,父子手里均有一些投资项目,但这些资金是家族全体成员的财富,陈总担心自己缺乏专业能力来打理这笔庞大的资产,从而不能保障整个家族未来财富无忧。

针对以上案例,陈总可以搭建单一家族办公室,聘请专业人士进行投资的整体规划。而搭建家族办公室,首先要想清楚基本架构,就像盖房子时先想地基怎么搭建。我们根据以往服务超高净值客户的经验,总结出搭建单一家族办公室主要有以下8种模式。

1. 申请私募基金牌照,以私募基金公司的方式作为家办主要载体。
2. 在实业经营性集团内部规划某家公司,作为投资主体的家办。
3. 将集团经营性公司上层股东转换成家族财富投资管理公司,成为家办主体。
4. 设立股权信托投资架构,以特殊目的公司作为家办主要载体。
5. 成立专门的投资公司,再用多层法人股权结构来设立家办。
6. 成立合伙企业,通过普通合伙人和有限合伙人的设计,以合伙企业作为家办主体。
7. 成立我国香港特区或新加坡政府推出的家办,获得投资优惠。
8. 成立离岸股权信托,作为家办投资主体。

当然,还有许多其他的形式,这里就不一一罗列了,律师会根据每个家族及企业的具体情况和需求,专门为超高净值客户来设计家办的法律架构。

另外建议在家族办公室内部建立投资决策委员会和风控委员会,这是两大核心部门。投资决策委员会成员为公司聘任的专业投资人士,他们负责所有资金的投资标的寻找、投资方向指定、投资收益管控，当然，有能力的家族成员可以参与和担任投资委员会成员。而风控委员会中也都是专业人士，主要是对未来家办的全球投资进行风险把控。

同时，成立以股权家族信托为核心的架构，有利于实现财富分配的清晰和可持续。因为这样相当于把财富的投资权交给了专业人士和核心家族成员，把投资财富的所有权交给信托，把投资财富的分配利益给了整个家族，所有家族成员均为家族信托的受益人。在前文的案例中，陈总可在信托文件中明确信托受益人的受益条件、受益金额，这样可以确保家族成员都能享受家办的利益，做到家族内部的利益共享，相对公平公正。这样的安排将大大利于家族成员之间的团结、信任。同时，在信托受益文件中对家族成员的受益条件进行个性化的优化，约束家族成员的行为和思想，建立更为积极、正能量的家族文化传承机制。

必要时可以将家族办公室与家族宪章、家族治理做配套安排。家族办公室解决的是物质财富的保值和传承，而家族宪章和家族治理解决的是核心价值观、家风家规及企业家精神等无形财富的传承，两者匹配相得益彰。

搭建单一家族办公室是一个复杂但极具价值的工程。通过明确家族需求与目标、制订商业计划、组建专业团队、选择运营模式、建立治理体系和定期评估与调整等步骤，可以搭建一个符合家族特点和需求的单一家族办公室。同时，根据家族的特点和需求选择合适的运营模式也是至关重要的。无论是家族控股/家族管理模式，还是家族控股/聘请职业经理人进行专业化管理模式，都有其独特的优势和适用场景。家族需要根据自身情况做出最佳选择，以实现家族财富的保值增值和家族文化的传承。

第三篇

婚姻财富风险案例及保护举措

第八章　婚前财产隔离与筹备

一、婚前已经购买的房产，婚后如果遇到配偶负债，还能保住吗？

李女士在结婚前依靠自己多年的积蓄购买了一套房产，并登记在自己名下。婚后，李女士的丈夫因投资失败，欠下了巨额债务。债主们在追讨债务无果后，将目光投向了李女士的婚前房产，他们认为这是夫妻共同债务，要求法院执行该房产来偿还债务。李女士陷入了极度的恐慌和困惑中，她原本以为自己的婚前房产是安全的，没想到却面临这样的危机。

《最高人民法院关于适用〈中华人民共和国民法典〉婚姻家庭编的解释（一）》第三十一条规定："民法典第一千零六十三条规定为夫妻一方的个人财产，不因婚姻关系的延续而转化为夫妻共同财产。但当事人另有约定的除外。"所以，这套房子如果他们夫妻没有做特殊约定，还是李女士的个人财产。

那该房产是否需要去还李女士丈夫的债务，还需要判断这笔巨额债务究竟是夫妻共同债务还是李女士丈夫的个人债务。如果是个人债务，例如他婚前所欠的债务，或者在婚后因为个人的侵权行为（如个人交通肇事需要赔偿等）、个人经营活动（但经营收益未用于家庭共同生活）等产生的债务，债权人通常不能要求用李女士的婚前房产来偿还。因为这些债务没有用于夫妻共同生活，属于个人债务范畴，只能用李女士丈夫的个人财产来偿还。但如果是共同债务，那么李女士就有共同还债的法律责任，此时李女士婚前的房产也可能面临被用于偿债的风险。因为对于共同债务，不仅夫妻双方的财产需要被用来还债，夫妻各方的个人财产也可能会被法院执行。

具体来看，什么情况下会被认定为夫妻共同债务呢？《民法典》第一千零六十四条规定："夫妻双方共同签名或者夫妻一方事后追认等共同意思表示所负的债务，以及夫妻一方在婚姻关系存续期间以个人名义为家庭日常生活需要所负的债务，属于夫妻共同债务。夫妻一方在婚姻关系存续期间以个人名义超出家庭日常生活需要所负的债务，不属于夫妻共同债务；但是，债权人能够证明该债务用于夫妻共同生活、共同生产经营或者基于夫妻双方共同意思表示的除外。"这是判断配偶债务是否为夫妻共同债务的重要依据。

由此，我们总结了以下四条建议供大家参考。

夫妻双方签署财产协议

夫妻双方可以签订婚前财产协议或婚内财产协议，明确约定双方现在的财产和债务归属。需要强调的是，婚前财产协议虽不能对抗夫妻共同债务，但在面对配偶的个人债务时还是能起作用的。在面对债主讨债时，婚前财产协议是保护个人财产的有力证据。如果债主试图主张用夫妻双方的财产来偿还配偶的个人债务，另一方可以凭借婚前财产协议来证明某些财产属于婚前个人财产，不应被用于偿债。

保留证据

在婚姻生活中，要注意保留能够证明房产购买时间、资金来源等的相关证据。比如购房合同、付款凭证、银行流水等，这些证据可以清晰地显示房产是在婚前用个人财产购买的，在遇到债务纠纷时，能够有力地支持自己的主张。同时，如果配偶的债务明显与家庭日常生活无关，也要注意收集相关证据，证明自己并未参与该债务，也未从中受益，从而防止债务被认定为夫妻共同债务。

为自己及子女设立保险金信托

有一位妻子，其丈夫喜欢高风险投资，在近几年经济波动的情况下，竟然花 5000 多万元收购了一批破产停业的公司，且丝毫不听妻子的劝阻。如果是在这样的家庭，妻子为了保护自己和子女，可以单独设立一个保险金信托或家族信托。假设妻子预先设立了 600 万元的 2.0 版本的保险金信托，万一丈夫遇到债主起诉追债，并且将夫妻双方告上法庭，那这个提前设立的 600 万元保险金信托相对而言是安全的，能为整个家庭提供最后的保障。

尽量避免一方债务被认定为夫妻共同债务

- 避免使用自己的银行卡、微信或支付宝等资金账户与债权人产生交集。
- 避免在自己不清楚情况的"借条""欠条""借款协议""还款计划书""担保协议"等债务确认文件上签字。
- 在不参与经营的情况下，避免在另一方经营的企业中挂名担任法定代表人、股东、董事或监事等职位，且尽量避免在相关文件上签字。
- 避免配偶用企业借来的钱为家庭购买大宗财产。

- 如果配偶参与高风险投资或经营活动，用家里的房产作抵押去向银行贷款，此时另一方可以拒绝签字。

可见，婚前一方购买的房产在婚后配偶负债的情况下并非绝对安全，所以了解相关的风险、法条依据并采取有效的防范策略，对于保护自己的婚前财产至关重要。只有这样，才能在婚姻生活中更好地维护自己的财产权益，避免不必要的财产损失。

二、婚前由男方付首付，婚后夫妻共同还贷，如果夫妻离婚，房产该怎么分？

有一对小夫妻脾气都不小，还容易冲动，常因为一些鸡毛蒜皮的事争吵，最后上升到要离婚。离婚争议的焦点是北京的一套房子。女方说这个房子是两人的婚房，自己当时出钱出力置办房子，就应该平分；男方却说婚前婚后房子一切的开销都是自己出钱，女方没资格分割。经了解，这套争议房屋是在男方结婚前购买的，房子登记在男方一个人的名下，男方父母支付房屋的首付，结婚后房屋的贷款及一系列的开销都是男方支付的。女方当时只是添了一些家具且盯着房屋装修。

《最高人民法院关于适用〈中华人民共和国民法典〉婚姻家庭编的解释（一）》第七十八条规定："夫妻一方婚前签订不动产买卖合同，以个人财产支付首付款并在银行贷款，婚后用夫妻共同财产还贷，不动产登记于首付款支付方名下的，离婚时该不动产由双方协议处理。

依前款规定不能达成协议的，人民法院可以判决该不动产归登记一方，尚未归还的贷款为不动产登记一方的个人债务。双方婚后共同还贷支付的款项及其相对应财产增值部分，离婚时应根据民法典第一千零八十七条第一款规定的原则，由不动产登记一方对另一方进行补偿。"

所以在上述案例中，法官会根据房产购买时间、出资比例、登记在谁名下及房屋性质等综合判定房产的归属。针对本节案例，一般情况下房产会判给男方（房屋登记在他名下），再由男方给女方折价补偿，这个补偿主要针对婚后用夫妻共同财产还贷的本息部分。法官在判定补偿额时要衡量的因素有很多，比如房产的市场价值、双方的出资情况、离婚时房产的增值情况、婚后还贷资金来源等因素。

三、婚前由男方父母付首付，婚后按揭还贷由男方父母出钱，如果将来夫妻离婚，房产是男方个人财产吗？

刘总和太太 7 年的婚姻最终走到了尽头。双方决定离婚，但随后陷入了财产分割以及子女抚养权归属问题的纠葛之中，其中尤以一套价值 1800 万元的房屋分割最为棘手。刘总坚持认为该套房屋应归其一人所有，而刘太太则主张房屋属于夫妻共同财产，离婚时应当对半分割。双方各执一词，争执不下。经了解，这套引发争议的房屋是刘总在婚前购买的，产权仅登记在刘总一人名下，房屋首付是由刘总父母支付的，且婚后房屋的贷款以及一系列相关开销也均由刘总父母承担。

《最高人民法院关于〈适用中华人民共和国民法典〉婚姻家庭

编的解释（二）》第八条第一款规定："婚姻关系存续期间，夫妻购置房屋由一方父母全额出资，如果赠与合同明确约定只赠与自己子女一方的，按照约定处理；没有约定或者约定不明确的，离婚分割夫妻共同财产时，人民法院可以判决该房屋归出资人子女一方所有，并综合考虑共同生活及孕育共同子女情况、离婚过错、对家庭的贡献大小以及离婚时房屋市场价格等因素，确定是否由获得房屋一方对另一方予以补偿以及补偿的具体数额。"

依据此司法解释，刘家的这套争议房无论是首付款还是按揭还贷款均是刘总父母出资，实际上就是解释中所说的"一方父母全额出资"的情况。刘总父母出钱时并未与儿子签订书面的赠与协议，故法院原则上可以判定这套房归刘总所有，但还要考虑是否给女方一定的补偿金。法院考虑补偿金时参考的要素比较多，如刘总妻子在装修方面有没有出钱出力、在购买家具电器方面是否出钱，离婚时哪一方有过错，以及子女生活等要素。

鉴于此，我们建议：若父母打算在子女婚后继续为其偿还房贷，但不希望还贷部分变成夫妻共同财产，父母与子女需要签署一份房产赠与协议。在协议中，应详细约定诸如父母通过哪些方式为子女全部出资购房、每月几号向子女哪张银行卡打款、打款金额等内容，并明确表明房产与资金均是对子女个人的赠与，与子女配偶无关。

通过这样的方式，购房款的来源可全部明确为子女的个人财产。如此，即便日后婚姻出现变故，这套房屋也能得到妥善保全，避免因离婚而被子女配偶分割，从而最大程度地保障父母和子女的财产权益。在处理类似涉及婚姻财产纠纷的问题时，明确财产性质和赠与意图，并通过合法有效的协议加以保障，是至关重要的。这不仅能避免不必要的家庭纠纷，也能维护各方的合法权益，确保法律在婚姻财产关系中发挥公平、公正的作用。

四、婚前一方在银行有 500 万元存款，如果把这个存款单独放在一张银行卡上，是不是就能够保住婚前个人财产了？

将婚前个人存款单独存放，是一种保全婚前个人财产的基础方式，但是在现实中还是不能完全隔离风险，原因如下。

婚前存款也可能变成夫妻共同财产

虽然将婚前存款放在单独的银行卡，但如果在婚后用这张卡进行了与夫妻共同生活相关的收入支出结算，就可能导致财产混同。例如，用这张卡支付夫妻共同居住房屋的装修费用、购买家庭共用的汽车等，同时婚后又有自己的工资薪金收入转入该银行卡，也会使得婚前存款与婚后收入混在一起。

相关法律规定，个人财产进行投资理财，除孳息或自然增值外，其收益部分属于共同财产，因此，如果婚后用银行卡里的钱做投资，也会使个人存款与共同收入混同。

配偶如果负债并且是夫妻共同债务，婚前财产也有被动偿债的风险

例如，配偶为了夫妻共同经营的生意借款，生意失败后，债权人可能会申请法院冻结夫妻名下所有财产来偿还债务。

那回到本节问题，如何才能更好地保住这婚前的 500 万元存款呢？我们结合长期服务全国各地客户的经验，总结了四点建议。

第一，设立婚前存款单独账户，但是该账户只接受个人财产，不转入共同收入，开支也仅限于个人消费，比如购买个人衣物、支付个人医疗费用、仅供自己的休闲娱乐开销等。并且，这些消费的记录要清晰可查，每一笔支出都能明确是用于满足自身需求。账户里的资金不做任何投资理财，也不与自己的其他收取夫妻共同财产

的账户产生资金往来。

第二，尽量避免配偶的债务变成夫妻共同债务，导致自己的个人财产被拿去偿债。具体策略详见本章第一节。

第三，建议将500万元的存款转换成500万元保费的人寿保单。可以在婚前以自己为投保人，为自己配置一份保单，分期支付的保费均用自己婚前个人存款来交，则该保单属于婚前个人财产，且不容易混同。

第四，可以搭建一个2.0版本的保险金信托，信托受益人先写父母，等将来有了子女后可以再追加进去。这时，信托内的资产属于受托人，不会因委托人的婚姻问题或债务问题而被分割、被执行。

五、父母借用子女的身份证在证券公司开户炒股，如果赚了钱，与子女的配偶有关吗？

张先生使用儿子的身份证在证券公司开户并炒股，希望通过投资股票赚取收益，但担心如果将来赚了钱，这些收益会与他的儿媳妇有关。张先生想知道如何采取措施提前保护这些收益，以确保收益只属于自己和儿子。

此种情况属于让子女代为持有证券账户。我们需要清楚，以子女的名义开户炒股，在没有任何约定的情况下，张先生转到儿子证券账户里的钱有可能会被推定为对小两口的赠与。所以从法律层面看，如果被推定为对小两口的赠与，不仅证券账户里的本金属于夫妻共同财产，炒股赚的钱也属于夫妻共同财产。《民法典》第一千零六十二条明确规定,夫妻在婚姻关系存续期间所得的生产、经营、投资的收益,属于夫妻共同财产。

针对与张先生类似的情况,我们有以下建议。

第一,不要借用他人名义代开户。我国《证券法》第五十八条规定:"任何单位和个人不得违反规定,出借自己的证券账户或者借用他人的证券账户从事证券交易。"所以,张先生如果真的想操作股票交易,应该使用自己的账户,否则若真的与儿子或儿媳妇发生矛盾,法律也不见得能够支持张先生的主张。

第二,父母和子女签署赠与协议。张先生如果一定要用儿子的名义开立证券账户,可以与儿子签订一份清晰明确、具有法律效力的赠与协议。根据《民法典》第一千零六十三条,通过赠与合同明确打入儿子的证券账户里的本金属于赠与儿子的个人财产,而非夫妻共同财产。但这样做也只能防守一部分,因为本金虽然可以通过赠与合同明确是送给儿子个人的,但本金进行多轮股票交易后产生的收益又变成了夫妻共同财产。这个法律依据在《民法典》第一千零六十二条中已经提及,个人财产在婚内投资经营收益被法律认定为夫妻共同财产。

六、企业主在婚前就已经持有的公司股权在婚后属于夫妻共同财产吗?

李先生是一位成功的企业主,在结婚前就已经拥有了两家颇具规模的公司的股权。婚后,由于夫妻感情出现问题,双方开始协商离婚事宜。此时,李先生认为他婚前持有的公司股权与妻子无关,不应作为夫妻共同财产进行分割。然而,他的妻子却持有不同的观点,认为这些股权在婚后产生的收益应该属于夫妻共同财产。双方各执一词,陷入了僵局。

李先生面临的婚姻股权争议如下：

第一，婚后公司的股东分红及股权增值部分属于夫妻共同财产。虽然婚前持有的股权本身属于个人财产，但在婚姻期间，如果李先生对公司进行打理及经营，使公司每年继续产生收益及分红，公司的股权价值不断提升，这符合《民法典》第一千零六十二条中提及的夫妻共同财产中的"生产、经营、投资的收益"。《最高人民法院关于适用〈中华人民共和国民法典〉婚姻家庭编的解释（一）》第二十六条规定："夫妻一方个人财产在婚后产生的收益，除孳息和自然增值外，应认定为夫妻共同财产。"这对此做出了明确的说明，换言之，李先生的妻子有权主张分割他婚前股权在婚后的增值部分及股东分红部分的财产。

第二，如果李先生婚后有以夫妻共同财产增资的行为，则增资部分的股权属于夫妻共同财产，离婚时女方有权利要求分割。原因是李先生用的是婚后夫妻共同财产来进行股东增资，这部分增资所对应的股权价值也属于夫妻共同财产。

有李先生类似情况的人，如果不希望遇到上述风险，就需要在结婚前或结婚后做好提前规划，具体措施建议如下。

双方签署婚前（婚内）财产协议约定

李先生可以与配偶签订婚前（婚内）财产协议，明确约定自己婚前持有的公司股权及其增值（包括各种可能的收益形式）、分红都属于李先生个人财产。在协议中详细阐述股权的归属、股权未来价值变化以及公司经营风险等条款，能够有效避免日后因财产归属问题产生的争议。当然，李先生最好适当给配偶一些补偿，例如在其他资产上给配偶多分一些。

婚前设立股权信托

通过信托来持有公司股权也是一种有效的防范方式。将公司股权放入家族信托中，信托的委托人可以指定信托财产（股权）的受益人和受益方式。通过这种方式，可以将股权的所有权和收益权进行分离，使股权在法律上不属于夫妻共同财产范畴，将来发生婚变时也不存在分割股权或分割股权增值的纠纷。并且李先生还可以将配偶设置为信托的受益人，同时设置领取分红的条件（具体见下一节）。

总之，作为企业主，婚前持有的公司股权在婚后并非绝对安全地属于个人财产，需要充分了解相关风险、法律规定，并寻找专业律师提前做好防范策略，以保障自己的财产权益在婚姻关系变化过程中不受影响。

七、婚前设立股权信托，能够防止日后婚变对企业经营造成影响吗？

在婚前设立股权信托，对于企业主婚后企业股权与婚姻风险隔离有巨大作用。

防范公司股权及其增资部分、分红变成夫妻共同财产

一旦设立婚前股权信托，企业主婚前股权的所有权就从法律层面发生了转移，不再属于个人财产，而股权产生的分红在没有支付给信托受益人的情况下，也属于信托内的资产，不属于委托人。这样，即使将来发生婚变，配偶也难以对信托中的股权及其增值部分、股东分红提出直接的分割要求。例如，某科技公司创始人赵先生在婚前拥有公司60%的股权，考虑到婚姻可能带来的不确定性，他在婚前设立了股权信托，将这60%的股权转移至信托公司名下，并指定自己和父母为信托受益人。后来赵先生婚姻破裂，其配偶在离婚诉讼中试图分割公司股权，但由于股权已处于信托架构之下，法院

最终认定该股权不属于夫妻共同财产，从而有效保护了企业的股权完整性，避免了因婚变可能导致的股权分散和对公司分红的争夺。

保障企业经营决策的稳定性

设立股权信托后，信托公司担任了信托受托人，并不参与企业的实际经营管理，而企业的管理经营权仍然在企业主自己手里，这是因为股权信托可以实现公司股权的所有权、控制权、分红权三权分立（见图8.1）。企业主虽然不再享有股权，但是通过担任下层SPV（特殊目的公司）合伙企业的普通合伙人（GP），可以继续控制公司的实际经营。而信托公司作为合伙企业的有限合伙人（LP），通过合伙协议让其只享受分红权，不具有公司管理权，管理权归普通合伙人，也就是委托人。

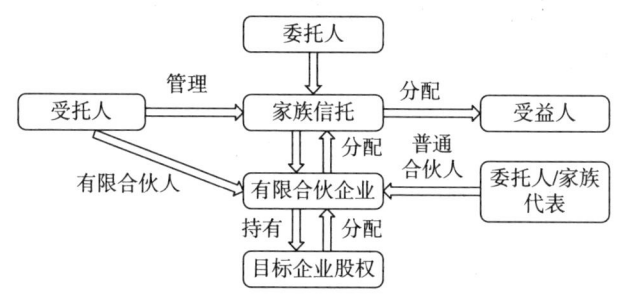

图 8.1 民营企业股权信托示意

保护企业商业信誉与形象

企业主婚变引发的股权纠纷往往会引起媒体和公众的广泛关注，甚至因为企业控制权的纠纷引起内部斗争，导致公司人才流失，并可能对企业商业信誉和形象造成负面影响，进而影响客户的信心和合作伙伴关系。而设立股权信托后，因为股权不再属于个人财产或夫妻共同财产，无须分割，就不会引起此类纠纷。比如，某连锁餐饮企业老板王先生在婚前设立股权信托，成功将个人婚姻状况与企业经营隔离开来。当他遭遇婚变时，企业运营未受明显影响，合作伙伴和消费者对企业的信心得以保持，使企业顺利度过了潜在的声誉危机。

八、父母用子女名义购买商铺和写字楼，且出租时用子女的银行卡收租金，这些租金算不算子女与配偶的共同财产？

张女士坐拥多套商铺和写字楼，还借用了儿子的购房名额来投资房产。同时，其部分房产的出租协议也是用儿子的名义签的，收的租金通过银行转账的方式，汇入其尚未成婚的儿子的个人银行账户，每年的租金收入高达 500 万元。随着儿子参加工作，婚姻事宜也被提上日程。此时，张女士心中不禁泛起一丝隐忧，考虑到当下年轻人婚姻观念的变化以及离婚率的提高，她深知婚姻关系存在诸多不确定性。张女士迫切地希望了解，这些一直存入儿子账户的租金收入，是否会在儿子未来的婚姻生活出现变故时受到牵连。

倘若张女士跟儿子之间提前没有任何约定，也未签署相关的协议，那么这些租金收入将受到儿子未来婚姻状况的极大影响。《最高人民法院关于适用〈中华人民共和国民法典〉婚姻家庭编的解释（一）》第二十六条规定："夫妻一方个人财产在婚后产生的收益，除孳息和自然增值外，应认定为夫妻共同财产。"商铺和写字楼的租金不属于孳息和自然增值，因此属于夫妻共同财产。这意味着，如果子女结婚后，租金持续进入子女的账户，在没有其他证据表明资金归属的情况下，这些婚后进账的资金将被默认为夫妻共同财产。一旦子女与其配偶发生严重争执,走到离婚这一步,这部分租金收入就会被纳入离婚财产分割的范畴,面临被处置和划分的风险。

针对张女士家庭的情况,可做如下财产规划。

第一,父母和子女签署代持协议。张女士夫妇和儿子之间可以签署代持协议,在代持协议中明确约定以儿子名义购买的房产及收取的租金只是由儿子代为持有,实际所有人是父母,房产的管理、租赁及收取租金的权利都由父母享有,和儿子或未来的儿媳妇无关。①

第二,签订婚前财产协议。在儿子结婚前,可让儿子和儿媳签订婚前财产协议,明确约定儿子名下婚前房产在婚后出租收入均属于男方个人财产。例如,协议中可以写明:"双方确认,男方婚前以其个人名义购买的位于××处的商铺和写字楼在婚后所产生的租金收益及出售收入,均为男方的个人财产,不属于夫妻共同财产。"协议签字即生效。

3.子女收取租金的银行卡和婚后其他收入相隔离。为了防止收取租金的银行卡发生资金混同,变成夫妻共同财产,建议设立单独账户管理,和儿子婚后其他的收入及支出相隔离。

九、父母在子女结婚前给子女购买的保单,在子女离婚时,会被分割吗?

对于这一问题,需要依据不同的情况展开深入分析。

父母是投保人,子女是被保险人

如果由父亲或者母亲作为保单的投保人,子女作为被保险人,

---

① 注意:签订代持协议并非绝对可靠的方法,因为不同城市的房产代持还要满足当地政策规定。

而身故受益人指定为父母或者第三代时，那么这种保单架构就有明确的资产配置目标。在此种情形下，保单本身以及保单所具有的现金价值，从法律意义上讲，属于父母的财产范畴。即便子女在未来的人生旅程中遭遇婚变，保单的现金价值也不会被纳入夫妻共同财产从而被分割。这是因为从保险合同的法律关系来看，投保人对保单拥有控制权和所有权及相关权益，而这种权益的归属明确指向父母，与子女的婚姻状况并无关联。

父母出钱，但以子女名义投保，子女是保单的投保人和被保险人

第一，子女婚前已支付完全部保费。如果保费已经在子女结婚之前全部支付完毕，婚后保单的现金价值持续慢慢增长，那整个保险合同权益的取得是在婚前，即使婚后有保单价值的增长也属于自然增值，并不需要子女主动管理。所以，在未来如果发生婚变，保单现金价值不会被当作夫妻共同财产进行分割，能够有效地保障子女在婚姻财产方面的个人权益。

第二，子女婚前未支付完全部保费。若婚前保费是分期支付的，且结婚时保费还未支付完成，则需要具体看婚后支付保费的资金来源。如果婚后支付的保费是用夫妻共同财产，比如用婚后取得的工资支付，那么这部分婚后续交的保费所对应的权益应当被认定为夫妻共同财产，面临离婚分割；如果婚后保费是用子女的个人财产支付的，比如子女婚前单独账户存的一笔款，并专门用于保费支付，则保单还是属于子女的个人财产，无须面临离婚分割。

父母是投保人和被保险人，子女是身故受益人

此时的保单属于投保人父母的资产，不属于子女的夫妻共同财产。同时，《最高人民法院第八次全国法院民事商事审判工作会议（民事部分）纪要》第五条规定："婚姻关系存续期间，夫妻一方作为被保险人依据意外伤害保险合同、健康保险合同获得的具有人身

性质的保险金,或者夫妻一方作为受益人依据以死亡为给付条件的人寿保险合同获得的保险金,宜认定为个人财产,但双方另有约定的除外。"因此子女领取的身故理赔金也是个人财产。

总结来看,如果父母想知道给子女配置的保单是否属于其个人财产,需要具体看保单架构是如何设计的,不同架构所产生的法律效果各不相同。同时要分清保费来源,事先规划好分期支付保费的方式。

十、企业主在婚前应该安排哪些婚前财富风险隔离举措?

陈先生是一位年轻有为的企业家,他在 32 岁时就已经拥有一家颇具规模的公司,股权占比 80%。公司经过数年发展,在行业内具有较高的知名度,陈先生也积累了相当可观的财富,包括公司股权、房产、豪车、大量现金以及各类投资。随着陈先生的感情生活逐渐稳定,其婚期也提上了日程,为了保护自己辛苦打拼而来的财产,同时为了避免未来可能因婚姻问题影响公司经营,他决定在婚前进行全面的财产规划。

第一,如果企业有上市的规划,那么针对婚前公司股权最好签署婚前财产协议。这是因为企业主婚前公司股权在婚后的股东分红、股权增值有可能转化为夫妻共同财产,如果发生婚变,则配偶有可能主张企业主一方的股权权益。如果企业未来有上市计划,则有可能因为创始人个人婚变影响整个企业的顺利上市,所以建议此类企业主考虑签订婚前财产协议。

第二,如果不准备让公司上市,可以将股权放入家族信托中,搭建股权信托。为了防止公司股权的增资部分、分红变成夫妻共同财产，可以考虑将股权放入家族信托。因股权信托比较复杂，根据不同客户情况设计的方式也不同，此处不再赘述，如需搭建股权信托，建议寻找专业律师协助规划设计。

第三，为自己配置人寿保单。如果既希望婚前的存款在婚后不会混同变成夫妻共同财产，又希望可以继续享受投资理财带来的收益，陈先生可以为自己配置人寿保单。人寿保单在婚前配置好后，就成为独立的财产，不会出现婚前存款与婚后收入混同的情形。

第四，如果希望同时隔离企业经营债务风险，则可以考虑婚前配置保险金信托或家族信托。因为信托资产具有很强的隔离婚变风险和债务风险功能，是独立的财产，既不属于委托人也不属于受托人。陈先生如果还在做一些创投企业，且有融资的行为，那么可以通过保险金信托或家族信托，既将婚前财产锁定到信托中，又避免了未来创业失败被债务牵连的风险。

第五，尽量避免婚前购买、婚后还贷的情况。如果陈先生在婚前有车辆、房产等各类动产和不动产，建议都采取全款购买的方式，即使之前有贷款行为，也可以考虑在结婚前付清全部贷款，或者结婚前专门预留一笔个人资金，用于婚后还贷，且该资金需要单独账户管理，也不能做任何投资理财，只有为婚前资产还贷一个使用功能。

第六，婚前金融资产用单独账户管理。建议陈先生婚后重新开设一个新的银行账户，用于婚后的收支及资产打理。婚前的存款可单独存放在婚前的一个账户中，且为了防止该账户的资金在婚后发生混同，婚前账户存款要单独管理。

以上策略是一套组合牌的方式，但具体到每个家庭，可能采取的方式又有所不同。总的说来，既要有维系双方感情促进家庭和睦的机制，又要有清晰准确的法律工具，这种平衡还是很考验当事人的。

十一、为什么说设立家族信托是实现婚前财产保护的经典工具？

张先生是一位典型的成功企业家，他凭借自身卓越的能力和不懈的努力，打造出一家规模庞大的公司。单身时，他已经积累了颇为可观的财富，由于看到身边朋友因离婚产生财产分割方面的纠纷，所以在步入婚姻殿堂之前，他决定设立家族信托。

在财富管理与婚姻财产规划的领域中，家族信托作为一种高端且有效的工具，正逐渐受到越来越多高净值人士的青睐，尤其是在婚前财产保护方面，其优势尽显。

我们可以参考传媒大亨默多克的做法。据相关报道，默多克在第二次结婚时便设立了家族信托。当他与邓文迪步入第三次婚姻时，其大部分资产都已经置于家族信托之中。正因如此，当婚姻出现变数时，这些资产并未受到太大冲击。原因就在于，离婚程序通常只会涉及夫妻双方名下的财产分割，而家族信托中的财产由于其特殊的法律架构和独立性，不会受到离婚事件的影响。

因此，为了确保婚前财产的安全和独立性，将资产转入家族信托是一种极具前瞻性的做法。这样做的好处是，不仅婚前财产的本金能够得到有效隔离，就连这些财产在未来产生的收益也依然处于信托的保护之下，不会与夫妻共同财产产生纠葛。以下是许多高净值人士婚前设立信托的主要原因。

防止婚前个人财产在婚后投资经营收益变成夫妻共同财产

前文中我们曾经介绍过，根据相关法律及司法解释，即使张先生婚前已有存款 3000 万元，这些资金在婚后如有投资经营收益，也极有可能属于夫妻共同财产，因此如果长期投资下去，再加上投资有赔有赚，张先生这婚前的 3000 万元就很难分得清哪些是婚前的，哪些是婚后的。而通过设立家族信托，可以保障信托财产的独立性，无论这 3000 万元投资什么产品，其收益和增值部分依然归属于信托财产，与夫妻共同财产无关，从而有效避免了此类纠纷。

降低离婚风险的冲击

根据《信托法》，一旦张先生将婚前存款放进家族信托，那么将来信托资产均不属于张先生夫妻的共同财产，即使真发生婚变，对方也无法起诉主张要求分割信托财产。

不会影响即将结婚的小两口的感情

相较于婚前财产约定这种方式，家族信托具有独特的优势。婚前财产约定往往需要双方开诚布公，共同协商并签订协议，这个过程可能会引发双方针对财产问题的矛盾，甚至可能对感情造成伤害。然而，婚前设立家族信托则不同，委托人可以自行决定并完成设立过程，无须让另一半知晓。这样能够避免因财产问题给双方感情带来不必要的裂痕，让婚姻从一开始就建立在纯粹的感情基础之上，不被财产问题所困扰。

委托人可以更加灵活地安排自己的资产

委托人在设立家族信托后，可以根据自己的意愿和需求，灵活地设定信托财产的分配方式和条件。例如，可以通过信托分配照顾自己父母，又或者自己是再婚人士，可以通过信托分配给前婚子女利益，甚至还可以约定将配偶设定为婚前信托的受益人，以促进家庭和睦。这种灵活的分配方式既可以满足婚姻生活中的实际需要，又能在一定程度上保障婚前财产的安全。

第九章　婚内财产管理及保护

一、结婚后父母给子女买房如何做到房产只属于自己子女一方？

> 王先生和妻子育有一子，儿子读完大学后在杭州定居工作，因刚刚参加工作，积蓄不多，所以是租房结婚的。婚后，爱子心切的王先生和妻子攒钱为儿子购买了房产。然而，儿子结婚没两年就闹起了离婚。王先生和妻子深深地担忧：要是儿子离婚，这套房子会不会受到牵连？

针对购房的不同方式，需要采取不同的措施来避免父母为子女购买的房产受子女婚变的影响。

子女婚后，父母全资给子女买房

对经济条件较为宽裕的家庭而言，全款为子女购买房产是一个相对理想的选择。而要想实现房产为自己子女一方个人财产，需要同时做到以下三点：

1. 房产登记在自己子女一个人的名下，这是至关重要的环节。
2. 父母不仅要支付全部的购房款，还要支付与购置该房屋相关的其他税费等，不要让子女的配偶出资。
3. 父母在给子女买房之前先签署一份书面的赠与协议，在协议中明确约定房产（或指定购买房屋的购房款）属于对自己子女的单方赠与，与其配偶无关，不属于夫妻共同财产。该协议无须子女的配偶签字，协议签字即可生效。如果父母希望增强协议的效力，也可以考虑去公证处做公证。

子女婚后，父母出首付为子女买房

在现实生活中，并非所有的父母都有能力一次性拿出一大笔资金为孩子全款购房，但他们依然想尽自己最大的努力来帮助孩子实现拥有住房的梦想，于是会选择出首付为子女买房。此时要同时做到以下三点：

1. 房产只登记在子女一人名下。
2. 父母支付首付款，剩余的每月还款或其他房屋开销继续由父母支付，或者由子女的个人财产支付。因房产登记在子女名下，所以贷款也是由子女的名义来申请，未来需要从子女名下的银行卡还款，为此子女需要单独为还款开设一个银行账户，由父母每月将还款直接打入该账户中，并保留支付记录。
3. 父母和子女之前签署单方赠与协议，约定父母支付的首付款及每月贷款的所有出资是对子女个人的赠与，并约定该房屋属于子女的个人财产，与其配偶无关。

就王先生夫妇的情况而言，如果他们希望在儿子结婚后赠与的房产只属于儿子一人，应当谨慎地采取一系列措施。如果房产价值比较大，建议找专业人士进行赠与协议的起草，以防因协议起草不专业而无法起到保障功效。

> **延伸阅读**
>
> **《最高人民法院关于适用〈中华人民共和国民法典〉婚姻家庭编的解释（二）》**
>
> 第八条 婚姻关系存续期间，夫妻购置房屋由一方父母全额出资，如果赠与合同明确约定只赠与自己子女一方的，按照约定处理；没有约定或者约定不明确的，离婚分割夫妻共同财产时，人民法院可以判决该房屋归出资人子女一方所有，并综合考虑共同生活及孕育共同子女情况、离婚过错、对家庭的贡献大小以及离婚时房屋市场价格等因素，确定是否由获得房屋一方对另一方予以补偿以及补偿的具体数额。
>
> 婚姻关系存续期间，夫妻购置房屋由一方父母部分出资或者双方父母出资，如果赠与合同明确约定相应出资只赠与自己子女一方的，按照约定处理；没有约定或者约定不明确的，离婚分割夫妻共同财产时，人民法院可以根据当事人诉讼请求，以出资来源及比例为基础，综合考虑共同生活及孕育共同子女情况、离婚过错、对家庭的贡献大小以及离婚时房屋市场价格等因素，判决房屋归其中一方所有，并由获得房屋一方对另一方予以合理补偿。

二、婚后如何巧妙又合规地拥有自己的个人"小金库"？

李女士婚后一直希望能有一笔属于自己的个人财产，以备不时之需。她有自己的工作和收入，一来与丈夫投资理财的观念差异很大，总是为此争吵；二来这些年夫妻感情冷淡，她担心万一婚姻出现问题，自己在经济上会陷入被动。李女士不想让丈夫知道自己的这一想法，于是开始寻找一些巧妙且合法的方式来建立自己的"小金库"。

《民法典》第一千零六十二条规定："夫妻在婚姻关系存续期间所得的下列财产，为夫妻的共同财产，归夫妻共同所有：（一）工资、奖金、劳务报酬；（二）生产、经营、投资的收益；（三）知识产权的收益；（四）继承或者受赠的财产，但是本法第一千零六十三条第三项规定的除外；（五）其他应当归共同所有的财产。"这表明，一般情况下，婚后所得在没有特殊约定的情况下，大多为夫妻共同财产。所以如果希望在婚后有些收入是专属于自己的个人财产，可以考虑采用如下方法。

利用遗嘱或赠与合同让父母留给自己的财产"落袋为安"

子女在接受父母的金钱支持前，可以和父母签署一份单方赠与协议，并约定父母赠与的资产属于自己的个人财产，与配偶无关。对于父母未来百年后留给自己的遗产，可以让父母提前立好遗嘱，并在遗嘱中明确约定未来子女继承的遗产属于个人财产，与其配偶无关。有了遗嘱和赠与合同，父母的这些财产更名过户到自己名下后就仍然属于个人财产。

设立个人专用账户并保持资金独立

可以开设一个专门用于存放个人资金的银行账户。例如，李女士用自己婚前的积蓄开设了一个新账户，婚后该账户只收取专属于自己个人的存款，也包括父母赠与自己的金融资产，并且这个账户的资金只用于自己个人的特定支出，如参加个人兴趣培训等。在操作过程中，要注意资金的来源和去向都要有清晰的记录，避免与夫妻共同生活开销混同。

用个人财产购买人寿保单

为了防止自己的婚前个人财产在婚后混同导致"小金库"失效,也可以考虑通过购买人寿保单的方式来实现。例如自己当保单的投保人,所有保费均通过个人财产来支付,并保留相关流水、支付凭证等证据。

通过以上方法我们可以发现,婚后想要拥有个人"小金库"是可以通过合法合规的方式实现的。关键是要了解相关法律规定,在财产的获取、管理和使用过程中注意保持独立性和明确性,避免与夫妻共同财产混同,从而保障自己在婚姻中的经济权益。

三、夫妻一方有财产委托第三方代持,需要提前签好代持协议吗?

孙女士是一位成功的企业主,她曾经离过婚,直到 40 岁时才与何先生再婚。婚后有一次孙女士想投资商业房产,但夫妻俩没有购房名额了,何先生出主意说他妹妹还有购房名额,于是夫妻俩商量后,由孙女士出资 800 万元,用小姑子的名义购买了这套房产。5 年后,何先生出轨被孙女士发现,她决定与丈夫离婚。此时出现了一个难点,就是由小姑子代持的房产能否要回来。因为小姑子及其丈夫都明确表态这套房不属于孙女士夫妻共同财产,显然是打算要赖账了。

通过这个案例,我们发现如果将财产放在他人名下,一定要签署代持协议及一系列配套文件,不然风险很大。而因为代持所产生的风险不只上述案例中这一种，还会有以下几种。

1. 代持人的道德风险：如果将大量财富放在他人手中，容易遭他人觊觎，如果代持人没有把持住自己，私自挪用了放在其名下的存款，或变卖了房产，都会给资产实际所有人带来损失。
2. 代持人的债务风险：如果代持人经营生意，或与他人有债务往来，一旦代持人还不上债权人的债务，债权人就有权起诉到法院，并申请执行代持人名下的资产，其中帮他人代持的资产也会有被执行的可能。
3. 代持人的婚姻风险：如果代持人和配偶闹离婚，配偶有可能要求分割代持人名下的资产，除非代持人能拿出证据证明这不是夫妻共同财产。
4. 代持人的继承风险：一旦代持人突发意外去世，他名下的资产将变成遗产，代持人的法定继承人有可能根本不认可这是代持资产，反而要求由其法定继承人继承。
5. 代持行为不合规的风险：原则上法律允许代持行为的发生，但是如果资产实际所有人是为了绕过政策法律规定，那代持行为可能不合规，甚至不合法，即使签署了协议，也不一定会得到法院支持。例如上市公司的股权代持等。

考虑到在现实生活中，大家可能会基于各种各样的原因采取找他人代持的方式，故而有必要提前签订好代持协议，通过协议明确谁是出资人，谁是实际财产所有人，财产的使用权归谁，双方权利义务各有哪些，产生费用哪一方负担，什么情况下代持资产要返还归位等。对于有些代持行为，还可以进一步请代持人的直系亲属签一份书面的代持认可函，避免届时又要通过打官司来解决。

四、用婚前的小房子在婚后置换了一套大房子，是不是就变成夫妻共同财产了？

李先生在婚前拥有一套小房子，这本是他个人的财产，婚后由于家庭人口增加，居住空间显得拥挤，于是他将婚前的小房子卖掉，并使用卖房所得款项购买了一套新的大房子。然而，随着时间推移，夫妻二人的感情出现了裂痕，最终决定离婚。此时，关于这套新购买的大房子的分割问题，双方产生了严重分歧。李先生的妻子王女士认为，这套大房子应当被视为夫妻共同财产。她的理由是，卖房换房这一系列行为是在婚姻关系存续期间完成的，而且整个购房决策和过程都与婚姻生活紧密相关。但李先生认为，新房应属于他个人，毕竟最初的房产是他在婚前购买的，只是在婚后出于生活需要进行了更换。

小房换大房后，新的房产到底是夫妻共同财产还是个人财产，答案是不一定的，法院不仅要看新房子购房款的资金性质如何，还要看新房的产权登记情况，以下是不同情况的财产性质分析。

第一，如果婚后购买新房的资金完全来源于李先生婚前的小房子，且新房产登记在李先生一人名下，那么大房子可能仍被认定为李先生个人财产。因为这种情况下，只是个人财产形式的转换，从婚前的小房子变成了婚后的大房子。例如，李先生婚前购买的小房子价值100万元，婚后以150万元出售，用这150万元购买了一套新的大房子，且大房子登记在李先生名下，从资金流向和产权登记来看，大房子可以被视为个人财产的延续。

第二，购买新房的资金完全来源于李先生婚前的小房子，但新房产登记在王女士一人名下或夫妻双方名下，那么大房子很有可能被认定为夫妻共同财产。这相当于李先生自愿用个人财产购买新房产,但将房产产权登记在王女士或夫妻二人名下,这一行为表示他自愿将该新房变为夫妻共同财产。不过这类房产在分割时要考虑男方用婚前个人财产转化而来的出资行为,给予男方更多的照顾。

第三,购买新房的一部分资金来源于李先生婚前的小房子,另一部分来自夫妻共同财产,此时房产也登记在李先生名下,那大房子很可能被判定为夫妻共同财产。

在实际的离婚财产纠纷案件中,如果涉及此类小房换大房,法院会根据具体案件的情况,全面权衡夫妻双方的经济状况、财产的来源、用途等多种因素,审慎地判定财产的归属,以确保公平合理地处理夫妻之间的财产关系。而夫妻双方为了更好地保全自己的资产,也可以根据以上不同情况来衡量,知道什么情况下可能会变成共同财产,什么情况下属于个人财产,以便做出更好的房产购买或置换规划。

五、双方父母各出一部分钱帮助子女买房,这房子算夫妻共同财产吗?

小王和小李是一对正准备开启新生活的年轻夫妇,购房成为他们组建家庭的重要一步。面对高昂的房价,他们得到了双方父母的经济支持。其中,小王的父母出资 200 万元,小李的父母出资 100 万元,但因为小李具有当地的购房资格,所以房子登记在小李一人名下。现在两家父母比较困惑:这个房子到底属于小李的个人财产还是他们夫妻的共同财产?

回答这个问题的前提是先弄清楚小王和小李的父母,在给小两口购房款时对于出资的性质是否达成了约定。

第一，小王和小李的父母在给小两口钱的时候达成了约定，给子女的购房款是赠与。这就需要看是对小两口的共同赠与，还是对自己孩子的单独赠与，如果是共同赠与，则属于夫妻共同财产，小两口共同共有房产。如果是对自己孩子的单独赠与，则房产也是夫妻共同财产，但是小两口按份共有。在这里要单独提一下，建议各位父母和子女签署赠与协议，尤其是赠与子女一人的，可以通过协议明确约定赠与资产属性。

第二，小王和小李的父母在给小两口钱的时候达成了约定，约定给子女的购房款是借款。这时候房子属于小两口的夫妻共同财产，但是对各自父母的借款属于夫妻共同债务，小两口需要偿还。如果是借款，父母在给子女钱之前一定要签订书面借款协议，明确出借款项的用途。

第三，小王和小李的父母在给小两口钱的时候没有任何约定。《最高人民法院关于适用〈中华人民共和国民法典〉婚姻家庭编的解释（二）》第八条第二款规定："婚姻关系存续期间，夫妻购置房屋由一方父母部分出资或者双方父母出资，如果赠与合同明确约定相应出资只赠与自己子女一方的，按照约定处理；没有约定或者约定不明确的，离婚分割夫妻共同财产时，人民法院可以根据当事人诉讼请求，以出资来源及比例为基础，综合考虑共同生活及孕育共同子女情况、离婚过错、对家庭的贡献大小以及离婚时房屋市场价格等因素，判决房屋归其中一方所有，并由获得房屋一方对另一方予以合理补偿。"回到前面的例子，比如，小王的父母出资66.7%，小李的父母33.3%，如双方没有明确约定房产归属，具体分割时，一般可能判决房屋归66.7%出资比例的小王，同时需要给小李一定补偿，但是并非一定补偿小李33.3%，需要在考虑两人共同生活及孕育共同子女情况、离婚过错等事实的基础上，按照照顾子女、女方和无过错方权益的原则判决，对小李的补偿比例可能高于也可能低于33.3%。

综上所述，当双方父母都出一部分钱帮助小两口买房时，看似简单的购房行为背后隐藏着复杂的法律和经济关系。为了确保整个操作过程的稳妥可靠，建议事先签订书面协议，并积极寻求法律帮助，以有效保护各方在购房过程中的合法权益，为家庭的和谐稳定奠定坚实的基础。

六、父母借子女名义买房产，如何确保所购房产属于父母？

王先生的家庭是再婚家庭，在第一段婚姻中有个儿子小王，后来他带着小王再婚，但婚后未再生育。小王成年后，王先生为了少纳税，用夫妻俩攒的钱，借用儿子小王的名义购置了一套房产，并将其登记在小王名下。房产一直用于出租，但租金王先生没有要，而是直接让租户转给了儿子，用以补贴其婚后生活开销。不料，王先生因意外突然离世，小王的继母要求把小王名下的房产变更到自己名下，同时不打算出租了，准备自住。谁知小王说房产是父亲送的，是自己的财产，无法办理变更，不过继母想住在房子里倒是没有问题。继母实在想不通，明明当时只是借用小王的名义买的房，怎么现在变成他的个人财产了。两人无法协商一致，继母只好到法院起诉小王，但因拿不出任何证据，最后败诉而归。

在房价暴涨的年代，父母用子女的名义投资买房的案例屡见不鲜，然而这种做法所引发的后果往往错综复杂。许多父母单纯地认为，即便房产登记在子女名下，本质上仍属于自己，只是借用了子女的名字罢了，但现实中却可能因为子女的原因出现各种变数。父母如果希望更好地保障自己的权益，建议提前做好规划。

如果担心子女将来私下给房产加名或变卖

父母可以将一方与子女登记为法律上的共同共有产权人，这样一来，父母与子女之间对房产的处分就要遵守共同共有产权人相关规定。此时，子女没法自己悄悄把配偶的名字加上去，也没法悄悄把房产出售或是抵押出去，因为房产登记中心会要求产权共有人一并到现场签字同意。

如果担心子女欠债导致房产被执行

父母可以与子女签订借款协议，明确购房款是子女向一方父母的借款，然后再以此借款协议办理房产的抵押登记，这样一来，如果小两口真遇到什么债务纠纷，那么父母拥有优先受偿权。

如果担心子女意外身故，房产被子女配偶要求继承

房产登记在子女名下，如果子女突发意外身故，从法律层面来看该代持房产属于子女的遗产。为避免此类情况，父母可以事先安排子女设立预防性遗嘱，在遗嘱中将该房产的归属做一个周全的安排，以防万一。

如果担心子女将来发生婚变，导致房产被分割

父母可以与子女签署代持协议，最好请子女的配偶也签字，知晓该房产实际由父母所有。这样可以避免在子女婚姻关系出现问题时，子女配偶对房产主张权利而引发纠纷。

七、配偶的企业经营风险较大，如何做好家庭风险隔离？

李女士的丈夫经营着一家中型规模的制造企业，多年来一直顺风顺

水。然而最近一段时间，李女士察觉到企业经营出现了很大的波动，订单减少、成本增加、资金周转困难等问题接踵而至，企业面临前所未有的压力。李女士意识到，这种情况不仅可能影响企业的生存，还可能对家庭财产造成严重冲击。她开始思考如何采取措施，保护家庭财产免受企业经营风险的波及。

企业经营的不确定性就像一颗潜在的炸弹，随时可能炸毁家庭多年积累的财富。作为家庭的一员，在面对这种情况时，积极行动起来进行家庭风险隔离是至关重要的。

防范配偶董监高职业风险

在新《公司法》下，公司股东、董事、高级管理人员的职业风险加大，应提醒配偶在管理企业的过程中遵守忠实勤勉义务，防止因履职不当产生的风险由个人承担连带责任，从而影响家庭财产安全。

公司注册资本金实缴

配偶作为公司股东，如果在公司的认缴资本还未实缴，应建议其尽快实缴注册资本金，防止因注册资本金没有实缴，公司对外欠债无力偿还时，债权人在法院执行环节要求法官直接冻结或查封股东个人资产。[①]

企业资产和家庭资产相互独立不混同

这是为了防止配偶在公司的有限责任变成无限责任。新《公司

---

① 新《公司法》第五十四条规定："公司不能清偿到期债务的，公司或者已到期债权的债权人有权要求已认缴出资但未届出资期限的股东提前缴纳出资。"

法》规定："有限责任公司的股东以其认缴的出资额为限对公司承担责任。"这表明企业债务原则上应由企业自身财产承担，只要股东的注册资本金实缴到位，则公司债务和股东个人无关。但在实操中有些企业主没有注意这个边界，例如用私人银行卡收对公经营款、用个人账户里的资金给员工发奖金、用企业融来的钱给家里买车……导致要对公司债务承担连带责任。因此股东个人在和公司财务发生往来时一定要手续完备，防止家企混同。

防止企业债务变成夫妻共同债务

例如公司融资借贷时，配偶对银行方的连带担保还款责任签字要谨慎，夫妻俩尽量不要用自有房产作抵押去融资给公司用，降低企业主因公司经营而产生的债务变成夫妻共同债务的概率。

配置保单

为配偶购买人寿保险，指定家庭成员（如自己、子女）为受益人。这样即使配偶因企业经营压力大导致身体出现意外或身故，保险金仍可以为家庭提供经济支持。同时，配偶作为公司董监高，也可以购买董事职业责任险，以防范职业风险。

搭建保险金信托或家族信托

如果目前配偶公司经营正常，家庭资产负债表处于良性状态，另一方可以成立 2.0 版本的保险金信托或家族信托，将一部分打底的家庭资产放入信托，并将子女设为信托受益人，以防范企业经营遇到重大危机后，家人基本生活无法保障。《信托法》第十七条明确规定，除因法定情形外，对信托财产不得强制执行。这是因为资产放入信托后，就不再属于委托人，所以可以和委托人的其他风险相隔离。

当然，防护措施不仅限于上述 6 条，而企业家业的情况也各有不同，大家可以在前述基础上再进行定制化的调整与变化。

八、婚后设立家族信托或者保险金信托，是否需要配偶签字？

张先生与李女士是一对新婚夫妇，李女士的父母经营一家小型企业，多年打拼也积累了一定财富，李女士的父母让李女士设立家族信托，来保障她自己和未来子女的权益。于是李女士就找信托公司准备设立一份资金型家族信托，希望把自己、丈夫、子女及父母都列为信托受益人。但是李女士已经结婚，所以配偶也要在信托文件上一并签字。李女士非常困惑：这是自己爸妈给自己的财产，为什么设立信托还需要丈夫签字呢？

设立家族信托或保险金信托是否一定需要配偶签字？关于这一点需要分情况介绍。

设立家族信托的财产为个人财产

若设立家族信托的资产来源于个人财产，通常是不需要配偶签字的。这里的个人财产来源存在多种可能的情形。例如，夫妻二人通过签署婚内财产协议，明确约定婚后财产分别所有，各自名下的财产不属于夫妻共同财产范畴。在这种情况下，双方对于各自财产拥有独立的处置权。又如婚前个人就已经拥有的财产，自然属于个人财产。还有，父母在赠与合同中明确约定只赠与子女个人的财产，也属于个人财产。

这些符合《民法典》第一千零六十三条规定的不属于夫妻共同财产的情形。在此情形下，委托人的配偶对这些财产并不享有任何权利。因此，当委托人将这些资产转移进入信托时，从法律角度而言，并不需要配偶签字，委托人可依据自身意愿对个人财产进行信托安排。但在实践中，如果委托人为已婚状态，信托公司会推定委托人是用夫妻共同财产设立的信托，所以会要求配偶在信托文件上签字。但如果设立信托的财产为个人财产，则需要委托人签署声明，声明该财产为个人财产，并提供个人财产的证据，这时候配偶无须在信托文件上签字。

设立家族信托的财产为夫妻共同财产

当设立家族信托的资产来源于夫妻共同财产时，情况则变得复杂许多。除非符合日常家事代理的情形，否则一方若想处分夫妻共同财产，需要提前征得配偶的同意。《民法典》第一千零六十条规定："夫妻一方因家庭日常生活需要而实施的民事法律行为，对夫妻双方发生效力，但是夫妻一方与相对人另有约定的除外。"日常家事，是指为满足正常夫妻共同生活和家庭生活所必需的，非属人身性的一切事务，比如购买食物、衣服等生活用品，正常的娱乐、保健、医疗，通常的子女教育等。然而，一般而言，设立家族信托所涉及的资金规模通常都颇为庞大，很难将其认定为用于满足家庭日常所需而花费的资金，不符合日常家事代理权的范畴。在这种情况下，信托委托人若将夫妻共同财产装入信托，是需要配偶签字的，以防止未来出现纠纷。图9.1是某信托公司需要配偶签署文件的范例。

设立保险金信托时的要求

通过本书中关于保险金信托的介绍，我们清楚保险金信托分为1.0版本和2.0版本，1.0版本属于将保单受益权放入信托中，保单并未完全置入信托中，而保单的购买一般无须投保人的配偶签字，因此原则上保险金信托1.0不是必须要求委托人的配偶出具同意文件。但是在实践中，大多数信托公司也开始要求1.0版本的保险金信托需要配偶一并签字，以防止未来可能发生的风险。而2.0版本的保险金信托因在设立信托时会有现金资产一并置入，相当于把整张保单及部分续期保费一起放进信托，因此2.0版本的保险金信托和家族信托设立要求比较像，具体要看放进信托的是个人财产还是夫妻共同财产。

```
附件三：配偶确认函

编号：【    -1004】

一、委托人婚姻状况

委托人    （身份证件类型为    ，证件号码：    ，以下简称"委托人"）声明    （以下简称"本信托"）设立时其婚姻状态为：    。

二、配偶确认事项（若委托人婚姻状况为未婚/离婚/丧偶的情况下，则不适用于本条约定）

委托人配偶【/】（身份证件类型为【/】，证件号码：【/】），为委托人之合法配偶。委托人配偶在此无条件并不可撤销地确认：委托人与中信信托有限责任公司签署的《家族信托合同》（编号：    ，以下简称"信托合同"）并据此转入信托账户的所有资金均为夫妻共同财产。委托人交付信托资金及其他财产（如有）设立信托、信托生效后其追加信托资金及其他财产（如有）的行为均已经过委托人配偶的完全同意。委托人配偶确认现在、将来都不会对此持有异议，也不会对此信托的设立主张提起任何诉讼或者仲裁，不会基于委托人配偶与委托人的夫妻关系，而就信托财产主张任何权利。委托人配偶确认，委托人配偶充分了解委托人于信托合同项下权利内容及其行使后果，将来委托人根据信托合同而行使信托项下的所有权利，受托人无需书面告知委托人配偶，也无需取得委托人配偶的书面同意。委托人配偶的前述确认/承诺，不因任何客观情况的变化而发生任何变更或撤销。

三、委托人承诺本信托存续期间，若委托人的婚姻状况发生任何变化的，委托人应及时书面通知受托人，若受托人要求委托人提供相关资料的，委托人应当按照受托人的要求予以提供。若因委托人未向受托人告知或者未如实告知委托人婚姻状况/婚姻状况的变化情况而导致的一切风险及后果均由委托人及信托财产承担，受托人不承担任何责任。

本确认函自委托人及其配偶完成签约之日起生效。

————————————————————

（本页为签署页，本页无正文）

委托人（签字/电子签名）
```

图 9.1　配偶签署信托文件范例

九、如何巧用新《公司法》下小股东的查账权，弄清楚配偶企业的真实财务情况？

林女士和先生同为一家企业的股东，平时企业管理都是先生操刀，林女士股权占比较小，且完全不参与。近年来，夫妻感情不融洽，先生也对企业经营情况进行隐瞒，一问起来，总说公司业务赔钱。经多方打听，林女士得知先生早就婚内出轨，并开始转移公司利润、财产和业务，为离婚做准备，但又苦于自己不实际参与企业经营管理，不了解和掌握企业的真实情况，拿不到对自己有利的证据。

夫妻一方参与企业经营，另一方对企业情况知之甚少，当出现财务疑惑或家庭经济不稳定因素时，了解企业经营情况就变得至关重要。

其实，林女士本人也是企业的小股东，完全可以利用自己的企业小股东身份来弄清楚企业真实的经营、财务等情况。

根据新《公司法》第五十七条，股东有权查阅、复制公司章程、股东会会议记录、董事会会议决议、监事会会议决议和财务会计报告，还可以要求查阅公司会计账簿。所以林女士有权查询公司具体的财务情况，甚至可以带着专业人士去公司查账。如果公司拒绝，股东可以请求人民法院要求公司提供查阅。这一规定为小股东查账提供了法律依据：只要符合法定程序，小股东有权获取公司的重要财务账簿和财务凭证。

《最高人民法院关于适用〈中华人民共和国公司法〉若干问题的规定（四）》第七条规定："股东依据公司法第三十三条、第九十七条或者公司章程的规定，起诉请求查阅或者复制公司特定文件材料的，人民法院应当依法予以受理。"这进一步保障了股东查账权在司法层面的可操作性，当公司拒绝小股东的合理查账请求时，股东可以通过诉讼途径来维护自己的权利。

小股东行使查账权，分如下步骤：

第一步：提交书面请求。按照新《公司法》，小股东须向公司提出书面的查账请求。在请求书中，要清晰地说明查阅的目的，如了解公司财务状况以保障家庭财产安全、确保股东权益等。同时，要明确查阅的范围，包括会计账簿、财务会计报告等相关文件。

第二步：等待公司答复。公司在收到书面请求后，应当在15日内给予书面答复。如果公司同意查阅，要按照公司安排的时间、地点和方式进行查阅。在查阅过程中，可以聘请专业的会计师或财务顾问协助，以便更好地理解财务信息。如果公司拒绝查阅，要仔细研究公司给出的理由是否合理。若公司以不正当理由拒绝，小股东可以依据法律规定向人民法院提起诉讼。

第三步：诉讼途径（如有必要）。如果公司拒绝查阅且理由不合法，小股东可以向人民法院提起诉讼，请求法院要求公司提供查阅。在诉讼过程中，要准备好充分的证据，如股东身份证明、书面查账请求及送达凭证、公司拒绝的答复等。同时，要向法院阐述自己作为股东查账的正当性和必要性，如家庭财务与公司经营的关联、对可能存在的财务风险的担忧等。法院会根据法律规定和当事人提供的证据进行审理，保障股东的合法查账权。

十、用夫妻共同财产设立的保险金信托，将来发生婚变，该信托财产会被分割吗？

有一位杰出的女企业家，凭借自身坚韧不拔的毅力和敏锐的商业洞察力，在商场上拼搏奋进，积累了数千万元的家产。她找专业人士为孩子设计了900万元的保险金信托方案，但同时对此也有些担心："我与丈夫目前的关系还算融洽，之前我跟他提及准备为孩子设立一个保险金信托，需要他签字确认，他当时也是欣然应允的。但是世事难料，如果将来我们的感情出现裂痕，无法再继续走下去而面临离婚，那么之前已经设立的保险金信托财产，他能否主张分割？"

如果这位女企业家设立的是 1.0 版本的保险金信托,当委托人发生婚变时,保单受益金还未达到保险合同约定给付条件,则信托实质还未开始运行,这时候丈夫是可以主张分割保单的,因为保单还是夫妻共同财产;如果保单受益金已经进入信托账户,因丈夫提前在信托合同配套文件中签字,确认同意将保单受益权放入信托,则此时保单受益金已经变成了信托财产,独立于委托人,此时丈夫无法要求分割信托财产。

如果其设立的是 2.0 版本的保险金信托,此时保单的投保人也从自然人变更成信托公司,从法律层面和信托的性质来看,一旦这类保险金信托成功设立,则保单不再属于夫妻共同财产的范围,即便在后期婚姻关系破裂,丈夫主张分割这部分财产,在法律上也是不会得到支持的。《信托法》第十五条明确指出:"信托财产与委托人未设立信托的其他财产相区别。"除非丈夫举证该信托设立时没有经过自己同意,自己并未签署信托配偶同意函等文件,且设立信托的财产属于夫妻共同财产。但是在实践中如果委托人是用夫妻共同财产设立的,一般信托公司都会要求委托人的配偶在信托文件上签字。

十一、女方如何利用保单来提升自己的婚姻财富安全感?

赵女士在婚后将全部精力都倾注于照顾家庭和子女。然而家庭的经济大权完全掌握在丈夫手中,她对家庭财务的参与度极低。随着岁月的流转,丈夫由于工作性质常常奔波在外,回家的频率越来越低,在家停留的时间也愈发短暂。赵女士敏锐地察觉到婚姻正面临着潜在的危机,这让她忧心忡忡。因为多年来一直担任全职太太的她,在婚后几乎未曾涉足职场,没有稳定的收入来源,一旦婚姻破裂,她仿佛置身于茫茫大海中的孤舟,不知何去何从,未来的生活保障成了她心中一块沉甸甸的巨石。在不安与迷茫中，赵女士通过多方打听，了解到保险或许可以在风雨飘摇的婚姻中为自己撑起一把保护伞。

对女方个人财产进行锁定保护

女方如果有一定个人资金，那这些个人资金极易因与夫妻共同财产混同而失去其原本的独立性。例如，将个人存款与婚后夫妻共同收入存入同一银行账户，日常收支频繁往来，久而久之，便难以清晰界定哪些资金属于婚前个人财产，哪些属于夫妻共同财产。为有效避免此类情况发生，女性可借助保险工具，将个人财产合理配置成一份保单，比如年金险或增额终身寿险，并通过个人财产支付全部保费，投保人定为自己的父母，这样能够有效防止因混同而导致财产性质的改变，还可以为女性在婚姻生活中提供资金流。

借助 2.0 版本的保险金信托实现多重保障

2.0 版本的保险金信托是一种创新的财富管理工具，为女性在婚姻中的财产安全提供了全方位的保障。

首先，由于进入信托的资产不再属于夫妻共同财产，假如此时赵女士的丈夫提出离婚，即使闹到了法院，这份 2.0 版本的保险金信托里的财产法院也不会分割，只会按照事先设立的信托要求分配给指定的受益人。

其次，保险金信托为面临婚姻危机的女性提供了坚实的生活保障。倘若婚姻走向破裂，女性在离婚后可能面临生活质量下降、经济来源不稳定等诸多问题。保险金信托可以提前规划，在信托合同中明确约定信托资金分配给赵女士及子女，保障其日常生活开销、子女教育费用等，让女性在离婚后依然能够维持相对稳定的生活。

再者，对丈夫经营企业风险较大的家庭而言，保险金信托能有效隔离企业经营风险牵连夫妻共同财产。在代理的离婚诉讼中，我们常遇到对方当事人恶意伪造夫妻共同债务，意图让弱势方来承担虚假债务的情形，而 2.0 版本的保险金信托中的财产是不能被法院强制执行的。

用保单抵御丈夫突发意外带来的家庭经济危机

赵女士的丈夫作为家庭的重要经济支柱，若突发意外，如因疾病、意外事故导致身故或伤残，将对整个家庭的生活产生巨大冲击。即使没有发生离婚风波，家庭的经济来源也会瞬间中断，生活费用、子女教育费用、房贷、车贷等各项开支将给赵女士带来沉重的经济压力。

此时，保险的作用就显得尤为重要。赵女士可以为丈夫购买足额的人寿保险和意外伤害保险，同时自己也配置一定的重疾险和医疗险。一旦丈夫不幸遭遇意外，人寿保险的理赔金可以及时填补家庭经济缺口，保障家庭的正常运转。而女性自身的重疾险和医疗险，能在自己面临健康问题时，减轻医疗费用负担，避免因家庭成员健康问题导致家庭经济陷入困境。

十二、发现配偶有婚外情，如何防范其转移财产？

李女士与丈夫携手走过多年，一直默默在家中相夫教子。然而，最近丈夫的一系列异常行为引起了她的注意。比如常常背着她偷偷接听电话，对待手机信息也变得格外警惕，稍有动静便紧张不已。经过一番艰难的调查，李女士发现丈夫竟然有了婚外情。李女士的丈夫经营着一家物流公司，由于公司运营需要大量资金，家里的大部分积蓄都在丈夫手中，具体数额她并不清楚，至于公司目前的经营状况，她更是一无所知。李女士不知，如果选择离婚自己该如何应对。

婚外情的出现，犹如一颗破坏力巨大的炸弹，不仅无情地摧毁了原本和谐的家庭关系，还极有可能使无过错方的财产遭受损失。由于无过错方对家庭资产的整体状况缺乏了解，很可能在不知不觉中，让对方悄然转移了夫妻共同财产，等到发现时，往往为时已晚。为了防止对方转移财产，我们建议做好如下措施。

第一，收集家庭财产信息。全面清查家庭财产状况，包括银行存款、房产、车辆、投资收益、公司股权等。收集相关的财产证明文件，如银行账户信息、房产证、车辆行驶证、股权证书、投资合同等。可以通过查看家庭文件、询问配偶、向相关机构查询（如房产管理部门、车辆管理部门等）等方式进行。同时，留意配偶近期的财务行为，如是否有异常的大额支出或资金转移情况。

第二，了解公司经营状况。如果配偶是公司股东，要了解公司的名称、注册地址、股权比例、公司财务状况等。可以查看公司的营业执照副本、公司章程、财务报表等文件。关注公司的官方网站、社交媒体账号（如微信公众号、微博等）、广告宣传资料等，这些渠道通常会发布公司的新产品、新业务、重大合作项目、获奖信息等。如果有机会接触配偶公司的合作伙伴或者公司员工，可以以闲聊的方式侧面了解公司的情况。

第三，向法院申请财产保全。如果有证据表明配偶有转移财产的可能性，可以向法院申请诉前财产保全。在申请时，需要向法院提供详细的财产线索和相关证据，如银行账户信息、财产转移的可疑迹象等。法院在审查后，如果认为符合财产保全条件，会采取相应措施，如冻结银行账户、查封房产等，防止配偶进一步转移财产。

第四，对于配偶要求签字的文件保持谨慎。曾经有这么一起案件：女方预感到男方要提出离婚，可是男方就是不开口。突然有一天男方拿出两份融资借贷合同让女方签字，说要把家里的房产作抵押进行融资借贷，给公司用。此时女方非常警觉，表示要好好看看合同再签字。第二天女方咨询了律师，经过分析，律师认为这份借贷合同很可能是恶意举债，以达到后期在离婚中多分财产的目的。于是女方果断拒绝在抵押借款合同上签字。果不其然，女方第二周就接到了人民法院通知她去领离婚起诉书的电话。

第五，搭建 2.0 版本的保险金信托或资金型家族信托。在夫妻关系较为和睦时期，预先配置保单并将保单放入信托中，或者直接成立资金型家族信托，将自己和孩子列为信托受益人。因为设立信托用的是夫妻共同财产，所以需要配偶在信托文件上签字，此时因为夫妻感情稳定，大多数时候配偶会同意签字。而放入信托中的财产不再属于夫妻共同财产，可以防止将来夫妻关系恶化后，另一方恶意转移资产。

如果发现配偶有婚外情，一定要保持冷静，寻找专业律师，迅速采取行动，通过多种途径收集证据、查找财产转移线索，尽可能挽回损失，而不是只记得生气与痛心。

第十章　婚变财产争议焦点及案例分析

一、如果夫妻长期分居感情冷漠，需要提前做哪些准备呢？

王女士的丈夫李先生是一位商界成功人士，两人从如胶似漆到感情淡漠，仅用了5年的时间。起初王女士以为丈夫早出晚归是因为业务繁忙，但慢慢地早出晚归变成了短期不归……直至王女士发现老公的秘密——李先生已经是两个私生子的父亲。面对突然袭来的平地惊雷，王女士陷入深思，最终决定先咨询律师，再为自己的这段感情画上句号。

假如面临同样的遭遇，我们该怎么做，才能不任人宰割，掌握主动权？从法律专业角度出发，我们给出以下建议供大家参考。

建立心理防线，勇敢面对现实

如果夫妻长期分居，感情愈发冷淡，极力挽回之余，更要做好应对"婚变"的心理准备。俗话说：宁可备而不战，不可无备而战。婚变不仅给人带来身心的煎熬，更残酷的是让人不得不面对"夫妻关系解除""夫妻共同财产分割""子女抚养"等现实问题。

所以，建立稳固的心理防线，鼓足面对现实的勇气，是第一步，也是最重要的一步。

沉着应对风险，采取合理措施

第一，法律关系梳理。离婚主要会涉及两个法律关系：一是"人身关系"，主要包括夫妻关系解除、子女抚养；二是"财产关系"，主要涉及夫妻共同财产分割。相较于夫妻关系解除，子女抚养和财产分割问题更为棘手，它们不仅会衍生出"抢夺、隐匿子女""隐藏、转移、变卖财产"等复杂问题，而且法律规定繁多，如何掌握有利证据，如何才能达到诉讼目的，更需要丰富的实务经验作保障。因此，除了强大的心理支撑，采取合理的应对措施也尤为重要。

第二，财产关系梳理。分居期间，一方面要对双方的财产进行全面梳理，尽可能地掌握对方的财产线索，包括但不限于房产、车辆、股票、股权、保险等财产信息；另一方面，要时刻关注对方的动态，防止对方将财产进行转移、隐藏、变卖，同时还要防范对方为争夺抚养权而抢夺孩子。

"婚姻的成功取决于两个人，而一个人就可以使它失败。"从人生的宏观视角看，离婚并不可怕，可怕的是婚姻失败的同时输掉了自己。不妨坦然面对，潇洒转身，让阳光照进窗台，重新找回自己。

二、在离婚诉讼中能否申请法院查出对方名下所有的银行账户呢？

张女士与丈夫李先生结婚多年，但因性格不合，李先生向法院提起离婚诉讼。张女士同意离婚但要求依法分割夫妻共同财产。李先生宣称自己名下除了 10 万元存款再无其他财产,而家庭主妇张女士对丈夫的具体收入情况并不清楚。诉讼过程中,张女士向法院提交了相关财产线索的调查取证申请。法院向李先生任职的公司去函调查其工资基本收入、奖金等情况,并调取了他的工资卡银行账户明细,发现李先生年收入合计高达 300 万元,而且存在多笔大额支取现金的情况。最终,法院对查明认定的夫妻共同财产依法分割,张女士分得 60%。

从上述的案例可以看出,在离婚诉讼中一方当事人可以向法官申请调查对方名下的银行账户等财产线索,原则上会查"尽"查"实",但实务中也会由于案情的不同,存在其他诸多不确定的因素。

随着我国法律制度的日益完善,为平等保护离婚双方的合法权利,防止并遏制任何一方隐藏、转移夫妻共同财产的行为,我国新修订的《妇女权益保障法》(2023 年 1 月 1 日正式施行)第六十七条对离婚夫妻共同财产申报做出了明确的规定:"离婚诉讼期间,夫妻一方申请查询登记在对方名下财产状况且确因客观原因不能自行收集的,人民法院应当进行调查取证,有关部门和单位应当予以协助。"具体参见图 10.1.

离婚诉讼期间,夫妻双方均有向人民法院申报全部夫妻共同财产的义务。一方隐藏、转移、变卖、损毁、挥霍夫妻共同财产,或者伪造夫妻共同债务企图侵占另一方财产的,在分割夫妻共同财产时,对该方可以少分或者不分财产。

假如张女士和李先生离婚,对张女士来说,她可以向法院申请调查取证,而在调查取证之前,双方有义务向法院申报自己的全部财产,如果李先生不如实申报则视为隐藏、转移财产,分割时同样会少分或者不分。目前该财产申报制度在全国各级法院已广泛实施。

需要注意的是,即使法律规定如此完善,实务中仍有人选择铤

图 10.1　2023 年 1 月 1 日，湖南省衡阳县人民法院发出全国首份《夫妻共同财产申报令》

而走险故意隐藏、转移财产。为方便法院调取证据，在生活中应尽可能多的掌握对方的资产状况，如此才能最大程度地保障自己的合法利益。

如果配偶是公司股东，是否可以瞒着另一方独自转让公司股权？

金先生与万女士系夫妻，两人婚后以共同财产出资设立有限责任公司并认缴公司 40% 的股权，股权登记在金先生名下。后经公司过半数股东同意，金先生瞒着万女士将全部股权转给赵先生并签订股权转让协议，赵先生依约向金先生支付了股权转让款，但未及时办理股东名册和股权变更登记。万女士知道后以金先生无权处分夫妻共同财产为由，向法院提起诉讼。

随着我国市场经济的繁荣发展，股权投资已成为家庭常见的投资方式之一，因此引发的相关纠纷在生活中也屡见不鲜。那么，就上述案例来说，金先生是否可以瞒着万女士进行股权转让？而万女士又该如何应对？

首先，金先生如果瞒着妻子对股权进行转让，其转让行为可能有效。

根据我国《公司法》第五十五条、五十六条及八十四条，股权是兼具财产权和人身权属性的复合性权利，夫妻共同财产出资并非取得股权的充分条件，因此不能仅因出资款来源于夫妻共同财产而认定股权为夫妻共同财产。有限责任公司成立后，应当向股东签发出资证明书并记载于股东名册，股东的身份权应当由股东本人（登记方）独立行使，无须配偶同意，所以股东（金先生）有权单独转让股权。

其次，万女士如何应对，要看金先生的股权转让行为是否合法。《最高人民法院关于适用〈中华人民共和国民法典〉婚姻家庭编的解释（二）》第九条规定："夫妻一方转让用夫妻共同财产出资但登记在自己名下的有限责任公司股权，另一方以未经其同意侵害夫妻共同财产利益为由请求确认股权转让合同无效的，人民法院不予支持，但有证据证明转让人与受让人恶意串通损害另一方合法权益的除外。"

依据这一条规定，我们可以来拆解分析一下：

第一，如果金先生的转让行为符合《公司法》及公司章程关于股权转让的规定，属于善意正常的商业交易转让，那么即使万女士以丈夫无权处分为由请求确认股权转让合同无效，法院出于保护善意第三人和交易安全的角度，多半也不会支持。但金先生因此取得的收益属于夫妻共同财产，万女士可以主张一半收益归自己所有。

第二，如金先生与他人通过股权转让的方式损害万女士的利益，则构成恶意串通，万女士可主张股权转让合同无效，从而使各方利益恢复到原始状态。再举个例子：哥哥与嫂子闹离婚，矛盾相当激烈，于是哥哥悄悄将自己名下两家正常经营的公司股权在一天之内转给了弟弟，双方根本没有约定股权转让价格，只是把市场监督管理局登记的股东换成了弟弟的名字，随后哥哥便到当地法院提起了离婚诉讼。这显然是属于恶意串通的情况。

第三，如果金先生存在无偿或明显低价转让股权且受让人知悉的情形，万女士可以行使撤销权来保护自己的合法权益（见图10.2）。

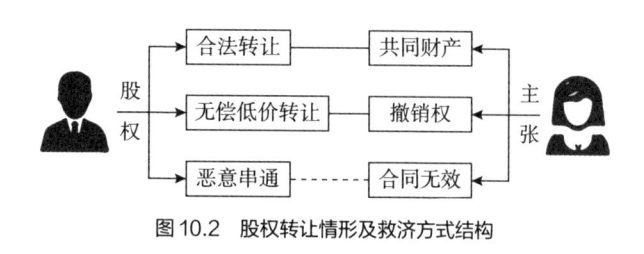

图10.2 股权转让情形及救济方式结构

虽然法无禁止皆可为，配偶转让股权无须征得另一方同意，但另一方应享有的权益同样不容侵犯。

三、如果配偶把公司股权无偿转让给别人了，另一方还能要回来吗？

孙先生与王女士在婚后经过多年努力成立了公司，可好景不长，孙先生在婚内违背了夫妻应当互相忠实的义务，与刘女士存在不正当男女关系。后来，孙先生通过签订股权转让协议书，以人民币0元的价格将15%的股权转让给刘女士。妻子王女士发现后，认为股权属于夫妻共同财产，孙先生无权私自处置，其赠与行为无效，于是将刘女士诉至法院要求其返还全部股权。经法院依法审理，判决孙先生赠与刘女士15%股权的行为无效，刘女士将股权返还孙先生并协助其办理变更登记。

陈先生婚内持有公司40%的股权，后妻子高女士与陈先生感情产生裂痕，其间陈先生将全部股权无偿转让给其亲姐陈女士。后双方感情完全破裂并协议离婚，但股权没有分割。离婚后，陈女士将全部股权又无偿转让给陈先生。高女士知悉后，提起诉讼要求对股权予以分割。法院最终判决陈先生在公司享有的40%股权与高女士平均分割。

《民法典》第一千零六十二条规定："夫妻在婚姻关系存续期间所得的下列财产，为夫妻的共同财产，归夫妻共同所有：（一）工资、奖金、劳务报酬；（二）生产、经营、投资的收益；（三）知识产权的收益……"股权属于夫妻共同财产，不管以"赠与"还是"隐匿财产"的目的无偿转让股权，都可以通过法律的途径进行救济，从而保护自己的合法权益。

四、如果发生婚变，公司股权该如何分割呢？

股权不同于房屋、车辆等财产，其作为一项特殊的财产权，除了具有财产权益属性，还具有人身权益属性，因此股权分割不仅会对个人产生影响，更会影响公司的经营发展。此外，我国企业类型多样，有个人独资企业、有限责任公司、股份有限公司。因此，对于因离婚引起的各企业类型股权分割问题，我国的《民法典》进行了明确的法律规定。

个人独资企业股权分割

《最高人民法院关于适用〈中华人民共和国民法典〉婚姻家庭编的解释（一）》第七十五条规定："夫妻以一方名义投资设立个人独资企业的，人民法院分割夫妻在该个人独资企业中的共同财产时，应当按照以下情形分别处理：（一）一方主张经营该企业的，对企业资产进行评估后，由取得企业资产所有权一方给予另一方相应的补偿；（二）双方均主张经营该企业的，在双方竞价基础上，由取得企业资产所有权的一方给予另一方相应的补偿；（三）双方均不愿意经营该企业的，按照《中华人民共和国个人独资企业法》等有关规定办理。"具体可参见图10.3。

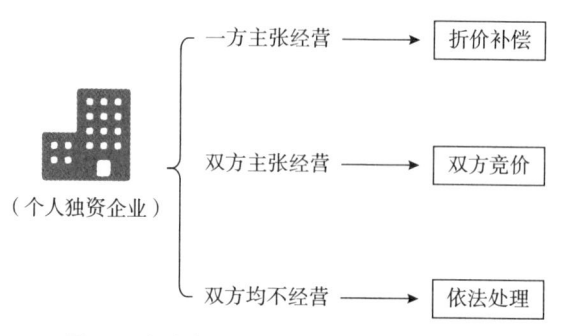

图10.3　婚变中个人独资企业股权分割逻辑示意

有限责任公司股权分割

《最高人民法院关于适用〈中华人民共和国民法典〉婚姻家庭编的解释（一）》第七十三条规定："人民法院审理离婚案件，涉及分割夫妻共同财产中以一方名义在有限责任公司的出资额，另一方不是该公司股东的，按以下情形分别处理：（一）夫妻双方协商一致将出资额部分或者全部转让给该股东的配偶，其他股东过半数同意，并且其他股东均明确表示放弃优先购买权的，该股东的配偶可以成为该公司股东；（二）夫妻双方就出资额转让份额和转让价格等事项协商一致后，其他股东半数以上不同意转让，但愿意以同等条件购买该出资额的，人民法院可以对转让出资所得财产进行分割。其他股东半数以上不同意转让，也不愿意以同等条件购买该出资额的，视为其同意转让，该股东的配偶可以成为该公司股东。"

如果夫妻双方未就股权转让事宜协商一致时，人民法院将综合考量公司的人合性，即充分考量其他股东对股权转让的意见，再针对个案情况，做出分割股权份额或不予处理等判决。（参见图10.4）

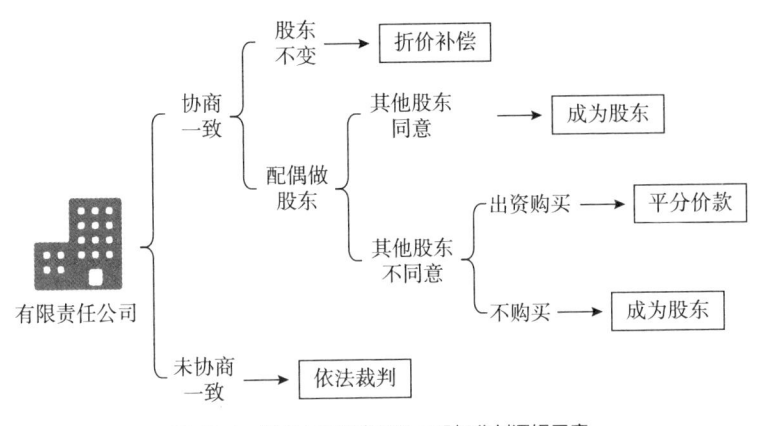

图10.4　婚变中有限责任公司股权分割逻辑示意

股份有限公司股权分割

《最高人民法院关于适用〈中华人民共和国民法典〉婚姻家庭编的解释（一）》第七十二条规定："夫妻双方分割共同财产中的股票、债券、投资基金份额等有价证券以及未上市股份有限公司股份时，协商不成或者按市价分配有困难的，人民法院可以根据数量按比例分配。"具体可参见图10.5。

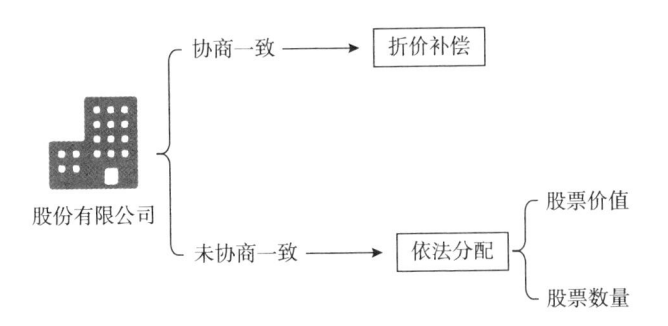

图10.5　婚变中股份有限公司股权分割逻辑示意

如上所述,"股权"两个字读着简单,看着不难,但分割起来却是纷繁复杂。不同于其他夫妻共同财产的分割,股权分割在尊重双方意愿的同时,还要兼顾公司的人合性,对此虽有明确的法律规定,但实操程序烦琐,耗时费力。假如离婚时真的面临股权分割问题,不建议自行处理,可能会事倍功半,可以请专业律师进行协助处理。

夫妻一方能擅自转卖家里的房产、车子吗?

杨女士和丈夫白手起家,两人通过打拼在事业上小有成就,拥有了属于自己的车子和房子。眼看生活越过越好,但两人矛盾却越来越多,经常因琐事争执不休,丈夫在争吵中曾多次扬言要把车和房都卖了,杨女士为此十分忧虑,担心丈夫真的会偷偷把车和房卖掉,万一离婚自己会一无所有。

从法律专业角度分析,杨女士对此事不必过于担心。

首先,房产和车辆属于夫妻共同财产。

《民法典》第一千零六十二条规定:"夫妻在婚姻关系存续期间所得的下列财产,为夫妻的共同财产,归夫妻共同所有:(一)工资、奖金、劳务报酬;(二)生产、经营、投资的收益;(三)知识产权的收益;(四)继承或者受赠的财产,但是本法第一千零六十三条第三项规定的除外;(五)其他应当归共同所有的财产。"杨女士家里的房产和车辆均是她与先生在婚内购买,因此属于夫妻共同财产,归夫妻共同所有。

其次,夫妻对共同财产享有平等的处理权,任何一方擅自处分,将构成无权处分。

基于夫妻对共同财产享有平等的处理权,杨女士的丈夫能否擅自转卖房屋和车辆需要视情况而定：第一，如双方协商一致，可以出售房产和车辆；第二，如双方协商不一致，而房产和车辆又登记在丈夫个人名下，此时丈夫擅自处分房产和车辆具有程序上的便利性，即可以瞒着杨女士将房产车辆变卖并办理过户；第三，如双方协商不一致，而房产和车辆登记在双方名下，此时丈夫不具备擅自处分财产程序上的便利性，因为车辆和房屋登记在双方名下，如果要办理过户，需要杨女士出面协助办理，杨女士知情后可以拒绝办理，阻止交易。

最后，任何一方擅自处分夫妻共同财产，受害方均可以依法维权。

《民法典》第三百一十一条规定："无处分权人将不动产或者动产转让给受让人的，所有权人有权追回；除法律另有规定外，符合下列情形的，受让人取得该不动产或者动产的所有权：（一）受让人受让该不动产或者动产时是善意；（二）以合理的价格转让；（三）转让的不动产或者动产依照法律规定应当登记的已经登记，不需要登记的已经交付给受让人。受让人依据前款规定取得不动产或者动产的所有权的，原所有权人有权向无处分权人请求损害赔偿。当事人善意取得其他物权的，参照适用前两款规定。"

在本案例中，假如杨女士的丈夫擅自以低于市场的价格将房产和车辆转卖给他人或者杨女士在过户前发现丈夫和受让人串通恶意转让，此时杨女士可以通过诉讼追回财产；假如杨女士的丈夫擅自以市场正常价格将房产和车辆转卖，受让人购买时出于善意，以合理的价格购买并且已经登记或者交付，此时杨女士无法追回财产，但有权向丈夫请求损害赔偿。

生活中，鉴于不动产或者动产办理过户都需要全部权利人到相关管理部门现场办理，所以我们在此提示各位读者：夫妻共同财产以"登记在双方名下并明确约定份额"为宜，这样可以有效防止夫妻一方将共同财产擅自处分或直接过户给他人。

五、如果配偶瞒着另一方用亲戚的名义来购买房产，另一方能够查得到吗？

王女士与丈夫刘先生婚前各自家境殷实，两人又是大学同学，不仅门当户对，更是郎才女貌。婚后，两人通过自己的努力，继续积累了大量的财富，投资多套房产，成为别人羡慕的对象。但不同的是，"房多"在王女士身上反而成为一种烦恼，面对丈夫的突然婚变，除了双方名下已知的房产，王女士怀疑丈夫在外用亲戚的名义还购买了多套房产，但自己没有办法查询。

身处大数据时代，个人信息及隐私保护成为新的时代命题。在未经他人允许或者法院出具调查令的情况下，一般人很难通过合法途径获取他人名下的房产等财产信息，但我们可以先通过其他方法获取财产线索，然后在案件中申请法院调取相应的证据。

查询是否有"代持协议"等书面文件

因为房产价值巨大，一般当事人不会借用朋友的名义购买，最常见的是以父母、兄弟姐妹的名义购买并签订"借名买房"代持协议。因此，如果一方并不宽裕的父母或兄弟姐妹拥有价值巨大的房产，就有可能存在这种情况。另外，可以注意查看家中是否有代持协议等书面文件。

查询银行流水是否有大额支出或转账

在诉讼中，律师会代表委托人向法院提出调查对方银行账户交易流水的申请。在法院帮助下，可以通过查看其银行流水来判断是否有购房行为，主要看有无大额的转账（首付款或全款）、规律性的转账（贷款）或者规律性的收入（租金），还要看资金流向是否为固定的个人或单位。掌握初步线索后，可以在离婚诉讼中要求对方说明资金流向、用途，从而查明对方是否拥有其他房产。

查询微信等社交软件聊天记录

通过查询对方经常使用的社交软件寻找线索，比如微信、QQ、短信、抖音等，如果对方"借名买房"且通过他人代持，可能会在社交软件中留下线索，可以着重查看其与近亲属、好友及房产中介的沟通记录。

幸运的是，案例中的王女士通过查询刘先生之前使用的手机微信聊天记录，发现刘先生与某房产经纪公司业务人员有过看房、购房等聊天内容并及时取证。刘先生在铁证面前最终承认了购房事实，二人通过商议，对房屋处置达成一致。

在婚姻生活中，不管是相夫教子的家庭主妇，还是在职场厮杀的都市丽人；不管是居家顾家的全职丈夫，还是披荆斩棘的行业精英，都应该对家庭财产情况有一定了解和掌握，做到婚而不昏，这样一旦遭遇婚变，才不至于手忙脚乱，毫无防备。

六、发现对方有婚外情，离婚时是不是就可以多分财产？

从结婚时的一无所有，到现在的家境殷实，张女士与钱先生共同走过了艰苦奋斗的 20 年。看到辛苦打拼的事业稳定后，张女士就主动退居幕后，专心照顾家庭和培养子女，事业全部交给丈夫打理。在钱先生独掌大权后，二人就变得聚少离多。张女士一开始认为钱先生事业繁忙，几年后，张女士越发觉得钱先生像变了一个人，于是通过暗自调查，发现钱先生已有婚外情。双方摊牌之后，钱先生仍与对方保持联系，张女士为了保护自己和子女的利益，准备与钱先生离婚。

没有人可以背叛他人而无须付出代价，即使最微小的背叛也是如此。诚如此言，在以忠实与信任为基础的婚姻关系中更是如此。为此，为保护无过错方，我国《民法典》中不仅新增加了专属条款，更对无过错方的离婚损害请求进行了详细规定，主要体现在以下两方面。

离婚财产处理原则

《民法典》第一千零八十七条规定："离婚时，夫妻的共同财产由双方协议处理；协议不成的，由人民法院根据财产的具体情况，按照照顾子女、女方和无过错方权益的原则判决。"按照此规定，所有离婚流程中的共同财产分割，以均等分割为总体准则，以对子女、女方以及无过失方的照顾为补充性原则，该原则是《民法典》新增之条款，主要是针对离婚过程中有过错的一方可做出的处罚。例如两人均知悉婚内重婚、进行暴力虐待、遗弃等恶劣行径者，法庭在财产分割审判时，应对无过失方给予适当照顾和援助，可能会多分给无过错方一部分财产，甚至赋予无过错方优先选择的权利。

离婚损害赔偿

根据以往实务经验，我们认为，损害赔偿请求如果想得到法院支持，特别需注意以下几个方面。

首先，适用情形。过错方的"过错"主要是指《民法典》第一千零九十一条规定的五种情形，即重婚，与他人同居，实施家庭暴力，虐待、遗弃家庭成员或有其他重大过错，案例中的婚外情通常是指第一、二种情况。如一方存在过错，但不符合上述法律规定情形，或者虽符合法定情形，但没有导致双方离婚这一结果，则不能适用离婚损害赔偿。如双方均存在过错，一方或者双方向对方提出离婚损害赔偿请求的，人民法院不予支持。

其次,如何提出。如无过错方提起离婚诉讼,则需同时提出损害赔偿请求,不起诉离婚而单独提起离婚损害赔偿,法院不予受理。

如过错方提起离婚诉讼,无过错方可以在诉讼中提出离婚损害赔偿;如无过错方未提出损害赔偿请求,但过错方因符合五种情形被判决双方离婚,无过错方可以就离婚损害赔偿单独提起诉讼;如无过错方在一审中未提起离婚损害赔偿,二审中提起的,人民法院应当进行调解,调解不成的,告知另诉。

双方在婚姻登记机关办理离婚登记手续后,无过错方以《民法典》第一千零九十一条规定为由向人民法院提出损害赔偿请求的,人民法院应当受理。但无过错方在协议离婚时已经明确表示放弃该项请求的,人民法院不予支持。

最后,赔偿范围。离婚损害赔偿的范围包括物质赔偿和精神赔偿。物质损害赔偿认定时,需要考虑过错方的过错程度、无过错方的实际损失、双方的状况等,无过错方需就过错方的过错行为给其造成的损失承担举证责任;精神损害赔偿认定时,需要考虑过错方的过错程度、情节、后果及过错方的经济水平等。

除了上述分析情形,在因对方出轨导致的离婚诉讼中,还会常常出现过错方转移、隐匿财产的情况。对此,无过错方也可以据此主张对方少分或者不分财产,从而维护自己的权益。对此问题,后面会有专门章节进行分析。

不管是《婚姻法》[①]还是《民法典》,保护无过错方都是我国婚姻法律制度的一项重要原则,为维护社会公序良俗及无过错方的合法权益,有必要使过错方因其损害行为得到惩罚,在离婚时通过多分财产,使无过错方被损害的权利得到救济。

---

① 2020年5月28日,十三届全国人大三次会议表决通过了《中华人民共和国民法典》,自2021年1月1日起施行,《中华人民共和国婚姻法》同时废止。——编者注

七、如果配偶有了私生子，那么另一方该如何保护自己的婚生子女？

马女士从小家境优渥，长大后听从父母的安排，嫁给了门当户对的李先生。两人婚后很快迎来了自己的孩子，双方父母对二人也都比较满意。殊不知，在幸福生活的掩饰下，李先生已在婚内出轨并育有自己的私生子。出轨的事情还未被发现，突然而来的一场意外便夺去了李先生的生命，上亿元的资产成了他的遗产。两年过后，马女士还未从丈夫突然离世的悲伤中走出来，一条短信又打破了生活的平静。一个自称是李先生的情人带着他们的私生子，想要分割遗产。马女士一开始以为是诈骗短信，就没有理会，但几个月之后，竟收到了一张法院的传票……

谈及"私生子"的话题，相信许多人会义愤填膺，然而面对无法改变的现实，大多数当事人在感到愤怒、担忧的同时，常常觉得束手无策。那么，如何采取措施，才能在与私生子的博弈中保护好婚生子女的合法权益？

首先，必须明确一点，非婚生子女享有与婚生子女同等的权利，任何组织或者个人不得加以危害和歧视。我国《民法典》第一千零七十一条规定："非婚生子女享有与婚生子女同等的权利，任何组织或者个人不得加以危害和歧视。"第一千一百二十七条规定："遗产按照下列顺序继承：（一）第一顺序：配偶、子女、父母；（二）第二顺序：兄弟姐妹、祖父母、外祖父母……本编所称子女，包括婚生子女、非婚生子女、养子女和有扶养关系的继子女……"这就意味着配偶一旦有私生子，家庭财产的流失风险将大大增加，因为私生子不仅可以正常进行户籍登记，索要抚养费，而且享有配偶财产的继承权，与婚生子女所享有的权利义务是一致，属于法定继承中的第一顺序继承人。在上述案例中，虽然男方与情人不是合法夫妻关系，但是如果孩子确与二人有血缘关系，在遗产继承上享有与婚生子女同等的权利和义务，有权继承李先生的合法遗产。

因此，面对突如其来的"不速之客"，事后防御已经没有什么意义，最有效的保护措施就是"未雨绸缪""防患于未然"，通过财富传承规划规避风险，实现落袋为安，再结合财富传承工具实现定向传承。

在上述案例中，如果李先生生前设立有效的遗嘱或者信托，将财产指定遗留或分配给婚生子女，那么非婚生子就不能分得其财产。在同类案件中，还可以通过签订《夫妻婚内财产协议》的方法，将夫妻共同财产转化为女方个人财产，然后再通过保险、赠与等其他工具定向传承给婚生子女。

目前，可实现财富传承的工具有多种，比如遗嘱、赠与、夫妻财产协议、保险、信托（家庭、家族、保险金信托）等，这部分工具该如何使用请参看本书其他章节。在此提醒大家，各类工具无优劣之分，但有适与不适之别，一定要综合考虑个人情况，谨慎选择合适的传承工具，从而实现个人或家族财富传承的"帕累托最优"。

八、通过哪些方法能够了解配偶公司的经营情况和股权价值情况？

在离婚案件中，夫妻共同财产分割是十分重要而又纷繁复杂的事情，而在所有财产类型中，公司股权因其价值的变动性及专业性，普通人很难准确预估其真实价值。在律师代理的离婚案件中，必要时，律师会.法院申请通过专业的评估机构评估案涉股权的真实价值。但专业评估不仅费用高，而且需要公司方面配合，并不具有普适性。如果想在诉讼前或者平时生活中了解配偶公司的经营状况或者股权价值，该怎么做？我们总结了如下几个方法。

通过公司人员了解内部信息

一般而言，公司年报、财务报表、招股说明书、审计报告或其他 IPO 文件等可以真实反映公司的经营状况，但这些文件除公司董监高外其他人很难拿到。不过，可以通过了解配偶公司情况的有关人员获得信息，只是该方法因人而异。

自己了解外部信息

除了获取专业的内部文件，还可以通过网络关注公司的官网、微信公众号等动态，获取公司对外新闻稿及对外公示信息，可着重关注行业年度研究报告或行政部门发布的行业排名、荣誉等信息。这样不仅操作简单，还可以获取部分有价值的信息。另外，也可以查询国家企业信用信息网、第三方企业信息平台，甚至是该公司的竞争对手发布的分析报告，然后将所有信息收集、整理、分析，也可以了解企业的经营状况。

委托律师或专业人员进行尽职调查

当事人可以委托律师去市场监督管理局调取企业工商档案、尽职调查或者进行实地考察，然后形成专业的调查报告。

上述三种方法各有优劣，实际操作时往往会搭配使用，从而多角度、多层次地收集相关信息，已达到自己的主要目的。

九、发现配偶悄悄转移财产，能在不离婚的情况下要求分割夫妻共同财产吗？

2021 年 7 月，赵先生与李女士登记结婚，婚后花费 60 万元购买了一辆轿车，登记在李女士名下。2023年3月，赵先生向法院起诉离婚，法院判决不准离婚。后李女士自行以30万元的价格将上述车辆出售，赵先生发现后遂向法院起诉分割售车所得价款。

在离婚诉讼中，因当事人双方感情破裂，经常会出现夫妻分割共同财产的情况。如果发现配偶悄悄转移财产，但双方感情又未达到破裂的程度，那么可以在不离婚的情况下，要求分割夫妻共同财产吗？

对这一问题，答案是肯定的，但有严格的条件限制。如果在生活中遇见类似情况，我们认为有两种途径可以帮助大家达成目的。

自我救济

有个成语叫"先礼后兵"，如果在婚内发现对方有转移、隐藏或毁损夫妻共同财产的行为，可以在掌握初步证据的情况下，与其进行谈判，然后通过签订《婚内财产协议》的方法，先追回被转移的财产，再对夫妻财产制度进行重新约定，达到分割共同财产的目的。

法律救济

《民法典》第一千零六十六条规定："婚姻关系存续期间，有下列情形之一的，夫妻一方可以向人民法院请求分割共同财产：（一）一方有隐藏、转移、变卖、毁损、挥霍夫妻共同财产或者伪造夫妻共同债务等严重损害夫妻共同财产利益的行为……"《最高人民法院关于适用〈中华人民共和国民法典〉婚姻家庭编的解释（一）》第三十八条规定："婚姻关系存续期间，除民法典第一千零六十六条规定情形以外，夫妻一方请求分割共同财产的，人民法院不予支持。"

在上述案例中，法院审理后认为"在婚姻关系存续期间，夫妻作为共同生活的伴侣，对共同财产享有平等的所有权，即均有依法占有、使用、收益和处分的权利。夫妻在处分共同财产时，应当协商一致，任何一方不得违背对方意志，进行擅自处理，特别是在对共有财产做较大变动如卖出时，更应征得对方的同意，否则就侵害了另一方对共同财产的平等支配权。"李女士在未与赵先生就车辆出售事宜协商一致的情况下，以偏低价款出售，明显损害了赵先生对财产处分的权益，赵先生请求婚内分割夫妻共同财产的诉讼请求，符合法律规定，法院予以支持。

这就是通过法律救济分割夫妻共同财产的途径，但这种途径需要当事人在掌握充足证据的情况下进行，且只有在夫妻一方具有隐藏、转移、变卖、挥霍夫妻共同财产等情况下才能够获得法院支持。

不管通过自我救济还是法律救济，任何人均可以在一方转移夫妻共同财产时，要求分割夫妻共同财产。但对夫妻共同财产性质的甄别及转移、隐藏、变卖行为的认定均需达到法律规定的条件。所以，不管通过哪种途径救济，我们建议大家先咨询专业律师，以便更好地达到维权目的。

十、父母以子女的名义购买了房产或在银行开了户，如果子女有婚变的风险，这部分资产该如何保护？

在我们身边，有许多父母为了给子女买房、自己投资经营或者受房屋限购政策的影响而直接用子女的名义购房或者在银行开户。殊不知，这样做存在极大的风险，因为该房产或者银行账户存款很可能被认定为子女的夫妻共同财产或者婚后父母对双方的赠与，导致在离婚时被分割。因此，提前做好防护，规避风险至关重要。

父母为了自己投资需要或者受限购政策影响而借用子女的名义购房

此时，房产名义上的权利人是子女，实际权利人是父母，这种情况需要父母和子女签署书面代持协议，以排除父母赠与的情形。最好让子女配偶共同签署，表示其对此知情。以防万一，还要留好购房资金的支付凭证、购房合同以及子女父母双方就购房一事沟通的微信聊天记录或者电话录音等。如果父母借用子女的名义在银行开户，同样需要与子女签署书面协议，对此事进行明确约定，同时最好要专卡专用，避免与子女的个人或者夫妻共同财产混同。

父母出于赠与的目的，用子女的名义购房或者开户，需要分情况分析

首先，《最高人民法院关于适用〈中华人民共和国民法典〉婚姻家庭编的解释（一）》第二十九条规定："当事人结婚前，父母为双方购置房屋出资的，该出资应当认定为对自己子女个人的赠与，但父母明确表示赠与双方的除外。当事人结婚后，父母为双方购置房屋出资的，依照约定处理；没有约定或者约定不明确的，按照民法典第一千零六十二条第一款第四项规定的原则处理。"如果父母出全资购房，登记在自己子女名下，双方没有明确的约定，推定为对子女夫妻双方的赠与。因此，即便房屋登记在子女自己名下，仍然需要父母与子女之间签订书面的赠与协议，并且明确约定赠与子女一方，为防止意外，最好让子女配偶共同签署。

其次，如果父母部分出资（如付首付款）购房，登记在自己子女名下，在没有明确约定的情况下，同样推定为对子女夫妻双方的赠与。因此，同样需要进行明确约定。另外，因涉及还贷问题，如果父母直接还贷，也需要在协议里约定清楚；如果子女还贷，因还贷资金一般来源于夫妻共同财产，所以还贷部分在离婚时仍会被分割。

在这里要着重提醒大家一定要"提前防护，同时落地"。在我们以往遇到的案件中，存在当事人因没有提前做好保护，在离婚期间补签协议的情形，针对这一情况，目前各地法院的认定标准存在差异，因此具有较大的败诉风险。

另外，针对此类情形，我们建议除了签订资产赠与协议，还可以考虑其他工具，即通过人寿保险、家族信托、保险金信托或股权信托，甚至是房产信托来实现。这样父母既拥有控制权，又能把财产分期精准传承给子女，不用担心子女婚变或遇到债务带来的风险，可谓两全其美。

十一、如果配偶恶意在外欠债，那么离婚时另一方会不会承担许多债务？

张女士与刘先生已经离婚半年，但前不久突然接到法院的传票，因前夫欠债，原告将她与前夫作为共同被告一起诉至法院，要求两人承担夫妻共同债务，这对张女士来说真可谓"人在家中坐，债从天上来"。更令人绝望的是，一审法院经审理认定该债务为夫妻共同债务，需要张女士共同偿还3000多万元。

如果说夫妻共同财产是婚姻和谐的"良心尺"，那夫妻共同债务就是婚姻破裂的"照妖镜"。生活中，张女士的遭遇并不是个案，那么她是否需要为前夫买单，承担该笔债务呢？通过接下来分析，相信各位自会得出答案。

何为夫妻共同债务

《民法典》第一千零六十四条规定："夫妻双方共同签名或者夫妻一方事后追认等共同意思表示所负的债务，以及夫妻一方在婚姻关系存续期间以个人名义为家庭日常生活需要所负的债务，属于夫妻共同债务。夫妻一方在婚姻关系存续期间以个人名义超出家庭日常生活需要所负的债务，不属于夫妻共同债务；但是，债权人能够证明该债务用于夫妻共同生活、共同生产经营或者基于夫妻双方共同意思表示的除外。"

需要明确的是，不管是在婚内、离婚时，还是在离婚后，如果该笔债务被认定为夫妻共同债务，那么就需要双方共同承担。

夫妻一方恶意欠债是否属于共同债务

根据上述法律规定可知，夫妻一方恶意欠债并不属于为家庭日常生活所负债务（共需共债）或为共同生产经营所负债务（共用共债），因此从法律性质上分析，恶意欠债或因赌博、吸毒等违法犯罪活动所欠债务，均属于个人债务，不属于夫妻共同债务。

配偶是否需要承担另一方的恶意欠债

答案一定是否定的。以上述案例分析，虽然债务发生时间在婚内，但张女士对刘先生欠债的事实并不知情，即从未共同签名或者事后追认；对于刘先生的欠款用途，张女士同样不知情，刘先生是否以个人名义为家庭日常生活负债需要根据刘先生的借款用途判断，如果其恶意欠债并未用于家庭日常生活，则不属于共需共债；但如果债主能够证明刘先生将该笔债务用于夫妻共同生活、共同生产经营，即便是刘先生个人恶意欠债，此时也构成夫妻共同债务。另外，如果张女士有证据证明该债务系刘先生因赌博、吸毒等违法犯罪活动所欠债务，则不属于夫妻共同债务。

不管何时何地，不管是对方或是他人提出要求承担夫妻共同债务时，都不必惊慌，及时寻求专业律师的帮助。同时，法律在保障公民权利的同时，也规定了公民要履行的义务，我们要坚信"法律是公平的守护者"。

十二、配偶在外为别人融资借贷做担保，这些债务在离婚时会要求另一方承担吗？

张某与李某是从小一起长大的邻居兼好友，2021年初，因受新冠疫情影响，李某急需一笔救命资金来维持生意的稳定，便向另一朋友高某借款。但因为无财产抵押，资金一直没有到位，无奈之下李某找到张某希望他可以帮忙做抵押担保。张某考虑到自己的两套房产正在闲置又加上与李某的深厚感情，于是在没有告知妻子小刘的情况下，准备用房产为李某做抵押。

张某拿了房产证和李某一起找高某签订借款协议（含担保条款），三人约定：李某向高某借款2000万元，张某以两套房屋作为抵押。高某事后发现房产证上还有张某妻子小刘的名字，于是要求张某夫妻共同提供担保，张某同意高某的要求但又担心妻子不同意，于是瞒着妻子在借款协议上签了妻子的名字。

一年之后，李某生意未见好转，一直未还钱，高某要求张某卖房还款，妻子小刘此时发现事实真相，认为张某、李某、高某恶意串通，严重损害了其合法权益，于是提起诉讼，要求法院判令三人签订的借款合同中的担保条款对其不发生效力。

通常而言，如果夫妻一方私自为他人提供担保，配偶一方不知情且夫妻二人未从该担保中直接或间接获益，该担保也与夫妻共同生活、共同生产经营无关的，一般不宜认定为夫妻共同债务，离婚时另一方无须承担。如上述案例中，张某瞒着妻子，甚至以伪造妻子签名的方式为他人做抵押担保，这种情况下，不属于夫妻共同债务，另一方无须承担。

起诉后，法院根据小刘提供的证据，认定抵押的两套房屋系其与张某的夫妻共同财产，借款合同中"小刘"的签字并非其本人所为，小刘也无用两套房屋做抵押担保的真实意思表示，于是判决借款协议中的相关担保条款对其不发生效力。

相反，如果夫妻一方以个人名义为他人的借贷提供担保，其对外担保并收取了相应的担保收益，且这种担保收益又用于家庭生活，那么该担保之债就属于夫妻共同债务，夫妻双方都应当对该担保之债承担连带清偿责任。

由此可知，担保不一定都是夫妻共同债务，在现行法律框架下，对夫妻共同债务的认定需要根据具体情况依法分析。

十三、给子女购买的保险在离婚时会被分割吗？

保险因其种类多、价值高、兼具人身及财产双重属性的特点，成为离婚案件中夫妻共同财产分割的"疑难杂症"。又因在实务领域，各地法院对保单及保险金的归属、认定及分割标准至今未形成统一意见，因此更给该问题蒙上了一层神秘面纱。其中，在涉及保险的离婚案件中，夫妻为婚生子女购买的保险该如何分割的问题，因无明确的法律规定，各地方法院的裁判存在巨大差异，目前主要有以下两种裁判观点。

视为夫妻双方对孩子的赠与，在离婚时不能作为夫妻共同财产分割

2019年7月18日，江苏省高级人民法院发布的《家事纠纷案件审理指南（婚姻家庭部分）》第43条第（3）项明确规定："婚姻关系存续期间，夫妻一方或者双方为未成年子女购买的人身保险获得的保险金，如果未成年子女未死亡，应当专属于未成年子女所有。离婚时，如果为未成年子女购买的人身保险合同尚处于保险有效期的，因保险的最终利益归属于未成年子女，该保险应当视为对未成年子女的赠与，不再作为夫妻共同财产分割。"另外，2016年6月27日，浙江省高级人民法院发布的《关于审理婚姻家庭案件若干问题的解答》第十五条也规定："婚姻关系存续期间，夫妻一方为子女购买的保险视为双方对子女的赠与，不作为夫妻共同财产分割。"

在实务中，山东省烟台市中级人民法院在（2021）鲁06民终5861号案件中认为：被告刘某主张某保险合同的保险费用每年6000元，被保险人为女儿姜某，系原、被告在婚姻关系存续期间和被告离婚后对姜某的赠与，不应作为夫妻共同财产处理。江苏省南京市鼓楼区人民法院在（2018）苏0106民初13875号案件中认为：夫妻在婚姻关系存续期间为子女购买的人身保险，应当属于夫妻双方赠与子女的专属性财产，不属于夫或妻的个人财产，也不属于夫妻共同财产，在夫妻离婚时不应作为夫妻共同财产予以分割。

在上述案件中，父母给孩子购买的保险均被视为对孩子的赠与，离婚时不予分割。此外，在具体案件中，法院还会考虑一方为子女购买保险的类型、保费资金来源、保险性质等因素。因此，在具体案件中不同法院的裁判标准仍存在差异。

作为夫妻共同财产，予以分割

北京市第二中级人民法院审理的（2022）京 02 民终 1673 号案件中，女方作为投保人，未经男方同意，以婚生女儿为被保险人，在某保险公司购买了 10 份"两全保险（分红型）"，总计保费金额 508.70 万元，交费期限为 5 年，每年共计交费 101.74 万元。后双方诉讼离婚，离婚后，男方发现有未分割的保险，遂以离婚后财产纠纷起诉到法院要求分割。最终一审法院判决女方就其个人用夫妻共同财产缴纳的保费给付男方补偿款 101.74 万元，二审维持原判。

因此，通常情况下父母一方为子女购买的保险，视为对子女的赠与，不作为夫妻共同财产分割，但仍存在被分割的风险。基于上述分析，建议大家：

1. 如果担心因离婚影响子女的保险，可以在为子女投保时或投保后，针对保单现金价值、后续保费交付做婚内财产约定，避免分割风险。

2. 可以将保险与信托、财产协议等传承工具结合起来，提供双重保障，实现传承目的。

3. 避免在离婚前为孩子购买高额保险，可能被认定为转移夫妻共同财产而被分割。

4. 尽可能用个人财产为子女投保，并保留支付凭证等证据，离婚时可以举证为个人财产而不被分割。

十四、夫妻离婚分割财产时，如何巧用家族信托平衡好夫妻及子女三方的利益？

一对企业家夫妇把离婚提上了日程，并且聘请律师介入。经过分析，律师的总体思路设计是通过调解财产分割和子女抚养来和平分手，夫妻俩也都认同这个思路。在离婚财产分割上，难点是公司的切割，最后律师建议将企业分为南区和北区，划江而治，将一个公司总部变成两个，夫妻俩各管一摊。而在不动产及金融资产（6000万元左右）分割上，夫妻俩反倒吵个没完，男方认为自己对家庭贡献更大，这部分应该多拿，女方认为离婚后两个未成年子女都是自己带，当然也要多拿，这时律师提出一个建议，即将金融资产分成3份，1/3直接归子女（这1/3也包括子女成长教育生活费），另两个1/3夫妻俩各分一份。这个方案一提出，夫妻俩很快都同意了，但他们又不放心对方持有子女的这1/3，怕对方擅自挪用。于是，律师又提出，用家族信托的法律架构不仅能够实现对子女的长期照顾和保护，也能很好地防止一方监护人挪用属于子女的财富。也就是说，无论男方还是女方，再婚也好、经营负债也好、将来有了其他子女也好，都"动不了属于孩子的奶酪"。夫妻俩最后都认可了这一方案。最终历经半年，这一对企业家夫妇办完了离婚手续，财产分割协议也办理了公证，同时设立了保护子女的不可撤销的家族信托。

资产一旦放进信托，就成了信托资产，信托受益人仅为子女。这些资产全部会按照设立信托时的信托分配条款按需、分期、按条件陆续且规律地分配给子女，完全可以充分保障子女的日常生活品质、就医、读书、深造、创业、婚嫁、生育等子女不同人生阶段的开支需求。

由此可以看出，夫妻离婚时不一定所有财产只分给夫妻两方，还可以将部分财产切割出来，给他们的孩子。而无论夫妻再婚与否，家族信托都能对前婚的子女进行有效保护，一直给与子女长期的财富支持。

但是需要提醒大家的是，这类家族信托是为特殊目标设立，通常情况下需要专业律师修改信托合同及配套的数十份法律文件，对信托委托人、受托人、受益人及监察人四方的权利义务进行限制、明确及调整,还需要与信托公司反复沟通讨论,最终以量身定制的信托合同真正实现保护子女的目的。不建议直接使用标准化的家族信托法律文件,否则很难实现个性化的信托目的。

第四篇

民营企业治理及家企风险隔离

第十一章 企业经营风险与家企隔离策略

一、新《公司法》下,如何用好"私人定制"公司章程来防范风险?

新《公司法》修订了 228 条规定,较旧法实际增减、修改超过 1/4,其中实质性修改 112 个条文。既然《公司法》已经大变样,那在旧法之下制定的公司章程还能适用吗?公司章程对公司的组织结构、管理制度、运营方式、股东权益、公司治理等方面进行规定,可以说是一个公司的"根本大法"。公司章程虽然重要,但老板们在设立公司时,对于动辄几十个条款的公司章程都很头疼,所以往往会选择从网上搜制式文件随便"拼凑"一个章程就盖章备案,而这种"通用"的公司章程并不真正适用于每一个公司。特别是《公司法》修订后,这种拼凑来的公司章程可能存在重大隐患。

新《公司法》下,公司章程的出资约定是个"技术活"

新《公司法》要求股东在公司设立后 5 年内实缴出资,即使是旧有公司的股东,无论公司章程离承诺的出资期限有多长,也要在 2032 年 6 月 30 日前完成出资。同时,设立公司时的"创始"股东之间,要互相对各自的出资义务承担连带责任,任何一位创始股东没出资的,其他创始股东都要负责。在股东没有实缴出资的情况下,一定要及时修改公司章程,个性化地调整出资方式以适应出资新规,以免出资大限到来之际,成为公司股东内讧之时。

个性化的公司章程让股东"同股不同权"有法可依

公司章程确定股东的权益和责任,包括股东的投票权、股权转让规定、分红政策等,格式化的公司章程一定是约定股东同股同权。但事实上,各位股东的能力不一样,对公司的贡献不一样,重要性也不一样,股权份额并不能完全正确地体现这些差异,同股同权的约定会随着公司的发展造成股东之间的矛盾。另外,有的公司在发展过程中会引入财务投资人股东,创始人股东需要公司的控制权,而财务投资人股东更关注收益权,法定的同股同权无法满足股东之间的需求差异。上述现实情况需要在公司章程中约定股东所持的股份与其所代表的投票权、获得分红收益的权利可以不一一对应,从而保证公司各股东能"各司其职""各取所需"。

个性化的公司章程让想要离开的股东走得从容

在制式化的公司章程下,老股东想离开可是个麻烦事。比如有股东想退股,需要现有股东中有人"接盘"想退出股东的股权才能实现,否则不能走。但如果公司章程约定减资可以只对某一个股东减资(法定的减资是全体股东按比例减资),那么股东的退出也可以用减资程序来实现。

个性化的公司章程可以适当减少公司高管的职业风险

《公司法》修订后,更强调公司董事、监事、高级管理人员的忠实义务,要求"董事、监事、高级管理人员,不得利用职务便利为自己或者他人谋取属于公司的商业机会。"2024年3月1日实施的《中华人民共和国刑法修正案(十二)》更是将非法经营同类营业罪和为亲友非法牟利罪的犯罪主体扩展到了非国有公司的董事、监事、高级管理人员（修正前只有国有公司的相关人员的相关行为才算犯罪）。同时，新《公司法》也规定了可以在公司章程中约定经营同类营业的"合规情形"，一个企业主如果名下有多家经营同类业务的公司，一定要在公司章程中约定公司与公司董事、监事、高级管理人员的交易许可和竞业，以免在不经意间触犯法律。

新《公司法》已经实施了，还在用制式章程的公司应当尽快做出调整，以适应新《公司法》的要求。

二、创业型公司在设立时要注意哪些法律问题？

在当今充满机遇与挑战的商业环境中，创业成为许多人实现梦想、追求价值的途径。然而，创业之路并非一帆风顺，创业型公司在设立阶段就需要精心谋划、全面考量，为未来的发展奠定坚实基础。以下几个法律问题，创业型公司在设立时需要特别注意。

公司类型与股权结构

1. 创业主体类型选择

常见的公司类型有有限责任公司、股份有限公司、合伙企业等。有限责任公司具有设立程序相对简单、股东责任有限等优点，适合大多数创业型公司。股份有限公司则更适合有上市计划或需要大规模融资的企业。创业者要根据公司的发展目标、资金需求和管理模式等因素，谨慎选择合适的公司类型。

2. 股权结构设计

合理的股权结构是公司稳定发展的基石。创业者要确定核心创始人的股权比例，确保其对公司有足够的控制权和决策权，同时，合理分配股权给其他联合创始人、投资者和员工，以激励各方为公司发展贡献力量。在设计股权结构时，要考虑到未来可能的融资、股权激励等情况，预留一定的股权空间，同时要明确股东的权利和义务，可通过公司章程等法律文件进行规范和约束。

注册资本与出资方式

1. 注册资本确定

新《公司法》规定，设立有限责任公司时，"全体股东认缴的出资额由股东按照公司章程的规定自公司成立之日起五年内缴足"。这个规定限制了股东不再能随意拉长出资限期，必须在最长5年之内把真金白银投到公司里，甚至有人说新《公司法》把设立公司的出资制度由认缴制改成了限期实缴制。如果注册资本过大，股东认缴的出资超过了自己的出资能力，就会陷入麻烦。比如：一个股东张三在公司设立时为了控制公司认缴了500万元出资，当5年的出资期限届满，张三就必须拿出500万元投入公司。如果公司经营第二年出现欠债还不上的情形时，即使5年的出资期限还没到，债主仍可以要求张三在出资不足的范围内替公司还债。这时如果张三只出资了400万元，那就需要替公司还100万元；如果这时张三一分钱都没出，那么他就需要替公司还500万元。

注册资本当然也不是越少越好。比如开一家装修公司，因为装修公司的核心价值是装修工人，不需要很多固定资产，所以注册资本不用太高。但装修工程的合同价款可能很高，如果一家注册资本只有5万元的装修公司想承揽一个50万元的工程，客户肯定会认为这家公司的实力与这个业务不匹配，转而选择其他公司。较高的注册资本意味着公司有钱，有钱就代表公司有较高的实力和信誉、较大的规模，较强的竞争力，对投资人来说也更有吸引力。很多行业的公司承揽业务是要参与招投标的，竞标人的注册资本也是重要的评标参数，注册资本太少很难中标。

设立公司时，应当综合考虑公司的业务规模和运营需求、行业标准和监管要求、风险承担和信誉建设需求，结合股东自身的财务状况，合理确定出资额，确保不影响股东个人的财务稳健和公司的正常经营。在确定注册资本时，最好向专业人士咨询，以便充分了解相关法律法规和行业标准，从而做出明智的决策。

2. 出资方式选择

股东可以用货币出资，也可以用实物、知识产权、土地使用权等非货币财产作价出资。对于非货币财产出资，必须进行评估作价，确保其价值真实、合理，并办理相关的财产转移手续。在选择出资方式时，要充分考虑各种方式的优缺点和操作流程，确保出资的合法性和有效性。

公司章程制定

公司章程是公司的"基本法"，涵盖了公司的组织架构、运营管理、股东权利义务等重要方面。在制定公司章程时，要遵守法律法规，同时结合公司的实际情况进行个性化定制，明确股东会、董事会、监事会的职责和权限，规定公司的决策程序和议事规则。对于股权转让、利润分配、公司解散等重大事项，也要在章程中做出明确规定，以保障公司的正常运营和股东的合法权益。

三、担任公司法定代表人会有什么风险？谁来担任法定代表人最合适？

法定代表人是指依法律或法人章程规定代表法人行使职权的负责人。公司的法定代表人以公司名义从事的民事活动，其法律后果由公司承受。理论上，法定代表人是公司的代表，法定代表人做出的与公司经营有关的行为代表了公司的意志，比如签署合同和法律文件，对内日常发布指令，对外进行各种交涉和沟通，包括与政府部门、合作伙伴、客户等的联系和协商等，是公司的法定"代言人"。既然法定代表人如此重要，担任公司法定代表人会有什么风险？谁来担任法定代表人最合适呢？

担任公司法定代表人的"代表"风险

依照我国法律，当公司欠债被法院执行而拒不履行判决时，公司的法定代表人可能被限制高消费，甚至面临15日以下拘留的处罚。在外人看来，公司的法定代表人既然代表公司意志，就是公司的控制人，但事实上，很多公司的法定代表人并不是真正控制公司的人，而是被公司的实际控制人找来充数的。这些人在面对法院执行"限高"和其他处罚时都会感觉非常"冤枉"，其实就是在享受法定代表人的光鲜地位时忽略了其"代表"风险。

担任公司法定代表人的职务风险

第一，公司的法定代表人通常是公司的董事或高级管理人员，当公司的股东抽逃出资时，法定代表人作为公司的高级管理人员，如果没有积极制止，需要和抽逃出资的股东一起承担对公司的赔偿责任。第二，作为公司的高级管理人员，公司的法定代表人一般是公司控股股东或实际控制人的"代言人"。如果法定代表人按照公司的控股股东、实际控制人指示从事了损害公司或者股东利益的行为，法定代表人需要与该董事、高级管理人员承担连带责任。第三，公司的法定代表人是公司的代言人，如果公司拒不履行法院的判决和裁定，法定代表人就是直接责任人，会直接面临法院的罚款和拘留等惩戒措施。

应当如何选择法定代表人？

由于担任法定代表人要面临前述"代表"风险和职务风险，一些公司的老板为了降低自身风险，并不自己出任公司的法定代表人,而是让其他人"代位",自己则躲在后台实际控制。这些"代位者"大多年事已高,家境贫寒,无欲无求,住所偏远,并不真正在公司任职和工作。一旦法院因为公司出了问题找到这些"代位者",就会发现对这些名义法定代表人既不能拘留处罚,也没有任何高消费,甚至找都找不到,完全没办法真的落实责任。这样设置的法定代表人表面上看可以躲掉一些风险,但新《公司法》也规定了实际控制人滥用权利的责任,表明真正控制公司的人仍然无法规避应当承担的责任,反而会因为法定代表人的"代位者"才不配位,阻碍公司的发展。

在我国,法定代表人对公司而言意义重大,法定代表人作为公司的"门面"在一定程度上也代表着公司的市场地位和盈利能力。就像马斯克之于特斯拉和 space X,乔布斯和库克之于苹果公司,法定代表人的行为和决策会对公司的发展和运营具有深远影响。因此,选择合适的法定代表人对于公司的长远发展至关重要。适合做公司的法定代表人的人员通常需要具备以下条件。

第一,法定代表人需要符合《公司法》规定的资格条件。新《公司法》第十条规定:"公司的法定代表人按照公司章程的规定,由代表公司执行公司事务的董事或者经理担任。"同时,公司的法定代表人不能是失信被执行人,不能是被刑事处罚的人。

第二,公司的法定代表人需要具备一定的法律知识和管理能力,要有良好的沟通能力,既能对外代表公司开拓市场,发展业务和协调各方关系,也能对内组织和领导公司各职能部门和员工团结协作推进公司成长。

第三,法定代表人代表公司意志,对公司的发展和运营负有重大责任,因此需要具有较强的责任心和使命感。换句话说,公司法定代表人要对公司尽到忠实和勤勉义务,确保法定代表人的行为符合公司的利益,体现公司的意志,真正给公司带来好处。

总之,一家公司要想在市场上具备竞争力并长久发展,担任法定代表人的人员一定要具备相应的能力，能够符合公司的企业文化，让人一看到这个人就能想到这家公司，一看到这家公司的名字就能想到这个人。同时，正是因为法定代表人面临的风险，任职者需要对公司足够忠实和勤勉，能够依法合规履职，确保公司良性发展，同时能避免因履职不当而导致自己承担责任。

四、公司可以不设监事会或监事吗？

在一些小公司里，老板们通常很反感监事这个职位。他们认为，自己的公司应当自己说了算，设立个监事天天监督自己，还动不动和自己唱反调，纯属自讨没趣儿。但是法律规定公司必须设置这个岗位，所以老板们的惯常做法是找一个亲戚在公司挂名监事，但实际什么作用都不起，可能都不会来公司。即使这样，老板仍然觉得麻烦，恨不得不设这个岗位。新《公司法》说公司可以不要监事，真的是这样吗？

监事会和监事的职责

监事会和监事是《公司法》规定的有限公司和股份公司应当设置的组织机构之一，股东多的大公司需要由多名监事组成监事会，股东少的小公司只要有一个监事就行。这个机构可以检查公司财务；监督公司高管在公司的履职行为，如果公司的高管违法违规、违反公司章程或者股东会决议，监事会或监事可以提出解任的建议；如果公司高管损害公司的利益，监事会或监事可以要求他们纠正，还能代表公司对损害公司的高管提起诉讼；还能提议召开临时股东会会议，在董事会不召集和主持股东会会议时，监事会或监事可以自己召集和主持股东会会议；同时有向股东会会议提出提案的权利等。总结来说，监事会和监事主要行使监督公司管理者的权利。

可以不要监事吗？

新《公司法》规定公司可以不设监事会或者监事，但是如果不设监事会或监事，应当在公司章程中规定在董事会中设置由董事组成的审计委员会，行使监事会的职权。意思是，机构可以省，但必须有人来行使监督公司高管的权利，由公司的执行权力机构董事会分出特定的部分来行使监督管理者的权利无疑是最合适的。从《公司法》的规定中我们也可以看出，可以不设监事会和监事的公司至少是有董事会且董事会成员较多的大型有限责任公司、股份有限公司，甚至是上市公司，只有这样的公司才能在董事会中分出部分董事组成审计委员会，在股份有限公司中，审计委员会成员必须是三人以上，且在公司不得担任董事以外的其他职务。而对普通的公司和小公司而言，还是设置监事会或监事更具可行性。

现代化的公司应该由谁来做监事？

监事会或监事能够监督公司的管理者，因此监事的人选就十分重要了。一家公司的组成人员其实从本质上看就两类：一类是出了钱的叫股东，也就是老板；另一类是没出钱的职业经理人。监事是由这两拨人选择出任。对于有监事会的大公司，因为老板和职业经理人的利益并不完全一致，所以为了制约老板的权力，《公司法》规定职工代表人数在监事会的占比不能少于1/3。而小公司有个监事就不错了，所以就不再限制监事是老板还是职业经理人了。但是要注意，公司的董事、总经理、财务负责人等高管是不可以兼任监事的。

虽然监事会或监事要监督公司的管理者，是公司里的"反对派"，但从长远来看，监事会和监事的职权都是为了公司的健康发展。有了这些"反对派"，公司的管理者才能够更加审慎地行使管理权限，降低了公司管理者损害公司利益的风险。监事会或监事的设置从根本上符合公司的所有者——股东的利益，所以老板们不但不应该反感监事，反而应当重视。此外，监事履行职责不能简单粗暴，要在有效监督公司管理者行使权利的同时又不影响公司的正常经营，这就要求监督者既要德才兼备还要充满智慧，只有专业的人才担任监事，公司才能长治久安，不断发展壮大。

五、民营企业以自然人直接持股的方式风险大吗？

以前，对中小企业的民营公司来说，自然人直接持股是大多数公司的组织形态。反观那些大公司、上市公司甚至跨国公司，很难看到自然人直接持股，即使有自然人股东，持股比例也都比较少，控股股东基本上都是法人股东和机构股东。随着公司制度的发展，这种自然人直接持股的方式风险大吗？是不是已经过时了？

自然人持股并不过时

其实，自然人持股并不过时，而且自然人直接持股公司时，通常是股东人数较少，而且同股同权——相同的股权代表相同的表决权和分红权。这样的公司股权结构比较简单，客户可以一眼看出是谁设立的公司；股东之间的权利义务比较明晰，无论是公司日常决策还是增资、减资甚至注销公司，股东们坐在一起开个会，按照股权比例一表决，都能很快形成决议；股东权利的行使也更直接，每个股东在分红时拿多少钱很容易确定，或者是股东想查账，谁申请查账就给谁看，不容易产生争议；甚至股东转让股权也更加便捷，只要想转股权的股东在转让前通知其他股东，其他股东表示没意见后股权转让就可以推进了，其他股东想行使优先权也可以很容易就表态。

实施新《公司法》后企业经营风险容易牵连自然人股东

自然人持股容易使公司经营风险牵连个人甚至家庭。事物都有两面性，自然人直接持股虽然简单直接，但也正因为简单直接，公司的控制关系直接暴露在外，股东不合规的经营行为更容易导致公司的法人人格被否定，有限责任被穿透。例如，新《公司法》第五十四条规定："公司不能清偿到期债务的，公司或者已到期债权的债权人有权要求已认缴出资但未届出资期限的股东提前缴纳出资。"这种情况下，就很可能出现公司还不上债了，股东要用家里的钱来还债。又如，股东出现企业家业财务混同（例如用个人账户收取公司经营款，股东向公司借款不还代替分红，股东挪用公司资金、侵占公司财产，股东将家庭消费拿到公司报销等）时，也会导致公司独立人格否定，企业债务波及股东家庭。这样一来，公司的经营风险就直接牵连股东个人甚至是股东的家庭。

用自然人直接持股进行股权激励会留下隐患

企业能在激烈的市场竞争中生存和发展离不开优秀的人才，一家有竞争力的企业通常拥有富有创造力和责任心的优质员工。如果企业想留住这些优秀的员工，最有效的方式之一就是将员工的个人利益与企业的利益进行绑定，让员工从企业的发展中受益。很多老板会让员工持有一部分公司的股权，让员工参与公司的经营决策，享受企业盈利后的分红。但是，让员工直接持股并不能保证一定能留住员工，如果员工持股后仍然离职，公司还将陷入意想不到的麻烦。

王老板的公司经营业绩优秀，年利润在省同业中名列前茅。王老板想留住核心员工赵某，特地在一次全公司的年终表彰会上奖励赵某2%的公

司股权，希望赵某一直能为公司效力。成为股东一年后，赵某仍然被王老板公司的竞争对手高薪挖走，王老板想讨回奖励给赵某的股权，但赵某拒绝，同时在离职后行使股东知情权，查阅了公司的财务账簿，并将公司的交易情况透露给了王老板的竞争对手，王老板追悔莫及……

法人及组织持股的作用

第一，隔离主营业务公司经营风险。国企、大型民营企业，尤其是上市公司、跨国公司，非常流行法人股东持股的结构，如图11.1所示。

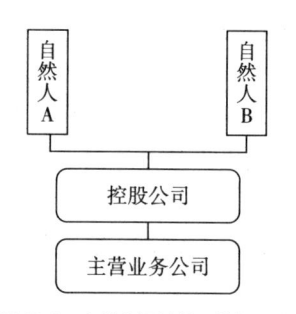

图11.1 自然人间接持股结构示意

在这种结构下，主营业务公司由法人（公司）股东持股，自然人再持股法人股东。因为自然人股东对控股公司承担有限责任，控股公司对主营业务公司承担的也是有限责任，这样控股公司就成为自然人股东和主营业务公司之间的防火墙，主营业务公司的经营风险不容易直接牵连间接持股的自然人股东。

第二，安全的员工持股平台。直接让员工持股虽然对员工有激励作用，但可能让老板和公司面临麻烦和风险，所以现代企业的股权激励通常会设立员工持股平台，让员工间接持股，如图11.2所示。

```
        ┌──────────┐      ┌──────────┐
        │普通合伙人│      │有限合伙人│
        │  大股东  │      │  员工A   │
        │          │      │  员工B   │
        │          │      │  员工C   │
        └────┬─────┘      └────┬─────┘
           10%                90%
             │   ┌──────────┐   │
             └───┤ 有限合伙 ├───┘
                 │(员工持股平台)│
                 └─────┬────┘
                      10%
                 ┌─────┴────┐
                 │主营业务公司│
                 └──────────┘
```

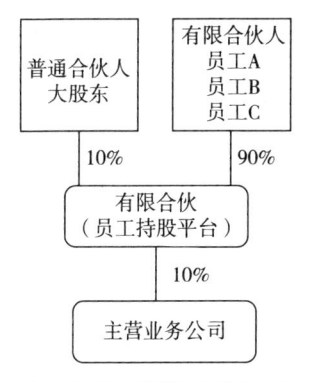

图 11.2　员工持股平台结构示意

员工持股平台通常是有限合伙的形式，公司大股东在合伙平台中任普通合伙人，负责合伙平台的决策；受激励的员工是合伙平台中的有限合伙人，不参与合伙平台决策，但按照合伙份额享受合伙利润分红，合伙平台的利润由主营业务公司向合伙平台分红产生。只要合伙平台的协议约定完善，员工就不能享受主营业务公司的股东权利，但可以通过合伙平台享受主营业务公司利润带来的收益。对主营业务公司的大股东来说，这样的股权激励平台更加安全可控。

第三，再投资更加灵活。在自然人股东和主营业务公司之间设置控股公司的结构中，主营业务公司向控股公司分红后，控股公司可以暂时不向自然人股东分红，而是在控股公司层面直接对外进行再投资，这种投资可以与主营业务完全隔离，再投资产生利润后再向自然人分红，实现了自然人股东的分红个人所得税纳税递延。

虽然通过法人或其他组织持股主营业务公司有很多优势，但毕竟控股公司或持股平台的设置和运营维护需要额外的成本，也会增加合规风险。如果仅仅是小型微利公司，确实没有必要大费周章地搭建复杂的股权架构，只要经营合法合规，简单的股权结构也会让公司顺畅运行。对于规模大、利润高、员工多的大型公司，现代化的股权结构能满足公司管理的需要，也能为公司的发展提供助力，值得公司创始人用心规划。

六、新出资制度下，股东减资行为有哪些利与弊？

由于原《公司法》实行的是注册资本认缴制，公司股东并不用实际出资，很多股东为了提升公司形象，在设立公司时认缴了高额的出资。在新《公司法》实施以后，股东的出资期限被大大缩短了，一下子从公司的主人变成了公司的债务人。老板们既不想出那么多钱，也不想关了公司，所以想到的第一个解决方案就是减资。新《公司法》一经公布，很多地方都出现了公司减资潮，那么减资真的是应对新《公司法》五年限期认缴制的最优解决方案吗？

减少注册资本的好处

减少注册资本的第一个好处是降低了股东的出资义务，股东不用再出那么多钱了，对囊中羞涩的老板来说，这肯定是利好。减资的第二个好处是减小了公司的规模，有可能变成小微企业，进而享受到税收的优惠政策。财政部、税务总局《关于进一步支持小微企业和个体工商户发展有关税费政策的公告》第三条规定："对小型微利企业减按25%计算应纳税所得额，按20%的税率缴纳企业所得税政策，延续执行至2027年12月31日。"按照这个政策，符合小型、微利条件的公司可以按照5%的税率缴纳企业所得税，这比一般企业25%的所得税率要低多了。减资的第三个好处是减少了新《公司法》第五十四条规定的股东提前出资替公司还债的法律风险。

过度减资的弊端

减少注册资本最直接的弊端就是降低了公司的信誉实力。要知道，公司实力最直接的表现就是注册资本，如果公司从事的行业需要进行招投标，那注册资本一定是重要的投标门槛，注册资本太小的公司可能连入围资格都没有。即使没有招投标需求，对不了解公司的陌生客户来说，一家注册资本只有几十万元的公司看起来也不那么可靠。因此如果减资过度，使公司的市场竞争力大幅下降，将导致公司丧失商业机会。

想减资也并不容易

即使想清楚了要减资，也不是想减就能减的。股东决定减资后，减资的幅度除了要考虑各位股东的实际出资能力，最好先和税务机关沟通一下，看看减资涉及多少税费成本，再综合考虑减资额度。确定了减资额度后，需要召开股东会做出公司减资决议。相比公司内部的流程，减资的外部流程更加重要，公司需要向所有债权人发出通知，告诉公司的债主们："我要减资了，谁赞成？谁反对？"通知债权人是股东减资前最容易忽略的一步，如果没有通知，减资行为对未接到通知的债权人不生效。也就是说如果公司欠钱还不上时，债权人可以要求公司股东按照原来认缴的出资额对公司的负债承担连带的清偿责任。通知债权人后，公司还需要做出减资公告，最后才是去市场监管局做变更登记。

减资有利有弊，而且需要经过特定的程序才能完成。老板们需要通盘考虑股东的出资能力、公司的市场定位、公司主营业务的实际需求后谨慎做出决定。

七、股权已经转让了，如果公司负债会牵连前股东吗？

《最高人民法院关于民事执行中变更、追加当事人若干问题的规定》第十七条规定："作为被执行人的营利法人，财产不足以清偿生效法律文书确定的债务，申请执行人申请变更、追加未缴纳或未足额缴纳出资的股东、出资人或依公司法规定对该出资承担连带责任的发起人为被执行人，在尚未缴纳出资的范围内依法承担责任的，人民法院应予支持。"依据这个法条，在公司作为被执行的债务人的执行程序里，债主可以要求没有足额出资的股东与公司一起还债，如果恰好这个股东是设立公司的创始股东，债主还可以要求一起设立公司的其他股东，在这个股东未出资的范围内替公司还债。

在这样的情况下，原《公司法》出资认缴制下催生的无数天价公司的股东都在忙着申请公司减资、注销。也有的股东把股权转让了，不再持有那么多股权甚至完全从公司退出了。这些股东的想法是，随着股权的转让，设立公司时任性承诺的出资责任由股权"接盘侠"一并接走了，自己就不再负出资责任了。

然而，打这个算盘的人可能要失算了，新《公司法》第八十八条规定："股东转让已认缴出资但未届出资期限的股权的，由受让人承担缴纳该出资的义务；受让人未按期足额缴纳出资的，转让人对受让人未按期缴纳的出资承担补充责任。"这个条款的意思是，如果接盘股权的新股东在公司章程记载的出资最后期限没有足额出资，作为原股东就要跟新股东就出资问题承担补充责任。新股东差多少出资，原股东就要补多少出资，新股东要是一分没出，原股东就得出全部的钱。所以，股权可以转，但出资责任不一定转得了。

八、公司的债主能否要求认缴出资的股东提前缴纳出资还债？

有一些债主可能会发现，欠债的公司一穷二白，但公司的股东每天锦衣玉食、香车豪宅，比债主的生活还要奢侈。造成这种现象的一个很重要的原因是，股东没有真正把钱投到公司里。在注册资本认缴制下，股东并不用真正出资，只要承诺在一定期限内出资，就可以通过设立程序成立公司。因此很多股东设立公司时，都采用了"画饼出资"的方式，公司已经经营多年，股东的出资期限还迟迟未到。不过这种情况随着新《公司法》的实施，将逐渐消失。

公司的债主可以要求股东提前出资还债

新《公司法》第五十四条规定："公司不能清偿到期债务的，公司或者已到期债权的债权人有权要求已认缴出资但未届出资期限的股东提前缴纳出资。"当公司无法还债时，虽然股东承诺的出资最后期限还没到，但公司的债主可以要求认缴出资的股东提前出资，这样公司收到股东的出资就可以还债了，同时股东需要真金白银地从兜里掏出钱来替公司还债。

执行程序也可以追加未出资的股东替公司还债

依照《最高人民法院关于民事执行中变更、追加当事人若干问题的规定》第十七条[1]，在公司作为被执行的债务人的执行程序里，债主也可以要求没有足额出资的股东与公司一起还债，这里并不区分是"到期没出资"还是"没到出资期限而没出资"，只要股东没有足额出资，都可以被追加为被执行人。如果恰好这个没足额出资的股东是设立公司的创始股东，债主还可以要求一起设立公司的其他股东共同在这个股东未出资的范围内替公司还债。

公司还不上债时，债主怎么办？

公司不能还债时，债主除了可以起诉公司还债，还可以查看公司的出资情况。如果公司有股东因为没到出资期限而没有足额出

---

[1] "作为被执行人的企业法人，财产不足以清偿生效法律文书确定的债务，申请执行人申请变更、追加未缴纳或未足额缴纳出资的股东、出资人或依公司法规定对该出资承担连带责任的发起人为被执行人，在尚未缴纳出资的范围内依法承担责任的，人民法院应予支持。"

资，债主就可以要求未实际出资的股东提前出资。在目前的司法实践中，债主可以在与公司的诉讼中将未实际出资的股东列为共同被告，要求该股东在未出资的范围内对公司的负债承担清偿责任；如果债主发现股东尚未足额出资时对公司的诉讼已经结束，债主可以在对公司的强制执行程序中申请追加未足额出资的股东为被执行人和公司一起还债，未足额出资的股东是设立公司的创始股东的，债主还可以要求追加一起设立公司的其他股东为被执行人。

以上三点如果我们换一个角度来看，也是企业经营债务穿透公司到家庭的典型情况。正因如此，我们也提醒一下各位老板，过去避债的方法在新《公司法》下不再奏效了，提前规范好企业财务，同时设立企业家业防火隔离墙更为迫切。建议老板们企业家业两手抓，一方面要学习新《公司法》完善公司治理，完善公司财务流程和决策机制，调整公司股权结构，修订公司章程；另一方面要通过一些金融法律工具进行风险隔离，例如通过设立保险金信托、家族信托为家庭成员隔离出一块安全的"资产池"来，避免届时家庭财产受到企业经营的牵连。

九、公司负债了，认缴的出资还没到期，能否减资？

在认缴制下，股东没有实际出资，公司就已经设立运行。既然公司已经在运营，就可能负债。《公司法》修订后，股东的认缴期限已经被限制在5年以内，即使在修法前已经设立的公司，股东最晚出资期限也被限定在2032年6月30日。一些注册资本认缴制下设立的公司注册资本超过了股东的出资能力，修法后股东们感觉到了压力，很想减资，但如果公司已经负债了，还能减资吗？

从法律规定的层面来看，公司负债可以减资

公司负债的时候是可以减资的，新《公司法》虽然未限制公司负债时的减资，但要求公司在减资时按照《公司法》规定的程序进行，特别是要做"双通知"。即在公司股东会做出减资决议后，一是要在 10 天内通知债主，二是要在 30 天内在报纸上或国家企业信用信息公示系统上公告。债主在接到通知之日起 30 日内，未接到通知的自公告之日起 45 日内，有权要求公司偿还债务或者提供相应的担保。

认缴出资没到期也可以减资

公司在股东尚未实缴出资时也是可以减资的。在《公司法》修订后，很多人认为新《公司法》加大了股东的责任，认缴的出资越多，承担的责任越大，所以都在新《公司法》实施前忙着做减资。股东认缴出资没到期的公司减资，实际上是减少了股东的出资责任，虽然股东并未实际完成出资，但只要出资期限没到，且按照《公司法》规定程序，就可以进行减资。公司减资后，未实缴出资的股东就不用按照原认缴的出资额进行实缴出资了，只要按照减资后公司章程确定的出资时限和出资额完成出资就可以了。

公司的债主可能阻止公司减资

新《公司法》规定，公司不能还债时，债主可以让没到出资期限的股东提前出资。如果股东并没有实际出资，在债主接到公司的减资通知后，债主要求公司还债未果时，就可以直接要求股东提前出资。所以，如果公司减资前债主已经起诉要求股东提前出资，那在公司还债之前，恐怕无法减资。

公司违法减资对债权人无效

A公司老板一看新《公司法》实施了，感觉公司注册资本1亿元压力太大了，于是就决定要减资到5000万元，财务人员赶紧去办，但忽视了新《公司法》的规定，只是就减资发了公告，没有通知公司现有债权人，于是后来某位债权人很恼火地把A公司告了，还把公司董事也作为连带被告起诉了，主要理由是A公司没有提前通知他就减资了。

如果公司没有通知债权人就去减资，虽然可能在登记机关完成了减资的变更登记，但由于没有通知债权人，属于违法减资，这时债权人可以要求各个股东在各自减少出资的范围内替公司还钱。在操作实务中，市场监管局可能要求申请减资的公司做出负债和担保的说明，并要求各个股东在说明上签字承诺说明真实有效，保证债务清偿。如果公司减资时没有如实说明或拒绝还债的，公司即使完成减资登记仍然可能被法院确认违法，从而使得公司的债权人有权要求股东替公司偿债。

十、为什么说"谋取公司商业机会的赔偿责任"给董监高敲响了警钟？

2024年北京市大兴区人民法院披露了一起公司起诉总经理的案件，主要案情是该公司总经理利用自己掌握的公司产品市场和客户信息，悄悄在河北省设立了一家公司，经营着与自己任职公司一样的业务，并且将所获得的客户信息用于私自设立公司的销售，赚的钱也自然进了自己的腰包。这样偷偷干了一年后，公司得知内情后愤而起诉，要求总经理对公司的损失进行赔偿。

公司董事、监事及高级管理人员是公司的管理层组成部分，董事负责制定和实施公司的长远策略，监督公司的运营，并对股东负责。监事对公司财务和业务活动进行监督，确保公司的合法性和效率。高级管理人员包括总经理、副总经理等，直接负责公司的日常业务运营。公司董事、监事及高级管理人员可以非常便利地掌握公司的商业机密，如果他们利用这个便利将原本属于公司的商业机会违法提供给自己或他人使用，就违反了公司管理人员的忠实义务。

何为谋取公司商业机会？

新《公司法》第一百八十三条规定："董事、监事、高级管理人员，不得利用职务便利为自己或者他人谋取属于公司的商业机会。"

A公司与B公司均是医疗服务机构，经营同类业务。大王是A公司监事兼副总经理，小王是B公司股东及法定代表人，大王和小王是兄妹关系。大王在A公司任职期间，将A公司经5个月磋商谈判已进入拟签约阶段的"X项目"，转介绍给了B公司并签订合同。于是A公司诉至法院，请求判令大王、B公司立即将损害A公司利益的全部收入所得93万元返还给A公司。

案例中的大王作为A公司监事兼副总经理，利用其掌握的信息和职权控制A公司放弃了已经接近签约的"X项目"，并将这个项目介绍给了妹妹做股东和法定代表人的 B 公司，最终 B 公司完成签约并在"X 项目"上实现获利。大王的行为就属于典型的"董事、监事、高级管理人员，利用职务便利为自己或者他人谋取属于公司的商业机会"。

在判断董事、监事和高管是否构成"谋取公司商业机会"时，要结合多方面因素进行综合判断，而不是简单地看相关商业机会是否在公司的经营范围内。若商业机会没有专属于公司的业务经营范畴，或者公司没有能力利用该商业机会，则董事、高管获取该商业机会便不违反忠实义务。

董监高避开此类风险的办法

新《公司法》第一百八十三条给我们提供了两类避险情形：

第一类：将此商业机会上报且公司同意。董监高向董事会或者股东会报告，并按照公司章程的规定经董事会或者股东会决议通过，同意董监高利用本属于公司的商业机会的，不发生违反忠实义务的赔偿责任。需要特别注意的是：董事会在对上述事项进行表决时，关联董事要予以回避。若出席董事会会议的无关联关系董事人数不足 3 人，应当将该事项提交股东会审议。

第二类：公司依法不能使用该商业机会。董监高谋取的商业机会虽然来自公司，但根据法律、行政法规或者公司章程的规定，公司不能利用该商业机会，也不算违反忠实义务的赔偿责任。

董监高此类职业风险及赔偿责任

新《公司法》第一百八十六条规定："董事、监事、高级管理人员违反本法第一百八十一条至第一百八十四条规定所得的收入应当归公司所有。"第一百八十八条规定："董事、监事、高级管理人员执行职务违反法律、行政法规或者公司章程的规定，给公司造成损失的，应当承担赔偿责任。"按照上述法律规定，董事、监事、高级管理人员利用职务便利为自己或者他人谋取属于公司的商业机会的收入应当归公司所有，造成公司其他损失的也要进行赔偿。

新《公司法》全面强化了董事、监事、高级管理人员的忠实义务，我们建议一方面公司治理的制度和流程要完善，对公司董监高人员要进行职业操守和职业风险的专题培训，另一方面公司董监高也需要提前做好企业家业风险隔离，这样对家人也有所保障。

十一、对于画饼出资的股东，其他股东有制约办法吗？

公司设立时几个股东说好了各自出资多少，守信的股东会按时出资把钱交到位，但总有那么几个"老赖股东"就是不出钱，这让公司其他股东颇为头疼。因为在公司设立后，如果有的股东没有按照承诺出资，就会造成公司的资本不足，偿债能力下降。不仅如此，这些"老赖股东"还会牵连守信股东。因为新《公司法》第五十条规定："有限责任公司设立时，股东未按照公司章程规定实际缴纳出资，或者实际出资的非货币财产的实际价额显著低于所认缴的出资额的，设立时的其他股东与该股东在出资不足的范围内承担连带责任。"按照该条规定，如果因为有股东不出资导致公司还不上债，不仅不足额出资的股东有麻烦，一起设立公司而且足额出资的股东可能也会被债权人追索从而遭受损失，甚至牵连股东家庭。那出资的股东有没有办法制约不出资的股东呢？

新《公司法》规定了"老赖股东除权"制度

过去，对于公司大股东甚至控股股东，即使他们没有真正完成出资，小股东想制约他们也是非常困难的。《公司法》修订以后，如果有股东未按公司章程中承诺的期限完成出资，公司和董事会可以按照一定的程序，让欠费股东失去未缴纳出资部分的股权，如果欠费股东一分钱都没出，那么该股东将面临被除权的境地。

"股东除权"的流程

依照新《公司法》的规定，假设股东张三在公司设立时认缴出资500万元，认缴期2年。2年期满后张三只出资了100万元，剩余400万元没有缴纳，这种情况下，公司可以先向张三发出书面催缴书，催缴书除了要写明催缴出资，还要给张三留出不少于60日的宽限期。过了宽限期，张三仍未缴纳剩余400万元出资的，公司经董事会决议就可以向张三发出书面的失权通知，自失权通知发出之日起，张三就丧失400万元未缴出资对应的股权了。

除权以后怎么办？

第一，对失权的张三来说，如果张三对于失权有异议，可以在接到失权通知书后30日内向法院起诉，但是起诉谁还需后续司法解释来规定。第二，张三失权后，原来登记在张三名下的那部分股权应当转让给其他股东，由其完成出资。如果没有股东愿意接盘张三的股权，公司也可以减少注册资本，注销张三没有出资的这部分股权。如果在张三失权后6个月内，这部分股权既没有找到接盘者，公司又没有减资注销的，其他股东就需要按照持股比例增加出资，收购这部分股权。

十二、哪些情形会导致公司高管因职务行为承担连带赔偿责任，进而牵连家庭财富安全？

自从《公司法》修订后，许多董监高突然觉得压力很大，主要原因是职业风险变高了，其中有一条就是高管有可能要承担的连带赔偿责任。之前，公司对外造成损失由公司以自己的资产进行赔偿，这是公司制度下有限责任的核心。公司行为导致第三人损失，公司股东通常是不承担责任的，同时属于公司员工的高级管理人员更是"事不关己，高高挂起"。《公司法》修订后，大大强化了公司董事、监事和高级管理人员的忠实、勤勉执业的义务，如果因为高管执业不当造成公司对外侵权时，高级管理人员就再难像以前一样可以置身事外了。

宜华生活于 2004 年 8 月在上海证券交易所主板成功上市，成为汕头市首家上市的民营企业。2016—2019 年，宜华生活多次通过虚增营业收入和虚增货币资金的方式拉高股价。被证监会处罚后，宜华生活股价大跌最终退市。投资宜华生活的股民因遭受重大损失而依法维权，对宜华生活和宜华生活的高管提起了诉讼（见图 11.3）。

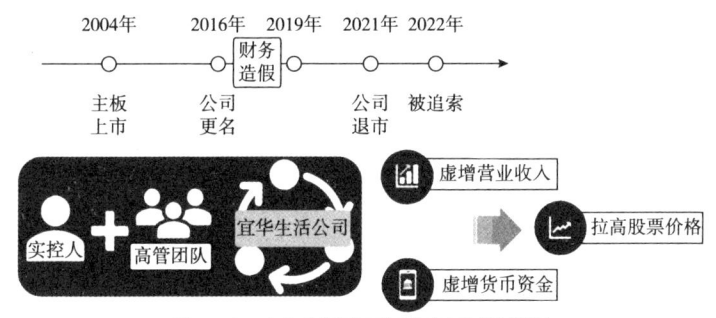

图 11.3 宜华生活公司证券责任纠纷进程

法院审理后做出了判决，除了宜华生活公司要承担赔偿责任，公司的高级管理人员也要不同程度地承担连带责任。其中实际控制人兼董事、董事长兼总经理、财务总监、副总经理、董事会秘书等都承担 100% 连带责任；集团总裁、监事会主席、家居生活部总监、财务总监、设计部总监、独立董事等若干其他高级管理人员承担 3% ~ 60% 的连带责任。

关于上市公司财务造假导致公司高管承担赔偿责任的案件已经屡见不鲜，那么哪些情况下公司高管要对外承担赔偿责任呢？

董监高职业风险之一：被认定违反法律法规及公司章程

第一，信息披露违规：公司高管在证券市场中，若未按照相关法规要求准确、完整、及时地披露公司信息，导致投资者因信息不对称而遭受损失，需承担连带赔偿责任。如上市公司的财务报告存在虚假记载、重大遗漏或误导性陈述，高管签字确认且未能勤勉尽责进行审核，投资者可要求其与公司共同承担赔偿责任。

第二，违反忠实勤勉义务：《公司法》规定高管对公司负有忠实义务和勤勉义务，若高管违反该义务，损害公司利益并进而导致第三人损失，需承担赔偿责任。如高管利用职务之便，为自己或他人谋取属于公司的商业机会，或收受贿赂做出损害公司利益的决策，致使公司无法履行对第三人的合同义务，给第三人造成损失，高管应与公司一起对第三人进行赔偿。

董监高职业风险之二：被认定参与或协助公司的侵权行为

第一，知识产权侵权：若公司在经营过程中侵犯他人的知识产权，如未经授权使用他人的专利技术、商标、著作权等，而高管在明知或应知的情况下参与、协助或默许了该侵权行为，那么高管需与公司一同对第三人承担连带赔偿责任。例如，公司在生产产品时使用了侵犯他人专利的技术，高管知晓该技术来源不正当却未阻止，导致产品流入市场后被专利所有者索赔，高管需承担相应责任。

第二，不正当竞争行为：当公司实施不正当竞争行为，如虚假宣传、商业诋毁等，给竞争对手或消费者等第三人造成损失，如果高管参与决策、指挥或实施了这些行为，将可能与公司一起承担连带赔偿责任。

董监高职业风险之三：重大决策失误

第一，投资决策失误：高管在制定公司投资策略时，若因未充分调研、评估风险等原因做出错误决策，导致公司投资失败并无法偿还对第三人的债务，如银行贷款等，可能需对第三人承担连带赔偿责任。比如，高管盲目投资高风险项目，致使公司资金链断裂，无法按时归还银行贷款本息，银行有权要求高管与公司共同承担还款责任。

第二，经营管理决策失误：在公司日常经营管理中，高管的决策失误可能导致公司生产经营出现重大问题，影响对第三人的合同履行。如高管决定大幅提高产品产量，却未考虑市场需求和销售渠道，导致产品积压，公司无法按时交付订单，需向客户支付违约金，高管可能需对此承担连带赔偿责任。

综上所述，在新《公司法》下，公司高管的职业生涯显然受到更严格的监管。除了提高警惕、小心执业，公司高管最好能给自己和家庭设置一个财富保险箱，通过人寿保险、保险金信托、家族信托、资产代持等工具来综合安排，万一因为公司侵权受到牵连，也不至于手足无措。

十三、注销公司可以避开之前的经营债务吗？

过去的注销公司避债情形

现实生活中有一些老板，在公司负债的时候并不想着如何还钱，而是想着把账赖掉，甚至有些轻资产的公司老板不惜将公司注销来避债。注销公司时虽然需要在报纸上公告，但又有几个债主会天天盯着报纸的公告栏呢？当债主将公司起诉到法院以后才发现，公司已经注销了。虽然按照法律，债主们还有办法追款，但欠债的公司注销后，要想追钱确实是个专业和烦琐的活儿，对大多数债主来说太难了。

公司注销是怎么办理的？

公司没了以后去登记机关注销和人没了去户籍管理处销户是类似的程序。不一样的是公司没了多数不是自然没的，而是老板不想继续开公司了，所以注销公司肯定是要通过股东会决议的。和人没了相仿，既然公司解散，就要清理一下公司的"遗产"和债务，这就是公司清算，清算的结果就是编制资产负债表和财产清单。有了股东会决议和清算结果，基本上就可以去登记机关申请"销户"了。具体而言，注销公司通常分两种方式，一种是普通注销，另一种是简易注销。如果是普通注销，代办机构会帮老板拟一个清算报告，然后按照市监局的流程把公司注销；另一种是简易注销，简易注销是不需要清算的，但是需要股东做出承诺，如果公司注销后还有钱没还，股东要自己替公司还。

公司注销真的能避债吗？

新《公司法》实施后，公司更容易注销，但是老板却无法再用这个方式避债了。简易注销虽然不需要清算，但股东做出连带偿债承诺后，如果公司确实还有钱没还，股东仍要替注销的公司还债，这已经成为法定的责任，债主可以很方便地提起诉讼，用法律保护自己。即使是普通注销，公司隐瞒了负债，拿着代办拟的清算结果办理了注销，由于清算结果是虚假的，这个普通注销也仍然属于违法注销，公司的股东还是要替公司偿还隐瞒的负债。

公司注销很容易，但是老板们千万不要想着用注销公司的办法去避债，否则很有可能"搬起石头砸了自己的脚"，将公司欠的债变成老板个人的欠债，甚至变成家庭的欠债。

十四、如果公司不能还债，不参与经营的小股东要承担责任吗？

刘总是物流行业内的大咖，在 2006 年的时候，刘总亲戚家的孩子王某想开个货运公司，亲戚求刘总帮着撑撑门面，刘总就出资 20 万元参股了王某的公司，成为王某公司持股 20% 的小股东。王某公司设立后，刘总一直没有参与经营，也从没问王某要过分红，只当帮亲戚的忙。2016 年，刘总基本上已经退休，自己的公司也交给儿子打理，每天只是含饴弄孙颐养天年，直到有一天突然接到法院电话。刘总被告知王某的公司负债 2.6 亿元，已经被诉成为被执行人，王某本人的公司资不抵债，王某本人也不知去向。法院称刘总抽逃出资，要求刘总在抽逃出资的 980 万元范围内替王某的公司还债。刘总非常疑惑，当年参股王某的公司，确实出了 20 万元，怎么会有抽逃出资？而且还抽逃了 980 万元，怎么会这么多？刘总到法院后看到法官出示的证据才知道，原来王某的公司在 2009 年做了增资，原来 100 万元的注册资本直接增加到了 5000 万元。当时王某并没有告知刘总，也没有让刘总出钱，而是找人借了 4900 万元划入公司完成验资。增资的验资结束后，王某又把这 4900 万元倒出归还他人。验资入账后再抽出的行为已经构成了抽逃出资，根据《公司法》的规定，抽逃出资的股东要对企业债务承担连带责任，此时刘总虽然是"被"抽逃出资，但仍然没有幸免于公司债主的追索。刘总好心帮助亲戚开公司，却因为一时疏忽遭受无妄之灾，背负了巨额负债，真是让人唏嘘。

一般情况下股东对公司负债承担有限责任

如果股东全面出资，仅以出资额为限对公司的负债承担责任。也就是说，只要股东实打实地完成出资，就已经承担了责任。即使公司在后续经营中发生亏损，资不抵债，甚至破产，完成出资的股东也不用再承担出资之外的责任。这种有限责任是公司这种市场主体存在的根本意义，将市场经营风险和股东个人隔离开，使得股东可以在完成出资后放心大胆地经营公司、博弈商海。所以一般情况下，无论是否参与经营，也无论出资多少，股东承担的都是有限责任。

小股东未完全出资时可能承担责任

首先，《公司法》规定了股东应当全面履行出资义务，不得抽逃出资。如果股东没有如实出资或抽逃出资的，在公司还不上债时，债主可以要求股东在未出资或抽逃出资的范围内替公司还债。所以即使是小股东，如果出资不够或者在出资之后把钱从公司抽回来了，公司还不上债时，也要在承诺出钱但没出够的那部分范围内，或者是出资后抽回的部分范围内替公司还债。

其次，认缴期未到也可能被追诉。按照新《公司法》规定，当公司不能还债时，即使尚未到出资最后期限，债主也可以要求股东在认缴而未出资的范围内替公司还债。

设立公司时的股东还有连带责任

小股东如果是公司设立时就加入的，就算自己完全出资了，也不见得就能享受有限责任。如果设立时加入公司的其他股东没有完全出资或抽逃出资了，在债主要求这类股东在出资缺额或抽逃的范围内替公司还债的同时，还可以要求设立时就加入公司的小股东一起还债。这时的小股东可就要"躺枪"了，因为有可能这个连带责任比小股东认缴的出资额要大得多。

综上所述，大家应该已经明白，即使是不参与企业经营的小股东，也有可能会突然被牵连，甚至是被大股东害惨了，所以小股东对自身利益的提前防范和保护还是很有必要的。

十五、综合来看小股东有什么风险？如何维护自己的权利？

小股东出资相对较少，对公司的责任也相应较小。同时，因为出资占比少，在公司的话语权也比较小，公司的大多数事务都是大股东做主，小股东经常被大股东"拿捏"。那作为公司的小股东，应该注意避开哪些坑？如果利益受到损害又该如何维权？

小股东的高频风险

公司的小股东由于出资占比少，股东会的表决权也相应较低，小股东的意见经常被大股东忽视。很多股东较少的公司甚至都不开股东会，凡事由大股东定夺。公司的决策权、人事权、财政权都由大股东控制，很多公司常年不分红，小股东要求分红时，大股东就说公司经营亏损，没有盈利。除此之外，还有很多控制了公司财权的大股东可以任意挪用公司资产，逐步掏空公司，甚至公司增加或减少股东，小股东都被蒙在鼓里。而当公司出问题时，小股东也是后知后觉，往往大股东卷钱跑路，把小股东留下"背锅"。另外，如果小股东是公司设立时就加入的创始人股东之一，当其他创始人股东出资不足时，小股东还要与欠费股东一起承担补足出资的责任。

股东知情权的加强让小股东不再受蒙蔽

《公司法》修订前，虽然规定了股东有知情权，可以查阅和复制公司章程、股东会会议记录、董事会会议决议、监事会会议决议和财务会计报告、会计账簿等材料，但并未规定股东可以查阅会计凭证。在小股东要求查账时，大股东有可能拿本假账去应付，反正小股东看不到会计凭证，无法核实账目真假。很多小股东耗费大量时间和精力通过诉讼取得了法院支持知情权的判决，而面对大股东的百般刁难最终却只能查阅大股东早就准备好的假账，所以股东知情权根本难以实现，更别提牵制大股东了。《公司法》修订以后，股东知情权部分得到了加强，除了原《公司法》规定的股东可以查阅、复制的资料，新《公司法》还赋予股东查阅股东名册、会计凭证的权利。并且，新《公司法》不再要求股东本人亲自到场查阅相关资料，准许股东委托专业的会计师、律师进行查阅和复制资料。有了会计凭证作为依照以及专业人士进行辅助，小股东的知情权得到了很大的提升，大股东很难再用假账糊弄小股东了。

小股东可以对有问题的董事会、股东会决议说"不"

公司的大股东控制公司的重要手段就是操控公司的股东会，很多公司基本不开股东会，或者即使开会也不按法律和公司章程规定召集股东参加，开会时对会议提案不表决，或者不按照法律或公司章程规定表决，甚至表决的议题本身就违法或违反公司章程。这样的股东会做出的决议效力是有问题的，有的根本不成立，有的是无效决议，还有一些虽然生效但具备可撤销的事由。按照原《公司法》规定，如果小股东认为决议有问题应当撤销时，必须在决议做出后60日内向法院起诉，但很多小股东根本没被通知参会，也没有被告知决议内容，所以无法行使撤销权。新《公司法》下，没有被通知参加股东会会议的股东自知道或者应当知道股东会决议做出之日起60日内起诉撤销就行，再也不会因为大股东的隐瞒丧失对有问题的股东会决议说"不"的权利。

如果大股东只想着自己，小股东可以"恕不奉陪"

在现实中，小股东的无奈体现在多个方面，例如公司常年赢利但大股东就是不同意分红，大股东自己控制公司赚得盆满钵满，但小股东出资之后没有任何进项；有的大股东还利用控制权强行拆解公司或者合并问题企业抹平公司利润；甚至在公司章程约定的公司解散条件具备时强行给公司"续命"，就是不给小股东分钱。新

《公司法》下，小股东终于有了退出的途径。如果在前述情况下小股东不同意大股东的做法，而大股东又不同意按照合理的价格收购小股东的股权，小股东可以要求公司收购自己的股权。至于合理的价格，双方谈不拢就对公司股权进行评估来确定。

十六、公司董监高的职业风险责任

在普通人眼里，一家公司的董事、监事、经理、财务主管等高级管理人员是公司位高权重的"领导"层，拿着高薪，在宽敞明亮的办公室里发号施令，过着人人羡慕的上层生活。但是在《公司法》全面修订后，董监高的职业责任和要求也被强化细化，要想担任高级职务，就要承担高危风险。

董事、监事、高级管理人员的忠实义务和勤勉义务

《公司法》规定，董事、监事、高级管理人员对公司负有忠实义务，应当采取措施避免自身利益与公司利益冲突，不得利用职权牟取不正当利益；董事、监事、高级管理人员对公司负有勤勉义务，执行职务应当为公司的最大利益尽到管理者通常应有的合理注意。当然，董事、监事、高级管理人员还应当遵守法律、行政法规和公司章程。这是《公司法》给公司"领导层"规定的行为准则，也是判断"领导层"的行为是否要对公司承担责任的基础法律标准。

公司董监高哪些行为要承担责任？

别看公司的领导层位高权重，其实他们与公司经营是绑定在一起的，稍有不慎就要承担责任。比如公司董事会决议损害了公司利益，责任董事当然要担责，或者公司领导的职务行为伤害了公司或

者侵害了其他人的权利，有关高管也要担责。公司高管除了要为自己的行为担责，还要对公司股东的一些行为担责。例如公司股东出资不到位，公司高管没有尽职尽责地督促股东出资或者代表公司进行追缴，放任股东出资问题，那有关高管就需要与股东一起为出资不到位担责；如果公司股东出资后抽逃出资了，公司的高管仍没有尽责阻止，也要和抽逃出资的股东一起承担责任；在公司违法向股东分红或者违法减资造成公司损失的，责任高管要和股东一起赔偿；还有公司控股股东、实际控制人等公司"双控人士"有挪用公司资金、借公司资金不还、侵吞公司财产等侵害公司利益的行为，高管没有阻止，或者接受双控人士的指令做了前述行为，那也需要和双控人士一起赔偿公司的损失。

公司高管履职不当还可能承担刑事责任

除了《公司法》层面规定的公司董事、监事及高管承担的对内、对外的赔偿责任外，公司某些高管的行为如果违反了《证券法》《税收征收管理法》等法律的强制性规定，也会承担相应的赔偿责任或被处罚。更严重的是，高管的一些行为还可能被认为是刑事犯罪。近年来，很多逃税罪、虚开增值税发票罪、骗取出口退税罪的单位犯罪处罚的责任人是公司的高管，还有很多公司高管被以职务侵占罪，挪用资金罪，公司、企业人员受贿罪等罪名定罪处罚。

新《公司法》实施前，《刑法修正案（十二）》已经在2024年3月实施。这个修正案把原来专属于国有企业高管才能构成的犯罪扩大到所有有限责任公司高管。涉及的罪名有"非法经营同类营业罪""非法为亲友牟利罪""徇私舞弊低价折股、出售公司资产罪"。

很多小公司的老板既是股东也是高管，经营多个公司干相同的事情，这就属于经营同类营业；老板经营公司，最信任的交易对象就是亲戚和朋友，和亲友经营的公司发生交易也有可能是在为亲友牟利；如果公司急于偿债，为了迅速回流资金变卖资产，则很有可能低于市场价格。这些看起来很常见又具备合理性的行为如果不小心就有可能构成犯罪。

公司高管保护自己的举措

首先，要完善和修订公司的治理机制。举例来说，在新《公司法》里，对于公司高管的经营决策行为如何具备合法性已经做了明确的规定，简而言之就是两个字"开会"，这个"会"指的就是董事会。新《公司法》规定，无论是经营同类营业还是和亲友经营的公司发生交易，抑或低价变现公司资产，只要董事会讨论通过并形成决议，这些行为体现的就是公司意志，不是公司领导的个人行为，当然就是合法行为。如果小公司没有董事会，只有一个执行董事，那董事决定也是保证行为合法的必要程序。如果担心董事决定太单薄，有可能被认定为董事滥用权利，还可以委托第三方机构辅助决策，比如委托会计师事务所出具审计报告，委托律师事务所出具法律意见附在董事决定后面，作为董事决定合法性的背书。

新法新规给公司的董事、监事、高管带来了更高的要求、更强的监管和更重的责任，作为公司的领导需要正视这些挑战，做好充分的准备，加强法律学习，规范职业行为，优化议事决策流程，远离法律红线。

其次，公司高管个人除了履职中的小心谨慎，还需要提前为自己、为家人配置适当的保险，包括职业责任险、人寿保险等，如果风险较高，可能还需要信托的保护壳，通过保险金信托和家族信托进行强风险隔离。

十七、家企财产混同具体有哪些表现？对股东家庭会产生哪些连带风险？

在现代公司制度下，公司有独立的财产，能够以自己的财产对外承担责任，具备独立的法律拟制的人格，因此股东才享有有限责任。如果公司没有了独立的人格，或者说公司的人格和股东的人格发生了混同，股东的有限责任就会面临挑战。

公司和股东人格混同、财产混同的具体表现

苗女士想装修房子，与装修公司老板（控股股东）汪总磋商，为了省装修款，合同是与公司签的，钱却一次性打到了汪总的个人账户，且汪总称不开发票装修款可以打折扣。装修接近尾声，苗女士对工程非常不满，要求解除合同，赔偿损失。法院在审理时发现汪总用个人账户收取公司经营款的事实，在调取公司和汪总账户流水后还发现汪总的个人账户和公司账户经常发生资金往来，汪总个人账户还给公司员工代发工资。法院最终认定汪总和装修公司人格混同，判定汪总和装修公司一起赔偿苗女士装修款和损失。

上述案例是因股东滥用权利导致公司和股东人格混同的一个缩影。2019年9月11日经最高人民法院审判委员会民事行政专业委员会第319次会议原则通过的《全国法院民商事审判工作会议纪要》对于"公司股东滥用公司法人独立地位和股东有限责任"的行为有了进一步的解释，其中造成公司与股东"人格混同"的行为有："（1）股东无偿使用公司资金或者财产，不作财务记载的；（2）股东用公司的资金偿还股东的债务，或者将公司的资金供关联公司无偿使用，不作财务记载的；（3）公司账簿与股东账簿不分，致使公司财产与股东财产无法区分的；（4）股东自身收益与公司盈利不加区分，致使双方利益不清的；（5）公司的财产记载于股东名下，由股东占有、使用的；（6）人格混同的其他情形。"

现实中公司股东的很多行为都会被法院认定为"公司股东滥用公司法人独立地位和股东有限责任"导致公司和股东财产混同，例如为了避免在获取分红时上缴高额的个人所得税，现实中很多公司干脆就不分红，股东想拿钱时就从公司拆借，但鲜有归还。这样假"借款"之名将属于公司的资金拿到股东个人手里的行为就属于企业、股东财产混同；为了规避公司的增值税、企业所得税以及分红产生的个人所得税，有些公司干脆不用公司账户收取营业款，而是用股东个人账户收款，财务上也不做记载，这样的行为也是典型的企业、股东财产混同；有些股东将家庭消费拿到企业报销，或将企业资金直接挪用于家庭消费，类似的股东个人"占公司便宜"的行为都会造成家企财产混同；还有一些行为表面上股东并未"占公司便宜"，比如企业缺钱老板直接用个人账户偿还，或者老板直接用个人账户向员工发工资等，实际也属于公私不分，财产混同。

股东和公司人格混同对股东家庭带来的风险

新《公司法》第二十三条第一款规定："公司股东滥用公司法人独立地位和股东有限责任，逃避债务，严重损害公司债权人利益的，应当对公司债务承担连带责任。"在公司负债无法偿还的情况下，如果公司的股东有滥用公司法人独立地位和股东有限责任的行为被债主发现，债主是可以"人格混同"为由挑战欠债公司股东的有限责任，要求股东个人或家庭替公司还债的。当法院认定股东与负债公司人格混同，就会判决滥用权利的股东对公司的负债承担连带责任，这样一来，股东的个人财产甚至家庭财产就可能会被法院冻结并强制执行，公司的经营风险就直接牵连了股东家庭。

十八、只有一个股东的有限责任公司在什么情形下会导致家庭承担连带责任？

一人公司的股东必然要和公司共担债务吗？

新《公司法》第二十三条第三款规定："只有一个股东的公司，股东不能证明公司财产独立于股东自己的财产的，应当对公司债务承担连带责任。"只有一个股东的公司也就是俗称的"一人公司"，这里的一人可以是一个真实的人，也可以是"法人"即另一家公司，但如果说股东家庭承担连带责任的情况，那这个一人公司的股东肯定是指自然人股东。关于一人有限公司的股东责任，新《公司法》相关法条的意思是，公司欠债被债主起诉，如果公司恰好是一人公司，而债主以公私财产不分为由要求公司的股东和公司一起还债时，法院会要求欠债公司和股东一起"自证清白"，证明公私财产相互独立，没有混同。如果负债公司和股东不能"自证清白"，那么股东就需要和公司一起还债。所以，虽然一人公司的股东不是必然要和公司共担债务，但如果股东的财产和公司的财产没有明显的区分，或者股东与公司无法证明各自财产有明显的区分，那么公司欠债被诉时，股东也难以独善其身。

哪些证据能证明一人公司和股东财产独立？

第一，公司区别于股东的独立财产要有真实独立的经营地点，那么公司名下的房产证或者公司为承租人的租赁合同就是证明公司有独立经营地点的有力证据。

第二，既然财产独立，公司应当有自己的银行账户和独立的资金流，所以公司必须有独立的财务账册和相应的资金出入凭证，比如银行流水、合同等。

第三，公司和股东财产相互独立并不是说公司和股东在财务上完全隔离，这本身也不现实。但公司和股东之间有资金往来必须有合法合规的理由，要有凭据。例如公司给股东分红要记账缴税；公司和股东相互借款要有合同，到期要还款付息；股东替公司收款要有公司授权，事后要及时入账等，这些凭证、合同都是证明公司与股东财产独立的证据。

哪些行为会导致法院认定公司与股东财产混同？

公司和股东财产混同的最明显的行为就是股东用个人账户收取公司的经营款项，事前没有合理的理由，没有公司授权，事后也没有入公司账。很多股东占公司便宜的行为也会被认为是财产混同，例如股东从公司借款一直不归还，虽然在财务账上有记载，但如果公司欠债被诉，法院还是会认定股东的行为名为借贷，实为挪用或占有。还有公司名下房产股东自住的，股东家庭消费拿去公司报销的，等等。除了股东占公司便宜，很多公司占股东便宜的行为也是财产混同的标志。如股东的房产由公司无偿使用，还有股东个人账户直接给公司员工发工资。

如果一人公司的股东有上述行为被债主发现了，那股东大概率是要替公司还债的。

十九、企业准备上市前签订的融资对赌条款会影响股东家庭吗？

如今，企业上市越来越难，一位企业主的妻子拿对赌协议找律师咨询，说她的先生目前正处在忙着做大企业准备上市的过程，前面A轮融资、B轮融资的对赌协议都已经签过了，下个月C轮融资的财务投资人又要求他们签订新的对赌协议，且每次签订对赌协议时丈夫都要求她作为连带担保人也签字，她因此觉得压力特别大，也很担心。

对赌条款是什么？

企业在有扩张需求的时候通常会向外融资，而融资的一个重要方式就是引入投资人成为股东，或者转让一部分股权换取资金，或者让投资人直接增资入股。但投资人为什么要投钱给公司创始人呢？一方面是因为他们看好公司的发展，觉得能挣钱；另一方面是创始人做了"保证"，而这个保证就是对赌条款。投资人与公司创始人在融资磋商时，并不确定目标公司得到资金后一定会如虎添翼、飞黄腾达，也担心公司会在商海中折戟沉沙；同时，当投资人把钱给了公司后，对资金的控制就非常有限了，即使合同约定得再完备，投资人也很难知晓或控制资金的实际用途。为解决双方对目标公司未来发展的不确定、信息不对称以及代理成本，投资人通常要和创始人约定在特定时间内，如果目标公司未能达到约定的财务或非财务业绩目标，就会触发目标公司及创始人对投资人进行补偿或调整股权价值，甚至是回购投资人持有的目标公司股权的义务。

对赌条款"赌"什么？

对赌条款"赌"的主要是公司未来的发展目标，比如在一定时间内完成上市，或者在一定时限内实现利润增长目标，或者一些非财务业绩，包括KPI（关键绩效指标）、用户人数、产量、产品销售量、技术研发等。若是成了，则皆大欢喜；若是输了，那么被投资的公司有义务回购投资人的股权，如果钱不够，创始人股东还要承诺用个人财产或家庭财产来抵扣。

另外，对赌条款中还会约定一些限制创始人行为的条款，在目标公司或创始人违反该条款后也会触发补偿、股权估值、股权回购等义务，例如在约定期间内不得进行关联交易，不得存在未披露对外担保、债务，创始人不得通过其他公司或通过其关联方，或以其他任何方式从事与公司业务相竞争的业务，限制转让股权，限制引入其他投资者，不得陷入其他诉讼等。

为什么对赌输了会牵连家庭？

对赌条款既然有"赌"，就存在赌输的可能，如果赌输了，就会触发目标公司或者创始人做出补偿动作。这些被触发的义务中，对投资人进行补偿或调整股权价值是目标公司要做的，但回购股权就需要创始人股东来完成了。股权回购被触发后，创始人股东需要用个人资产甚至家庭资产来收购投资人持有的目标公司股权。因此，一般对赌条款会约定目标公司有向投资人支付补偿金的义务，通常需要创始人股东夫妻进行担保。假如目标公司在一定条件下股权估值下降，创始人股东需要向投资人补偿更多的股权。无论是补偿金还是股权补偿，都涉及创始人的个人资产或家庭资产，所以对赌"赌"输的结果，大概率会牵连创始人的个人和家庭。

所以企业主如果计划让公司上市，一定要做好充分的准备，谨慎签订对赌条款。如果必须"赌"，也要做好资产保全，对企业家业做好风险隔离，给自己及家人留好财富的保险箱。

二十、企业家业风险隔离全面策略之一——企业应有哪八大举措？

第一，想要保证股东对公司承担有限责任，就要确保及时、足额的出资。这里有两个要点：一是公司的注册资本要合理，既能满足公司的经营需要，又要匹配股东的出资能力；二是股东不仅要保证自己及时完成出资，还要督促一起设立公司的其他股东也要及时、足额出资。

第二，想要保证股东对公司承担有限责任，股东参与公司的日常经营行为必须合法合规，要保证公司有独立的资产、有独立的人格。股东不能随意支配公司的资产，不能对公司过度控制损害公司的利益。例如企业经营收入不要直接转入私人的银行卡，企业主要避免用股东借款的形式代替分红，企业的经营账款不要随意挪用作为家庭花销，企业贷款别用于家庭买房等。

第三，谨慎夫妻连带担保。公司需要融资时，尽量用公司的资产进行担保，如果有必须股东提供担保的公司债务，要优先进行清偿，尽快解除股东的担保责任。

第四，公司减资和注销程序要合法合规，一定要通知债权人并留好证据。实质经营并且有负债风险的公司注销时，一定采用清算注销的方式，避免股东做出替公司偿债的承诺。

第五，修改公司章程，梳理和明确董监高的职责。新《公司法》对公司管理层的职责做了进一步明确和调整，加强了管理层的责任。如果公司不相应地梳理和明确各高管的职责，容易出现职责重叠或职责空白的情况。例如，董事会和经理层的职权划分不清晰，可能导致在决策和执行过程中出现相互推诿或越权行为，而上述行为造成了公司或第三方损失后，管理公司的董事、监事或其他高级管理人员可能要个人承担赔偿责任。所以无论是新成立的公司还是已经设立的公司，都需要梳理和明确董监高的职责。

第六，规范公司的议事、决策流程。新《公司法》强化了公司董事、监事和高级管理人员的忠实义务。同时，《刑法修正案（十二）》也将非法经营同类营业罪，非法为亲友牟利罪，低价折股、出售公司资产罪的犯罪主体扩展为所有性质的公司管理人员。所以企业主应当在公司章程中明确、规范公司的议事和决策流程，避免公司管理者因决策程序违法而产生赔偿责任甚至刑事责任。

第七，强化监督机制。新《公司法》强调了监事会或审计委员会等监督机构的作用以及责任。如果公司不重视监督机制的建设，或者不按照新规定完善监督机构的设置和运行，可能会导致公司内部监督不力，无法及时发现和纠正违法违规行为、损害公司利益的行为，从而增加公司的经营风险。同时，监督失位造成公司或第三人损失的，公司的监事和责任领导也要承担个人的赔偿责任。所以，选择合适的人来做公司的监事是非常重要的。

第八，调整公司股权结构。如果是自然人股东直接持股主体经营公司，那么公司经营风险就容易穿透到家庭，但如果是主体经营公司上层加设一层防火隔离墙公司，自然人成为防火隔离墙公司的股东，那么相对来说就会安全许多。另外，尽量避免设立一人有限责任公司或仅有夫妻二人股东的公司。

当然，除了上述举措，还要结合企业经营的行业特点和商业模式进行个性化的规划，例如公司股权架构如何调整，公司章程如何设定。

二十一、企业家业风险隔离全面策略之二——如何用好保险工具？

想要家企风险安全隔离，不能光靠企业进行变革完善，因为企业主或董监高面临的风险点常常是防不胜防，所以我们在家业方面还需要兜底性的保护措施，以不变应万变。在保护企业主、董监高家庭私人财富方面，保险是比较经典的工具，那么具体该如何用好保险工具呢？以下是一些建议。

搭建家庭的保险系统，而非某一份保险

首先，不同保险类型可以防范不同的风险来源。例如社会保险可以提供家庭成员基本的社会福利保障；意外险、重疾险可以在一定程度上缓解企业主、董监高不幸丧失劳动能力后家庭财富来源的损失；职业责任险可以弥补公司高级管理人员因履职不当承担赔偿责任造成的财富损失；年金险和增额终身寿险可以实现家庭安全资产配置，同时解决全家养老基金规划；终身寿险在保护子女财富传

承方面拥有一定的优势……正因如此，我们主张给家庭成员构建一个保险体系，而并非配置某一份保险。

搭建精准的保险架构

配置保险时要利用好保险的投保人与受益人相分离的特性，避免债务牵连被强制执行。

如图 11.4 所示，企业主王总以父亲为投保人，自己做被保险人，子女做身故受益人，购买了增额终身寿险的保单。投保后，王总因经营公司负债牵连，自己被法院强制执行。因为王总是被保险人，法院可以查到这张保单，但由于保单的主要财产利益——现金价值属于投保人，即王总的父亲，法院不能因为王总的负债强制变现这张保单。即使王总的个人资产都被法院冻结、变现，这张保单仍是安全资产。

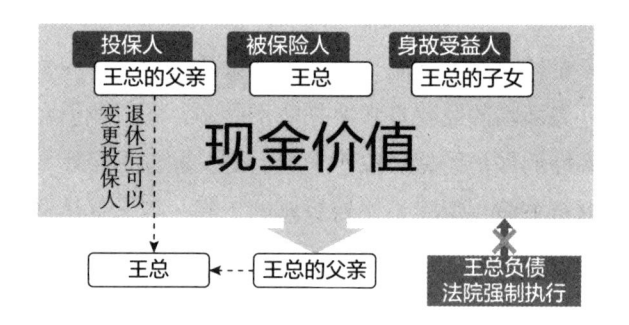

图 11.4　风险隔离保单设计方案示意

用好保险的流动性，留出救急资金

在上文的案例里，如果王总真被企业经营风波所牵连，至少这张由王总父亲持有的保单资产还是安全的，在王总急需资金时，可以通过父亲操作这张保单贷款或减保、退保取得一定的资金，这些资金将成为王总的救急资金，可以为王总的东山再起助一臂之力。其中保单贷款用起来简单快速，许多公司线上操作就可以完成，且贷款不问去向，不指定用途，贷款资金发放迅速，用来作为家庭救急是非常高效的。

用保险产品的确定性对抗企业经营的不确定性

许多企业主感叹现在企业产能过剩，行业极其"内卷"，辛苦劳碌一年，企业所得利润还很微薄，如果此时再遇到一些风波，例如债务诉讼或员工索赔、税务稽查等，那这一年就亏损了。这说明企业经营本身就是充满了不确定性，尤其是在经济波动或行业不景气的周期里。而保险产品的问世本身就是为了对冲各类风险，保险合同里一般会把投保人及受益人所获得的利益或赔偿责任写得清楚明白，保单现金价值的增长一般也会有最低的保证利益阐述和说明，这种确定性正好可以对冲企业经营的各种不确定性。

用好保险工具，搭起"父债"防护罩

一位父亲相信了投资理财的骗术，把全家的数百万元全投给了某骗子机构，不仅如此，他还向许多亲戚朋友借钱投资。结果该机构爆雷，所有投进去的钱血本无归。这位父亲一时觉得颜面无存，竟然选择自杀离世，留下没有经济收入的妻子和刚刚大学毕业的女儿，其他债主继续向她们讨债，还把她们告上了法院……

《民法典》第一千一百六十一条规定："继承人以所得遗产实际价值为限清偿被继承人依法应当缴纳的税款和债务。超过遗产实际价值部分，继承人自愿偿还的不在此限。"可见，依照法律规定，

案例中的两位法定继承人——妻子和女儿负有返还债务的义务。但是人寿保险恰好相反，给受益人的身故理赔金在法律上不被视为遗产，最高人民法院多次批复表示，如果保险身故理赔金不视为被保险人遗产，则该保险理赔金是可以不用来替父还债的。由此可见，用好保险配置对子女也是一种保护。

二十二、企业家业风险隔离全面策略之三——信托能发挥什么功效？

这里所阐述的信托包括家族信托、2.0 版本的保险金信托及家庭服务信托。

信托资产是一种天然具备资产保全功能的法律工具，因为这是《信托法》赋予它的强有力的债务隔离功能。请看图 11.5。

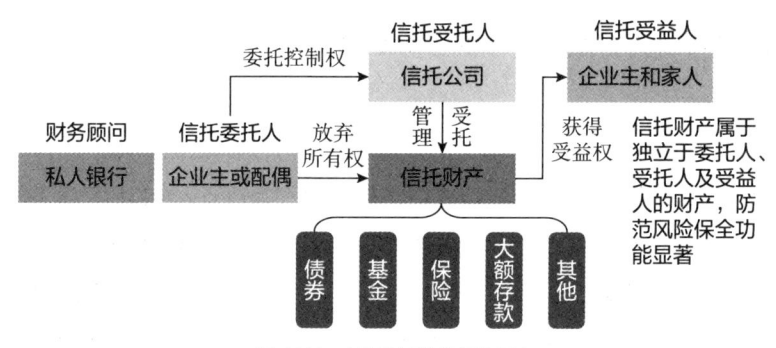

图 11.5　家族信托法律架构示意

如图 11.5 所示，企业主或企业主的配偶作为信托委托人，将一部分资金作为信托财产，委托给信托受托人即信托公司代为管理，信托公司按照信托合同的约定，用信托里的资金购买债券、基金、保险、大额存款或其他金融产品，取得收益后，再依照信托合同的约定，将收益分配给信托委托人指定的受益人即企业主及其家人。

保险金信托则相对简单，相当于企业主、董监高配置了一张大额保单，然后将该保单装入信托架构，此时保单变成了信托财产，就会高度安全了。当保单或其他金融资产装入信托成为信托财产后，企业主、董监高遇到债务风险和连带赔偿风险时，原则上信托财产是不能被强制执行的，这样就相当于为家庭打造了一块"自留地"，可以保护好过去积累的财富，也为东山再起留出了启动资金。

《信托法》第十五条规定："信托财产与委托人未设立信托的其他财产相区别。"第十六条规定："信托财产与属于受托人所有的财产（以下简称固有财产）相区别，不得归入受托人的固有财产或者成为固有财产的一部分。"基于这些规定，信托财产属于独立于委托人、受托人及受益人的财产，不会因为委托人负债被法院强制执行，也不会因为受托人负债遭受损失，信托架构的风险隔离和资产保全功能显著。在企业主负债后，同样可以通过信托受益人，利用信托收益分配的资金，有计划地清偿负债，重新出发。

另外，保险金信托及家族信托如果设立精准，还可以保护两代人甚至是三代人。因为当受益人是二代子女时，如果二代子女创业失败也遇到了债务牵连，那么信托财产是独立于受益人的财产，只要还没有进行信托利益分配，那么债主也无法申请对信托财产进行强制执行，所以这对二代的本身经营风险也是一种保护。

需要特别提示的是，要想达到上述的风险隔离功效，在设立保险金信托或家族信托时要注意三点：设立时机、设立资金来源、设立目的。只有这三点都合规，才能真正打造家庭财富安全港。

最后还要说明的是，只有未雨绸缪，方能家企无忧！无论是配置保单资产还是搭建信托隔离风险，都不能是已经发生负债后再临时抱佛脚，如果企业主已经资不抵债或面临诸多诉讼，无论是立即配置保单还是搭建信托，这些行为都有恶意避债的嫌疑，有可能被债主起诉撤销。所以，资产保全和风险隔离都需要在风险来临之前进行规划，要在企业家业财务正常的情况下尽早配置好、安排好。

第十二章　民营企业国际化发展与跨境布局

2024年，由于境内外一系列国际局势及政策的变化，中国以企业家为主的高收入人群也出现了国际化趋势，可总结为五个"国际化"：一是商业布局国际化，二是资产配置国际化，三是永居身份国际化，四是子女教育国际化，五是财富传承国际化。接下来，我们就一起来探讨一下企业、家业国际化的思路。

一、民营企业实现商业布局国际化的四大途径

最近几年，以新能源制造为龙头的中国产品在国际上拥有无可比拟的优势，尤其是电动汽车。然而，面对中国如此有竞争力的高科技制造产品，以美国为代表的某些西方国家树起了关税壁垒，打压中国出口市场和出口产品，试图让中国在全球供应链上"脱钩断链"。面对不断恶化的国际贸易环境，许多中国民营企业主通过强大企业自身竞争力，并且把境内企业改造成国际化企业来应对这一困境，由此产生了民营企业国际化的热潮。据澎湃新闻报道：2023年，中国企业直接在海外投资的非金融类境外企业数达7913家，较上一年猛涨1483家，增幅为历史之最。中国对外非金融类直接

投资 1301 亿美元，同比增长达 11.4%。

为了大家方便理解，我们制作了图 12.1，提炼出四种实现商业布局国际化的主要方式。

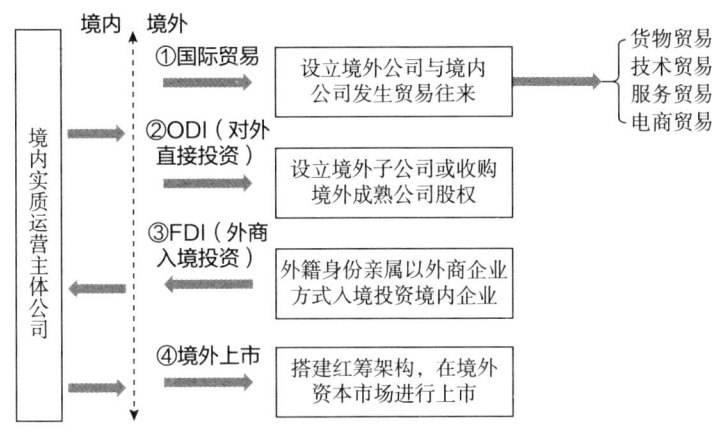

图 12.1 境内民营企业实现国际化布局主流路径

方式一：通过国际贸易实现三个国际化目标

作为中国民营企业的重要聚集地之一的义乌是这样做的。许多义乌的企业主已经从传统的进出口货物贸易方式提升变革到国际电商的模式，其中功不可没的是二代接班人们，他们大胆地采用亚马逊电商平台或是 TikTok 平台，也有的是采用京东或淘宝的国际平台，各种方式都有。在从事国际贸易的商业模式下，企业一般在中国香港或是新加坡设立境外的公司或代表处，为境内企业产品出口而链接全球。只是，随着境外税务合规要求越来越严格，企业在现代的国际贸易商业模式下要经得起境内及境外的双重监管，这一点企业主们须格外注意。

方式二：通过境内企业 ODI 方式

这种方式是以境内公司作为主体，在经过国家发展改革委／商务部/外汇管理局三部门的备案登记后,用境内公司的资金向境外投资,可以在境外新设公司建厂,也可以收购境外比较成熟的公司或资产。前者的典型代表就是境内许多汽车上下游供应商纷纷在墨西哥设厂生产,在那里形成了全球最具规模的汽车供应链企业。后者的代表如安踏对境外多家运动品牌公司的收购。至于ODI具体该如何操作,我们将在本章后面的专题中阐述。

方式三:通过FDI对自家企业入股

这里说的不是一般外商企业来华投资,而是民营企业主家里拥有外国国籍的亲属,如其在境外工作或定居子女,在境外创业,设立境外公司,再以外资来华入境投资父母境内公司,或增资,或股权转让。这样可以将二代创新业务的公司与父母在境内传统业务公司相结合,充分发挥二代的国际化视野和擅长开拓新兴市场的优势。

方式四:境内企业赴境外资本市场上市

对业务规模较大且利润持续增长的境内企业来讲,可以考虑通过境外上市实现国际化布局。一般是对境内企业股权结构进行调整,搭建红筹架构[部分特殊的企业还会用VIE(可变利益实体)协议控制方式],然后将境内企业的控股主体变更为境外公司,最终以该境外主体作为上市实体在境外资本市场完成上市。例如2024年内地企业在香港上市的数量超过了60家,2024年上半年共有30家企业成功在港交所上市[1]。

以上四种方式均需要通过不同的政府部门审核或登记备案,同时会办理正规的外汇申请登记和审核,经过这些合规流程后,上述

---

[1] 毛艺融. 港股IPO市场现暖意 下半年有望迎来更多大型新股上市[EB/OL]. 中国经济网, 2024-07-03. http://m.ce.cn/gp/gd/202407/03/t20240703_39057868.shtml.

四种商业国际化方式下的企业资金进出境也属合规往来。另外，民营企业主究竟适合用哪一种方式，还要根据企业具体情况、客户需求、从事行业、国际形势来详细探讨。

二、中国民营企业 ODI 的四大模式

选择合适的投资方式，对想要拓展境外商业版图的民企而言至关重要。目前，主要有绿地投资、跨境并购、股权合作和境外上市这四种主要的境外投资模式，每种模式都有其独特的优势和适用情境。

绿地投资：从零开始，打造自己的"海外王国"

简单来说，绿地投资就是企业在境外新建一个属于自己的企业，比如工厂、研发中心或者销售网络。这种方式的好处在于，企业可以完全掌控整个投资过程和运营，就像在自己的地盘上盖房子一样，可以按照自己的喜好和需求来设计。

例如华为在全球多个国家和地区都设立了研发中心，这是比较典型的绿地投资。海尔也是如此，在境外建立了多个生产基地和工厂，通过这种方式，企业可以逐步进入新的市场，并建立起自己的品牌影响力。

跨境并购：快速获取资源，但风险也不小

跨境并购就是企业直接购买境外已经存在的企业或者其部分股权。这种方式的好处在于，可以快速获得目标企业的市场、客户、技术和管理团队，就像直接买下一家现成的餐厅，马上就可以开始营业一样。但是，并购的风险也不小。因为并购涉及两个企业的融合，文化、管理、人员等方面的差异都可能导致并购失败。

一个典型的例子是联想收购 IBM 个人电脑业务，这一并购也面临着整合难题。同样，阿里巴巴收购东南亚电商平台 Lazada 后，需要对目标企业的资源和团队进行快速适应和整合。

股权合作：携手共进，分担风险

权益协作，即与目标国家或地区的企业联合成立合资公司，由双方出资共同经营，收益共享，风险共担。这种方式的好处在于，可以借助合作伙伴的资源和技术，同时分散自己的风险。就像两个人合伙开餐厅一样，一个人负责出钱，另一个人负责出技术和管理经验，双方共同分享利润，当然，也要共同承担风险。

中石油与俄罗斯石油公司 Rosneft 签署的谅解备忘录即是例证。它们共同组建合资公司，共同勘探并开发油气资源，通过这种方式实现互利共赢。

境外上市：融资扩张，提升国际知名度

境外上市，就是企业在境外的证券市场上市，将企业的股份出售给国际投资者。这种方式的好处在于可以筹集大量资金，进行海外拓展，同时提升企业的国际知名度和品牌形象。例如阿里巴巴在纽交所上市，腾讯在港交所上市，通过这样的方式实现快速扩张和国际化。

总的来说，这四种境外投资模式各有利弊，民营企业需要根据自身的战略目标、资源状况以及市场环境来选择最适合自己的模式。

自 2013 年"一带一路"倡议提出以来，中国民营企业出海也迎来了新的发展机遇。"一带一路"倡议是中国民企走出去的重要机遇，国家通过提供政策、金融支持等措施，为企业出海创造了有利条件。随着中国经济的快速发展和国家的政策支持，越来越多的民营企业开始规划属于自己企业的出海投资大计。在此过程中，了解并遵守我国境外投资备案（ODI 备案）相关规定就显得尤为重要。

三、民营企业 ODI 第一步：如何报送发展改革委立项？

根据《境外投资管理办法》等有关法律法规，我国境内企业或者机构在开展 ODI 时，应当向国家发展改革委或其下属的省级发展改革委依法做出备案申请，并提供投资项目的有关信息和资料。我国企业在申请 ODI 备案时，需要经过发展改革委立项、商务部门审批发证、外汇部门备案的三个核心环节。接下来，我们将介绍每一步的基本操作方式。

民营企业想要走出国门，进行 ODI，第一步就是要报送发展改革委进行立项。这一步看似简单，实则关系到企业后续的投资进程和成败。

首先，要有合法的企业身份，必须是在我国境内依法成立的。如果企业成立时间不满一年，那可能会比较麻烦，因为立项时需要提供完整的经审计的财务报表，而新成立的企业往往很难提供。所以，想要出海投资，最好等企业稳定运营至少一年后再考虑。

其次，需要说清楚企业的股东背景、资金来源以及境外投资项目的真实性。有些地方发展改革委要求严格的，会对企业进行逐项的审核，一旦发现有任何隐瞒或虚假之处，都可能导致企业的申请被拒。

还有在财务方面，企业要确保最近一年的审计报告是盈利的，净资产回报率最好高于 5%，同时资产负债率最好低于 70%，这些都是发展改革委审查的重点，如果企业财务状况不佳，那发展改革委可能会对企业的投资能力产生怀疑。

再次，需要明确企业的投资方向。发展改革委在政策上的倾斜，针对投资方向的不同，各有侧重。比如，其鼓励企业投资基础设施业、产能和装备业、高新技术和先进制造业等领域，同时对"一带一路"倡议相关建设给予重点支持。相反，如果想要投资房地产业、酒店业、影城等，可能会较为困难，因为这些领域是受到限制的。

最后，企业需要根据投资金额、行业和国家等因素，选择备案制或核准制进行申请。涉及敏感行业或敏感国家投资的，还须向商务部、发展改革委报告，经批准后方可实施。在申请过程中，企业需要准备一系列材料，包括项目申请报告、企业营业执照、财务报表等，这些材料都需要通过网络系统提交给发展改革委。

企业提交完材料后，需要等待发展改革委的审查结果，如果一切顺利，可能要 2~3 个月才能获得核准文件。该文件的有效期为两年，如需延长有效期，须在到期前的 30 个工作日内提交申请。

总之，报送发展改革委立项是民营企业 ODI 的第一步，也是非常重要的一步。只有通过了发展改革委的审查，企业才能获得合法的投资资格，为后续的投资进程打下基础。

四、民营企业 ODI 第二步：如何报商务部审批发证？

民营企业想要出海投资，第二步是要报商务部审批发证。这一步虽然比发展改革委立项要简单一些，但同样不能掉以轻心。

首先，企业需要明确投资项目和投资目的地。商务部在审批时，会重点考虑投资项目是否符合国家的产业政策和对外开放政策，以及投资目的地是否与我国有良好的经贸关系。

其次，企业需要准备一系列的申请材料。这些材料包括境外投资备案表、企业经营许可证复印件等主管部门要求提供的材料，且都需要通过网络系统提交给商务部。

提交完材料后，需要等待商务部的审核结果。一般情况下，商务部收到申请材料之日起3个工作日内，就会进行备案并出具企业境外投资证明。该证书有效期为两年，若该证书在两年内未在境外投资活动中使用，则该证书自动失效，企业如果想再做境外投资，就得重新走备案程序。

企业需要注意以下三点：第一，要保证自己的资料真实、准确、齐全；二是认真关注业务科室的审批进度，对材料及时进行补充或修改；第三，不要进行违法违规的投资活动，要遵守国家的法律法规和对外经贸政策。

总之，报商务部审批发证是民营企业出海投资的重要一步，在境外合法开展投资活动，须经商务部批准并取得证书后方可开展。所以，企业在申请过程中一定要认真对待，确保顺利通过审批。

五、民营企业ODI第三步：如何报外汇管理局备案？

民营企业进行出海投资的第三步，是报外汇管理局备案。这一步虽然相对简单，但同样不能忽视，因为后期资金换汇出境就要靠它了。

首先，企业需要明确投资金额和资金来源。外汇管理局在备案时，会重点考虑投资金额是否真实合理，以及资金来源是否合法合规，如果投资金额较大或资金来源不明确，可能会引起外汇管理局的怀疑和审查。

其次，企业需要准备一系列的材料进行备案申请。这些材料包括《境外直接投资外汇登记业务申请表》、境内机构有效的营业执照等。如果企业是向外投资，需要打一些前期费用，那还要提交前期费用登记的相关材料。

材料送达后，需等待国家外汇局审核后，方可进行材料的最终确定。一般来说，如果材料齐全且真实合法，外汇管理局会在较短的时间内完成备案手续，并发放《境外直接投资外汇登记证》，此证是企业直接境外投资的重要凭证。

在备案期间，企业有以下几方面的问题须注重：第一，要保证提供真实、准确、完整的申请材料；第二，要密切关注对外汇局的审核进度，资料要及时补充或修改；第三，外汇交易活动不能有违法违规行为，要遵守国家外汇管理的各项规定和政策。

此外，如果投资金额超过500万美元，还需要向外汇管理局进行特别汇报，外汇管理局将更加严格地审查和监管投资。所以企业在做大额投资的时候，一定要提前做好充分的准备和规划。

报外汇管理局备案是民营企业ODI的最后一步，只有完成了这一步，企业才能在境外合法地进行外汇交易和资金流动。所以，企业在备案过程中一定要认真对待，确保顺利通过审核。

六、企业在境外商业布局时要特别小心的五大财富风险

飞书点跃（Beyondclick）发布的《2023年中国企业出海信心报告》显示，不同类型的企业面临的出海挑战并不相同。企业考虑的不仅是产品质量层面的问题，更有合规、供应链、知识产权、品牌、渠道、文化等问题。例如有的企业境外银行账户被冻结了，有的企业面临反洗钱调查，有的企业被质疑境外收入没有合规申报纳税，有的企业境外分部被诉讼面临侵权索赔……因此，民营企业在"出海"的过程中会面临很多困难与挑战，如果从财富管理和保障的角度来看，我们建议企业在境外进行商业布局时，需要特别注意以下五大风险。

国际税务风险

当企业家在境外设立公司时，自然会有对公账户和股东的私人

银行账户。而中国税收居民在海外拥有收入时，需要面对全球收入所得的主动报税和纳税问题，同时会有境外金融账户CRS信息交换的问题。这既涉及企业纳税，也涵盖个人纳税。很多时候，企业家在境外赚取的收入并未报税，这就构成了国际税务风险。

汇率波动和换汇风险

汇率波动是企业和个人在境外布局中不可忽视的风险之一，这一风险不仅影响企业的财务状况，还实际影响到个人的财富。尤其是从事国际贸易的个人、企业，汇率变动不仅关乎个人的收入，甚至直接影响公司的业务收入。有这样一个案例：一家"出海"企业在非洲某国从事纺织品生产与销售生意，这些年是挣了不少钱，但是当企业主想把钱换成人民币汇回境内时，却受到了当地政府机构的各种为难，导致有钱也拿不回来。

知识产权侵权风险

知识产权是企业和个人在境外商业布局中的重要资产，然而，由于不同国家和地区的法律体系和文化背景存在差异，知识产权的保护和维权难度也不尽相同。例如，一位企业家在中国香港注册的公司向全球销售产品，被德国的同业竞争对手在香港法院起诉指控侵权，其在香港的销售公司成为被告，同时银行账户也被冻结，很有可能需要承担赔偿责任。考虑到知识产权如专利或商标等可能注册在个人名下，企业家个人也可能成为被告。

外国法律或政策变化的风险

为了吸引外资，一些国家曾出台税收优惠政策。然而随着经济形势的变化，这些政策可能被取消或调整，导致企业税负增加。除此之外，一些国家开始时会通过提供补贴、贷款优惠等激励措施来吸引外资，但这些政策可能因经济、政治等因素而调整，导致企业无法继续享受相关优惠。激励政策的调整或将影响到企业的投入成本及经营费用。

外汇跨境往来风险

在进行国际贸易、股权投资等境外商业布局时，外汇资金的跨境往来是不可避免的。然而，这往往伴随着违规换汇、资金进出不合规等风险。

2023 年 8 月 9 日国家外汇局关于外汇违规案件的通报显示：

> 温州某进出口有限公司于 2020 年 7 月至 2021 年 3 月，通过地下钱庄非法买卖外汇 167 笔，累计金额 676.8 万美元。处 394.6 万元罚款。惩戒信息将纳入人民银行征信系统。
>
> 晋江某仪器科技有限公司于 2018 年 9 月至 2020 年 7 月，非法买卖地下钱庄的外汇 42 笔，金额共计 1231.4 万美元。处 683.2 万元罚款。惩戒信息将纳入人民银行征信系统。
>
> 自然人陈某于 2021 年 3 月至 2022 年 8 月，通过地下钱庄非法买卖外汇 156 笔，累计金额达 276.6 万美元。处 142.5 万元罚款。惩戒信息将纳入人民银行征信系统。
>
> 自然人胡某于 2021 年 1 月至 11 月，通过地下钱庄非法进行 19 笔外汇交易，总金额达 333.1 万美元。处 215.7 万元罚款。惩戒信息将纳入人民银行征信系统。

外汇管理局经常处罚这类违规行为，因此企业和个人在进行外汇跨境往来时需要格外小心，须合法合规地进行相关操作。

所以，民营企业在境外进行商业布局时，需要将企业与家业放在一起来筹谋，提前通过专业人士搭好架构，实现企业家业风险隔离，防范此类风险。

七、家族成员国际身份改变对境内民营企业传承会有什么样的影响？

在全球化日益加深的今天，许多高净值人士因为生活、教育、投资等多方面的因素，会选择取得外国国籍或外国永久居留权，身份的国际化在满足个人需求的同时，也对企业未来的交接班产生了深远的影响，特别是对境内的民营企业来说，这种影响尤为显著。

第一，企业家二代获得国际身份一般是因为其在境外出生、留学或是工作，相较于一代，持有国际身份的二代拥有良好的外语社交能力和宽广的视野，这为境内民营企业在境外的布局打下人才基础。例如，有一位企业家二代是美国绿卡拥有者，以前在美国留学，父亲安排她负责帮助深圳的大本营公司在美国设立代理销售公司，负责美国市场业务。因此，二代国际化的成长背景实际上助力了家族企业的国际化转型。

第二，企业家二代获得国际身份可能会出现跨境继承企业股权的困难。境内民营企业主的股权如果以继承的方式转给拥有国际身份的子女，无论是否事先留有遗嘱，均需要境内的继承人与境外身份的继承人一起参加继承权公证程序，这个程序发生在一代父母企业主离世后。在此环节中，持境外身份的子女需要提交一系列的身份证明文件，还需要与境内继承人一起在公证处对遗嘱真实合法有效性表态签字同意，而在此环节一般会遇到较多阻碍。

第三，继承人拥有外籍身份后，在某些情况下有可能导致无法继承企业股权。如果企业经营的行业属于外资限制经营的行业，尤其是在一些敏感行业，例如安保行业、监视器材行业、紧缺能源行业等，此时有可能出现外籍继承人承继公司股权不被核准变更的情形。

第四，家族成员国际身份的改变可能导致股东税费成本的增加。例如企业股东持有了美国绿卡，就已经属于美国税收居民，那么当持股超过企业股权 10% 以上时，股东就需要主动向美国税务局进行信息披露，并且作为股东，其从企业所获得的收入要和全球其他收入一起核算，达到一定程度后就需要向美国政府纳税。另外，当父子两代都为美国税收居民时，还要受到美国遗产税、赠与税的影响，企业股权传承所对应的财产也要计算在内。

综上所述，家族成员国际身份的改变对境内民营企业传承产生了深远的影响。为了发扬其优势，减少其负面影响，企业需要制订详细的传承和接班计划，加强家族成员之间的沟通与合作，确保企业股权的平稳过渡和治理结构的稳定。同时，企业还需要密切关注外部环境和政策的变化，及时调整战略以适应新的形势和要求，只有这样，才能在激烈的市场竞争中保持竞争力和生命力，实现基业长青和百年传承。

八、在什么情况下设立境外公司需要提前进行"37号文"返程投资登记？

2023 年 11 月，外汇管理局深圳分局在外汇管理局官网上公布了一起处罚案例（深外管检〔2023〕40 号），林某因为违反了《国家外汇管理局关于境内居民通过特殊目的公司境外投融资及返程投资外汇管理有关问题的通知》（以下简称"37号文"）第十五条的相关规定，构成逃汇行为，被罚款人民币 185.9 万。

"37号文"第十五条规定："境内居民或其直接、间接控制的境内企业通过虚假或构造交易汇出资金用于特殊目的公司，外汇局根据《中华人民共和国外汇管理条例》第三十九条进行处罚。"

而《中华人民共和国外汇管理条例》第三十九条规定："有违反规定将境内外汇转移境外，或者以欺骗手段将境内资本转移境外等逃汇行为的，由外汇管理机关责令限期调回外汇，处逃汇金额30%以下的罚款；情节严重的，处逃汇金额30%以上等值以下的罚款；构成犯罪的，依法追究刑事责任。"

通过这个公示案例可知，林某应该是在境外成立了特殊目的公司，为了将钱汇到境外，林某没有做"37号文"返程投资登记，而是通过和境外公司虚构交易的形式，将境内资金汇到境外，被外汇管理局发现并予以处罚。

在国内经济转型的特殊时期，为了解决国内需求不足的问题，越来越多的中国企业和个人选择在境外投资公司。但是中国是一个实施外汇管制的国家，境外投资需要遵循相关规定和流程，一个不可忽视的环节就是"37号文"规定的返程投资登记。那么，什么情况下设立境外公司需要提前进行"37号文"返程投资登记呢？

首先，我们先来了解"37号文"发布的背景和内容。"37号文"是外汇管理局针对境内居民通过特殊目的公司进行境外投融资及返程投资所制定的合规性政策。该政策要求，境内居民在通过特殊目的公司进行境外投融资及返程投资前，必须向外汇管理部门申请并完成外汇登记手续，以确保资金流动的合规性。而在实践中，主要有以下行为会触发这一规定。

设立境外公司作为上市平台

当境内企业为了吸引境外投资者，计划将境外公司（如开曼群岛、英属维尔京群岛等离岸地公司）作为上市平台，在境外证券交易所上市时，需要提前进行"37号文"返程投资登记。这是因为，在搭建红筹架构或VIE架构的过程中，境内居民或企业需要通过设立特殊目的公司来持有境内运营实体的权益，并以此为平台在境外上市。而根据"37号文"的规定，所有在境外架构中持有股份的中国籍自然人都需要办理"37号文"登记，以保证外汇合规。

进行境外投资，实现资金合理跨境的流出和汇入

对中国境内居民来说，资产主要在境内，如果希望投资境外的项目，则涉及如何将境内资金转到境外公司，同时境外公司赚取利润后，还需要将境外利润、红利等资金汇入境内，这都需要办理"37号文"登记，否则按照外汇管理规定，未经登记的跨境资金流动是违法的，企业和个人可能会面临处罚和限制。企业和个人在完成"37号文"登记后，可以确保跨境资金流动的合规性，避免不必要的法律风险。

企业和个人在进行这些操作前，务必要了解并遵守相关法律法规和外汇管理规定，确保合规性并降低法律风险，同时可以咨询专业的法律和税务顾问，以获取更具体和个性化的建议和指导。

根据经验，我们还有几点提醒：

1. 登记时限：办理"37号文"登记通常需要一定时间，建议提前准备并咨询专业机构以确保顺利完成手续。
2. 合规性要求：完成"37号文"登记是确保境内个人境外投资合规的重要步骤，有助于确保境外投资收益的合法回流。
3. 处罚风险：如果境内个人投资者未按规定办理相关外汇登记或存在虚假承诺等行为，将面临处罚风险，包括可能影响境外资金回流、罚款等处罚，甚至可能涉及逃汇和非法套汇，构成犯罪时会被追究刑事责任。

综上所述，"37号文"返程投资登记是境内个人合法合规境外投资的关键途径，需要满足一定的核心条件，并准备相应的材料，按照规定的流程进行办理，还要注意相关的合规性要求和处罚风险。

九、境内公司能否通过上层搭建离岸信托实现企业的国际化？

为了实现风险隔离、财富传承等各种目标，家族信托这一法律架构成为众多高净值人士的选择，而离岸信托也正在成为拥有境外资产人士的宠儿。对拥有境外资产的人士来讲，将境外资产放入离岸信托是明智之举，与此相对，境内资产也更加适合放入境内家族信托。随着企业投资出海的热潮，以及企业国际化财富布局的趋势，越来越多的企业主开始思考是否可以将境内公司的股权转入离岸信托。

因为中国境内和境外分属不同法域，各地相关规定不同，无法实现将境内股权直接装入离岸信托，但是可以间接实现。比如先在境外成立一家公司，比如中国香港的公司，用香港公司收购境内公司股权或增资境内的公司，让香港公司成为境内公司的上层母公司，最后将香港公司的股权装入离岸信托，使境内公司的股权由离岸信托通过间接持股的方式所持有。整个架构的搭建不仅协助企业主实现了未来企业的永续传承，防范实控人自身和企业的经营风险，最重要的是协助实控人实现了境内企业国际化的财富布局，为企业未来进入境外市场，扩充境外业务板块提供了路径。还有一种常见的路径是境内企业准备赴境外上市，在企业股改时，也可以搭建好顶层的离岸信托架构，如此一来，也实现了企业的国际化规划。当然，需要说明的是，不是所有行业都能如此操作，实际操作中要受到境内法律和政策的合规限制。

其实已有众多知名企业家利用离岸信托进行境内企业国际化财富布局，例如小米集团创始人雷军（见图12.2）、阿里巴巴创始人马云、龙湖地产创始人吴亚军夫妇等。

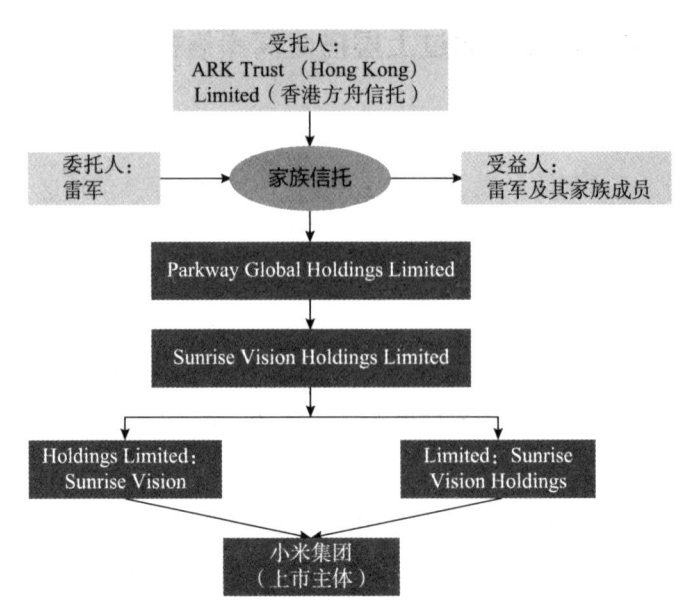

图12.2　小米集团在海外上市时设定的离岸信托架构

注：本图片根据小米招股书及网上公开资料汇总整理。

小米的上市主体之上共有六层架构：第一层为上市公司；第二层为两家公司分别持有 AB 股；第三层、第四层分别为 Sunrise Vision Holdings 及 Parkway Global Holdings 两家控制公司；第五层为家族信托，雷军作为委托人，本人及其家族成员作为受益人；第六层为受托人 ARK Trust（Hong Kong）Limited。

十、在境外设立公司搭建股权结构时要考虑哪些要素？

Ａ公司是国内建筑工程行业非常知名的企业，因为赶上了时代红利，在国内取得了不错的成绩。之后Ａ公司希望扩充事业版图，实现企业的国际化，加上看好东南亚市场，因此打算开拓东南亚的业务。Ａ公司首选去越南投资，但是因为投资需要大笔资金，因此Ａ公司与越南当地企业Ｂ公司达成合作，共同成立项目公司Ｃ开发一处商业地产。在运作过程中，因对越南当地的法律政策没有提前做好尽调，项目开展出现各种困难，例如当地供应链不足致使很多材料需要进口，而中越两地的文化差异又导致双方沟通障碍重重。因此Ａ公司打算退出，但是Ｂ公司前期已经投入大量资金，就以违反股东协议为由让Ａ公司继续履行协议，或支付高昂的违约金。因为Ａ公司是直接以国内公司的名义和越南的Ｂ公司签署的股东协议，最后因该项目的失败而致使其国内业绩利润下滑30%，也使整个国内公司的运营陷入现金流危机。

在该案例中，Ａ公司最失败的地方是其在进行境外投资时没有提前设计好投资公司的股权结构，而是直接以Ａ公司对外合作，同时该项目对Ａ公司来说是未知风险比较大的跨境业务，项目的运行情况将直接影响境内Ａ公司的运营，Ａ公司没有在境内业务和境外业务间设立风险防火墙。即使Ａ公司和越南的Ｂ公司合作状况良好，最后Ａ公司从该项目退出时，也只能将赚取的利润汇回国内，无法存放在境外进行再投资。同时，越南和中国一样是实施外汇管制的国家，在越南的资金不可以随意换汇出境，需要符合相关流程。由此可知，在境外设立公司并搭建股权结构是一个复杂而重要的过程，它涉及法律、税务、金融、公司治理等多个方面。合理的股权架构设计不仅可以提升企业的运营效率，还能有效降低税务负担，实现风险隔离，保障股东权益。以下是企业主在境外设立公司搭建股权结构时需要考虑的主要要素。

境外投资项目地的法律环境

例如项目投资地有没有反垄断法、经济安全法等类似规定，对于所投行业是否有外国投资者准入限制，当地对于劳动用工的法律规定和限制都有哪些，是否有外汇管制等，这些都需要提前考虑。

境外投资项目的涉税问题

税务筹划是项目能否赚钱的重要因素。从财务测算上看项目可能赚钱，但缴完税后可能会发现亏损，这是因为不同国家和地区有不同的税收政策。此外，还需要考虑预期所得税问题，以及资金汇回中国境内后是否还需要缴税。具体需要提前了解的税务问题，既包括投资地的，也包括中国境内的。

项目所在的税务环境：了解税收居民的规定、税收协定的网络、反避税的规定、企业所得税、股息、利息、预提税、资本利得税、特殊的减免税、外汇管制等情况。企业需要在设计股权架构时，充分利用这些税务条款，降低税务成本。

中国境内的税务规定：具体指投资地和中国境内的相互税收抵免规定和反避税规定。企业需要明确了解从境外取得的收入如何在境内进行税务申报和抵免，以避免被双重征税。

资金融通问题

中国实施外汇管制，资金出境需要经过审批。目前，个人资金出境的主要合法途径是在企业境外上市的背景下进行，还需要提前进行"37号文"登记。对企业而言，如果需要在境外投资，必须通过商务部门、发展改革委以及外汇管理局的审批备案手续，进行ODI申请。资金出境后，还会面临汇率风险、资金安全等问题，因此，资金融通对出境企业非常重要，需要利用国际金融中心的地位进行资金融通安排。

投后整合与管理问题

投后整合是并购成功的关键。根据《华尔街日报》的统计，在全球近10年的并购整合案例中，并购成功的有很多，但整合成功的比例不到15%，很多品牌和项目因为整合不好而被多次转手，因此投后整合非常重要。

供应链优化问题

供应链优化也是企业需要重点考虑的问题。我们在本节讲到的案例就是因为当地的供应链支撑不起来，很多原料都需要从国内进口，这样使企业的整体成本和流程烦琐性翻倍。

后期退出策略问题

退出策略是很多企业最容易忽略的问题。一开始只想着如何买入或并购，但并未考虑如何退出，当真正需要退出时，可能会面临高额税费等问题。因此，企业从一开始就需要考虑退出策略，以避免未来的风险。

家企风险隔离问题

境外的企业经营也会有多种风险，为了防止这些风险直接波及自然人股东，最好搭建离岸公司夹层架构，这样中间会有一个缓冲，有些企业还适合再加上一层离岸信托，从而实现对股东私人财富的保障。

综上所述，在境外设立公司搭建股权结构时，企业应综合考虑税务环境、法律环境、当地项目运行可行性等各方面因素，并结合实际情况来确定整体投资股权架构如何搭建、是否需要设计中间控股公司、控股公司注册地如何选择、中间是设计一层公司还是多层公司，以及是否需要将境外股权置入信托。另外，还要明确境外公司和境内公司的关系，是设计FDI模式、ODI模式，还是设计成贸易结构。通过科学合理的股权架构设计，为企业的发展提供有力保障。

十一、在关税战、金融战、科技战的时代背景下，中国民营企业国际化发展有哪些变化？又有哪些注意要点？

2025年上半年，中美之间的关税战较量可谓惊心动魄，数十万民营企业主进退两难，煎熬不已。我们可能会看到这样的情况，诸多民营企业在第一季度猛踩油门，加班加点地生产和运输，趁美国新增关税的条例还没有正式实施前，赶紧多出点货送到美国；在第二季度又变成美国代理商通知出口的企业主停止生产等新消息，或者要求已经送到港口的货物再拉回厂里，许多中小企业主被逼无奈，只好将仓库里的存货放在电商平台上直播售卖，宣传标题就叫作"外贸转内销狂甩"，更有着急的企业主开始裁员停产，因为企业利润率实在太低，长期停产企业就亏损了；在5月12日中美日内瓦谈判达成共识决定暂缓实施高关税后，第二天好多美国进口商又赶紧通知中国企业主，要求加紧发货到美国，于是小企业主又开始招员工加紧生产给港口送货。2025年上半年，从事国际贸易的企业主的内心可以说犹如坐过山车一般，起起落落。

经历这一番波折后，许多企业主也在思考，如果未来中美之间在其他领域的博弈与较量仍将持续的话，民营企业应该如何积极应对、调整完善，以便在风暴来临前尽量保全自己，减少损失。我们先说说自己的看法，欢迎大家交流讨论。

首先，由于中小企业出口的产品一般为物美价廉的日常生活用品，且利润率极低，若稍有汇率波动或是关税水平上涨，企业就只能亏损出口了。因此，提高出口产品的技术含量和自有品牌价值，形成与同类产品差异化的核心竞争力，在此基础上才能提高产品价格，避免低价竞争，恐怕这将是未来的一个主流提升方向。当产品的利润率提高了，才能在稍有"风吹草动"的情况下，持续原来的进出口生意。

其次，美国发起的国际关税风波并非仅针对中国一个国家。前几年我们有些企业主把工厂搬到了越南、印尼、泰国、柬埔寨等低成本的国家，通过这些国家加工贴牌的方式，转道再出口到美国。然而在2025年上半年，美国也针对这些国家提高关税水平，一下子让许多中国企业陷入困境。由此可见，未来从事国际贸易的企业还是要积极开拓多元化的销售市场，如东亚市场、欧洲市场、非洲市场，甚至是境内市场，将产品销售条线分布到不同国家或地区，而美国这个消费大国可以作为最主要的市场，但最好不要是唯一的市场。在这半年里，有企业主跟我们说道："这么多年一直在做简单流程化的外贸生意，在关税战的冲击下，冷不丁地要开拓国内市场，我都感觉与时代脱节了，不知道从何做起？"由此可见，生意场上没有"备胎"很危险，最好境内境外市场两手抓，给自己留个退路。

再次，中美之间的关税博弈也带来了一个不可避免的趋势——国际贸易供应链的重塑。例如，由中国企业家创立的国际知名电商希音（Shein），其原本主要的供应链是境内众多生产服装鞋包的企业，然而在美国频繁推出的关税政策冲击下，尤其是美国曾突然宣布取消跨境电商的"800美元以下免税"优惠政策（当时希音大量订单依赖此政策），希音的"低价小单弹性快返"的供应链受到严重冲击，原本的商业模式变得举步维艰。所以，对于正在进行国际化发展的企业来说，无论是出海建厂，还是单纯的国际贸易；无论是全球加盟店模式，还是国际电商模式，都需要审视自己，例如在哪些环节还比较脆弱，预判能否经得起各个国家或地区的税务或合规监管上的挑战，然后去补上漏洞，或设立紧急预案机制，以免下一次冲击来临时被打得措手不及。就像希音开始加速在巴西、土耳其等地建厂，减少对中国单一供应链的依赖，同时在美国建立更多仓库，这样通过"海外仓"模式可以缩短物流时间和减少物流成本。

最后，本次全球贸易的关税风波是发生在特定的历史背景——

逆全球化的时代背景之下。若以2020年为分界线，前一个10年是国际贸易的黄金时机，各国敞开大门，低关税、低门槛，各国分别发展各自擅长的产业，卖自己最强项的产品，大家资源与优势互补。但2020年之后的一个10年完全相反，各国开始关起自己的国门，开始递增关税或非关税壁垒，大家都小心翼翼地保护自己国家内部的市场，还要解决的国民就业问题，最典型的就是特朗普提出的美国制造业回流目标。所以，我们可以预判，未来中国企业出海也好，国际贸易也好，或将面临各国更严格的合规要求，更苛刻的技术标准，更多的反倾销、反垄断诉讼案例挑战。因此，如果你恰巧就是一位正在将企业国际化的企业主，那么对目标国的各项合规要求和条件一定要事前做好充分的尽调，判断自己的商业模式是否经得起这样的考验，不然国外司法机构的巨额罚款或是赔偿可能让企业损失惨重。

　　综上所述，未来10年，全球政治秩序和贸易形势可能会呈现出诸多的不确定性，因此在这样一个时代，中国民营企业主出海踏浪要格外小心，但我们对中国民营企业主充满信心，他们勇敢且坚韧，风越大、浪越高，相信他们会勇往直前！

第五篇

企业家业财富的智慧税务规划

第十三章　智能化税务征管的要点及案例

一、二十届三中全会后新一轮税制改革有哪些新方向？

2024 年 7 月 15 日至 18 日，我党召开了中国共产党第二十届中央委员会第三次全体会议，并通过了《中共中央关于进一步全面深化改革、推进中国式现代化的决定》。其中关于深化财税体制改革的核心是：健全有利于高质量发展、社会公平、市场统一的税收制度，优化税制结构。

研究同新业态相适应的税收制度

随着科技发展和经济结构的不断变化，新业态如数字经济、共享经济、零工经济等层出不穷。这些新业态在商业模式、交易方式、价值创造等方面与传统业态有很大的区别，大数据、人工智能等的价值创造难以衡量和征税。

例如有这么一家从事第三方大数据服务的企业，主要工作是进行数据收集，将消费者行为数据，如购买习惯、浏览偏好等结合客户的需要进行客户画像并数据建模。一些企业会利用这些数据模型进行有针对性的客户服务或营销活动。比如，一家电商平台购买了消费者在社交媒体平台上的行为数据，通过分析这些数据来确定潜在客户，然后有针对性地推送促销活动和产品推荐，以提高平台的销售额。

这样以数据为标的的交易类型就会存在一个问题，每个项目的销售金额都非常大，也就是传统意义中的销项金额大，进项却非常少。这些交付的数据模型都是由公司的员工编写的，而企业除了一些员工工资成本、服务器搭建的硬件成本、办公场地成本，就无其他成本了，大额的进销差使得企业的整体税负成本很高，而这正是数据新业态面临的涉税现象。在数字经济中，数据是重要的生产要素，企业通过收集、分析和利用数据获得收益，所以如何就新业态、数据要素征税成为新的改革方向。

全面落实税收法定原则，规范税收优惠政策，完善对重点领域和关键环节的支持机制

目前我国的税收制度改革取得了重大进展，18个税种中有14个税种已完成立法，其中《中华人民共和国增值税法》在2025年1月3日通过立法，但是消费税、房产税等重要税种的立法尚未完成。落实税收法定不仅有利于确保税收法律正确实施，提高纳税遵从度，还能保障纳税人的权利，优化税收营商环境，推动构建全国统一大市场。

与此同时，规范税收优惠政策也至关重要。在过去的数年间，各地政府为了招商引资带动地方经济的发展，给出了很多税收优惠及财政返还政策，不规范的税收优惠政策可能使部分企业获得特殊待遇，从而在市场竞争中处于优势地位，与其他企业形成不公平竞争。

早些年的确很多地区存在特定的优惠政策，但是最近两年，国家为了促进市场公平竞争，建成全国统一大市场，对于不合规的优惠政策进行了全面的清理，并在2024年8月1日发布生效了《公平竞争审查条例》，其中第十条明确规定："起草单位起草的政策措施，没有法律、行政法规依据或者未经国务院批准，不得含有下列影响生产经营成本的内容：（一）给予特定经营者税收优惠；（二）给予特定经营者选择性、差异化的财政奖励或者补贴；（三）给予特定经营者要素获取、行政事业性收费、政府性基金、社会保险费等方面的优惠；（四）其他影响生产经营成本的内容。"

由此可见，地方随意给予企业税收优惠的时代将成为历史，简单粗暴的税筹方式可能不再行得通，未来更多是要采用合理的架构设计以及享受国家的税收优惠政策来进行相应的规划。

健全直接税体系，完善综合和分类相结合的个人所得税制度，规范经营所得、资本所得、财产所得税收政策，实行劳动性所得统一征税

个人所得税改革方向是扩大综合所得范围，逐步实现劳动和资本等不同生产要素的公平税负。当下不同类型的劳动性所得可能适用不同的税制。例如，工资薪金所得一般是按月预扣预缴，采用累进税率；劳务报酬所得在预扣预缴阶段有单独的预扣率，与工资薪金所得的预扣方式不同；稿酬所得和特许权使用费所得也有各自的规定。这使得税收计算较为复杂，纳税人可能难以理解，同时增加了税务机关的征管成本。随着经济的多元化发展，人们获取劳动收入的方式越来越多样化。例如，一个人可能既有固定的工资收入，又会在业余时间通过提供劳务（如设计、翻译等）获取报酬，或者拥有一些特许权使用费收入等，为了适应这种变化，实行劳动性所得统一征税便成为新的税制调整方向。

2024年，"个人所得税"App进行了一次重要更新，在这次更新中，"收入纳税明细"板块新增展示了五项个人所得，分别为经营所得、利息股息红利所得、财产租赁所得、财产转让所得和偶然所得，此次更新是个人所得税制度从分类征收向综合与分类相结合征收模式转变的延续和深化，预示着未来个税政策可能会进一步

向"综合所得"模式靠拢。目前我国对综合所得和其他分类所得采取不同的征税方式和税率,未来可能会逐步统一征税范围和税率体系,使税收制度更加公平合理。

新一轮税制改革意义深远且影响广泛,它将在适应经济新业态发展、规范税收法治环境、优化收入分配格局等多方面发挥关键作用。我们建议企业经营者、高收入群体,抑或个体户及时关注并了解税收领域的政策变化,并根据政策的变化进行涉税安排的调整。

二、国家通过税务领域支持新质生产力发展有哪些新举措?

最近两年,国家一直在倡导新质生产力的发展,所以在当下能保持较好盈利水平的企业大多是新质生产力赛道的企业。接下来,我们就为大家介绍国家通过税务领域支持新质生产力发展的多项举措。

研发激励不断提升

研发费用加计扣除政策经历了深度优化与创新变革。2017—2023年,国家不断提高企业研发费用加计扣除比例,到2023年提高至100%,并明确作为长期的制度性安排,这大大降低了企业的研发成本,激励企业积极投入研发创新,对于发展新质生产力具有关键推动作用。与此同时,政策在享受时间维度上亦展现出极大的灵活性与前瞻性。从早期仅能在年度汇算清缴时扣除,逐步前置至每年10月预缴申报阶段即可享有,再新增7月预缴申报期作为政策享受时点。如此一来,企业就可以释放出更多流动资金,得以在研发创新的征程中快马加鞭,极大地加速了新质生产力的培育节奏与发展步伐。

减税降费多管齐下

为了更好地鼓励企业创新发展，针对那些在科技前沿探索的先锋企业以及制造业领域的中流砥柱，国家制定了一系列富有针对性的税收优惠套餐。

1. 企业所得税优惠：一般情况下，企业所得税的基本税率为25%，而国家重点扶持的高新技术企业，减按15%的税率征收企业所得税。企业获得高新技术企业资格后，自高新技术企业证书注明的发证时间所在年度起即可申报享受该税收优惠，优惠有效期为3年。

2. 延长亏损结转年限：自2018年1月1日起，当年具备高新技术企业或科技型中小企业资格的企业，其具备资格年度之前5个年度发生的尚未弥补完的亏损，准予结转以后年度弥补，最长结转年限由5年延长至10年。

3. 增值税加计抵减：自2023年1月1日至2027年12月31日，先进制造业企业中的高新技术企业（含所属的非法人分支机构）等允许按照当期可抵扣进项税额加计5%抵减应纳增值税税额。

税收监管与法治保障体系更加完善

为了让企业更好地发展，避免行政管理机关对企业过多打扰，金税系统对稽查部门也做出了约束，要求其秉持依法治税、以数治税、从严治税的核心理念，充分发挥"信用＋风险"为基石的监管机制。对于那些奉公守法、诚信经营的企业主体，给予充分的信任与尊重，最大限度地减少不必要的行政干预，使其能够在宽松自由的市场环境中自由驰骋、创新发展；而对于那些妄图通过违法手段实施涉税违法犯罪活动的不法分子，则毫不留情地进行打击，全力保障国家税收安全与市场秩序的稳定，为新质生产力的健康、有序、可持续发展筑牢坚固的法治防线。

国家在税务领域针对新质生产力发展所推出的一系列举措，从激励研发创新到减税降费扶持产业，再到构建完善的监管与法治保障体系，多管齐下、协同发力，不仅为企业在新质生产力领域的开拓进取提供了有力的政策支持与资金保障，还营造了公平公正、规范有序的市场环境，极大地激发了各类市场主体的创新活力与发展动力。

三、金税四期系统与国家职能管理部门有信息交换机制吗？

2021年3月，中共中央办公厅、国务院办公厅印发的《关于进一步深化税收征管改革的意见》中明确指出："深化税收大数据共享应用。……不断完善税收大数据云平台，加强数据资源开发利用，持续推进与国家及有关部门信息系统互联互通。2025年建成税务部门与相关部门常态化、制度化数据共享协调机制……"当下，政务信息共享机制正处于逐步健全的进程之中，我们可以从宏观与微观两个层面来深入剖析。

宏观层面的信息共享格局

我国致力于在2025年全面建成政务大数据系统，达成跨部门间的数据高效交换。按照《全国一体化政务大数据体系建设指南的通知》的规划安排，在2023年底前，全国一体化政务大数据的体系初步形成。而到2025年时，全国一体化政务大数据体系将更为完备，政务数据管理也将更加高效，届时所有政务数据资源都将被纳入目录管理体系。

借助以上通知中所给出的图示（见图13.1），我们能够以更为形象的方式去理解：国家政务大数据平台仿若一艘巨型航空母舰，各个部门则如同一艘艘战斗机。其中，金税四期系统作为税务部门系统的关键组成部分，也将接入这一庞大的政务大数据平台，并实现与其他部门之间的信息数据共享与交换。

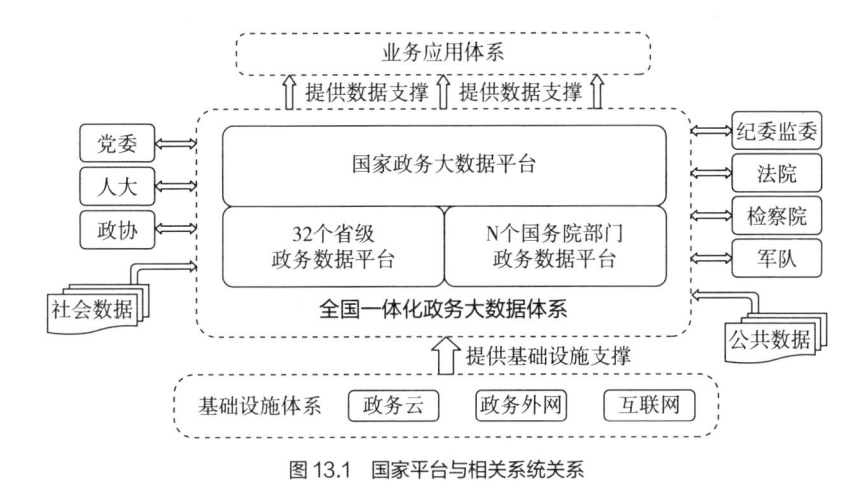

```
                    ┌─────────────────┐
                    │    业务应用体系    │
                    └─────────────────┘
                      ↑提供数据支撑 ↑提供数据支撑
┌────┐         ┌──────────────────────────┐         ┌──────┐
│党委 │←──→    │      国家政务大数据平台      │    ←──→│纪委监委│
├────┤         ├────────────┬─────────────┤         ├──────┤
│人大 │←──→    │  32个省级   │ N个国务院部门 │    ←──→│ 法院  │
├────┤         │ 政务数据平台 │  政务数据平台 │         ├──────┤
│政协 │←──→    ├────────────┴─────────────┤    ←──→│检察院 │
└────┘         │     全国一体化政务大数据体系    │         ├──────┤
                └──────────────────────────┘    ←──→│ 军队  │
┌────┐                     ↑                        └──────┘
│社会数据│                提供基础设施支撑               ┌──────┐
└────┘         ┌──────────────────────────┐         │公共数据│
                │基础设施体系  政务云 政务外网 互联网  │         └──────┘
                └──────────────────────────┘
```

图 13.1　国家平台与相关系统关系

资料来源：2022 年 10 月 28 日发布的《国务院办公厅关于印发全国一体化政务大数据体系建设指南的通知》。

值得一提的是，在 2023 年 10 月 25 日，国家数据局正式揭牌成立。此后，其将全面承担起协调推进数据基础制度建设的重任，统筹数据资源的整合共享以及开发利用工作。建设全国一体化政务大数据体系以及建立政务数据共享协调长效机制等工作，都将由国家数据局全力推动前行。在这样一个全国政务数据共享的宏观大背景之下，金税系统与其他国家职能管理部门之间的信息交换机制必然逐步走向完善与健全。

微观层面的信息交换实践

金税四期系统与国家职能管理部门的信息交换实际上已经在有条不紊地展开了。从国家税务总局网站发布的新闻资讯可知，在 2023 年 9 月 11 日，国税总局局长王军于第四届"一带一路"税收征管合作论坛开幕式上的主旨演讲中提到："我们全力促进国内部门之间的数据联通与信用联建。已与海关、人民银行等 21 个部门构建起常态化数据交换共享机制，推动了众多跨部门涉税事项实现'一窗联办、一网通办'；并且与数十个部门共同出台 41 条守信联合激励措施以及 28 条失信联合惩戒措施，凝聚各方部门合力，促使营商环境持续优化向好。"

在地方层面，浙江省于 2023 年 3 月 1 日正式生效的《浙江省税费服务和征管保障办法》，其"征管协同"专章针对税费数据交换做出了详尽规定；广东省政府也于 2023 年 12 月 9 日发布《广东省税费征管保障办法》，该办法已于 2024 年 1 月 1 日生效。这些新出台的办法基本上让所有政府部门的涉税信息实现了共享，其中强调金融机构应当依法协助税务机关查询从事生产、经营的纳税人、扣缴义务人的金融账户、存款等信息，依法协助税务机关实施税收保全措施和强制执行措施。还规定市场监管部门在办理转让个人股权变更登记时，应当查验与该股权交易相关的完税凭证或者免税证明。未能查验获取的，不予办理相关手续等。

同时，国家税务总局会同国家市场监督管理总局在 2024 年 12 月 20 日发布了《互联网平台企业涉税信息报税规定（征求意见稿）》，其中要求各平台企业（例如淘宝、京东、拼多多等）主动向税务局报送平台上经营者的身份信托和交易信息、收入信息，包括经营者的合同订单、交易明细、资金账户、支付金额、物流、打赏收入等，这意味着电商平台经营者即将步入税收透明新时代。由此可见，税务机构与各职能部门、各平台企业等正处在信息交换机制创建完善的过程中。

四、金税系统智能化预警机制是如何发挥监管职能的？

前文中我们已经分析过金税系统与国家各个职能管理部门的信

息交换机制，简单理解就是税务部门通过信息交换机制拥有了海量的涉税信息。那么，有了这些数据之后，系统会如何运作、如何发现企业涉税的风险来发挥其监督预警机制呢？

全面精准的数据归集与分析

金税四期的数据化特征为智能化预警提供了坚实的数据基础。它能够广泛归集各类企业数据，诸如企业的纳税状态、登记注册信息、生产销售数据等多方面内容。这使得税务机关告别了以往依赖企业主动报税且数据掌握有限的困境。

在金税三期之前，由于税务机关难以精准获取企业经营数据，不少企业通过设立"两套账"来逃避监管，即向税务局报送虚假账目，而内部留存真实账目。当时税务稽查常出现先封锁财务室证据的情况，甚至有财务人员听闻税务机关上门便采取极端行为，如抱走或损毁电脑主机以隐匿数据。

进入金税四期时代，企业的生产成本、销售数据、用工成本、用电用水等数据都被纳入全电发票链路并由系统掌控，税务机关可随时调取分析。例如，一家制造企业以往可能通过虚报用电量来虚增成本，在金税四期下，系统能直接获取其真实用电数据，与申报的生产规模、产量等数据进行比对。如果发现该企业申报的产量很低，但用电量却很高，这就属于数据异常，系统会标记此情况。

通过对这些海量数据的深度挖掘与对比分析，系统能够精准洞察企业数据中的异常波动与潜在风险点，例如企业销售额与纳税额的不匹配、成本费用的不合理增长等，为智能化预警提供了关键的线索与依据，从而实现对企业纳税行为更为精准的监控与评估。

多部门信息共享与协同核查

金税四期的信息化建设搭建起了多部门信息共享与核查的桥梁，有力地推动了智能化预警机制的高效运行。它成功构建起各部委、人民银行以及银行等参与机构之间的信息共享与核查通道，形成了一个全面且动态的信息交流体系。

通过多部门信息的互联互通与协同核查，智能化预警机制能够整合多源数据，打破信息孤岛。例如，当企业在海关的进出口数据与税务申报数据存在差异时，系统能够迅速捕捉并预警，有效防止企业利用部门间信息不对称进行偷逃税等违法行为，极大地拓宽了预警的广度与深度，提升了监管的全面性与准确性。

智能征管流程与一体化智能平台

金税四期以"双随机、一公开"监管和"互联网＋监管"为基本手段，精心打造智能征管流程，这是智能化预警机制的核心所在。其致力于构建"无风险不打扰、有违法要追究、全过程强智控"的税务执法新体系，并最终建成覆盖税收征管全环节、全流程、全主体的一体化应用智能化平台。

该平台全方位汇聚各类内外部标准化数据，运用先进的人工智能算法与大数据分析技术，对数据进行实时处理与智能分析。在日常征管中，系统自动依据预设的风险模型与指标体系，对企业数据进行持续监测与评估。

例如，某家企业突然出现大量发票开具给同一家新成立且无实际业务关联的公司，或者资金流向一些高风险的空壳公司，智能化预警机制便会立即启动。一旦发现企业数据偏离正常范围或存在潜在违法风险，如发票开具异常、资金流向可疑等情况，智能化预警机制便会立即启动，精准锁定风险企业，并向税务执法人员推送预警信息，同时提供详细的风险分析报告与线索。

税务执法人员依据预警信息迅速展开调查核实，及时发现并处理企业的违法违规行为，从而实现对税收征管全过程的智能监控与高效执法，有效维护税收秩序，保障国家税收收入，同时为合法合规经营的企业营造公平公正的市场竞争环境。

金税系统的智能化预警机制通过数据化、信息化、智能化的协同运作得以实现，这与我们之前的税收征管有着很大的不同。在全电发票实施之前，企业的进销数据只能通过企业按照规定向税务部门进行汇总申报，税务部门才能掌握企业的相关数据，而现在不仅可以通过全电发票实时了解进销项数据，还能通过跨部门信息共享与核查机制及时了解企业其他的生产数据。所以对广大的企业主和高收入人群来说，要及时关注这些变化来调整自己的涉税规划，不能刻舟求剑用既往的经验看待当下的征管态势。

五、什么是个人所得税的年度汇算清缴？有何新变化？

云南省昭通市税务部门在对个人所得税综合所得汇算清缴办理情况开展事后抽查时，发现某策划公司职员陈某未办理2021年度个人所得税综合所得汇算清缴，遂依法对其进行立案检查。经查，纳税人陈某未在法定限期内办理2021年度个人所得税综合所得汇算清缴，少缴个人所得税。经税务部门提醒督促，陈某仍不办理汇算申报。税务部门对其立案检查。依据《中华人民共和国个人所得税法》《中华人民共和国税收征收管理法》《中华人民共和国行政处罚法》等相关法律法规规定，昭通市税务局第一稽查局对陈某追缴税款、加收滞纳金并处罚款共计13.35万元。

那究竟什么是个人所得税的年度汇算清缴？接下来我们会详细为大家介绍，而这一点对高净值人士尤为重要。

个人所得税应纳税的收入共有：工资薪金所得，劳务报酬所得，稿酬所得，特许权使用费所得，经营所得，利息、股息、红利所得，财产租赁所得，财产转让所得，偶然所得9项收入类型。我们目前实行的需要年度汇算清缴的共计两大类：一类是劳动性所得也就是综合所得，包括工资薪金所得、劳务报酬所得、稿酬所得、特许权使用费所得；另一类需要汇算清缴的是经营所得。

综合所得年度汇算清缴

一个年度结束后（比如 2023 年结束后），纳税人小王需要在次年的 3 月 1 日至 6 月 30 日，汇算从 2023 年 1 月 1 日至 12 月 31 日取得的工资薪金、劳务报酬、稿酬、特许权使用费 4 项综合所得的全年收入额，全部收入减去费用 6 万元以及专项扣除、专项附加扣除、依法确定的其他扣除和符合条件的公益慈善事业捐赠后，按照综合所得年度税率表，计算全年应纳个人所得税，再减去年度内已经预缴的税款，向税务机关办理年度纳税申报并结清应退或应补税款。

具体计算公式为：

应退或应补税额 = [（综合所得收入额 –60 000 元 – "三险一金"等专项扣除 – 子女教育等专项附加扣除 – 依法确定的其他扣除 – 符合条件的公益慈善事业捐赠）× 适用税率 – 速算扣除数]– 已预缴税额

2025 年 2 月 26 日公布的国家税务总局令第 57 号《个人所得税综合所得汇算清缴管理办法》第七条规定："纳税人取得综合所得并且符合下列情形之一的，需要依法办理汇算清缴：

（一）已预缴税额大于汇算清缴实际应纳税额且申请退税的；

（二）已预缴税额小于汇算清缴实际应纳税额且不符合本办法第六条规定情形的；

（三）因适用所得项目错误、扣缴义务人未依法履行扣缴义务、取得综合所得无扣缴义务人，造成纳税年度少申报或者未申报综合所得的。"

符合上述要求的各位朋友要及时按照要求在个人所得税 App 上进行汇算清缴。

经营所得年度会算清缴

首先要明晰哪些收入属于经营所得。《中华人民共和国个人所得税法实施条例》第六条第（五）款规定："经营所得，是指：

1. 个体工商户从事生产、经营活动取得的所得，个人独资企业投资人、合伙企业的个人合伙人来源于境内注册的个人独资企业、合伙企业生产、经营的所得；

2. 个人依法从事办学、医疗、咨询以及其他有偿服务活动取得的所得；

3. 个人对企业、事业单位承包经营、承租经营以及转包、转租取得的所得；

4. 个人从事其他生产、经营活动取得的所得。"

纳税人取得经营所得，按年计算个人所得税，由纳税人在月度或者季度终了后15日内向税务机关报送纳税申报表，并预缴税款；在取得所得的次年3月31日前办理汇算清缴。因此如果个人存在上述经营所得相关情况，要密切关注并深入了解预缴与汇算的具体要求和流程。

就目前而言，个人所得税汇算清缴并没有出现显著的变化。然而，根据二十届三中全会《中共中央关于进一步全面深化改革、推进中国式现代化的决定》提出的"健全直接税体系，完善综合和分类相结合的个人所得税制度，规范经营所得、资本所得、财产所得税收政策，实行劳动性所得统一征税"的要求，未来个人所得税的汇算清缴势必迎来一系列新的改革举措与变化趋势，这将对广大纳税人以及税收征管工作产生深远的影响，各位需要持续关注相关政策动态。

六、收到税务稽查行政处罚告知书，如果有异议该如何申诉？

张总最近真是愁坏了，原因是两个月前当地税务稽查机构的人到自己的公司来询问检查，当时张总人在外地谈生意，所以交给公司财务人员来接待，财务人员对有些问题也进行了解释和说明，但没想到的是，上周税务稽查机构直接给张总的公司发来了《行政处罚告知书》，而告知书上的有些内容张总根本不认可。他想知道当下是不是只能认罚，还有什么办法去扭转当前不利的局面。

根据我国相关法律规定，在收到税务稽查机构的行政处罚告知书后，如果纳税人对处罚存在异议，有相应申诉途径，但这也要区分事件发展的不同阶段。

审查阶段的申辩

张总在最初税务机构来调查时，没有抓住黄金时机。在收到税务稽查通知的第一时间，纳税人应率先展开自我审查，认真排查并及时纠正可能存在的问题。并且务必在税务机关做出税务行政处罚决定之前，前往税务局进行当面陈述、申辩，或者自行准备并提交陈述、申辩材料。若未能在规定期限内进行陈述、申辩，则视为自动放弃该项权利。所以，这个阶段纳税人的解释与说明是非常重要的。

申请听证

若税务机关已经做出书面处罚，并且对单位做出的罚款金额达到 10 000 元（含 10 000 元）及以上，或者对公民罚款 2000 元（含

2000元）及以上，又或者符合《中华人民共和国行政处罚法》第六十三条规定的其他情形时，当事人依法享有要求听证的权利。当事人可自收到税务行政处罚事项告知书之日起，在规定的市县区域内向税务机关以书面形式提出听证申请。若逾期未提出听证申请，则视为主动放弃听证权利。

申请行政复议

纳税人作为申请人，在知晓税务机关做出具体行政行为之日起60日内，有权提出行政复议申请。例如张总所在的公司作为被处罚对象，可以公司名义申请行政复议，这是纳税人维护自身权益、对税务处罚决定进行再次审查的重要途径。

提起行政诉讼

倘若纳税人对行政复议决定仍不满意，还可进一步向人民法院提起行政诉讼，借助司法途径对税务稽查行政处罚进行最终的审查与判定，以保障自身合法权益不受侵害。

在前述处理流程中，张总的公司也可以寻找专业的税务争议处理律师来协助应对。在面对税务稽查及可能存在争议的处罚时，纳税人务必保持冷静，严格按照规定的申诉流程和时间节点，积极行使自己的申辩、听证、复议及诉讼权利。同时，在日常经营活动中，企业和个人也应不断强化税务合规意识，加强财务管理，准确理解并遵循税收法规，从源头上减少税务风险，避免陷入不必要的税务纠纷。只有这样，才能在合法合规的轨道上稳健发展。

七、税务稽查如果倒查通常会是多少年，有最高年限吗？

如果企业年头比较长，税务稽查还会查企业以前的税务问题吗？多年前的税务问题会不会"既往不咎"呢？

税务稽查倒查的年限根据不同情况而定。《中华人民共和国税收征收管理法》第五十二条规定："因税务机关的责任，致使纳税人、扣缴义务人未缴或者少缴税款的，税务机关在三年内可以要求纳税人、扣缴义务人补缴税款，但是不得加收滞纳金。

因纳税人、扣缴义务人计算错误等失误，未缴或者少缴税款的，税务机关在三年内可以追征税款、滞纳金；有特殊情况的，追征期可以延长到五年。

对偷税、抗税、骗税的，税务机关追征其未缴或者少缴的税款、滞纳金或者所骗取的税款，不受前款规定期限的限制。"

为了方便大家理解，我们整理出表13.1供大家对比查阅。

表13.1 税务稽查年限分类情形

序号	情形			追查期限	追查范围
1	在一定期限内未发现的不缴、少缴的税款	因税务机关责任，致使纳税人、扣缴义务人未缴或少缴税款		3年	税款
		因纳税人、扣缴义务人计算错误等失误，未缴或少缴税款	税款累计不足10万元	3年	税款、滞纳金
		纳税人不进行纳税申报造成未缴或少缴应纳税款	税款累计金额在10万元以上	5年	
		偷税、抗税、骗税		无限制	税款、滞纳金
2	已被发现的不缴、少缴或欠缴税款	纳税人已申报或税务机关已查处的欠缴税款		无限制	根据纳税人申报或税务机关查处的具体情况处理
3	行政处罚	违反税收法律、行政法规应当给予行政处罚的行为		5年	行政处罚
		其他应当给予行政处罚的行为		2年	行政处罚

总体而言，可划分为以下两大类别情形。

第一种：纳税主体属于非主观恶意导致的税款少缴。如果因为税务机关的责任导致少缴的，3年内可以追征，在此情形中不得加收滞纳金。如果是纳税人、扣缴义务人计算错误等原因导致少缴的，一般情况下税款 10 万元以下的，税务机关在 3 年内可以追征并加收滞纳金，税款 10 万元以上的，税务机关在 5 年内可以追征并加收滞纳金。

第二种：纳税主体主观恶意偷逃税。这种情形下是没有追征期限制的，税务机关在任何时间查到该违法行为均可以进行处罚，除了追征税款，还要加收滞纳金和罚款。常见的主观恶意行为有：经营款项进个人账户不计入企业收入，虚构业务、虚开发票使得企业成本增加、利润降低等。

这里需要特别说明一下滞纳金。滞纳金从偷税之日起按日计算，每日是税款的万分之五，折合年化则高达 18.25%，复利计算基本上 5 年半的时间滞纳金就与本金一致了。另外还有罚款，罚款额度是欠缴税款的 50% 以上、5 倍以下。"税款 + 滞纳金 + 罚款"被称为补税"三件套"，这三件套计算下来将是一笔不小的金额。

由此可见，税务违规的成本极为高昂。所以提醒各位企业主以及高收入人士，务必提前做好税务合规规划。有时候，即使是多年经营的企业已经注销了，仍然可能面临倒查偷逃税的风险。所以，企业一定要加强对财务人员的专业培训，提高其税务合规意识与业务水平；定期进行税务自查自纠，及时发现并纠正潜在的税务问题，也可以聘请外部专业团队协助进行法税"体检"，避免因一时疏忽或心存侥幸而陷入税务困境。

八、金税四期是如何发现虚开增值税发票违规行为的？

某地税务稽查局联合风险管理局开展常态化税收风险排查时发现，当地 A 企业有一系列异常进项发票。经查，该企业连续 5 年利润均不足 3 万元，最大的成本支出为技术人员的工资，但这最大的成本支出却由这一系列异常的进项发票列支，让企业年度成本控制一直很"稳定"。

该企业属于技术密集型企业。作为建筑领域技术咨询的专业机构，每月却将主体工作外包给个体工商户，且开票方的4家个体工商户主营业务都是咨询服务，实际从业人数均为1人。检查人员发现，除了对该企业开具咨询服务类发票，4家个体工商户均未与其他经营单位发生业务往来，且每年开票金额相对固定。4家个体工商户经营地址不一，2家位于市区，2家位于村镇，但开票方与受票方的网络标识地址却呈现出交叉共用的特点。

检查人员在该企业办公场所发现了涉案4家个体工商户的营业执照、公章、法人章等资料，在复制财务数据时，发现同一电脑存在多个电子账套，这验证了涉案个体户与该企业位于同一办公室，用同一电脑开具发票，且开票方与受票方的网络标识地址出现交叉共用的事实。

检察人员通过走访4家个体工商户的相关人员发现，这4家个体户的法定代表人均为A企业员工或亲戚朋友，实际并不参与个体户的经营和管理，且其个体工商户相关银行账户均由A企业实际控制，所有开票行为均由涉案企业财务人员实际操作完成，相关费用大多转化为员工实际工资。至此，该企业利用小规模纳税人减免增值税政策虚开增值税发票的违法事实完全显露。

基于对众多稽查案例的研究，我们总结了金税四期下税务部门发现虚开增值税发票违规行为的四种方式。

基于其强大的发票信息深度剖析与智能比对

国家税务总局在2024年11月发布了《国家税务总局关于推广应用全面数字化电子发票的公告》，明确自2024年12月1日起，在全国正式推广应用全面数字化电子发票。

电子发票实现了对企业发票的全要素进行无死角采集，涵盖发票的开具源头、收受终端、票面金额、详细内容以及开票精确时间等。随后技术人员可以将这些要素开展纵横双向的精细比对：横向与同行业类似企业的发票大数据样本进行比对，考量诸如发票金额分布规律、开票频次节奏、开票的电脑 MAC 地址等关键指标是否存在偏离常态的异常波动；纵向则深入分析企业自身历史发票数据序列，一旦发现近期发票数据出现突兀的激增或锐减，且无合理业务变动支撑，虚开嫌疑便会凸显。

通过对交易行为的全方位异常监测

在交易金额维度，无论是单次超大额交易，还是短期内高频次小额交易的异常聚集，若其与企业过往交易规模习性以及实际经营体量和资金承载能力严重脱节，金税四期都会将其纳入重点嫌疑范围。在交易时间方面，若发票开具时间游离于正常工作日、营业时间范畴之外，如在深夜、法定节假日等非正常商业时段频繁开具大额发票，这种违背常理的时间戳异常会引起深度关注。

运用企业综合信息全景式分析研判

全面整合企业的工商注册详情、财务报表数据、纳税申报历史记录等多元信息源，构建起立体的企业画像。若企业财务数据长期呈现亏损，却仍维持高额的发票进出流量，或者企业登记的经营场所、业务范畴与发票所涉业务风马牛不相及，这种信息的冲突与矛盾将触发预警。

借助外部多元信息的广泛收集与交叉验证渠道

利用先进的网络信息采集技术，从海量互联网信息中精准捕捞与企业相关的各类资讯，包括企业的线上宣传推广信息、招聘动态、新闻媒体报道等，并与企业税务申报数据进行严格的交叉比对校验，若两者之间存在无法解释的显著差异或矛盾之处，虚开疑点将随之上升。

九、中国境内税收居民境外金融账户 CRS 信息交换开展的最新动态与趋势

众多高净值人士都有意到境外进行资产配置，而这一过程无可避免地牵扯到境外开户事宜。因此，对身为中国境内税收居民且在境外拥有金融账户的人而言，深入研习并透彻理解 CRS（共同申报准则）境外金融账户信息交换机制显得尤为关键。

图 13.2 清晰地解释了什么是 CRS 信息交换制度。依照 CRS 开展金融账户涉税信息自动交换的流程如下：首先，由某一国家（地区）的金融机构借助尽职调查程序，精准识别另一国家（地区）税收居民个人和企业在本机构开立的账户。随后，按年度向金融机构所在国（地区）主管部门详尽报送这些账户的名称、纳税人识别号、地址、账号、余额、利息、股息以及出售金融资产的收入等信息。紧接着，由该国（地区）税务主管当局与账户持有人的居民国

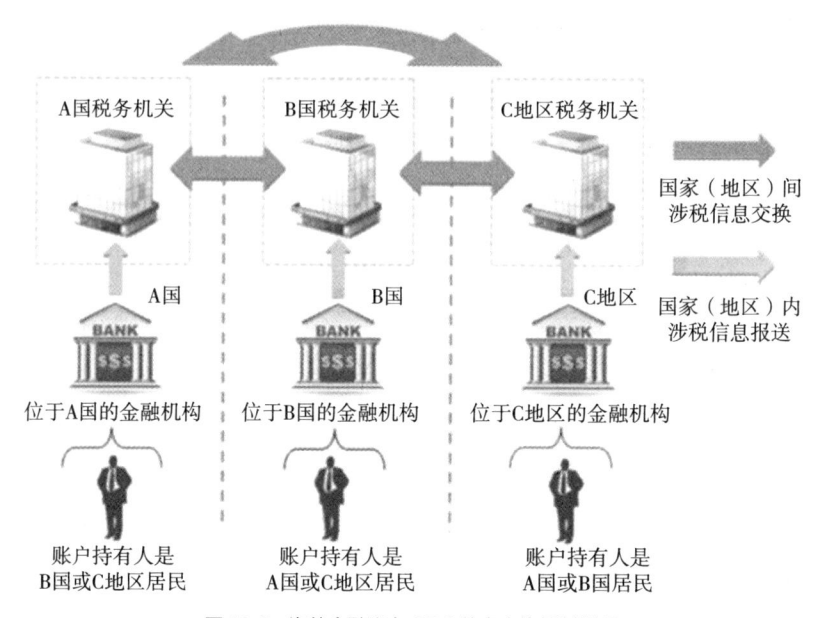

图 13.2　海外金融账户 CRS 信息交换机制说明

税务主管当局进行信息互换，最终达成各国（地区）对跨境税源的高效监管目标。

我国税务总局自 2018 年 9 月起，便开始与境外其他地区主管当局的金融账户信息交换工作，至今已顺利完成多轮交换。此项信息交换得以实现，乃是基于经济合作与发展组织（OECD）在 2014 年 7 月所颁布的金融账户涉税信息自动交换标准（AEOI）。在全球财富呈迅猛累积态势以及经济全球化浪潮汹涌澎湃的大背景下，越来越多纳税人选择将资产隐匿于境外，致使各国（地区）境外逃漏税现象愈发猖獗。鉴于此，各国迫切期望能推出一项多边条约，旨在提升税务透明度，严厉打击跨境逃税行径。应二十国集团（G20）的委托，OECD 精心制定并发布了"交换标准"，而 CRS 作为"交换标准"的核心构成部分，明确界定了金融机构在收集和报送外国税收居民个人与企业账户信息时所须遵循的相关要求与具体程序。

截至 2023 年 4 月，已有多达 106 个国家（地区）与我国成功开展了信息交换，其中涵盖了诸如澳大利亚、英国、新西兰等国家。

如果你是中国税收居民，并且在上述已开展信息交换的国家（地区）设有金融账户，那么该金融账户的相关信息已然被交换至国家税务总局。中国税收居民境外收入未进行税务申报，已引发多地税务机关关注。由此可见，CRS 的落地实施，致使众多中国税收居民的境外资产逐步浮出水面，一旦这些金融资产存在未按规定完税的情形，在信息被交换回境内后，税收居民极有可能面临缴税义务。

十、公对公转账、私对私转账有哪些注意要点？当前的监管政策是什么？

高净值人群有时会遇到这样的情况：自己的公户或私户被银行

关注，银行询问最近转账转的钱是什么钱；从对公账户往股东私人账户转钱很难，银行要求提供诸多证明材料；税务机构核查自己及家庭成员的多张银行卡……诸如此类的情况，均是因为当前银行各类账户转账的监管越来越严格。

公对公转账的注意要点

第一，践行"三流合一"原则。所谓"三流合一"，即交易过程中的合同流、发票流与现金流务必相互契合。每一笔交易应有真实且合法的合同作为依据与支撑，发票的开具内容与实际交易详情要匹配，而资金的流转路径亦须与合同约定及发票信息精准匹配。如某企业签订了货物销售合同，供货方依约提供了货物并开具了合规发票，那么购货方在公对公转账时，应严格依照合同所定账号与金额执行付款操作，如此方能确保交易在税务与财务层面的合规性与逻辑性。

第二，重视交易合理性。企业的资金收付流向应与自身经营范围存在内在逻辑关联，避免出现突兀且难以解释的异常情形。如一家专注于文化创意产业的公司账户资金频繁且大量地流向重型机械制造相关账户，且无合理缘由，此等现象势必引发金税系统及监管部门的关注。

第三，规避异常交易行为。如一位企业主某天发现自己公司的对公账户居然被异地的一家公安机关给冻结了，于是匆忙去公安机构打听情况，才得知原来自己公司的账户接受了一笔 20 万元的货款，而这笔货款的付款方正是公安机关正在追查的地下钱庄所用的账户，这让企业主有种"跳进黄河也洗不清"的感觉，企业对公账户被冻结导致日常经营调动资金困难。所以，企业主对异常交易行为要保持高度的敏感性，诸如过度依赖现金交易，且现金交易的数额、频率及用途与企业正常经营状况严重脱节；股东或法人等关键人员在短期内频繁发起资金支付操作；长期处于闲置状态的账户毫无征兆地突然启用且立即出现大规模资金收付活动等，诸如此类行为皆可能被视作异常交易的表征，从而引起不必要的监管关注。

私对私转账的要点与监管剖析

首先核实身份。在启动转账之前，对转账对象的身份背景展开深入探究与审慎核实，此为防范诈骗风险的关键防线。切不可在对对方身份认知模糊不清的状况下贸然转账，尤其是在网络虚拟交易环境中，更应提高警惕，谨防陷入诈骗陷阱。

其次不要频繁来回转账。一般情形下，若当日单次或者累计发生的涉及人民币 5 万元及以上、外币等值 1 万美元及以上的现金收付款项，便会被纳入大额交易的监管范畴。有一位餐厅老板娘，许多消费者吃饭付费有的付到了公户，有的付到了她个人的微信二维码，她个人收到这些费用后又直接用个人银行卡采买餐厅经营的菜肉、给员工发工资，可以说是乱成一团，很快就受到了银行的关注。

当前的监管政策主要是《金融机构大额交易和可疑交易报告管理办法》

央行在 2016 年底发布了《金融机构大额交易和可疑交易报告管理办法》，其中有如下规定：

第五条 金融机构应当报告下列大额交易：

（一）当日单笔或者累计交易人民币 5 万元以上（含 5 万元）、外币等值 1 万美元以上（含 1 万美元）的现金缴存、现金支取、现金结售汇、现钞兑换、现金汇款、现金票据解付及其他形式的现金收支。

（二）非自然人客户银行账户与其他的银行账户发生当日单笔或者累计交易人民币 200 万元以上（含 200 万元）、外币等值 20 万美元以上（含 20 万美元）的款项划转。

（三）自然人客户银行账户与其他的银行账户发生当日单笔或者累计交易人民币 50 万元以上（含 50 万元）、外币等值 10 万美元以上（含 10 万美元）的境内款项划转。

（四）自然人客户银行账户与其他的银行账户发生当日单笔或者累计交易人民币 20 万元以上（含 20 万元）、外币等值 1 万美元以上（含 1 万美元）的跨境款项划转。

累计交易金额以客户为单位，按资金收入或者支出单边累计计算并报告。中国人民银行另有规定的除外。

中国人民银行根据需要可以调整本条第一款规定的大额交易报告标准。

第十一条 金融机构发现或者有合理理由怀疑客户、客户的资金或者其他资产、客户的交易或者试图进行的交易与洗钱、恐怖融资等犯罪活动相关的，不论所涉资金金额或者资产价值大小，应当提交可疑交易报告。

第十二条 金融机构应当制定本机构的交易监测标准，并对其有效性负责。交易监测标准包括并不限于客户的身份、行为，交易的资金来源、金额、频率、流向、性质等存在异常的情形，并应当参考以下因素：

（一）中国人民银行及其分支机构发布的反洗钱、反恐怖融资规定及指引、风险提示、洗钱类型分析报告和风险评估报告。

（二）公安机关、司法机关发布的犯罪形势分析、风险提示、犯罪类型报告和工作报告。

（三）本机构的资产规模、地域分布、业务特点、客户群体、交易特征，洗钱和恐怖融资风险评估结论。

（四）中国人民银行及其分支机构出具的反洗钱监管意见。

（五）中国人民银行要求关注的其他因素。

无论是公对公转账还是私对私转账，遵循相关注意要点和监管政策是保障资金安全、维护金融秩序稳定的关键所在。企业和个人都应高度重视转账行为的规范性与合法性，不断提升自身的风险防范意识与合规操作水平。在日益严格的金融监管环境下，只有积极适应并严格遵守规则，才能避免因转账问题而陷入不必要的法律纠纷或财务风险，确保自身的经济活动得以顺利、健康地开展，为构建诚信、有序的金融生态环境贡献应有的力量。

十一、偷逃税会涉及刑事责任吗？主要是哪些刑事罪名？

偷逃税涉及的常见刑事罪名有：逃税罪，抗税罪，逃避追缴欠税罪，骗取出口退税罪，虚开发票罪，虚开增值税专用发票罪，伪造、出售伪造的增值税专用发票罪，非法出售增值税专用发票罪。没想到偷逃税竟然涉及这么多的刑事罪名。很多人对偷逃税存在一种误解，以为如果少交税被税务局查到了，补缴税款即可了事。

例如，明星艺人的偷逃税，一般是采用阴阳合同、转换收入性质等方式，涉及《刑法》第二百零一条表述的"采取欺骗、隐瞒手段进行虚假纳税申报或者不申报"的方式偷逃税，本条最后有一个特殊规定：有这些行为的在"经税务机关依法下达追缴通知后，补缴应纳税款，缴纳滞纳金，已受行政处罚的，不予追究刑事责任；但是，五年内因逃避缴纳税款受过刑事处罚或者被税务机关给予二次以上行政处罚的除外。"因此，明星艺人在满足5年内首次偷逃税且及时补缴税款、罚款及滞纳金的条件下，是能够免于刑事处罚的。

而企业所涉及的偷逃税行为往往更为复杂多样。除了可能涉及《刑法》第二百零一条规定的常规偷逃税情形，还存在一种极为高频且常见的风险行为，那就是虚开发票。部分企业在当年利润较高时，企业主为了降低企业所得税的缴纳额度，会采取一些不当手段，例如通过购买发票来虚增成本，或者与其他第三方勾结虚构业务，虚开发票，从而触及刑事犯罪。

所以，偷逃税绝非小事，无论是个人还是企业，在金税四期智能化税务征管时代，任何心存侥幸的偷逃税行为都犹如为自己埋下一颗随时可能被引爆的炸弹。

十二、案例解析：虚开增值税发票涉刑事责任

许某是东莞市 A 公司法定代表人和实控人，张某是 A 公司财务。2020 年 4 月至 2020 年 7 月，许某指使张某负责与广西 B 木材加工厂对接虚开 42 张增值税专用发票事宜，开票金额近 400 万元，税额 50 万元左右，价税合计 450 万元左右。

在没有真实交易的情况下，B 加工厂虚开 42 张增值税专用发票给 A 公司。虚开期间，A 公司通过对公账户将发票金额汇给 B 加工厂的对公账户，B 加工厂在扣除相应的手续费（价税合计金额的 5.5%~6.5%）之后再通过私人账户回款给 A 公司提供的私人账户。

经法院审理查明，2020 年上半年，许某在经营 A 公司过程中了解到公司进项发票较少，需要缴纳的税款较多，为了让 A 公司少缴税，经许某同意，A 公司财务张某与 B 加工厂对接联系开票事宜。2020 年 4 月至 7 月，A 公司在没有真实交易的情况下，接受 B 加工厂虚开 42 张增值税专用发票，归案后，许某已补缴上述税款及滞纳金。

最终法院认为，许某作为 A 公司直接负责的主管人员，虚开增值税专用发票，数额较大，其行为已构成虚开增值税专用发票罪，依法应予惩处。许某归案后如实供述自己的罪行，认罪认罚，

依法对其从轻处罚。且许某案发后已向税务机关补缴全部税额、滞纳金，可酌情从轻处罚。

最终判处许某犯虚开增值税专用发票罪，判处有期徒刑三年，缓刑三年。

此案例给企业主带来了极为深刻的警示：切不可因妄图降低税负而涉足虚开增值税发票的违法行径。在本案例中，许某仅仅因为公司进项发票较少、缴税较多，便指使财务与其他企业对接虚开发票事宜，这种短视的行为最终将企业和自己都推向了违法犯罪的泥潭。虚开增值税发票罪与逃税罪不同，不是被税务机构发现后把税补上就完事儿了，往往还要承担刑事责任，冒这样的险的确不值得。

十三、案例解析：虚假出口退税的税务稽查

B公司主营电子产品出口，2021年主营业务收入显示为8000万元，进项税额却高达7800万元，出口退税金额也为7800万元。更可疑的是，其进项多为来自外省的原材料采购发票，出口目的地为新加坡且合作商单一。如此数据，明显违背正常的商业逻辑。

于是，检查人员来到了B公司核查。踏入公司仓库后，只见堆积如山的电子元件，成品却寥寥无几。

凭借既往的经验，检查人员综合多方面情况，判定该公司存在重大虚开骗税嫌疑。A市税务局稽查局迅速立案调查，并暂停B公司的出口退税业务。

当检查人员准备深入调查时，B公司突然停产，负责人张某也消失得无影无踪。经过多轮的排查，检查人员发现该公司对公账户向原材料供应商付款后，资金竟通过多个私人账户最后回流到张某的账户。同时，外调发现公司提供的原材料采购凭证是伪造的，供

应商信息也全是假的。虚开发票与虚假经营的事实逐渐清晰。

同时，检察人员又发现另有 15 家企业与该科技公司情况极为相似。这些企业成立时间相近，业务种类相同，运营方式如出一辙，甚至存在人员交叉任职，连财务都是同一人。

税务局稽查局联合多部门成立专案组，对这 16 家企业展开全面调查。原来，这 16 家企业虚构原材料采购，大量虚开增值税专用发票，将货物出口至新加坡的关联企业。而这些货物出口后，又被非法转运回国内，再次出口，形成虚假出口循环。企业收到外汇后，通过复杂的账户流转，最终流入非法钱庄。

真相大白后，18 名犯罪嫌疑人全部落网，面对详尽的证据，他们不得不认罪。

经查明，该团伙利用 16 家企业虚开增值税专用发票约 15 亿元，骗取出口退税 1.3 亿元。

可见，虚假出口退税行为一直是税务机关打击的重点，整个环节也经不起税务机关的调查，并且触及刑事责任，得不偿失！

十四、案例解析：企业所得税偷逃被稽查

某电子科技有限公司成立于 2010 年，主要从事电子产品的研发、生产与销售。在行业发展初期，该公司凭借其技术优势迅速占领了一定的市场份额，经营业绩良好。然而近年来随着市场竞争的加剧，电子科技行业面临着原材料价格波动、人力成本上升以及技术更新换代快等诸多挑战，该公司的利润空间逐渐被压缩，于是公司老板不得不从各种角度想办法压缩成本。

税务部门在对日常税收数据分析时发现，该电子科技公司的企业所得税税负率在近 3 年呈现出持续下降的趋势，且明显低于同行业平均水平。同时，其申报的成本费用数据存在一些异常波动，这

引起了税务稽查人员的高度关注。于是，税务部门决定对该公司展开深入税务稽查。

稽查部门首先调取了该公司近3年的财务账簿、凭证、报表以及纳税申报资料等进行详细审查。在审查过程中，发现该公司存在大量的原材料采购发票，且部分发票的开具单位为一些新成立的小规模企业，这些企业的经营范围与该公司的采购需求似乎关联性不大。此外，该公司的研发费用支出增长异常迅速，远超同行业平均水平，却缺乏相应的研发项目立项文件、研发人员工时记录以及研发成果转化资料等有效支撑。为了进一步核实情况，稽查人员对该公司进行了实地核查，在公司的仓库中，稽查人员发现实际库存的原材料数量与账面上记载的数量存在较大差异，部分原材料账实不符。

税务部门依法对该公司的银行账户资金往来情况进行了调查。发现该公司与一些个人银行账户之间存在频繁的资金往来，且部分资金的用途标注模糊不清。进一步追查发现，这些个人银行账户中有一部分是公司股东或高管的个人账户，公司存在通过这些个人账户转移收入、逃避纳税的重大嫌疑。

通过稽查人员的深入调查，同时对与该公司有业务往来的上下游企业进行了外围调查取证。最终确定该公司存在以下问题：

1. 虚增成本

（1）虚构原材料采购业务，与一些不法供应商勾结，取得虚开的增值税专用发票，用于抵扣进项税额并虚增成本。

（2）编造虚假的研发费用支出，将一些与研发无关的费用，如员工福利、办公设备购置等计入研发费用，加计扣除，从而减少应纳税所得额。

2. 隐瞒收入

（1）通过设立多个个人账户，将部分销售收入不入公司账，直接转入个人账户，隐匿了这部分应税收入。

（2）与客户签订阴阳合同，对外报送的合同金额低于实际交易金额，少计销售收入，逃避企业所得税纳税义务。

经税务稽查部门最终查实，该电子科技公司在2018—2020年，通过上述各种手段共偷逃企业所得税税款达500万元。根据《中华人民共和国税收征收管理法》及相关法律法规规定，税务机关对该公司做出了如下处理处罚决定：

1. 追缴偷逃的企业所得税税款500万元，并按规定加收滞纳金。
2. 对该公司的偷逃税行为处以偷逃税款金额1倍的罚款，即罚款500万元。

通过本案例我们可以看出，税务机关对企业进行调查时，调查的线索和视角是多元化的，不会死抓一个点，而且当多条线索出现时，他们会顺着每一条线索顺藤摸瓜追查下去，最后所有查出来的信息叠加在一起时，被查的企业就很难自圆其说了。

第十四章　企业经营中税务高风险动作及合规策略

一、新《公司法》下自然人股东采用不同的出资方式，税费成本有差别吗？

新《公司法》实施后，新成立的公司股东需要在5年内将出资缴足，很多企业主犯了难：成立新公司如果注册资本过大的话，未来的出资压力较大；如果注册资本过小的话，又没法满足很多招投标项目的参与要求。是否有变通方案？

新《公司法》下的出资方式

在出资期限相同的要求下，出资方式的选择成为关键。不同的出资方式税费成本不同，新《公司法》第四十八条规定："股东可以用货币出资，也可以用实物、知识产权、土地使用权、股权、债权等可以用货币估价并可以依法转让的非货币财产作价出资；但是，法律、行政法规规定不得作为出资的财产除外。对作为出资的非货币财产应当评估作价，核实财产，不得高估或者低估作价。法律、行政法规对评估作价有规定的，从其规定。"可见，股东有货币出资和非货币出资两种出资方式，自然人股东用货币出资比较简单，就是将货币资金打入公司账户，个人没有所得，无须纳税。

非货币财产出资的优势

税收法规对个人非货币性出资有特别的规定。财政部、国家税务总局发布的《关于个人非货币性资产投资有关个人所得税政策的通知》第一条规定："个人以非货币性资产投资，属于个人转让非货币性资产和投资同时发生。对个人转让非货币性资产的所得，应按照'财产转让所得'项目，依法计算缴纳个人所得税。"可见，个人用非货币性资产进行投资这一行为要"一分二"，属于个人转让非货币性资产行为和投资行为同时发生。和货币出资一样，非货币性资产出资中的"投资行为"也无须纳税，然而"个人转让非货币性资产行为"却可以产生纳税义务。

王总用 A 公司 10% 的股权去投资 B 公司，王总这一投资行为在税法上应拆分为王总转让 A 公司 10% 的股权，然后用转让取得的收入投资 B 公司两个行为。王总取得 A 公司 10% 股权的原值为 100 万元，王总投资 B 公司时，A 公司 10% 股权的市值已经增长到 1000 万元，王总需要为 900 万元（1000 万元 -100 万元）增值，按照"财产转让所得"规定的 20% 税率缴纳 180 万元个人所得税。

个人用非货币性资产进行投资可以享受税收递延政策。《关于个人非货币性资产投资有关个人所得税政策的通知》第三条规定："个人应在发生上述应税行为的次月 15 日内向主管税务机关申报纳税。纳税人一次性缴税有困难的，可合理确定分期缴纳计划并报主管税务机关备案后，自发生上述应税行为之日起不超过 5 个公历年度内（含）分期缴纳个人所得税。"由此可知，个人用非货币性资产投资可以在 5 个年度内分期缴纳个税。

新《公司法》下的出资建议

解决新公司出资左右为难的问题其实是有变通方法的，建议企业主利用好非货币性资产的出资方式，这样不仅新成立的公司可以有合适的注册资本，还可以享受非货币性资产出资的税务优惠，在5年内将对应的税费缴足。非货币性资产除了股权，还包括实物、知识产权、土地使用权和债权等，税法对特别类型的非货币性资产有特殊的税收优惠。

二、新《公司法》下个人股东用技术成果出资有什么好处？

技术成果是税法上的概念，我们可以将其理解为特殊类型的知识产权，包括专利技术、计算机软件著作权、集成电路布图设计专有权、植物新品种权、生物医药新品种等。

股东层面

前文中我们提到，用非货币性资产出资在税务上要一分为二，属于个人转让非货币性资产和投资行为同时发生。而一分为二中的"个人转让非货币性资产"的行为并未真实发生，是税法拟制出来的行为。财政部、国家税务总局发布的《关于完善股权激励和技术入股有关所得税政策的通知》第三条特别规定，用技术成果出资，可以递延缴纳税法拟制出来的"转让行为"的税费，递延至转让行为实际发生时为止。

王总是个技术天才，研发出了一个突破性的技术成果。假设王总的技术成果增值为500万元。王总用该技术成果出资设立A公司，其原本应缴纳100万元（500万×20%）的个税。而根据上述通知的规定，假设A公司的股权恒为500万元，王总100万元的个税可以递延缴纳，递延至王总实际转让A公司股权之日。从理论上说，只要王总一直不转让A公司的股权，王总100万元的个税就可以一直递延下去。

企业层面

用技术成果出资，不仅在股东层面有税收递延优惠，在企业层面也有巨大的税务优势，可以享受免税的税基提升。我们回顾一下王总用技术成果出资设立A公司的例子，王总的技术成果的市值是500万元。根据规定，王总虽然没有对500万元缴过税，但A公司取得该技术成果，可以把500万元直接作为技术成果原值。换句话说，虽然没人对500万元缴过税，但税法允许A公司直接享受免去这个500万元的税基提升。

A公司取得该技术成果后，在账簿上登记为"无形资产"。《中华人民共和国企业所得税法实施条例》第六十七条规定："无形资产按照直线法计算的摊销费用，准予扣除。无形资产的摊销年限不得低于10年。作为投资或者受让的无形资产，有关法律规定或者合同约定了使用年限的，可以按照规定或者约定的使用年限分期摊销。外购商誉的支出，在企业整体转让或者清算时，准予扣除。"

A公司决定该技术成果的摊销年限为10年，预计10年后残值为0元，每年摊销的费用为50万元，该笔费用可以冲抵企业利润，A公司每年可以少缴12.5万元（50万×25%）企业所得税。

假设A公司第7个年度将该技术成果对外进行转让，此时该技术成果的账面价值为200万元（500万-50万×6）。然而，由于技术日新月异的发展，该技术成果的市场价值已经变为100万元。A公司转让的行为导致100万元的损失，该损失同样可以冲抵利润，A公司可以少缴25万元（100万×25%）企业所得税。

技术成果出资的独特优势

如果说非货币资产出资是出资方式中的王冠，那么技术成果出资无疑是这座王冠上最璀璨的明珠。用技术成果出资不仅可以实现股东个税无期限递延，还可以帮助公司合规降低企业所得税税负，企业主们可以考虑。

三、用来出资的非货币性资产评估价格波动会产生什么税务风险？

新《公司法》下用非货币资产出资，可以给企业主带来诸多税务优惠，但同时要认识到：非货币性资产的价格是第三方机构通过评估得出来的，该评估价格很有可能会出现波动，而价格波动会进一步导致纳税义务的变化。我们从不同的税种出发分别阐述对应的注意要点。

个人所得税注意要点

当个人股东以非货币性资产出资时，非货币性资产的评估价格直接影响到个人所得税的计算。非货币性资产的评估价格过高，股东需要缴纳更多的个人所得税；相反，如果非货币性资产评估价格偏低，未来转让时可能产生较大的资本利得而面临更高的税负。

股东以非货币性资产出资，税务机关可能会对评估价格的合理性进行审查。如果评估价格波动过大，且与市场价格相差悬殊，税务机关可能会质疑评估的真实性，进而要求重新评估，并要求股东进行税务补缴。这种情况不仅可能带来额外的税务负担，还可能涉及税务处罚。

企业所得税注意要点

非货币性资产出资的评估价格直接影响企业对应的资产成本计税基础。企业将股东的非货币性资产作为资本投入，评估价格偏高可能导致企业在未来出售或处置该资产时，因资产成本过高，税务机关认为企业少缴了企业所得税；反之，如果评估价格偏低，企业未来处置该资产时会面临较大的增值，导致缴纳更多的企业所得税。

增值税注意要点

非货币性资产出资可能涉及股权转让或者技术转让，根据我国增值税相关政策，股权和技术转让可以享受免税或税优政策。然而，如果评估价格波动较大，税务机关可能重新审视交易的性质，尤其是在评估价格明显偏离市场公允价格的情况下，可能认为企业不合理利用税收优惠政策。

印花税注意要点

企业在接受个人股东的非货币性资产出资时，需缴纳印花税，通常是根据出资合同的金额进行计算。如果非货币性资产的评估价格波动较大，印花税的税基也会随之变化，企业可能会因此面临补缴或多缴印花税的风险。此外，如果评估价格偏高，企业承担的印花税负担也会相应增加。

非货币性资产出资的注意要点

非货币性资产的特性是其价格需要第三方机构进行评估，评估价格波动将影响个人所得税、企业所得税、增值税和印花税等多个税种，建议各位企业主在选择用非货币性资产进行出资前先咨询专业的税务师，确保评估价格的合理性和合法性，减少未来税务不合规的风险。

四、企业进行减资会涉及补缴税吗？

新《公司法》实施后，注册资本必须在年内缴足，这引发了民营企业的减资潮。然而，当大家准备安排财务人员进行减资时，另一个问题又冒出来了：减资要补缴税吗？要想回答这个问题，首先必须弄清自己企业的注册资本的缴纳情况。根据缴纳情况的不同可以分为认缴资本的减资和实缴资本的减资两种情况，而针对这两种情况的税务处理存在显著差异。

认缴资本的减资

认缴资本减资是指企业仅减少章程中记载的注册资本，无须将对应的减资资金退还给股东。由于股东的认缴资本尚未实际打到企业的账上，在认缴资本减资中，只是股东对企业的负债减少，股东并没有所得，因此认缴资本减资不涉及税费缴纳问题。

实缴资本的减资

实缴资本减资是指企业将已经收到的注册资本返还给股东，股东虽然收到资金，但其是否属于需要缴税的所得还需要分情况讨论。

资本公积（资本溢价）减资：如果企业退还给股东的资金来自资本公积，通常不会被税务局视为股东的所得，本质上仍属于股东的资本返还，股东并不需要缴纳税费。

盈余公积和未分配利润减资：如果企业退还给股东的资金来自盈余公积或未分配利润，这部分资金本质上是企业留存收益的分配行为。根据现行税法的规定，股东需要承担相应的纳税义务，股东的身份不同具体的纳税义务也有区别。

如果股东是自然人，需按照 20% 的税率缴纳个人所得税；如果股东是法人（有限责任公司），且符合《企业所得税法》规定的免税条件，则可免缴企业所得税。

减资的注意事项

第一，编制资产负债表，明确资金来源。减资前，企业应重新编制最新的资产负债表，明确资金的具体来源（如资本公积、盈余公积或未分配利润）。这样不仅能为减资决策提供依据，也能向税务机关证明资金来源的合规性。

第二，与市场监督管理局提前沟通。减资涉及工商变更流程，须提前与市场监督管理局确认以下内容：减资的法定程序及需提交的资料；是否需要提供审计报告等证明文件；减资公告的发布要求和注意事项。

第三，结合专业意见制订减资方案。减资涉及法律、税务和财务多个领域的综合考量，建议企业与专业律师和税务师团队合作，共同制订合规且优化税负的减资方案，确保税务合规。

五、自然人直接持股和法人股东间接持股在税务上有什么不同？

自然人直接持股的税务成本

大部分民营企业的股东都是以个人身份直接持有公司的股权。在这种情况下，股东的税务负担主要表现在以下几个方面。

第一，股息红利所得税：自然人直接持股获得的股息红利，需要按照《中华人民共和国个人所得税法》规定缴纳股息、红利所得的税款，税率为20%。股东在获得公司分红时，会直接从分红中扣缴个人所得税，这意味着股东的分红收益会因为税负而有所减少。

第二，股权转让所得税：如果自然人股东转让所持有的公司股权,获得的资本收益需要缴纳个人所得税。根据《中华人民共和国个人所得税法》的规定,股权转让所得按照20%的税率征收,这意味着自然人股东在退出投资时,需要面临较高的税务负担,尤其是当股权的增值幅度较大时,税负压力将更加明显。

第三,税务监管透明度高:自然人直接持股经营公司,股权架构相对简单,运营成本和费用较低,但是股东分红与公司税后利润直接相关,税务监管透明,税负成本较高。

法人股东间接持股的税务成本

法人股东间接持股是指通过设立一个法人实体(如有限责任公司)来持有下层实质性经营企业的股权,这种持股方式在税负上具有独特的优势。

第一,法人股东分红免税:《企业所得税法》第二十六条规定:"企业的下列收入为免税收入:(一)国债利息收入;(二)符合条件的居民企业之间的股息、红利等权益性投资收益;(三)在中国境内设立机构、场所的非居民企业从居民企业取得与该机构、场所有实际联系的股息、红利等权益性投资收益;(四)符合条件的非营利组织的收入。"由此可知法人股东取得的股息、红利是免税的。

第二,法人股东有税收递延的效果:当法人股东将获得的股息红利再分配给最终的自然人股东时,才会涉及个人所得税。因此,法人股东的设立可以起到一定的税务递延作用,通过这种方式,企业可以更灵活地安排资金的使用和分配,优化税务成本。

第三,法人股东股权转让有规划空间:法人股东在转让所持有的公司股权时,需要缴纳企业所得税,税率为25%(在不享受任何税收优惠的情况下)。相比自然人直接持股的20%个人所得税率,法人股东间接持股在税率上比较高。然而,法人股东可以通过真实、合理的税务规划,例如利用损失抵扣等方式合规降低整体税负。

自然人直接持股与法人股东间接持股的比较

第一，税负成本的差异：自然人直接持股，公司分红和股权转让的税率均为20%。而法人股东股权转让的税率为25%，法人股东取得公司分红免税，并且上层的法人股东可以暂时存入下层经营公司分上来的利润，并且可以再投资，实现纳税递延。

第二，税务规划灵活性的差异：法人股东间接持股具有更高的税务规划灵活性，例如利用企业之间的免税待遇、资本损失抵扣等手段来降低整体税负。而自然人直接持股则没有规划空间，税负较为固定。

第三，合规和管理成本的差异：自然人直接持股的机构较为简单，不需要额外设立法人实体，因此管理成本低。而法人股东间接持股需要维持法人实体的合规管理，增加了管理成本和税务合规复杂性，但同时提供了更大的税务筹划空间。

股权架构调整建议

企业主在进行公司股权架构调整时，应综合考虑公司的商业发展阶段、管理成本、税务成本；此外，还应考虑到公司未来的发展规划，例如是否计划引入外部投资、是否进行资本运作等。为了适应新《公司法》的变化和智能税务的强监管，企业主如果手里控制的是数家公司主体，不能先看一家独立公司的股权结构，而要统筹企业未来的商业目标、商业模块、各公司定位职能、税负分担、税收优惠政策运用、企业家业风险隔离等综合要素，再做个性化的设计。

六、如何用好国家赋予小型微利企业的税收优惠措施？

在国内外经济增速放缓的背景下，许多民营小型企业进入了微利时代，降本增效成为大家非常关注的问题，而合法合规降低企业的税务负担也成为企业较为迫切的目标。

小型微利企业的定义

根据财政部、税务总局发布的《关于进一步支持小微企业和个体工商户发展有关税费政策的公告》的定义，小型微利企业是指从事国家非限制和禁止行业，且同时符合年度应纳税所得额不超过 300 万元、从业人数不超过 300 人、资产总额不超过 5000 万元等三个条件的企业。

企业所得税优惠政策

根据以上公告的规定，经过计算（减按 25% 计算应纳税所得额，按 20% 的税率缴纳企业所得税），小型微利企业实际企业所得税税负为 5%，该项企业所得税税收优惠政策延续执行至 2027 年 12 月 31 日。

"六税两费双减半"税收优惠政策

根据以上公告的规定，对小型微利企业减半征收资源税（不含水资源）、城市维护建设税、房产税、城镇土地使用税、印花税（不含证券交易印花税）、耕地占用税和教育附加、地方交易附加，该项税收优惠政策执行至 2027 年 12 月 31 日。

被认定为小规模纳税人，可享受增值税优惠政策

根据财政部、税务总局《关于统一增值税小规模纳税人标准的通知》的规定，增值税小规模纳税人标准为年（连续 12 个月，非会计年度）应征增值税销售额 500 万元及以下。满足条件的小型微利企业可以被认定为小规模纳税人，享受增值税优惠。

根据《财政部 税务总局关于明确增值税小规模纳税人减免增

值税等政策的公告》的规定，对月销售额 10 万元以下（季度销售额 30 万元以下）的小规模纳税人，免征增值税；月销售额超过 10 万元的小规模纳税人，适用 3% 征收率的减按 1% 征收率征收。

小型微利企业 A 同时符合小规模纳税人认定标准，A 企业本年度增值税销售额合计为 400 万元，适用 3% 征收率，本年度 A 企业利润为 300 万元（假设可扣除的成本费用为 100 万元），则 A 企业需要缴纳的增值税为 4 万元（400 万 ×1%），需要缴纳的企业所得税为 15 万元（300 万 × 5%），本年度的综合税负约为 6.3%（4/300+15/300）。

由此可见，小型微利企业的税收优惠政策可以帮助企业主多税种合法合规降低税负，不仅可以适用 5% 企业所得税税率、"六税两费双减半"，而且符合增值税小规模纳税人要求的还可以同时享受增值税优惠，所以符合小型微利企业认定标准的企业一定要尽快认定。

七、如何巧用海南自贸港的税收优惠政策？

海南自贸港的主要税收优惠政策

企业所得税优惠政策：在海南自贸港设立的符合条件的鼓励类产业（如旅游业、现代服务业和高新技术产业等）企业，且企业满足实质性经营的要求后，则适用 15% 的企业所得税税率，明显低于内地 25% 的企业所得税税率，这就提供了巨大的税收成本降低空间。

个人所得税优惠政策：对于在海南自贸港工作的高端和紧缺人

才，其工资薪金等综合所得和经营所得的个人所得税最高适用税率不超过15%，而内地综合所得最高税率为45%，经营所得最高税率为35%。对个人所得税税负较重的高收入人士来说，该项税收优惠无疑是一个吸引力巨大的激励措施。

关税优惠政策：海南自贸港对鼓励类产业生产所需的进口设备、原材料等实行免关税政策。企业在海南设立生产基地，可以免除进口设备和原材料的关税，从而大幅降低生产成本。此外，海南自贸港还对进港商品实行"零关税"政策，这为从事国际贸易的企业提供了便捷和实惠的条件。

企业如何巧用海南自贸港的税收优惠政策？

产业定位与税收优惠对接：企业要想享受海南自贸港的税收优惠政策，首先需要明确自身的产业定位，并与海南的鼓励类产业政策相匹配。海南自贸港对特定行业，如旅游、现代服务、高新技术等产业，提供了税率优惠。因此，企业在设立或扩展业务时，可以考虑在海南注册新的业务板块，并将符合鼓励类产业条件的部分业务迁移至海南，以享受更低的企业所得税率。

利用个人所得税优惠政策吸引高端人才：企业在海南开展业务时，可以通过海南自贸港的个人所得税优惠政策吸引高端人才和紧缺人才。这不仅可以降低员工的个人税负，还能提升企业的竞争力，从而推动企业的发展。

利用免关税政策降低生产成本：制造型企业可以充分利用海南自贸港的免关税政策，降低生产设备和原材料的进口成本。如果企业有计划引进先进设备或者需要进口大量原材料，可以考虑将生产基地设在海南，以享受免关税的优惠。这将有助于降低生产成本，提高产品的市场竞争力。

设立贸易平台，享受零关税政策：从事国际贸易的企业可以利用海南自贸港的"零关税"政策，将海南作为其国际贸易的中转基地，这不仅可以降低进出口环节的关税成本，还能通过海南自贸港的特殊政策，享受到更加便捷的通关服务，提高贸易效率。此外，海南的自由贸易政策也为跨境电商提供了极好的发展平台。

个人如何利用海南自贸港的税收优惠政策？

高收入人士可迁居海南，降低个人所得税负担。对高收入人群而言，个人所得税是一个重要的税务负担。海南自贸港提供的个人所得税最高 15% 的优惠税率，为高收入人士降低税负提供了机会。对于那些身为高管且希望优化税务负担的人士，可以考虑将主要工作地点迁至海南来享受相关的税收优惠。

享受海南自贸港税收优惠政策的注意事项

第一，合理合规利用政策：虽然海南自贸港的税收优惠政策具有吸引力，但企业和个人在利用这些政策时，必须合规合法。税务机关对滥用税收优惠政策的行为有严格的监管，企业如果只是在海南设立个空壳公司，可能很难享受税收优惠政策；个人如果只是在海南公司挂个员工的名，其实从来不去上班，那么个人也很难用上前文提到的优惠政策。

第二，谨慎选择园区代办公司：许多企业主匆忙之下在海南找了代办机构注册了公司，却发现根本享受不了当地的税收优惠政策，所以对于代办机构的广告宣传要谨慎，防止公司建了税务优惠却无法落地。

八、《公平竞争审查条例》的出台对"税收洼地"的税务优惠政策有何影响？

2024 年 8 月 1 日，《公平竞争审查条例》正式实施，旨在推动市场公平竞争，防止地方保护主义和不当的市场干预，同时给各地通过税务优惠政策吸引企业的"税收洼地"模式带来了新的挑战和影响。长期以来，部分地区通过税务减免、财政奖励等手段吸引企业落户，形成所谓的"税收洼地"，成为园区招商引资的抓手。然而，随着《公平竞争审查条例》的实施，这些税收优惠政策将受到严密的审查和规范，进而影响"税收洼地"的优惠环境。

《公平竞争审查条例》的主要内容

《公平竞争审查条例》明确规定，政府及其部门在制定政策时应遵循公平竞争的原则，不得通过歧视性的税收优惠政策、财政补贴等措施来破坏市场公平竞争。其核心在于：禁止地方政府通过税收优惠等手段排斥或限制外地企业，确保全国市场的统一、公平。该条例要求各级政府在制定和实施经济政策时，必须进行公平竞争审查，以确保政策的透明性和公平性，避免因税收优惠等措施而形成不正当竞争；还要求各部门在制定政策前进行公平竞争审查，对涉及税务优惠等政策的文件，必须经过严格的审查程序，确保其不损害市场的公平性。

《公平竞争审查条例》对"税收洼地"税务优惠政策的影响

加强合法合规审查：随着《公平竞争审查条例》的出台，地方政府的税收优惠政策将面临更加严格的合法性审查。以往，一些地区为了吸引投资，推出了不符合全国统一税制的税收优惠措施，这些措施虽然在短期内有助于吸引企业落户，但往往对市场公平竞争造成负面影响。根据《公平竞争审查条例》，此类优惠政策将被重新审查并规范，地方政府不能再随意出台税收优惠政策，这会大大减少"税收洼地"的吸引力。

政策的透明化和标准化：《公平竞争审查条例》要求地方政府的税收优惠政策必须公开透明，并符合公平竞争的原则。这意味着，地方政府不能再通过"隐性"或"定向"的税收减免来吸引特定企业，而必须确保税收政策的普遍适用性和公开性。

"税收洼地"的吸引力显著下降：长期以来，"税收洼地"依赖于地方政府给予的大量税务优惠政策来吸引企业入驻，而《公平竞争审查条例》的出台，意味着这些既往政策有的可能将被取消，有的实施时将受到严格限制。

未来须谨慎对待地方税收优惠政策

《公平竞争审查条例》实施之后，有的企业主反映自己成立在"税收洼地"的公司收到了税务稽查通知，税务局要求提供企业在当地实质经营的证明材料；有的企业主甚至被税务部门要求返还往年享受的税务优惠税款，并补缴滞纳金和加处罚款。

所以在这里要给各位企业主提个醒：未来再遇到某地招商引资打出税务特别优惠的广告时，就得谨慎客观地看待了，先要对这些所谓的税收优惠政策做认真的尽职调查，不可贸然相信就去注册公司投资。

九、新《公司法》下股东之间约定不按照出资比例定向分红，在税务上可行吗？

实际经营中，企业常会遇到这样的情况：企业管理者虽然在公司中占股较少，在公司日常经营管理中却承担了较多的工作，年底分红时，股东之间一致商量决定，给该管理者超过其持股比例的分红。这本来是一件皆大欢喜的事，但是这种定向分红合法吗？税务上认可吗？接下来我们就和大家探讨一下定向分红的法律和税务属性。

新《公司法》对股东之间定向分红的规定

新《公司法》第二百一十条明确规定，原则上有限责任公司应按照股东实缴出资比例进行分红，但是全体股东约定不按照出资比例进行定向分红的除外。股东之间定向分红在公司治理中具有现实意义。

1. 股东贡献差异：某些股东虽出资比例较低，但为公司提供了重要资源或技术支持，可以通过高分红体现其贡献。
2. 利益激励：定向分红可激励特定股东在公司经营中投入更多时间或精力，公司利润越高，股东通过高分红获得的收益也越多。

定向分红的税务风险点

新《公司法》在法律层面给予股东之间定向分红的自由，而税务机关重点关注定向分红安排的合理性和真实性。

若股东之间的定向分红显著偏离股东的实际贡献或无合理依据，税务机关可能认定该分红为"形式上的分红"，实质为隐藏收入或避税。

某家族企业 C 公司有两名股东，甲为实际控制人，出资占比 99%；乙（外籍）为甲的近亲属，出资占比 1%，不参与公司经营管理。为减少股东分红的税负，决定利用乙作为外籍股东获得分红享免税的政策，公司章程约定分红比例为：甲 50%，乙 50%。乙最终将免税的分红所得通过家庭内部转移，实际回流至甲。

该笔定向分红的税务风险为：乙并未实际参与公司经营管理，定向分红无真实商业依据，不具有商业合理性。通过人为设计分红比例，将分红大比例转移给零税负股东，是偷逃税行为，一旦被发现，需要补缴税款和滞纳金，还有可能被处以罚款。

定向分红的合规策略

具有合理商业目的：股东之间的定向分红须与股东在公司中的实际贡献相匹配，需要提前在公司章程中予以详细说明。例如，定向分红比例可基于特定股东提供的资源、技术、管理责任等因素合理安排。

防范避税风险：在进行股东分红时，应确保按公司章程执行，并召开股东会，留存股东会决议记录，如实向税务机关申报税款，避免引发不必要的争议。

咨询专业团队：股东之间定向分红涉及公司法和税法两个维度，需要经历起草和修改公司章程、股东会决议和税务申报等多个法律流程。针对复杂的股东结构和分红安排，企业需确保定向分红安排具有合理依据，并遵守税务合规要求，建议在实施前咨询专业的税务师或律师，以确保定向分红操作合规且税务风险可控。

十、新《公司法》下新股东按照公司注册资本平价增资入股可行吗？

注册资本平价增资入股是公司引进新投资者一种方式，平价增资入股会导致老股东的股权被稀释，常用于公司需要引入资金的时期。

假设 A 公司的注册资本为 100 万元，A 公司有甲乙两名股东各持股 50%，而 A 公司经营发展需要增加 100 万元资金。甲和乙经过协商，同意丙按照 A 公司注册资本平价增资 100 万元，A 公司注册资本变为 200 万元，丙占股 50%，甲乙的股权被稀释，各自占股从 50% 下降到 25%。

平价增资入股看起来像老股东和新股东"一个愿打，一个愿挨"的事，但是公司的市场价值和公司的注册资本并不一定完全一致，新股东平价增资入股其本质是老股东让渡一部分自己的利益，因此平价增资入股必须满足公司治理和税务合规的要求。

新《公司法》对平价增资入股的要求

通过公司章程进行约定：公司章程是公司治理的宪章，新股东增资的方式、价格和相关流程如果在公司章程中有明确规定，必须遵守章程的规定。如果公司章程未对增资价格做出具体约定，股东有权根据实际情况做出灵活决策。

通过股东会决议做出决策：根据新《公司法》的规定，增资事项需要经过股东会决议，如果公司在增资时的资产市场价值已经大幅提升，平价增资将导致原有股东利益的受损，通常需要代表2/3以上表决权的股东同意才能通过。

税法对平价增资入股的合规要求

增资入股是公司扩大注册资本，新增股东的资金直接进入公司，用于公司的生产经营活动，而不涉及现有股东的股份出售。因此，在新股东平价增资入股的过程中，老股东一般无须缴纳个人所得税。

然而，如果公司目前的市场价值明显高于注册资本，而新股东以平价方式增资，税务机关可能会质疑这种增资是否具有合理商业目的。回到前文中的例子，假设平价增资时，A公司的市场价值是300万元，那么丙注资100万元获得A公司50%的股权对应的市场价值是150万元，相当于丙通过平价增资"赚了"50万元，那么这50万元可能会被税务局视为丙的所得，要求丙补缴对应的税费。

平价增资入股的注意事项

虽然法律上并不禁止公司通过平价增资引入新股东，但是由于公司的市场价值很有可能高于公司的注册资本，平价增资会导致老股东利益受损，新股东可能需要对税务上的"所得"纳税。建议企业主在准备平价增资引进新股东之前，咨询专业的税务师或律师，确保平价增资行为符合公司治理的程序要求并且做到税务合规。

十一、给员工发年终奖在税务上要注意什么？

A 公司准备给部门高管张某发放一笔年终奖，张某找到公司老板王总商量，能否直接将整个部门的年终奖私下转账给他们，不要走公司账，这样大家能少缴些税。王总考虑到张某这一年比较辛苦，也没多想，就把张某在内一共 10 名员工的年终奖直接打到了他们的私人银行卡上。

世事难料，年后没过几个月，张某突然向公司提了离职，这一重大变化给 A 公司的正常经营带来了很大不便。更令人气愤的是，张某以向税务局举报 A 公司税务不合规为由威胁王总，要求公司提供一大笔补偿金。

王总被这件事情搞得焦头烂额，一方面张某主动离职，给公司带来了很大损失，本来无须支付任何补偿金；另一方面张某手握公司税务不合规的证据，一旦向税务局举报，会带来更严重的损失。最终经过权衡，王总不得已向张某支付了补偿金，被迫吞下了税务不合规的苦果。

年终奖的税收优惠政策

根据《中华人民共和国个人所得税法》和相关规定，年终奖属于员工的工资薪金所得，应按照工资、薪金所得计征个人所得税，而年终奖有以下两种不同的个人所得税计算方法。

第一，单独计税法（年终奖优惠政策）：根据《财政部 税务总局关于延续实施全年一次性奖金个人所得税政策的公告》的规定，年终奖可以适用单独计税的税务优惠政策,即年终奖不与工资薪金合并计算,而是将年终奖单独除以 12 个月得到一个月的应纳税所得额,并根据月度税率表确定适用税率和速算扣除数,通过单独计税年终奖可以享受较低的税率。

第二,合并计税法:纳税人也可以选择将年终奖与当月的工资合并后按综合所得计税,即适用年度个人所得税的综合税率表。合并计税适用于员工全年综合收入较少、适用较低税率的情况,可以帮助员工实现税务成本的优化。

年终奖的税务合规注意事项

年终奖金额的合理性:税务机关对高管年终奖金额的合理性会进行审查,特别是在高管年终奖明显高于普通员工工资,或者金额大幅波动的情况下。因此,企业在制订高管年终奖方案时,应确保金额合理,符合企业的整体薪酬制度,避免因金额不合理而引发税务稽查。同时,应及时准确地进行税务申报,避免因申报错误或延误而导致税务机关的处罚。对于高管年终奖,企业应保存好薪酬管理的相关文件、决策记录等,以便在税务机关检查时提供有力的支持材料。

选择合适的计税方式:根据现行政策,年终奖单独计税的优惠政策在每个纳税年度只能适用一次。企业在发放年终奖时,可以根据员工的具体情况,选择适用"单独计税"或"合并计税"的方式。对于全年收入较高的员工,特别是高管,单独计税的方式通常可以降低税务负担。而对于全年收入较低的员工,合并计税可能更加有利。因此,企业应根据员工的整体收入情况,选择合适的计税方式,实现税务筹划的最优化。

合规利用其他补贴形式降低税负:企业还可以通过合规调整福利补贴的方式来降低年终奖的税负。例如,可以将部分年终奖以交通补贴、通信补贴等形式发放,而这些补贴在一定限额内可以免税,从而减少员工的整体税务负担。不过，企业在发放补贴时，应确保补贴符合税法规定的免税标准，避免因不合规操作而遭受税务处罚。

十二、企业用"未分配利润"对股东进行分红需要满足哪些条件？

每年到了 12 月底，公司股东会面临一个左右为难的问题：公司的利润要不要分配给股东？分吧，要缴不少的税；不分吧，放在账上风险又大。接下来我们就来分析一下企业用"未分配利润"对股东进行分红时，需要满足的具体条件和注意事项。

程序合规的注意要点

确保财务报表的真实性：企业用未分配利润进行分红，必须确保其财务报表真实、准确、完整。这意味着企业在进行利润分配时，最好以经审计的财务报表为依据，以确保利润数据的可靠性。如果财务报表存在虚假陈述或错误，那么企业的分红行为可能会被认定为无效，甚至会引发法律纠纷和税务问题。

分红方案的制订和审核：根据新《公司法》的第五十九条和第六十七条的规定，公司进行利润分配时，需要董事会制订利润分配方案，股东会则负责审议批准。根据新《公司法》第二百一十条的规定，如果不按照股东的出资比例进行利润分配时，该分红方案需要经过全体股东表决通过。

股东分红的前置条件：根据新《公司法》第二百一十条的规定，在进行当年利润分配前，如果存在往年未弥补的亏损（税法允许弥补亏损的最长期限为 5 年），首先必须用当年利润弥补亏损。然后，企业必须依法提取法定公积金，从税后利润中提取 10% 的法定盈余公积金，直到该公积金累计达到公司注册资本的 50% 以上为止。企业利润只有在弥补亏损、缴纳税款和提取公积金之后，剩余的部分才能用于股东分红。

税务合规的注意要点

企业在进行股东分红时，须依法代扣代缴个人所得税。根据《中华人民共和国个人所得税法》的规定，自然人股东获得的股息、红利所得须按照20%的税率缴纳个人所得税。如果股东为法人，满足直接持股的条件，则可以按照相关企业所得税的规定免交企业所得税。

企业用"未分配利润"对股东进行分红，需要准备好"三件套"：准确真实的财务报表、程序合规的分红决议、股东个税的代扣代缴证明。这样才能帮助股东真正实现分红落袋为安。

十三、企业主将企业利润套取出来的违规高风险动作有哪些？

在金税四期实施之前，有一些企业主绞尽脑汁地想把企业利润在不缴税的情况下套出来，然而现在是税务智能强监管的时代，这些违规方法行不通了，所以要特别提醒企业主不要再冒这样的风险。

之前，企业主违规套取企业利润主要有四招：一是，对公经营款直接入私账；二是，通过"税收洼地"的个人独资企业或个体工商户给主营企业虚开成本发票；三是，企业主不规范使用备用金和从企业借款常年不归还；四是，企业主将家庭消费拿到企业报销。

公款入私账会被认定为偷逃税行为

很多税务稽查案件中，企业的偷逃税行为是通过公款入私账的线索发现的。当一家企业被税务稽查立案后，税务检查人员有可能会调取企业经营者个人的银行账户信息。通过比对个人卡流水和企业的收发货情况，税务检查人员很容易发现企业经营者用个人银行账户收取企业经营款，致使大量资金在企业体外进行循环。

一旦公款入私账被税务机关认定为偷逃税行为，会导致多重的税务后果。首先，针对入私账的收入，企业需要补缴对应的增值税和企业所得税。其次，经营者需要补缴对应的个人所得税。最后，除了补缴税款和滞纳金，企业还有可能被税务机关处以罚款。

虚开的成本发票无法满足"四流一致"的要求

成立在"税收洼地"的个体工商户和个人独资企业往往可以享受税务核定的税收优惠，通过"交易"的方式，经营公司将资金打到这些个体工商户和个人独资企业的账上，在承担较低税负后，资金就可以落袋为安，同时，个体工商户还可以给经营公司开具成本发票，降低经营公司的应税所得。

这看起来是个"双赢"的局面，但问题是这里的"交易"无法通过税务机关"四流一致"的检验。"四流一致"是指发票流、资金流、合同流和货物（业务）流必须一致。由于"交易"是为了套利人为创造出来的，并不是真实发生的，往往无法满足"四流一致"的要求，可能会被税务机关认定为虚开发票行为。

相比于偷逃税行为，虚开发票行为是更加严重的税务违规行为，一旦被税务机关发现，不仅会受到行政处罚，税务机关还有义务将案件移送给公安机关，进而有可能被追究刑事责任。

备用金和股东借款是税务稽查关注的重点领域

备用金注意要点：备用金是企业预付给内部部门或员工的开支。税务机关判断备用金的使用是否合规会考量综合因素，包括企业是否有备用金审批制度，员工的报销凭证是否与备用金领取用途相一致，企业长期挂账不报销的备用金是否有合理理由等。另外，从税务合规的角度出发，企业备用金应该在年终全部收回，次年再借。

股东借款须按期归还：根据《国家税务总局关于印发〈个人所得税管理办法〉的通知》第三十五条第（四）款的规定，企业主从其投资的企业借款，如果借款期限超过一年且又未用于企业生产经营，则该笔借款会被税务机关视为对企业主的股东分红，按照"利息、股息、红利所得"缴纳个人所得税，税率为20%。

企业主家庭消费不仅不能作为企业支出，还需要补税

企业主家庭消费不能作为企业成本：《中华人民共和国企业所得税法》第八条规定："企业实际发生的与取得收入有关的、合理的支出，包括成本、费用、税金、损失和其他支出，准予在计算应纳税所得额时扣除。"由此可知，可以冲抵企业利润的支出必须是合理的，而且是与该企业生产经营活动相关的。企业主把家庭日常消费的票据拿到企业去报销，实际也无法作为企业的成本在企业所得税税前进行扣除。

企业主家庭消费需要补税：根据《财政部 国家税务总局关于规范个人投资者个人所得税征收管理的通知》的规定，企业主（个人投资者）以企业（包括个人独资企业、合伙企业）资金为本人、家庭成员及相关人员支付消费性支出（与企业经营无关）及购买家庭资产（汽车、住房等），需要按照"经营所得"（个人独资企业、合伙企业）或"利息、股息、红利所得"缴纳个人所得税。

以上四招均属于不规范行为，但要想降低企业总体税负还是有很多合规方法的，告别过去，重建未来税务体系，才是让企业可持续发展的根本。

十四、股东用个人账户收公款且不开发票，这样做有什么法律风险？

于总是一名开连锁药店的老板，在全省共计开了16家药店。她的每家药店在卖药时，店员会出示一个收款二维码，而这个二维码是于总个人的收款二维码，所以于总个人银行卡每天都有数百笔的小额进项。并且，于总还想办法办了数张银行卡，有了数个不同的二维码，尽管如此，还是让银行注意到了她个人银行账户的反常，有的银行主动打电话来询问数百笔的进项到底是什么钱，这让于总有些慌张。

这个案例就是典型的企业收入直接进私账的情况，会给于总带来多重风险。

税务行政风险

账外收款导致企业少缴了企业所得税、增值税，也使股东少缴了分红个人所得税，相当于全面逃税，属于比较严重的情形，被税务稽查后税款都需要补缴，还需要缴纳对应的滞纳金和有可能被税务机关处以罚款。

银行监管风险

个人账户频繁资金进出、大笔资金进出都属于银行重点监管的行为。并且在2025年1月开始实施的《反洗钱法》里，也要求银行对可疑的资金往来进行反洗钱方面的监督和审核。

职务侵占刑事风险

于总如果在不同的企业里担任着法定代表人、总经理、副总经理、董事长、财务总监等高管职务，直接将公账装进私人的兜，还可能因涉嫌职务侵占罪，被追究刑事责任。《刑法》第二百七十一条规定："公司、企业或者其他单位的工作人员，利用职务上的便利，将本单位财物非法占为己有，数额较大的，处三年以下有期徒刑或者拘役，并处罚金；数额巨大的，处三年以上十年以下有期徒刑，并处罚金；数额特别巨大的，处十年以上有期徒刑或者无期徒刑，并处罚金。"

企业债务牵连家业风险

将企业营业性收入直接纳入私人账户，违反了新《公司法》的相关规定，属于公私财务混同的行为。如果债权人能够证明，于总作为公司股东滥用公司法人独立地位和股东有限责任，逃避债务，严重损害公司债权人利益，则于总还应当对公司债务承担连带责任。

可见，股东用个人账户收公款且不开发票，看似隐蔽，实则很容易给收款人带来"四连环"的法律后果，一旦撕开一条口子，可能会给企业和家业带来重创。

十五、企业哪些行为会被税务机关认定为涉嫌虚开发票？

法律法规对虚开发票行为有特定的定义。《中华人民共和国发票管理办法》第二十一条规定："开具发票应当按照规定的时限、顺序、栏目，全部联次一次性如实开具，开具纸质发票应当加盖发票专用章。

任何单位和个人不得有下列虚开发票行为：

（一）为他人、为自己开具与实际经营业务情况不符的发票；

（二）让他人为自己开具与实际经营业务情况不符的发票；

（三）介绍他人开具与实际经营业务情况不符的发票。"

虚开发票的核心是发票内容与实际经营情况不相符，虚开发票的行为包括：为他人、为自己虚开，让他人为自己虚开和介绍他人虚开三种。

为他人、为自己虚开发票的行为

为他人虚开发票就是纳税人在没有实际业务的情况下，为下游的纳税人开具发票（开票方）。很多读者可能不明白怎么还有为自己虚开发票的行为。答案很简单，有的纳税人名下有多家企业，一家企业给另外一家企业虚开发票的行为，由于企业背后的实控人相同，因此属于为自己虚开发票的行为。

让他人为自己虚开发票的行为

这种行为针对的是接受发票的纳税人（受票方），虽然受票方未直接实施虚开发票的行为，但是如果没有受票方的需求，开票方就不会做出虚开的行为，因此受票方如果让开票方为其开票，那么受票方的行为也会被定性为虚开行为。

介绍他人虚开发票的行为

什么情况下会出现介绍他人虚开发票的情形呢？比如A企业（开票方）可以虚开发票，B企业（受票方）需要别的企业给其虚开发票，但是A和B彼此并不认识。这时候，出现一个C企业，C熟悉A和B并且知道虚开需求，于是C在A和B之间进行牵线搭桥，C企业的行为就属于典型的介绍他人虚开发票行为。

我们发现，很多企业主当下从网上学到的通过成立个人工商户给企业开发票的节税"秘籍"，其本质就是虚开发票行为，相当危险。随着数电票在全国推广和税务智能监管的实施，虚开发票行为很容易暴露，所以在此提醒各位企业主切莫因小失大。当然，也有一些挺"委屈"的企业主，即"被虚开发票"牵连的责任人。所以在税务和财务上的一些风险可以说是防不胜防，建议企业主和公司高管还是要提前做好职业风险防范，通过一些法律或金融工具，例如保险金信托或家族信托、资产代持、分期传承等做到最起码的财产保护。

十六、企业主和家人开设了多家公司，这些公司彼此间能否发生关联交易？这些关联交易要注意哪些合规要点？

一位来自四川开连锁餐厅的孙总和另外两位朋友一起合伙注册成立了餐饮有限责任公司，三人均是股东。后来连锁餐厅越开越多，需要进行统一店面装修，正好孙老板的妹妹是开装修公司（孙总也有股份）的，孙总自然是相信亲戚，于是就让妹妹的公司来为筹备的新店进行装修，后来每次开新店时他都是找妹妹的公司来装修。但这事儿让另两位股东知道后就不乐意了，谁知道这装修费用上有没有猫腻呢。此时，这笔装修的生意就属于关联交易。

在商业实践中，企业之间的关联交易是常见的现象，特别是在同一人控制下的多家公司之间。当一个老板及其家人开设了多家公司时，这些公司自然成为彼此的关联方。在这种情况下，公司之间发生的交易被称为关联交易。关联交易本身是合法的，但由于其可能影响公司的税务和财务报表的公允性，会被税务机关和监管机构特别关注。因此，进行关联交易需要注意以下合规要点。

明确是否属于关联交易

根据《中华人民共和国企业所得税法实施条例》第一百零九

条，判断是否构成关联方的标准有3种：1.在资金、经营、购销等方面存在直接或者间接的控制关系；2.直接或者间接地同为第三者控制；3.在利益上具有相关联的其他关系。

孙总在餐饮公司和装修公司都持股，两家公司实际上与孙总都有直接利益关系，因此两家公司属于关联方，发生的交易自然属于关联交易。退一步来说，即使孙总不在装修公司持股，但是装修公司的主要业务来自餐饮公司，两家公司仍有可能因为在利益上相关联被认为关联方。

确保关联交易价格的公允性

关联方之间的关联交易是法律允许的，在商业实务中也是不可避免的，是否损害公司利益的关键是关联交易的公允性，包括交易价格和交易条件。判断关联交易公允性的标准是独立交易原则，即装修公司和餐饮公司之间的交易条件，应当和装修公司与独立第三方之间类似交易相近，避免被认定为通过关联交易转移利润、逃避税负或损害其他股东的利益。

关联交易的提前报告义务

根据新《公司法》第一百八十二条，孙总妹妹的装修公司与餐饮公司之间进行的交易，属于孙总必须提前向公司履行报告义务的交易，只有在公司股东会或董事会决议通过后，交易才能正式实施。根据新《公司法》第一百八十五条，孙总在关联交易的董事会表决中需要回避，不得行使表决权。

而在本案例中，孙总"先斩后奏"，并没有向公司报告关联交易。根据新《公司法》第一百八十六条，如果孙总因为该关联交易获利，需要将收入上交公司。如果该关联交易给公司造成损失，根据新《公司法》第一百八十八条，孙总有赔偿的义务。

关联公司要避免人格混同

两家公司存在人格混同的风险。两家公司一旦构成人格混同，会导致本来互相独立的两家公司，需要对另一方的债务承担连带责任。根据新《公司法》第二十三条，如果公司的债权人能够证明，孙总作为股东滥用两家公司的独立地位和股东有限责任逃避债务，那么两家公司需要对该债务承担连带责任。所以我们建议各位企业主在拥有多家公司时，要注意将不同公司的营业场所、业务领域、管理人员进行区分，公司之间不要随意拆借资金，资金往来要留有凭证，最大限度地降低被认定为人格混同的风险。

总结来说，老板及其家人开设的多家公司之间可以发生关联交易，但必须确保这些交易的公允性、透明度和合规性。另外，不同公司需要做好财务、人员和管理的区分，不能混为一谈。

十七、股东将自己的钱借给企业使用，要注意哪些合规问题？

民营企业融资难，融资贵。在商业实务当中，企业融资问题的重要解决途径就是向股东借款。股东一方面要对企业出资，为企业提供第一桶金，另一方面要给企业借款，为企业输血，为企业的发展可谓操碎了心。但我们要提醒各位企业主，通过借款给公司融资，必须要注意程序合规和税务合规，否则容易"好心办坏事"。

企业从股东处融资要注意程序合规

股东会或董事会决议：根据新《公司法》，企业对外融资事项通常需要经过股东会或董事会的批准。股东向企业提供借款，尽管看起来是内部资金的临时周转，但在公司治理结构中，借款还涉及企业是否要付利息，应通过股东会或董事会决议来合规这一资金行为，以确保公司对股东借款的法律责任明晰。

签订借款协议：股东向企业提供借款时，应签订正式的借款协议，以确保法律上的合规性和资金往来的透明性。借款协议应当明确借款金额、借款期限、利率、还款方式等内容。同时，协议应符合市场公平原则，避免利益输送或是损害公司或其他股东的利益。例如，利率过高可能会被认定为不合理，甚至有可能引发其他股东的质疑和争议。

税务合规的注意要点

利息支出的合理性规定：从企业的角度来看，支付给股东的利息支出可以作为企业的财务费用，计入企业的成本，进而在企业所得税前扣除。然而，这部分利息支出必须符合税法的"合理性"标准，且需要提供相应的借款合同和支付凭证。如果利率明显高于市场水平，税务机关可能会认定这部分利息支出不合理，从而不允许税前扣除。

利息支出的限额规定：企业从股东处融资的规模是有限额规定的，根据《财政部 国家税务总局关于企业关联方利息支出税前扣除标准有关税收政策问题的通知》第一条，一家注册资本为100万元的企业，最多能够从股东处融资200万元，超过200万元的部分，企业对应支出的利息不能作为成本扣除。

股东利息收入的纳税义务：按照现行的增值税政策，股东借款给企业并收取利息的行为，属于提供金融服务，需要缴纳增值税，当下对应的税率为1%（2027年12月31日前3%减按1%征收）。同时，根据《中华人民共和国个人所得税法》，利息所得还需要缴纳个税，税率为20%。

另外，我们还要提醒股东将自己的资金借给企业使用，虽在一定程度上可以帮助企业渡过资金困难，但股东也要考虑未来企业的还款能力，考虑家庭资金的安全。

十八、在新型智能税务服务及监管时代，企业如何提前做好整体规划安排？

在新型智能税务时代，企业有必要做一次全面的"康养保健"，消除隐疾，再造金身。企业主须从公司法和税法两个维度出发，构建法税综合解决方案，从而搭建家庭财富安全港，实现企业、家业风险隔离。接下来，我们就向大家介绍强监管时代下，企业、家业法税整体规划应该重点关注的方面。

企业法税风险评估

治病之前需要先"体检"，一般情况下企业可以请实操经验丰富的律师和税务师组团进场，并与企业的财务、法务人员互相配合，给企业做一次全方位的法税"体检"。从公司治理和税务稽查的视角，找出企业潜在的法税问题，比如股权结构是否合理，资金流是否经得起检查，公司治理有没有书面文件留底，财务报表中其他应收和应付项目金额是否过大，等等。一项一项地进行法税"体检"，最终得出"体检报告"。

法税违规动作自查自纠

针对企业明显的漏洞，专业人员团队会进行风险提示并提供切实可行的改进建议。例如，许多企业都存在老板"一言堂"的情况，很多决策都是老板拍脑袋决定的，一旦未来出现损失导致争议，其他股东很有可能会跳出来，主张老板侵犯了公司的利益，要求老板进行赔偿。解决这个问题的核心就在于决策留痕，如果当时的决策是合规通过股东会决议做出的，其他股东都签了字，那么未来一旦出现亏损，其他股东就没有权利主张老板来赔偿公司损失了，因为当时已经同意就不能轻易反悔了。

公司章程定制化改写

新《公司法》对公司合规治理提出了更高的要求，模版化的公司章程已经无法满足新时代的需要。最佳的方案是，邀请专业人士在深入了解企业经营情况和决策机制的基础上，为企业撰写定制化的章程内容，为企业的核心利益提前打造好防护之盾。需要在公司章程中提前规划的公司核心利益包括但不限于：新股东的增资条件、老股东的减资要求、是否允许部分股东定向减资、股东是否同股同权、股东分红的条件和小股东查账权行使的要求、股权传承等。

公司财务审批流程完善

财务是公司合规管理的生命线，是公司税务风险的守门人。很多企业税务案件，都是因为财务不合规，导致被税务机关认定为偷逃税行为，最终企业和老板承担了所有责任。因此，各位企业主必须重视公司内部财务管理，财务审批流程必须完善。例如，多大金额需要哪一层级的领导签字必须明确，成本发票入账必须有相应的财务凭证支持，可能成为税务稽查重点的财务动作要事先防范等。

助力企业用尽税务优惠政策

用好用对国家的各项税收优惠政策，对企业来说是非常重要的。例如企业可以在海南设立销售分公司，用好海南的企业及个人双重税收优惠政策；还可以通过分拆企业的不同商业模块，用好小型微利企业和小规模纳税人等的税收优惠政策。

公司股权架构调整

传统自然人持股的公司股权架构面临新《公司法》和税务监管的双重挑战，股权架构升级势在必行。我们通过对案例实操经验的总结，形成了三层股权架构搭建的成熟方案，可以实现"将自然人股东无限风险转化为法人股东有限风险"，实现"股东免税分红隔离经营风险"和"嫁接股权信托实现分红回归家庭"的效果。并且，在股权搭建的过程中，可以根据公司的实际情况，设计出最低资金成本和最优税负结构的搭建方案，以最小的成本实现最优的效果。

多家公司关联交易合规调整

在商业实践中，关联公司之间的关联交易无法避免，法律法规也并不禁止关联交易，但是关联交易的定价是一个技术活。我们在关联交易定价方面的主要思路是，先按照新《公司法》的要求，帮助各家公司区分开各自的独立人格，告别财务混同、人员混同、场所混同、业务混同，再看企业日常经营有哪些关联交易，设计好交易架构、交易路径、交易条件和价格。

企业家业风险隔离策略

除了前述企业的全面"体检"和调整，家业部分也不可忽视。通常情况下，我们也会对家庭财富进行体检，通过资产代持、保单配置、设立保险金信托和家族信托等组合牌，来帮助企业主搭建企业家业之间的防火墙，给家庭留下一块相对安全的"自留地"。在此提醒企业主，把握当下合规窗口期，只有在自身低风险时搭建的家庭财富安全港，才能真正实现风险隔离作用。千万不要等遇到了债务诉讼或强制执行，才想到做风险隔离规划，那时只能望洋兴叹，为时晚矣。

第十五章 "金税四期"下私人财富的涉税重点

一、高收入人群各类收入申报制度目前是如何实施的？

高收入人群通常有多元化的收入来源，如工资奖金、股权激励、投资理财收益、房屋租赁收入、知识产权收入等。过去由于信息不对称以及监管不足，部分高收入人士在报税时常有疏忽。为了增强税务合规性，国家税务总局推出了针对高收入人群的各类收入主动申报制度，旨在提高收入透明度和税务公平性。主动申报制度目前主要是通过个人所得税 App 主动申报和自然人电子税务局主动申报组合实现的，强调高收入人士在税收年度内对所有类型的应税收入进行主动、准确、完整地申报，从而提高税务管理的精细化水平。

个税申报覆盖境内境外各种类型收入

根据《中华人民共和国个人所得税法》第一条和第二条，高收入个人从境内境外取得的所得都需要进行纳税申报，所得类型采取穷举式列举（除了列举的类型，其他类型所得不征收个税），包括综合所得、经营所得、财产性所得和偶然所得四种类型。综合所得其性质为个人付出劳动（包括体力劳动和脑力劳动）的对价；经营所得其性质为经营行为获得的对价，相比于综合所得，经营所得需要承担风险；财产性所得是基于财产产生的所得，包括财产转让和财产租赁；偶然所得主要是中奖所得。

个税的申报方式

个税申报分为扣缴义务人申报和纳税人自主申报两种方式。根据《中华人民共和国个人所得税法》第九条，支付所得的单位或个人为扣缴义务人。在实务中，高收入个人取得的综合所得和偶然所得，比如工资薪金、劳务报酬、稿酬和中奖所得等，通常是由支付单位作为扣缴义务人代纳税人在个税 App 上进行申报。根据《中华人民共和国个人所得税法》第十条和第十一条，高收入个人取得的经营所得、财产性所得和来自境外的所得，由于没有扣缴义务人或扣缴义务人未扣缴税款（例如个人租客通常没有扣缴税款），需要高收入人群自主在自然人电子税务局进行纳税申报。

个税年度汇算清缴要求

高收入人群取得的综合所得和经营所得都需要进行年度汇算清缴。由于综合所得和经营所得都采取超额累进税率（所得超过一定金额，税率随之上升），汇算清缴制度确保高收入人群在年度申报时，将所有类别的应税收入进行合并计算，避免由于分散申报而造成的漏税现象，确保纳税的准确性和合规性。根据《中华人民共和国个人所得税法》第十一条和第十二条，高收入人群需要在取得所得次年 3 月 31 日前在自然人电子税务局办理经营所得汇算清缴；在次年 3 月 1 日至 6 月 30 日内在个税 App（或自然人电子税务局）办理综合所得汇算清缴。

个税申报制度合规建议

税务机关对高收入人群个税申报实行税务风险预警机制，利用大数据技术，联合银行、证券公司、房产机构等多个部门，推动实现跨部门信息共享，增强对高收入人群收入的监控与追踪能力，极大提高了税务监管的效率和收入透明度。我们建议各位高收入人群养成按时分类申报的习惯，避免因为不了解或是忘记疏忽而引来麻烦，如果确实个人收入比较复杂，可以咨询税务专业人士寻求帮助。

二、境外投资理财的收益需要主动报税吗？

由于各国（地区）货币息差分化的趋势，越来越多的高收入人群将目光投向境外投资理财，投资境外的股票、基金、债券以及其他金融产品。而在2025年上半年，部分客户告诉我们，他们接到了税务局的电话，查询他们的境外收入是否报税。因此，对于境外投资理财赚的钱，许多人关心的一个问题是：这些收益是否需要在境内主动报税？本节将结合境内现行的税法制度，探讨境外投资理财收益的纳税义务和注意事项。

明确境外投资理财收益的纳税义务

根据《中华人民共和国个人所得税法》第一条，境内税收居民在全球范围内的所有应税所得均需依法申报和纳税。这意味着，境内税收居民无论其投资收益是来自境内还是境外，都有义务向境内税务机关主动申报。境外投资理财的收益属于全球收入的一部分，因此需要按照规定进行申报和纳税。

需要注意的是，"境内税收居民"不仅包括在中国境内长期居住的个人，还包括在一个纳税年度内在中国境内居住累计满183天的个人。因此，很多中国公民和在中国境内居住的外国人，都会被认定为境内税收居民，需对全球收入申报纳税。

境外投资理财收益适用的税率

境外投资理财的收益通常包括利息、股息、资本增值等，这些收益根据《中华人民共和国个人所得税法》第二条，属于应税所得的范畴，这与境内部分投资享受免税待遇是不同的。具体而言，境外投资收益可分为以下几类：

1. 股息和红利所得：这类收益来自投资于境外企业的股票，股东根据其持股比例获得公司利润的分配，境外股息和红利收入适用 20% 的个人所得税税率。
2. 利息收入：包括持有境外债券或存款等所获得的利息，境外的利息收入同样适用 20% 的个人所得税税率。
3. 资本利得：即因出售境外金融资产而获得的增值收益，例如股票或基金的买卖差价，适用 20% 的个人所得税税率。

根据我国税法规定，这些境外投资收益均应当依法纳税，纳税人有义务主动申报和缴纳相关税款，在计算境外投资收益的应纳税额时，纳税人应查询双边税收协定，按规定申请税收一定的抵免，以避免双重征税的情况。

境外投资理财收益的申报方式

境外投资理财收益需自主申报。根据《中华人民共和国个人所得税法》第十条，由于境外投资收益支付方为境外机构，没有对应的扣缴义务人，因此取得的境外投资理财收益需要通过自然人电子税务局进行自主申报。需要提醒的是，根据《中华人民共和国个人所得税法》第十三条，境外取得的所得需要在取得所得的次年 3 月 1 日至 6 月 30 日内进行申报纳税。

由此可见，境外投资理财的收益需要主动报税，这是我国税法对税收居民全球所得征税的明确要求。我国税务局对境内税收居民的境外收入，是通过上下两条线来并行了解的。上线是通过中国政府与世界各国（地区）建立 CRS 境外金融账户信息交换机制来实现的，各国（地区）税务局通过每年定期交换获得本地税收居民在境外的金融账户情况；下线是通过每位境内税收居民主动申报而得知。

三、个人从香港公司取得的分红需要向内地税务机关缴税吗？

许多内地的朋友在香港开设了公司，成为境外公司的股东，通过国际贸易香港公司积累了部分利润，于是这些人会问，自己从香港公司取得的分红是否需要向内地税务机关缴税？

这个问题要分情况进行讨论，其关键在于该香港公司股东的税收居民身份。如果是境内税收居民，就应该缴；如果不是，就不用缴。

首先，我们来看看什么是"境内税收居民"。其判断标准出自《中华人民共和国个人所得税法》第一条和《中华人民共和国个人所得税法实施条例》第二条，在内地有住所或虽然无住所但在一年内累计居住满 183 天的个人为境内税收居民。值得注意的是，这里的"住所"是指因户籍、家庭、经济利益关系而在中国境内的习惯性居住。在实务中，往往持有内地护照的个人一般情况会被认定为境内税收居民。

其次，如果香港公司股东是境内税收居民，那根据《中华人民共和国个人所得税法》第一条和第二条，境内税收居民从香港公司取得的分红，其性质属于来源于境外的"利息、股息、红利所得"，应依法缴纳个人所得税。

判断纳税义务的关键是税收居民身份。一般情况下，如果所得来自境外，并且是境内非税收居民身份，那么无须对该所得向境内税务机关缴税；反之，如果是境内税收居民身份，即使所得来自境外，只要属于应税所得的类型，都需要向境内税务机关缴税。

四、如何用好人寿保险产品的税务优势？

人寿保险产品不仅是财务规划和风险管理的重要工具，也是税务规划的有效手段。在当前的中国税收环境下，合理利用人寿保险产品的税务优势，可以帮助个人实现财富增值、税务优化以及家庭保障目标。

特定类型保险的保费可以享受个税税前抵扣

在购买人寿保险时，部分保费可以享受税前扣除。根据《中华人民共和国个人所得税法》及相关规定，购买特定类型的商业健康保险和养老保险的保费可以在一定限额内从应纳税所得额中扣除。这意味着，投保人可以通过购买这些符合条件的保险产品，减少应纳税所得额，从而降低个人所得税的负担。（可抵扣额度请查询当年有关政策。）

保单收益递延纳税

人寿保险的保单收益通常也有税务优势。比如客户购买的是分红型人寿保险，保险公司可能会给投保人分红，此分红是保险公司根据经营成果向投保人分配的盈余，通常也是免税的。再比如客户花费100万元保费购买了一张保单，当这张保单的现金价值增长到150万元时，这些超出当年保费的保单现金价值部分是保险公司根据保险合同积累的资金，属于保险合同的一部分，而非投保人的独立收入，且在没有退保的情况下也没有实际支付给投保人，通常情况下也不需要缴纳个人所得税。当然，还要看保险产品的具体类型及保险合同的约定。

人寿保险身故理赔金境内境外双重免税

根据《中华人民共和国个人所得税法》第四条，人寿保单在被保险人身故后，受益人从保险公司获得的保险赔付款项不需要缴纳个人所得税。这意味着，保单作为财富传承工具，不仅无须通过继承权公证程序，而且可以实现免税，放大传承的效果。

如果配置的是纯粹保障型的终身寿险，投保人及被保险人为中国税收居民，受益人为已经移民的人，在被保险人离世发生理赔时，原则上受益人所获得的保险理赔金在其定居的国家通常也免征个人所得税。当然，这只是一般情况，如果受益人为外国税收居民的，建议还是要咨询受益人的国际税务师，需要将境内保险的种类、保险利益的资金性质详细说明，再结合当年受益人定居情况，请国际税务师论证分析再得出结论。通常情况下，主流移民国家比如美国、加拿大、英国等，均对来自保险的利益是否在本国需要申报或缴税有明确的规定，不可一概而论。

人寿保单的遗产税规划功能

中国目前没有开征遗产税，在已经开征遗产税的国家，每个国家的保单与遗产税的关系要看该国的相关立法。以美国为例，美国对去世者的遗产征收联邦遗产税，税率可高达40%，人们通常会通过设立不可撤销人寿保险信托（ILIT）来节税，在满足美国严格法律要求的前提下，此时保单的理赔金可以不视为被保险人的遗产，但还是可能会涉及赠与税。值得注意的是，各国税法对于人寿保单理赔金都有独特的规定，涉及人寿保单理赔金的税务合规问题，建议高收入人群咨询当地专业税务顾问。

综上所述，人寿保险产品在税务筹划中具有独特的优势，包括保费扣除、收益递延纳税、保险金免税等。这些优势使得人寿保险不仅是保障家庭的重要工具，而且是实现财富增值和税务优化的有效手段。建议投保人在购买人寿保险产品时，咨询专业的税务顾问，投保人应利用税前扣除政策，合理选择保险产品与受益人，充分发挥其在财富传承中免税的特点。

五、替他人代持房产的个人，其房产租金收入是否要报税？

前些年国内房价飞涨的时候，许多城市颁布了房屋限购令，于是许多名下有两套房产的投资者，在购买第三套、第四套房时，借用亲属朋友的购房名额来进行投资。现在房价开始下跌，房产投资者又遇到了新问题。例如，张先生早年替自己的姐姐代持了一套房产，如今这套房一直在对外出租，每年租房人会给张先生银行卡支付房租大约12万元，然后张先生再把这12万元转给自己的姐姐。但随着国家对个人所得税的申报要求越来越严，张先生不知道自己是否有可能面临房租的涉税风险。

代持房产的法税属性

房产代持是一个法律概念，代持人是名义上的房产所有人，但其并不拥有房产相关的实质权益，真实产权人才是房产的最终受益人和真正所有人。因此，从法理的角度看，房产的出租收入属于真实产权人的收益，并非代持人的收益，纳税义务应由真实产权人承担。然而，由于房产登记在代持人名下，税务机关并不了解背后的代持情况，通常将代持人视为房产名义上的所有人，这种情况导致了代持人与真实产权人之间的税务责任分配变得更加复杂。

租金收入的纳税义务

代持人需要为租金收入缴纳增值税和个人所得税。房产出租收入的纳税责任通常由房产的登记所有人承担，即税务机关会将房产证上的名字作为确定纳税人的依据。因此，如果房产登记在代持人名下，代持人有可能需要代为申报和缴纳出租收入的税款。

根据《中华人民共和国个人所得税法》第二条，房产租金收入属于"财产租赁所得"，需要缴纳20%的个人所得税。由于房产登记在张先生名下，张先生需要申报租金收入并缴纳相应税款。

租金收入还需要缴纳增值税，税率为5%（2025），并需缴纳相应的城建税、教育费附加等附加税费。增值税和附加税费同样是根据房产登记信息来确定纳税义务人，因此张先生需要承担这些税费的缴纳责任。

实际上各个城市很少按照以上税率来收税，很多地方的税务机关对个人房屋租金所得都有核定政策，综合缴税税负并不高。例如在北京，住房租金10万元以下的，综合税负仅为2.5%。

房屋代持的税务合规建议

首先，明确纳税人身份。在代持房产出租时，代持人和真实产权人应首先明确谁为最终的纳税人。如果房产代持人负责申报和缴纳税款，则需在代持合同中明确税务承担方，并确保真实产权人及时将税款支付给代持人，以避免代持人承担过高的税务风险。

其次，及时进行税务申报。无论是代持人还是真实产权人，房产出租收入的税务申报都应及时进行，以避免因申报延误导致的滞纳金和罚款。我们在此提醒，代持人需要特别注意税务机关对房产登记人为纳税人的认定要求，避免因好心帮他人代持，导致自己的税务不合规。

六、存放在亲戚朋友处的钱在转回时，为什么会被税务机关关注？

佟总的企业主要从事家用小电器的生产与销售，后来为了缓解企业的生产成本压力，佟总安排自己的侄子在税收优惠园区注册了一家个人独资企业，当公司需要增加办公成本时，就让公司与个人独资企业签订一份虚假的咨询合同，主营公司付几十万元费用给个人独资企业，由侄子控制的个人独资企业在收到这笔费用后，交 2% 左右的税转回侄子的个人银行卡里，最后由侄子把这笔钱还给佟总。然而，这种虚开发票让资金转圈的做法在操作了几轮后，引起了当地税务机关的关注，很快，税务稽查的人员上门来核查了。佟总认为这笔钱本来就是自己的，侄子只不过是把钱还给自己而已，可真的是这样吗？

银行的反洗钱监控

根据《反洗钱法》，银行等金融机构会对大额和异常资金流动进行严格的监控。例如，单笔或累计金额超过一定限额的转账会被标记为"可疑交易"，并向相关监管部门报告。如果要求亲戚朋友转回的资金量较大，银行可能会主动进行风险识别，将相关金融信息报送给人民银行。

税银合作，信息共享

各省税务局都在积极推动与当地的人民银行打通部门壁垒，实现信息共享。个人账户之间的大额资金流动，尤其是频繁且无明确交易背景的资金流动，容易引起税务机关的关注。因此，当存放在亲戚朋友处的钱需要转回个人账户时，如果金额较大、频次较高，且缺乏合法依据和明确交易记录，那么确实有可能引发税务机关的稽查。

那么，如果我们在日常生活中有合法收入放在亲戚朋友账户里，而不是像案例中佟总的违规资金代持，我们该如何保护好自己呢？

避免频繁的大额资金流动

频繁的大额资金流动容易引起银行和税务机关的注意，特别是在资金的流动不具备明确的经济目的时。因此，应尽量避免频繁的大额资金往来，确保资金流动有明确的经济背景和合理的原因。

签订书面协议，确保资金转移的合规性

如果遇到特殊情况，必须将钱存放在亲戚朋友处，那么也要小心来自代持人的风险（例如代持人婚变、欠债、病逝等），以及来回转钱过程中的涉税风险。我们建议签订书面代持协议，明确资金的金额、性质、存放期限以及返还方式，这有助于避免来自代持人的麻烦，同时有利于双方权责分清。

保留资金的合理性与合法性证明

税务机关和银行关注的重点是资金的合理性和合法性。如果存放在亲戚朋友处的资金有明确的来源，那么资金的转回一般不会引起稽查。但如果资金的来源不明，或者转账行为存在异常，则可能被视为"可疑交易"，从而面临进一步的审查。所以，在存放和转回资金时，最好保留相关的资金来源和交易凭证，以便在必要时向税务机关或银行提供证明。例如，银行转账记录、相关的借款协议或者资金存放的书面证明等，都是非常有用的证据。

七、通过他人代持股权转回的分红，是由代持股东还是真股东来缴税？

在企业股权架构中，股权代持是一种常见的法律安排。股权代

持通常发生在真股东希望隐藏自己真实股东身份，或出于特定法律、监管需求而选择让他人代为持股。然而，在股权代持的过程中，涉及的税务问题较为复杂，尤其是当通过代持股东收回分红时，纳税义务到底由代持股东来承担还是由真股东来承担，是一个值得关注的问题。

股权代持的基本原理

股权代持安排通常是由真股东（委托人）和假股东（代持股东）之间达成协议，代持股东在法律上作为公司的股东，拥有表面上的股东权利，如投票权、分红权等。然而，真股东才是股权的真正控制人，所有股东权益最终归真股东所有。代持股东通常仅起到名义上持股的作用，真股东才是分红收入的最终受益人。因此，税务问题主要集中在两个方面：分红收入的实际归属以及如何按规定申报和缴纳税款。

代持股东和真股东的税务责任

1. 代持股东的税务责任

根据《中华人民共和国个人所得税法》第二条，股东从公司获得的分红收入属于股息所得，需要按照20%税率缴纳个人所得税。在股权代持安排中，代持股东虽然是名义上的股东，但在税务机构的眼里，他就是公司的登记股东，公司在分红时应该代为扣缴相应代持股东的个人所得税。

2. 真股东的税务责任

代持股东作为在市场监督管理局登记的股东，实践中代持股东应扣的税已经由公司财务人员在分红安排时代扣代缴了。因此，代持股东私下转给真股东的钱是税后的分红，已经缴完税了。但如果公司财务是通过其他方法把股东分红"包装"成其他资金性质转出来，一般是直接打给了真股东，此时相当于真股东与代持股东均未缴税，如果将来税务机关查到此违规逃税行为，我们认为应由真股东承担补税及罚款的法律责任。

股权代持税务合规建议

为了避免未来的税务纠纷，我们建议真股东和代持股东在股权代持协议中明确约定税务责任，包括代持股东收取的分红收入应如何分配和转交给真股东，以及由谁负责税务申报。同时我们建议真股东与代持股东保存资金往来记录，能够证明每一笔钱进来是什么钱，出去又是什么钱，而公司在财务处理上也要做好对应记录，确保股东分红税务合规。

八、合伙企业合伙人（自然人）取得的收入，该如何缴税？

在我国的税收体系中，合伙企业是一个相对灵活的组织形式，它允许合伙人根据出资比例或约定分享企业的利润。合伙企业本身不作为独立的所得税税收主体进行纳税，而是由合伙人按照《中华人民共和国个人所得税法》的相关规定自行申报和缴纳税款。因此，合伙人从合伙企业获得的收入，如何缴税是每位合伙人都需要关注的重要问题。

合伙企业本身不缴纳所得税

与有限责任公司等法人企业不同，合伙企业并不作为所得税的独立纳税主体。根据《财政部 国家税务总局关于印发〈关于个人独资企业和合伙企业投资者征收个人所得税的规定〉的通知》（简称"91号文"），合伙企业本身并不需要对盈利缴纳所得税，而是由合伙人根据自身的收入情况，按照个人所得税法进行纳税。因此，合伙人（自然人）所获得的收入需要依据个人所得税相关条款缴税。

合伙人按照约定的分红比例纳税

根据91号文的规定，合伙人按照合伙企业的生产经营所得和约定的分配比例来确定应税所得额。值得注意的是，合伙企业的生产经营所得包括两部分，分别为合伙企业分配给合伙人的利润和合伙企业当年留存的利润。这意味着，合伙企业即使没有实际进行分红，只要合伙企业当年有利润，合伙人也需要为其按照分配比例可以获得的利润缴税。

合伙人的纳税义务

根据91号文的规定，合伙人从合伙企业取得的生产经营所得按"经营所得"缴纳个税。根据《中华人民共和国个人所得税法》第三条，经营所得适用5%~35%的超额累进税率。根据《中华人民共和国个人所得税法》第十二条，合伙人需要在月度或季度终了后15日内向税务机关报送纳税申报表，并预缴税款，在次年3月31日前办理年度经营所得汇算清缴。

合伙人税务合规注意要点

在此要提醒各位合伙人，在享受合伙企业高管理自由度的同时，须注意自身的税务合规。合伙企业本身虽然不需要缴纳任何所得税（包括企业所得税和个人所得税），但是作为合伙人，需要对合伙企业的利润进行个人所得税申报，即使该利润还在合伙企业的账上并没有实际分配。合伙人需要按照月度或季度进行经营所得个人所得税预缴，并在次年进行年度汇算清缴。只有在完成上述税务合规动作以后，合伙人才能真正实现合伙企业利润落袋为安。

九、公司股东把私人的钱借给公司，可以收利息吗？有没有税务成本？

中小型民营企业融资一直比较难，并且融资成本比较高，于是许多股东便从家里拿钱给企业"输血"，等企业缓过来了，再慢慢从企业把钱收回。传统情况下大多数股东是无偿借款支持企业，但也有些人认为这样比较亏，想知道能否有偿借钱给公司？

股东借款收利息的合法性

根据新《公司法》和相关法规，股东可以将个人资金借给公司，前提是借款行为符合公司的经营需要，并且得到了公司决策机构（股东会或董事会）的批准。这类股东借款并非股东出资，而是一种债权债务关系，公司需按照协议支付相应的利息。在这种安排下，股东与公司之间的关系由借款合同规范，股东作为债权人可以通过协议约定利息及还款期限。

股东借款收取利息的合理性

股东借款给公司收取的利息应当遵循市场利率，即与同类贷款的利率相当。根据《中华人民共和国税收征收管理法》，如果股东为公司提供贷款，税务机关会根据市场利率判断利息的合理性。特别是，股东不能以明显高于市场利率水平来为公司提供资金，这可能会被税务机关认定为"利益输送"或"非正常交易"，从而引发税务风险。股东在向公司借款时，建议参考银行贷款利率或其他类似企业的贷款利率水平，确保贷款利息具有合理的商业性和市场性。

股东借款收取利息的税负成本

股东借款给公司并收取利息，会涉及两个主要的税务问题：收钱公司的企业所得税和出借股东的个人所得税。

首先来看收钱公司的企业所得税问题。

根据《中华人民共和国企业所得税法》，公司在向股东借款并支付利息时，所支付的利息支出是可以作为公司成本的，在计算应纳税所得额时予以扣除。也就是说，公司支付给股东的利息可以作为财务费用扣除，从而减少公司的应纳税所得额，降低企业所得税负担。

然而，如果股东借款收取的利息高于市场利率，税务机关可能会将部分利息视为非正常交易，这部分非正常的利息支出将不被允许作为费用扣除，从而增加公司的税负。因此，公司在支付利息时应确保利息水平与市场利率相符，以避免税务机关认定为虚假支出。

其次来看出借资金股东的个人所得税问题。

作为股东，收取的利息收入属于个人所得税范畴，需要按照"利息、股息、红利所得"缴纳个人所得税。根据《中华人民共和国个人所得税法》，利息的个人所得税税率为20%。股东收取的利息收入在公司支付时，企业应按照规定代扣代缴税款，并将税款上缴国家税务部门。需要注意的是，如果公司在支付利息时未代扣代缴税款，股东个人需自行申报并缴纳税款，避免税务风险。

在此提醒大家，公司股东借款给公司并收取利息是合法的，但是须把握三个尺度：一是借钱的必要性，二是利息的合理性，三是税务申报的合规性。

十、想把住房过户给子女，无偿赠与和买卖相比，哪种方式的税务成本更低？

我们团队在为客户提供传承方案设计时，其中一大类就是房产传承。例如，曾经有客户问："我有三套房，想把其中一套房给我的女儿，从税务成本来看，我是'卖'给女儿合适，还是'送'给女儿合适？"

回答这个问题的关键是要弄清房产过户的税务成本。房产过户主要涉及增值税（2025年税率为5%）、个人所得税（税率为20%）和契税（税率为3%）三个主体税种。这三个税种对于房屋买卖行为和房屋赠与行为有不同的税收优惠政策，接下来就向大家介绍一下赠与和买卖两种房屋过户方式的税负成本差异。

房屋买卖的税务优惠

房屋购买满2年之后，房屋买卖免交增值税。根据《营业税改征增值税试点过渡政策的规定》（简称"36号文"），个人将购买2年以上（含2年）的住房对外销售的，免征增值税。

房屋满足"满五唯一"的条件，房屋买卖免交个人所得税。根据《国家税务总局关于个人转让房屋有关税收征管问题的通知》的规定，个人转让自用5年以上，并且是家庭唯一生活用房，取得的所得免征个人所得税。"家庭唯一生活用房"是指在同一省、自治区、直辖市范围内纳税人（有配偶的为夫妻双方）仅拥有一套住房。

根据子女的情况不同，房屋买卖可以享受契税税务优惠。根据《中华人民共和国契税法》第一条，房屋的买方是契税纳税人。根据《财政部 税务总局 住房城乡建设部关于促进房地产市场平稳健康发展有关税收政策的公告》的规定，如果该房屋属于子女家庭（包括子女配偶和未成年子女）第一套或第二套住房，该房屋面积在140平方米以下，则契税为1%；面积在140平方米以上，一套房为1.5%，二套房为2%。

房屋赠与的税务优惠

近亲属之间的房屋赠与免交增值税和个人所得税。根据36号文的规定，近亲属之间无偿赠与房产的行为免交增值税。《财政部 国家税务总局关于个人无偿受赠房屋有关个人所得税问题的通知》也规定，近亲属之间无偿赠与房屋免交个人所得税。这里的"近亲属"包括：配偶、父母、子女、祖父母、外祖父母、孙子女、外孙子女、兄弟姐妹。

无偿赠与房屋无法享受契税税收优惠。根据《中华人民共和国契税法》第二条，父母将房屋无偿赠与子女，子女需要缴纳契税。一般情况下，无偿赠与无法享受契税税收优惠，无论受赠房屋的面积如何，子女作为受赠人都需要缴纳 1.5%~3% 的契税。

把房产给儿女，从税务角度看哪种方式更合适呢？

父母在把房产给儿女之前，应该提前和税务机关沟通确定房屋的计税基础。房屋的计税基础是以税务系统评估价格和买卖合同价格两者孰高为准，例如买卖合同中房屋价格为 100 万元，税务系统评估价格为 120 万元，则按照 120 万元计算应缴纳的税款。

增值税和契税都是按照计税基础进行计算，而个人所得税则是按照差值进行计算。假设父母 5 年前购买面积为 130 平方米的房屋花费 70 万元，子女名下无房，则在买卖的情况下，需要缴纳契税为 1.2 万元（120×1%），需要缴纳个人所得税为 0（如果该房屋为父母唯一住房）或 10 万元[（120-70）×20%，父母名下有多套房屋]，需要缴纳增值税为 0（该房屋已满 2 年）。在无偿赠与的情况下，需要缴纳契税为 3.6 万元（120×3%），个人所得税和增值税都为 0。

如果子女未来想要出售该房屋的话，在不同的转让方式下，子女的个税税基不同。在买卖的情况下，无论父母是否缴纳了个人所得税，子女取得该房屋的税基都变为 120 万元；在赠与的情况下，根据《财政部 国家税务总局关于个人无偿受赠房屋有关个人所得税问题的通知》的规定，子女取得该房屋的税基为 70 万元（父母购买该房屋的价格）。

如果未来该房屋的卖价为 110 万元（税务系统评估价格也为 110 万元），不考虑其他个人所得税优惠，则买卖的情况下，子女无须缴纳个人所得税；在赠与的情况下，子女需要缴纳 8 万元 [（110-70）×20%] 个人所得税。

综上所述，如何低税负地将房产给儿女可不是一件简单的事，需要综合考虑。如果该房子房龄较低（不满 2 年），且未来用作居住没有出售的打算，那么建议选择无偿赠与的方式税负最低，只需要缴纳契税。如果该房子房龄较高（超过 5 年），并且有较高的投资属性，那么建议选择买卖的方式进行过户，在享受相应税收优惠的同时，还可提升未来子女卖房的税基。

十一、什么是房产税？如果将来开征房产税，会有什么影响？

2024 年 7 月国家发布了纲领性文件《中共中央关于进一步全面深化改革 推进中国式现代化的决定》，其中有一句话引起了许多朋友的强烈关注——完善房地产税收制度。这一句话再次将"房产税"话题变成大家讨论的热点。接下来，我们来简要介绍什么是住宅的房产税，并探讨如果未来正式开征房产税，会对经济、市场和个人生活产生哪些影响。

什么是房产税？

房产税是指政府对房屋等不动产征收的一种税。其性质通常为地方税，主要根据不动产的数量、价值或者租金等情况来征收。不同于土地增值税或契税，房产税的核心目的是通过对现有不动产的所有人进行课税，从而调节房地产市场，促进资源的合理配置，抑制投机性需求，增加地方政府的财政收入。

在中国，现行的房产税并非针对所有住宅普遍征收，而是在一些特定地区进行试点。例如，上海和重庆在 2011 年开始实施的房产税试点，主要针对的是个人名下拥有的第二套及以上的住房。征税对象通常为房屋的所有权人，税收依据是房产的评估价值，税率一般在 0.4%~1.2%，具体税率因城市而异。

未来开征房产税的可能性

事实上，房产税的征收在中国已经有了较长时间的讨论。早在 2008 年，国家就提出过进行房产税改革的方案，之后的多次政府文件中也明确提到要积极探索房产税改革，逐步推进房产税试点，扩大试点范围，并最终实现全面实施。

房产税改革意味着房产税的全国范围征收是一个长期规划。我们认为中国未来开征房产税的可能性比较大，主要原因有以下几点：一是地方财政的压力，由于地方土地出让收入急剧减少，房产税可作为地方政府稳定收入来源；二是调整贫富差距，房产税主要是对持有房屋面积大或房产套数多的人来征收，通过税收调节，减少房产资源过大差距，促进社会公平；三是目前房产税立法已经列入全国人大立法规划，这说明政府也正在推进，且重庆与上海自 2011 年开始试点房产税，已经积累了一定的经验，可供政府参考。

开征房产税对个人和市场的影响

房产税的开征会对房产供求关系产生一定的影响。一方面，房产税会增加名下有多套房产的房东的成本；另一方面，房产税会促使人们购买房屋的动因更加回归本源，"房子是用来住的，而不是用来炒的"。在 2025 年，改善性住房交易量成为主流，在供需关系的影响下，房价可能会呈现下行趋势，这对首次购房的家庭来说无疑是利好，但对拥有多套房产的投资者来说，房产税的开征无疑是一个不小的负担。

另外，如果推出房产税，对地方财政的影响是巨大的。因为各地政府当前正处在从土地财政向税收财政、股权财政转型过程中，再加上各地政府存量的化债压力比较大，所以房产税的推出有利于地方财政的收入来源增加，有利于政府更好地运用这些资金去调整当地的房产供求关系。

总的来说，开征房产税是大概率事件，但具体还要看中国房地产市场的发展与变化，要看是否有合适的开征时机，它将在调节房地产市场、促进地方财政收入和优化财富分配方面发挥重要作用。

十二、赠与税和遗产税是什么？这两个税种为什么被称为"孪生兄弟"？

据统计，全球约 40 个国家和地区开征了遗产税和赠与税，其中以发达经济体居多，如美国、英国、法国和日本等。我国也有学者多次呼吁开征遗产税和赠与税，来调节财富代际传承，促进财富再分配和社会公平。

财富传承规划面向未来，需要提前考虑未来几十年可能会发生的变化，赠与税和遗产税这两个在财富传承中最重要的税种，常常被称为"孪生兄弟"。这两个税种尽管在形式和征收时点上有所不同，但其目的和影响却密不可分，都旨在对财富的传承进行税收调节，防止财富在代与代之间不均衡地积累。那么，什么是赠与税和遗产税？为什么它们被称为"孪生兄弟"？本节将详细探讨这两个税种及其之间的关系。

什么是赠与税和遗产税？

赠与税，是指个人在生前将财产无偿转移给他人时，受赠人或赠与人需要缴纳的一种税款。赠与税主要适用于亲属之间或其他受赠方之间的财产赠与行为，包括现金、房产、股票、基金等形式的财产。赠与税通常设有免税额度，也就是说，当赠与的财产价值低于某一特定数额时，无须缴纳赠与税，只有超过这一额度的部分才需缴纳税款。各国赠与税的免税额度和税率有所不同，有些国家还会对近亲之间的赠与给予更多的税收优惠。

遗产税，是指个人去世后，继承人在继承遗产时需要为遗产价值缴纳的税款。遗产税适用于去世者的所有财产，包括现金、不动产、证券、艺术品等，税款通常由继承人缴纳。与赠与税类似，遗产税也通常设有免税额度，只有遗产总价值超过一定数额时，继承人才需要为超出部分缴纳税款。

遗产税的税率通常为累进制，遗产总价值越高，税率也越高。例如，美国在 2024 年的联邦遗产税和赠与税的统一免税额度为 1361 万美元，超出此免税额度的部分将适用最高可达 40% 的税率。这种免税额度的设定，是为了在不影响中小型家庭财产传承的情况下，对较大规模的财富转移进行调节。又如，在日本，赠与税和遗产税都实行严格的累进税率，最高税率可达 55%。而在英国，遗产税的免税额度为 325 000 英镑，超过部分的税率为 40%，但如果将遗产留给配偶或慈善机构，则可以完全免除遗产税。

为什么赠与税和遗产税被称为"孪生兄弟"？

赠与税和遗产税之所以被称为"孪生兄弟"，首先是因为它们的征收目的相同，都是防止财富的不平等传承和过度积累。通过对个人在生前或去世后的财产转移进行征税，政府能够有效调节财富的分布，防止财富过度集中在少数人手中，从而促进社会公平。

赠与税和遗产税共同构成了对财富代际传递进行税收调节的双重防线。赠与税负责管理生前的财产转移，而遗产税则负责管理去世后的财产分配，两者相辅相成，共同实现对财富传承的全面调控。

赠与税和遗产税之间的关系具有互补性。如果只有遗产税而没有赠与税，富人可以通过在生前将大部分财产赠与子女等继承人，来规避遗产税的征收；同样，如果只有赠与税而没有遗产税，那么富人可以选择在去世时直接通过遗嘱将财产传给继承人，来避免赠与税。因此，赠与税和遗产税被称为"孪生兄弟"，因为它们互相弥补了对方的不足，形成一个较为完善的财富传承税收体系。

十三、目前开征遗产税的国家有哪些？税率为多少？

我们团队在近几年服务中国高收入人群的过程中，发现了特别明显的国际化趋势，主要有五个特点：一是商业布局的国际化（尤其是民营企业从出口变成出海），二是身份国际化，三是资产配置国际化，四是子女教育国际化，五是财富传承国际化。伴随着中国高收入人群和企业家的国际化进程，其他国家的赠与税和遗产税就成为我们不得不提前了解、提前规划的事项。我们收集整理了一些主流移民国家的遗产税情况，供大家参考。但需要说明的是，以下的税务政策各国常有变化，读者如果真是遇到此类问题，最好还是咨询该国的税务师，以得到更为精准的信息。

美国遗产税情况

美国遗产税的纳税义务人是被继承人，即去世者。2025年，美国的联邦遗产税免税额度为1399万美元，非美国税收居民的遗产税免税额度仅为6万美元，税收居民的免税额度是非税收居民的200多倍。如果遗产的总价值低于此额度，继承人无须支付联邦遗产税。美国的遗产税实行累进税率，税率从18%起步，最高可达40%，适用于超出免税额度部分的遗产。特别规定：夫妻间的遗产转移免税。另外，赠与税和遗产税合并计算，因此生前赠与将影响遗产税免税额度。

加拿大遗产税情况

加拿大目前没有联邦遗产税。然而，当被继承人去世时，其名下的资产会被视为在去世当日出售（假定出售规则），任何资产增值部分都可能需要缴纳所得税。增值金额 = 资产的公平市场价值 – 资产的取得成本，只有50%增值金额计入应税收入，税率为15%~33%。特别规定：主要居所豁免；配偶之间转移，则假定出售规则暂停。

日本遗产税情况

日本的遗产税的纳税义务是继承人或受遗赠人，且要求他们在得知继承之日起10个月内主动申报并缴纳税款，这与美国有很大不同。免税额度由基本免税额和继承人数量决定。免税额度为3000万日元，加上每位继承人600万日元。例如，如果有3位继承人，总免税额度为3000万日元 + 3 × 600万日元 = 4800万日元。日本的遗产税也采用累进税率，税率从10%起步，最高可达55%。配偶可享有额外的免税额度，通常可免税继承全部遗产或减免大部分税款。

英国遗产税情况

英国的遗产税纳税主体是遗产管理人或遗产执行人。在2024年，英国遗产税适用于遗产总额超过325 000英镑的部分，统一适用40%税率，如果遗产中10%以上的部分捐赠给慈善机构，则可享受36%的优惠税率。有多种税务优惠政策，如主要居所额外免税额（175 000英镑）和配偶间免税转移，使总免税额度最高可达1 000 000英镑（夫妻合计）。生前赠与若在去世前7年内完成，则赠与的财产也可能面临缴纳遗产税（这就是我们在前文中提到的遗产税与赠与税是孪生兄弟的例证），按照递减税率（40%~8%）计算遗产税。

法国遗产税情况

法国遗产税的纳税义务人是继承遗产的个人，要求继承人或受遗赠人在得知继承之日起 6 个月内主动向税务局申报。其免税额度和税率因继承人与被继承人的关系而异：配偶或民事伴侣继承时完全免税；直系亲属（子女、父母）每人在 2023 年享有 100 000 欧元的免税额度，税率为 5%~45%；兄弟姐妹在 2023 年享受免税额度为 15 932 欧元，税率为 35%~45%。生前赠与的免税额度每 15 年可重复使用，例如子女每人每 15 年可获 100 000 欧元免税。

德国遗产税情况

德国遗产税直系亲属免税额度为配偶 500 000 欧元、子女 400 000 欧元、孙子女 200 000 欧元、父母 100 000 欧元、兄弟姐妹及远亲仅 20 000 欧元（非税收居民适用该免税额度），生前赠与每 10 年可重复使用免税额度。遗产税为累进税率，直系亲属为 7%~30%，远亲及非亲属最高为 50%。家庭住宅若由配偶或子女继承且继续居住，可免税（子女限 200 平方米）。

澳大利亚遗产税情况

澳大利亚自 1979 年起取消了联邦遗产税，并在 1980 年完全废除了所有形式的遗产税和赠与税。但遗产中的资产未来出售仍有可能触发资本增值需要缴纳所得税。例如，被继承人去世时，房产市场价值为 70 万澳元，继承人 5 年后以 100 万澳元的价格出售房产，继承人需要对 15 万澳元（持有房产超过 1 年，可享 50% 的资本增值折扣）的增值缴纳所得税。

有一家中国民营企业破产，企业主积劳成疾，最后离世，儿子想继承父亲早年在美国购买的十几套别墅来翻盘，可到了美国才发现，由于父子俩完全忽视了美国的房产税和遗产税，导致别墅要么已经被拍卖，要么被他人合法拿走，要么因为交不起遗产税而迟迟无法继承。所以，当你的家里想做海外资产布局时，尽量先咨询好国际税务师，然后再出手。

十四、什么类型的资产、什么样的人可能涉及赠与税和遗产税？

看传承资产所在地

如果传承的资产（主要是指不动产）所在的国家征收赠与税和遗产税，那么当该不动产发生代际传承时，高收入人群就需要对该不动产缴纳赠与税和遗产税。例如，李总在美国购置了豪宅，美国是开征赠与税和遗产税的国家，如果李总生前将房产赠送给家人，且该房产价值超过赠与税免税额度，那么李总需要缴纳赠与税；李总身故后，如果该房产价值超过遗产税免税额度，则继承人需要缴纳遗产税。

看传承人的税收居民身份

一旦被认定为移民国的税收居民，且移民国的税法是对全球所得进行征税，那么即使该高收入人士的财产不在移民国，财产发生代际传承时，高收入人士仍需要缴纳赠与税和遗产税。例如，前文中的李总在美国居住多年，已经成为美国的税收居民，那么李总在中国的财产发生代际传承时，如果超过赠与税和遗产税的免税额度，仍需要向美国税务局缴纳赠与税和遗产税。

看传承资产的类型

一般情况下，拥有移民国税收居民身份的高收入人群，其名下的所有类型资产，包括有形资产和无形资产，只要资产价值超过该国赠与税和遗产税的免税额度，在发生代际转移时，都需要缴纳对应的赠与税和遗产税。但是这里也有两个特殊点：一是传承资产是不动产的，一般世界各国遵守不动产依不动产所在地法，所以要看不动产所在地该国法律如何规定；二是有些资产使用了特殊工具，例如人寿保险、保险金信托或家族信托、慈善信托、慈善基金会等，则要看该国对这些工具与税务的关系是如何立法的，而这些工具的涉税成本还是区别于一般财产的。

看传承行为的时间点

遗产税的征收时间点不仅局限于被继承人死亡当下，还可能涉及其死亡前的一段时间内发生的财产转移行为。以英国为例，英国税法规定，从被继承人死亡时间向前推7年内的赠与行为都可能被纳入遗产税的征税范围。如果被继承人在死亡前7年内赠与财产，其受赠方可能需要支付部分或全部遗产税。

十五、父母生前欠个税，子女继承遗产后需要补税吗？

张先生是一位有着多种赚钱来源的高净值人士，他运气特别好，赶上了当地修建大商场的拆迁大潮，一下子给张先生拆迁置换了10套回迁房，张先生除了自用一套，其他的房产全部出租出去了。由于商场的兴建，他所在的这一片越来越繁华，地价房价水涨船高，张先生的9套房产租金也一直往上涨，这让他积累了很多财富，但张先生收取的上千万元房租一直没有主动缴过税。就在2023年，张先生离世，子女继承了数套房产，继续出租获得收入。然而2024年，国家完善了个人所得税的稽查和管理，当地税务机关发现张家子女出租房屋从来没有缴过税，不仅如此，还发现了张先生在世时出租房屋的收入也没有缴税。这时张家儿女也开始紧张起来：父母生前欠的税，还需要自己来补吗？如果再加上罚款，会不会要损失很多钱呢？

继承遗产同时要承担债务

继承不仅意味着继承遗产，还可能意味着继承债务。根据《民法典》第一千一百五十九条，继承人继承被继承人生前的财产的同时须清偿被继承人的债务，包括未缴纳的税款（相当于欠国家的债）。前文的案例中，张家子女继承了数套房产和父亲的银行存款收入，如果父亲生前积累财富确实欠税的话，那么子女有义务承担缴税的责任。

承担债务的最大限度不超过遗产范围

继承人对于被继承人生前应缴纳的税款和应清偿的债务，负有在遗产范围内偿还的责任。这意味着子女在继承遗产时，须优先使用遗产中的资金来偿还父母生前欠缴的税款。如果遗产价值足以覆盖欠税，子女则要按照税务机关的要求补缴税款，以使被继承人的税务问题得到解决。

如果父母生前的债务，包括未缴纳的个人所得税，超过了遗产的总价值，继承人可以选择放弃继承。根据《民法典》第一千一百六十一条，继承人在选择放弃继承时，可以不承担与遗产相关的税款和债务的清偿责任。

如何降低"父税子交"的风险呢？

首先，梳理收入来源，提前做好税务规划。高收入人士需要对自己的收入进行梳理，对应税收入主动进行申报，提早做好合规税务规划。例如张先生的房租收入，可以到税务局进行主动申报，一般情况下，能够享受当地税务机关对于房租收入的税收核定优惠政策。子女只要没有放弃继承，原则上就需要从遗产中拿出部分来替父补税。

其次，通过保单架构设计提前准备充足免税现金流。根据《中华人民共和国个人所得税法》第四条，保险理赔金属于免税资产。根据《保险法》第四十二条，在人寿保单中指定受益人，受益人取得的保险理赔金不属于被保险人的遗产，无须清偿遗产的债务。通过保单架构设计，高收入人群作为保单的投保人和被保险人，二代子女作为受益人，可以为二代子女规划出一部分不属于遗产的免税资产，为应对未来可能出现的遗产欠税情况，提前准备充足现金流。

最后，搭建信托架构按照传承规划提供持续资金支持。根据《信托法》第十五条，在信托受益人有多人的情况下，信托财产不作为委托人的遗产，信托财产无须清偿遗产的债务。根据《信托法》第九条，委托人可以通过信托合同的规定，按照提前的传承规划，分期分批持续给信托受益人资金支持。但是需要提醒大家的是，信托发挥这个优势的前提是长辈设立信托时，放进信托里的财产本身是合法的完税资产，而不是欠税的资产。

十六、高净值人士如果有多项收入，如何做好综合的税务合规安排？

在中国，随着高净值人士的不断增多，越来越多的个人和家庭面临着复杂的税务问题。尤其是对于拥有多项收入来源的高净值人士，税务规划与合规管理变得尤为重要。高净值人士的收入来源通常涉及多个领域，包括但不限于工资薪金、特许权使用费、经营所得、股息红利、投资收益、房产租金、跨境收入等。因此，如何在复杂的税务环境下合理安排，既确保税务合规，又能够实现税负最优化，是高净值人士需要关注的关键问题。

本节我们将探讨中国高净值人士如何在拥有多项收入的情况下，做好综合税务合规安排，在确保合法合规的同时，最大程度地降低税负。由于每类收入交税方式不同，下面就不同收入类型分别介绍。

综合所得的税务合规注意要点

高净值人士的综合所得是超额累进税率（7档，3%~45%），主要包括工资薪金和特许权使用费两大类，其中特许权使用费是指高净值人士将名下的专利授权给公司使用，公司支付给高净值人士的费用。综合所得往往是由支付资金的公司作为扣缴义务人，代替高净值人士进行个税的申报和扣缴，高净值人士拿到手的收入往往是税后的，综合所得的税务合规风险较低。但是，高净值人士需要注意的是，取得综合所得的次年3月1日至6月30日需要在个税App内办理综合所得汇算清缴。

经营所得的税务合规注意要点

高净值人士的经营所得也是超额累进税率（5档，5%~35%），主要有三个来源：一是高净值人士作为合伙人从合伙企业取得的收入（注意不需要合伙企业实际分配，合伙企业账面利润也算作高净值人士收入），二是高净值人士经营个人独资企业获得的收入（同合伙企业），三是高净值人士开办个体工商户取得的收入。

和综合所得一样，经营所得也需要进行年度汇算清缴，高净值人士在取得所得的次年3月31日前在自然人电子税务局上办理汇算清缴。值得注意的是，根据《中华人民共和国个人所得税法实施条例》第十五条，如果高净值人士没有综合所得，则可以在年度经营所得中减除费用6万元、专项扣除、专项附加扣除以及依法确定的其他扣除。

财产性所得的税务合规注意要点

高净值人士的财产性所得的税率都是 20%，不需要进行年度汇算清缴，主要包括股息所得、利息所得、股权转让所得和房屋租金所得。其中股息所得来自高净值人士持股的公司，利息所得来自高净值人士投资的产品，这两种所得公司在支付资金时，往往已经代高净值人士扣缴了个人所得税，高净值人士取得的是税后收入，税务合规风险较低。

股权转让所得是高净值人士将持有的公司（非上市公司，上市公司公开市场买卖股票免税）股权卖出取得的所得。自然人股权转让一直是税务机关重点关注的领域，在股权转让定价时，最好先看看企业的资产负债表，同时提前到当地的税务机构先了解一下情况，而不是自己在股权转让协议上随便定价格。

很多地方的税务机关对个人房屋租金所得都有核定政策，合规缴税税负并不高。比如在北京，住房租金 10 万元以下，综合税负仅为 2.5%。其实房租收入本身税负并不高，所以我们建议还是要注意开票缴税。

境外所得的税务合规注意要点

高净值人士从中国境外取得收入的，应当在取得收入的次年 3 月 1 日至 6 月 30 日内申报纳税，这个可以在自然人电子税务局网站上申报，且这个申报是指来自境外的所有收入。目前中国已经与许多国家和地区建立了 CRS 信息交换机制，也就是说中国高净值人士在境外开设的金融账户，由于没有取得当地的税收居民身份，该金融账户信息最后会被自动交换给中国税务局，在此提醒高净值人士特别注意。

高净值人士个税税务实操建议

第一，应税资产免税化。为了适应税务合规的趋势，我们建议高净值人士应该提高免税资产的配置比例。例如，二级市场股票或基金买卖所得收益目前暂时是免税的；人寿保单也是长期资产配置中较优越的免税资产，因为保单的现金价值增长可以实现税收递延，人寿保险的保单理赔金也免个税。

第二，配备私人税务顾问。在英美国家，许多公民都有自己长期固定的税务师，负责帮他们每年填写税表进行报税，以及用好国家各项税收抵扣和税收优惠，未来在中国，也会慢慢兴起高净值人士的私人税务师，这些专业人士可以帮助高净值人士梳理各项收入，进行不同的税务申报，以降低整体税负。

第三，提前进行税务风险隔离。对既往已经存在的税务风险，高净值人士应提前进行风险隔离资产规划。我们建议高净值人士把握当下宝贵的合规窗口期，在自身低风险的时刻搭建信托架构（包括股权信托、家族信托、保险金信托等），将名下的合法完税资产转移到信托账户。根据《信托法》第十七条，信托财产一般情况下不得强制执行。这样，通过信托财产的独立性，可以实现风险隔离效果。

第六篇

全球资产配置及财富布局

第十六章　百年变局下的资产配置新策略

一、企业与家业之间资产配置的规划要点

企业主家庭需要警惕的一个情况是财富分布明显失衡，即企业财富往往占据了总财富的95%以上，相比之下家庭财富占比极少。我们服务过一位从事煤矿产业的企业主，其家族设立了多家公司，已经形成了一个能源综合集团，经历数十年发展，总资产已经超过50亿元，但企业还总是缺钱。因此，家族中出现一个尴尬的情况，由于企业长年不分红，股东家里都没钱，可以想象，一旦这家企业遇到突发风险，对整个家族财富的影响将是致命性的。

如果从企业财富和家庭财富布局的维度来看资产配置，有哪些要点需要注意呢？

树立清晰的资产边界意识

企业与家庭的资产务必划分明确界限，切不可混为一谈。不能简单地认为公司的盈利即为股东个人可随意支配的财富，任何从公司取用资金或资产的行为，均须严格遵循财务制度要求，并做好完备的财务手续记录。例如，股东因个人事务从公司借款时，必须签订规范的借款协议，明确借款金额、用途、还款期限及方式等详细

信息，且务必按时足额归还借款，以确保公司财务的独立性与规范性，有效避免家企资产的不当混同。曾有这么一起离婚案件，登记在法定代表人名下有两套商住两用房，这两套房是当初由公司出资购买，离婚时正作为企业的办公用房。但考虑到当时个人买房可以办按揭贷款，所以两套房就登记在了法定代表人名下，其实这相当于个人代公司持有办公用房。然而在离婚案件中，该法定代表人的妻子主张这两套房属于夫妻共同财产，要求离婚时进行分割，这可把公司其他股东给急坏了。所以，公司资产与家庭财产一定要分清。

构建合理的家企资产比例

在实践中，我们发现大量企业主由于对资产归属的错误认知，倾向于将大部分资产置于企业名下，而个人名下资产占比甚少，使家企资产比例严重失衡。举例来说，许多企业的经营利润经常长期存放于公司对公账户，迟迟未分配给股东，企业主认为反正是我赚的钱，放在公司账户上和放在我股东个人账户都一样。其实不然，当所有资产高度集中于企业时，其将与企业经营风险紧密捆绑。一旦企业遭遇经营困境、背负债务或陷入诉讼纠纷，这些资产极有可能面临偿债或被法院依法冻结的风险。例如，广东一家从事建筑工程承揽的企业，当时与上游供应商发生债务纠纷，于是三家建材供应商把这家企业告了，法院冻结了该企业的对公账户，而这家企业的对公账户上还有2000万元未分配利润，这下把企业主吓得不轻。因此，企业与家业之间应维持合理的资产比例。建议企业盈利后，通过合法合规的途径将部分利润有序回流至家庭，这样才能落袋为安。对于回归家庭的资产，应以安全稳健的配置方式为主，如选择人寿保险、大额存单、家族信托及保险金信托等。

至于企业资产与家庭资产的比例，要根据每个家庭的具体情况来分析。一般情况下，对于中小企业主家庭来说，我们建议企业资产占比不要超过总财产的 70%，家庭资产不要低于总资产的 30%。

用好打造家庭财富"安全港"的工具

1. 人寿保险

人寿保险兼具风险保障与财富增值功能。它能为家庭成员提供生命安全保障，在意外事件发生时，确保家庭经济的稳定性，避免因家庭成员的变故导致家庭经济陷入困境。同时，部分人寿保险产品还具备一定的储蓄与投资特性，能够在提供保障的基础上，实现资产的稳步增值，是家庭资产配置中不可或缺的重要组成部分。

2. 保险金信托

保险金信托巧妙融合了保险与信托的双重优势，在充分发挥保险保障功能的同时，借助信托的资产管理与传承机制，实现对保险金的高效管理与精准传承。当保险事故发生并触发赔付后，保险金将依据信托合同的约定进行科学合理的分配与管理，有效避免保险金被随意挥霍或不当使用，从而为家族财富的长期传承与稳健增值提供更为全面、有力的保障。

3. 家族信托

家族信托作为一种专业化的财富管理与传承工具，通过将资产的所有权与受益权进行分离，达成资产的隔离保护与定向传承目的。家族信托能够依据委托人的特定意愿，对信托资产实施专业化、精细化的管理与分配，有力保障家族财富在多代人之间实现有序传承。同时，凭借其灵活的条款设置，能够充分满足不同家族成员在生活、教育、医疗、创业等多方面的个性化需求，为家族的长远发展与繁荣奠定坚实基础。

家企资产配置要动态调整

公司与家业的资产配置并非一劳永逸，而是需要持续关注与动态调整。企业主应定期对企业与家庭的资产配置状况进行全面、深入的评估；密切关注企业经营状况的变化，包括市场竞争态势、行业发展趋势、企业财务状况等因素；同时，考量家庭成员结构的变动、生活需求的调整以及宏观经济环境的变迁等，根据评估结果，及时、灵活地调整资产配置比例与方式。例如，若企业面临市场竞争加剧、经营风险显著上升的局面，可适当降低企业资产的比重，相应增加家庭资产的安全性配置；若家庭成员有新的投资计划、教育或养老等重大支出需求，也须针对性地优化家庭资产配置方案，确保资产配置始终契合企业与家庭的发展战略与实际需求。

必要时借助专业人士的力量

如前所述，公司赚的钱要落袋为安，那么就需要基于新《公司法》及相关税法搭建新公司股权结构，通过防火墙隔离公司及家庭财务，以此保全财富。这些企业与家业资产配置涉及法律、财务、税务等多领域的专业知识，操作复杂，企业主在规划过程中可以寻求专业的财务顾问、律师、税务师等专家团队的支持与协助。这些专业人士凭借其丰富的实践经验与深厚的专业知识，能够深入剖析企业与家庭的具体情况，量身定制科学合理、切实可行的资产配置方案，并妥善处理相关的法律合规、税务筹划等关键问题，从而确保资产配置的合法性、合理性与有效性，为企业的稳健经营与家族财富的安全传承保驾护航。

二、全球新形势下海外资产配置面临的风险

中国经济的持续高速增长造就了数量庞大的高净值人群，他们积累了可观的财富，资产规模不断扩大，对财富管理的需求也不再局限于国内市场，开始关注全球范围内的资产配置，以分散单一市场风险，实现财富的保值和稳健增长。在当今全球新形势下，进行

海外资产配置面临多方面的严峻风险。我们结合多年服务境内外高净值人群的经验，总结出了几项重要的风险点，供大家参考。

经济制裁风险的阴霾笼罩

近年来，俄乌冲突使得全球地缘政治紧张局势急剧升温，西方国家针对俄罗斯实施了一系列前所未有的金融制裁举措。例如，冻结俄罗斯的外汇储备，将其巨额的外汇资产在国际金融体系中予以限制，使其无法自由动用；禁止部分俄罗斯银行使用国际资金清算系统（SWIFT），这犹如切断了俄罗斯与全球金融交易网络的关键纽带，严重阻碍了其国际金融业务的正常开展；众多俄罗斯企业与个人的境外资产也被冻结，大量海外投资项目被迫搁置或遭受重大损失。

未来，在全球政治格局的动态变化中，倘若中美关系等主要国际关系出现显著的紧张态势，类似这般严厉的制裁手段极有可能被施加于国人的海外资产之上。国人在海外的各类资产，无论是企业的海外投资项目，还是个人在海外的房产、金融投资等，都可能面临被冻结的命运，交易活动将陷入停滞，资产的转移与调配也会受到重重阻碍，从而使资产的安全性遭受毁灭性打击。

"逆全球化"下的投资困境

随着全球力量对比的逐步变迁，"保护主义"和"逆全球化"不断兴起，且呈现出一种危险的演变趋势。在国际政治经济舞台上，中国作为新兴的大国力量，其海外投资与经济影响力日益扩大，然而，这也引发了部分国家的担忧与警惕。在一些国际事务与投资项目中，中国企业的海外投资往往更容易被国际监管机构特殊对待与审查。这使得国人的海外投资面临着远超其他国家投资者的限制与审查，极大地增加了海外投资的风险与不确定性，严重威胁到海外资产的安全性。

税收政策变动的合规风险

当中国税收居民在海外配置资产时，必然会受到资产所在国或地区的税务管辖。例如，美国对其境内的各类投资收益，包括但不限于股息、利息、资本利得等，均会征收相应的所得税。又如，一些欧洲国家对房地产持有环节和交易环节都设有不同的税费种类和税率标准，如英国的市政税、印花税等。中国税收居民在这些国家或地区配置资产并产生收益时，必须按照当地税法规定履行纳税义务。

国际反洗钱的稽查大势

我国在 2024 年 11 月 8 日修订通过《反洗钱法》，并于 2025 年 1 月 1 日起施行，其实全球范围内近几年对资金的反洗钱合规的稽查都是越来越严格。

很多人可能会心生疑惑：我在海外配置资产怎么还需要考虑反洗钱的问题？这里就需要提到国人在海外的资金来源，一般分为三种：一是个人在海外获得的合法收入，二是通过在境内合法换汇获得，三是"地下钱庄""对敲"等非法方式。前两种为合法方式取得，一般不会涉及洗钱问题。我国是外汇管制国家，对于个人换汇的额度有明确的规定，每人每年 5 万美元，这些额度对普通人也许足够使用，但是对想大额换汇的人来说应该不够用，于是就有可能出现第三种来源。第三种来源就会涉及反洗钱的问题，因为以这种方式汇入海外账户的资金来源可能存在问题，比如诈骗、涉毒的资金等。

2023 年，英国多家媒体报道了这样一个案例。中国的陈女士因在英国的银行账户内存有 8.5 万英镑被英国警方申请冻结账户，后被法官裁定没收该笔资金。原来，2021 年陈女士卖了国内的房子，将部分钱汇至其一位远房亲戚的国内账户，再由该亲戚的丈夫黄某换给她等额英镑现金。之后陈女士将8.5万英镑现金分期存入银行，最终引发监管机构怀疑，因黄某无法解释其资金的来源被警方推断为犯罪所得。英国为打击洗钱等严重犯罪颁布了"不明财富令"，若资产来源解释不清可直接被没收。这项规定适用于在英国拥有资产且被怀疑参与严重犯罪的人，包括外国人。

所以，在全球新形势下，国人的海外资产面临着来自地缘政治、经济金融、法律监管以及社会文化等多方面风险的冲击。这些风险相互交织、相互影响，构成了一个复杂而严峻的风险网络，威胁着国人海外资产的安全性与稳定性。为了有效应对这些风险，国人在进行海外资产配置与管理时，必须加强风险意识，深入研究各国（地区）的政治、经济、法律与文化环境，制定科学合理的风险管理策略，必要时借助专业的金融、法律与咨询服务机构的力量，构建多元化的海外资产组合，以提高海外资产的抗风险能力，确保海外资产的安全与保值增值。

三、未来房产还值得投资吗？

在当今复杂多变的经济与社会环境下，房产作为一种重要的资产形式，其未来的配置走向备受关注。回顾最近几年国家关于房地产市场的政策表述，从2016年的"房住不炒"到2023年的"供求关系发生重大变化"，再到2024年的"房价止跌回稳"，可以看到近年来房地产市场的行情变化——从稳赚，到即使仔细挑选也有可能亏损。因此，现在很多人都有一个疑问：房产还值得投资吗？以下分析或许可以给你带来一些思考和启发。

人口因素导致房产需求发生根基性变革

1. 人口总量负增长与住房需求演变

人口因素始终是房地产市场长期发展的关键。从宏观角度来看，我国人口总量负增长已然成为不可逆转的事实。数据显示，2022年新生人口数仅956万，而死亡人口数却高达1041万，人口净减少85万人；2023年新出生人口数进一步下滑至902万，死亡人数攀升至1110万，人口减少量扩大至208万。与此同时，依据国家统计局公布的《中国人口普查年鉴2020》，我国人均住房面积已达41.76平方米。随着整体人口规模的持续缩减，人均住房面积必然呈现上升态势。在少子化加剧以及人口总量不断减少的大背景下，房产市场的需求结构发生了根本性转变，往昔那种供不应求的局面一去不复返，市场供需关系已全面转向买方市场。房产不再如过去那般作为一种无可争议的硬通货而备受追捧，购房者在做出决策时，会以更为审慎的态度综合考量诸多因素，如价格是否合理、地段是否优越、交通是否便捷、房屋质量是否过硬以及学区资源是否优质等。由此可见，未来房产市场将步入一个比拼资源、较量性价比的崭新时代。

2. 人口流向分化与房产价值差异

人口流向则是影响房产配置的另一个重要因素。在房产投资决策过程中，优先考虑人口流入的城市无疑是明智之举。人口的大量流入必然会带动对住房的强劲需求，为房产价值的稳定乃至增值提供坚实支撑。然而，这并非唯一考量因素，地段、交通以及周边配套设施同样举足轻重。综合而言，未来房产市场将不可避免地走向两极分化的格局。那些位于核心城市、占据优质地段且拥有完善周边配套的房产，因其稀缺性和不可替代性，具备较强的保值增值潜力；反之，缺乏这些优势的房产则极有可能面临房价下行的压力。因此，若着眼于未来房产配置，核心城市的优质地段且配套良好的房产，为理想之选。

未来房产配置建议

1. 城市选择

北京、上海、深圳等一线城市，凭借其卓越的政治、经济、文化和金融地位，具备超强的人口吸附能力和持续旺盛的经济活力。这些城市汇聚了丰富的产业资源、优质的教育医疗设施以及广阔的就业机会，吸引着大量高端人才和资本流入，从而为房地产市场提供了坚实的需求支撑，市场相对稳定且抗风险能力强。此外，近期西部川渝板块异军突起，因其独特的区域优势、快速发展的经济态势以及日益提升的城市影响力，成为房地产投资领域的新兴热点区域，值得关注。加上2024年中央经济工作会议明确提出，要通过各种政策来实现房地产市场的止跌回稳，因此在一线核心城市进行房地产配置，相对来说资产价格趋稳。

对于非一线城市，房产投资时须秉持更为谨慎和精准的策略。目前中国三线到五线城市所面临的去库存压力仍然较大，再加上这些城市并非人口净流入的状态，所以购置房产时要优先考虑位于城市核心地段且周边配套成熟完善的楼盘。核心地段通常交通便利、商业氛围浓厚、公共服务设施完备，能够为居民提供高品质的生活便利性和舒适度，这类房产在市场波动中往往具有较强的保值能力。而对于那些不具备核心地段和成熟配套条件的投资性房产，鉴于当前房地产市场的整体趋势和区域分化格局，建议投资者适时考虑变现，以优化资产结构，降低潜在风险并回笼资金，以便将资金投向更具潜力和价值的资产领域。

2. 持有成本评估

投资者务必全面梳理名下房产的性质（如住宅、商业、办公等）以及所在城市的相关政策法规，深入细致地评估持有或变现房产过程中涉及的各类税费成本，做到心中有数，以便在投资决策和资产运营过程中充分考虑这些成本因素对投资收益的影响。主要涉及的税目包括但不限于增值税、契税、个人所得税、土地增值税等。不同性质的房产、不同城市以及不同的交易场景下，这些税费的征收标准和计算方式存在差异。例如，在房产交易中，增值税的征收通常与房产持有年限、是否为普通住宅等因素相关，土地增值税则根据房产增值幅度采用累进税率计算。投资者只有清晰了解这些税费细节，才能准确测算房产投资的真实成本和潜在收益，从而拟定更为合理的投资计划和资产处置策略。

房地产市场已告别往昔的普涨时代，进入了一个深度调整与分化的全新阶段。在做房产资产配置决策时，不能再依赖过去的经验，而要以更为审慎、专业且全面的视角去剖析市场动态，还要从短期、中期、长期不同的时间段来评估供求关系，并紧密结合自身的财务状况、投资目标与风险承受能力，从而在这复杂多变的房地产市场中找准方向。

四、投资理财时要防止踩哪些"坑"？

在我们接到的咨询中，很大一部分是如"投资平台爆雷，投入的钱该怎么要回来"这类问题，而且投资者往往维权艰难。为了确保资产的稳健增值与安全传承，投资者务必保持高度警惕，审慎防范以下几类极易踩的"坑"。

高收益陷阱

不法分子常以高收益为饵，设下非法集资或诈骗骗局。这些虚假项目看似诱人，实则运作不透明、不合规，投资者一旦陷入，往往血本无归。例如，某些"高息揽储"项目，以远超正规银行存款利率的回报吸引资金，却无真实盈利来源支撑，最终资金链断裂，投资者遭受重创。

盲目跟风投资

市场热点频出，投资者易盲目跟风。当众人追捧某一项投资时，往往导致资产价格虚高，而热潮退去，后入场者极易被套牢。以加密货币为例，其价格曾被炒作飙升，许多投资者在不了解其技术、应用及市场风险的情况下跟风买入，而后随着监管加强和市场情绪转变，价格暴跌，令众多投资者损失惨重。

亲友拉投套路

有人被多年好友骗投300万元，骗来的钱居然都被其好友购买奢侈品了；也有人被老同事骗投500万元，后来居然还继续借钱往里投……这些骗局都有一个共同特点，那就是受害者出于对亲朋好友的高度信任。

投资标的过度集中

将大量资金集中投于单一资产，如仅投资股票或房产，一旦该资产受市场波动或政策冲击，整个资产组合将面临巨大风险。例如有一对老夫妻曾是公司高管，在过去的20多年里，老两口特别喜欢买房，只要赚了一点儿钱，就立刻通过首付按揭贷款的方式去买房，最后他们在一些三线城市一共购买了8套商品房。他们原指望这8套房给自己养老和照顾子女，结果如今当地房价暴跌30%，老两口着急之下，匆忙在房屋中介挂牌4套房想卖出去，但没想到的是，即使挂的价格降了30%，也还是一套没成交。

投资忽视流动性

部分投资产品流动性差，如股权投资基金、某些商业地产等。投资者在急需资金时可能难以变现，或须大幅折价出售。若遇突发情况，如家庭成员重病需大额资金救治，流动性差的资产无法及时转化为现金，会使投资者陷入困境。

投资前不对平台进行调查

互联网金融催生了众多投资理财平台，其中也混杂着一些不法平台。它们无资质、运营混乱、资金无保障，投资者若误选，可能遭遇平台跑路、资金被盗用等风险。一些非法网贷平台，以低门槛、高回报吸引投资者，实则将资金挪作他用，最终平台倒闭，令投资者血本无归。

误判宏观形势

宏观经济形势会影响资产价格。例如 2025 年中国为刺激经济发展，不断降准降息，也就是说在未来贷款利息和存款利息还可能会继续降低，这个时候的投资就要调整策略，通过中长期国债和人寿保险来对冲降息风险。投资者若缺乏对经济周期、通胀、利率等因素的了解和判断，可能会做出错误决策。

忽略专业人士的智慧

举个简单的例子，许多父母要给已婚子女买房，但很少有父母会在买房前先咨询一下专业律师，如果子女发生婚变，往往损失一半房产价值。大部分父母给已婚子女买房时没有签订书面的赠与协议，这个风险概率相当高。2025 年 2 月 1 日发布的《最高人民法院关于适用〈中华人民共和国民法典〉婚姻家庭编的解释（二）》中讲到法官面对父母支持子女买房遇到子女离婚时的判决条款，数次都提到了书面赠与协议。所以，投资前最好先咨询一下银行客户经理、财富顾问、基金经理、保险代理人、律师或税务师等专业人士，再结合自己的经验做出决策。

总之，投资理财时要增强风险意识，识别各种套路，通过学习提升财务素养，理性决策，稳健迈向财富增值与传承之路，确保个人与家庭财富的安全与繁荣。

五、如何配置应税资产与免税资产？

按照传统的金融理论，投资时只需要考虑三个性，即安全性、收益性、流动性，现在我们建议大家再多考虑一个性，即纳税性。

随着"金税四期"的实施和全电发票的使用，税收已经进入智能征管时代，所以不能忽视投资的纳税成本，尤其是当这些应税资产面临变现需求时。建议大家增加免税资产的配置，减少应税资产的配置，这相当于开源节流，能够提升总体收益水平。

以下是一些常见的免税投资品种：

- 国债：购买国债所获得的利息收入免征个人所得税。
- 地方政府债券：购买地方政府债券所获得的利息收入免征个人所得税。
- 政策性金融债券：购买政策性金融债券（如国家开发银行、中国进出口银行等发行的债券）所获得的利息收入免征个人所得税。
- 银行存款：自2008年10月9日起，个人储蓄存款利息收入暂免征收个人所得税。
- 保险产品：在当前政策下，（1）分红型人寿保险中发放给投保人的分红，通常免税；（2）人寿保险在购买后，不断增长的保单现金价值在超过保费后的收益，也没有直接扣税；（3）人寿保险理赔金在法律上不视为受益人的收入，既没有收取保单受益人子女的个人所得税，也没有收取遗产税赠与税；（4）如果保单受益人为外籍人士或是持外国绿卡人士，在其定居国家，原则上来自中国境内保单的人身保险理赔金也不视为受益人的收入。
- 二级市场证券基金：基金分红收益暂免征收个人所得税，但基金买卖差价收益须缴纳个人所得税。
- 股票：个人从公开发行和转让市场取得的上市公司股票，持股期限超过 1 年的，股息红利所得暂免征收个人所得税。另外，还有股票买卖差价也一直享受免税待遇，就是我们俗称的"炒股收益"。
- 部分房地产：如果是自用住房，个人出售自用住房且持有满 5 年的，免征个人所得税。如果是赠与房产，那么个人将房产赠与配偶、父母、子女、祖父母、外祖父母、孙子女、外孙子女、兄弟姐妹等直系亲属的，免征个人所得税。
- 个人养老金账户：在投资环节，对计入个人养老金资金账户的投资收益暂不征收个人所得税；在领取环节，个人领取的个人养老金不并入综合所得，单独按照 3% 的税率计算缴纳个人所得税，其缴纳的税款计入"工资、薪金所得"项目。

总结一下，投资者可以根据自身需求选择合适的免税投资品种，以实现税务优化，不仅能降低投资成本，还能降低个税纳税风险。

六、未来金融资产配置时必须考虑哪些要素？

金融资产配置本属于金融机构擅长的领域，但我们在服务了众多私人银行高净值客户后发现，传统的金融资产配置理论似乎不再能满足客户们的需求，所以在新经济发展趋势下我们结合服务过的大量客户关于法商、税商、政商等多维度的需求后，总结出未来金融资产配置需要考虑以下五大要素。

选择投资主体的法律身份与架构

不同的法律身份对应不同的权利、义务与风险承担模式。例如，以个人名义投资，资产与个人财产紧密相连，在面临债务纠纷或法律诉讼时，个人名下金融资产有被波及的风险；而通过设立公司、信托等法人或非法人组织进行投资，能在一定程度上隔离风险。就像家族信托，可以将资产的所有权、控制权和受益权分离，保障资产按既定规则传承与增值，规避家族内部纠纷、债务危机等对资产的冲击。

关注资金来源的合规性

最新修订的《反洗钱法》于 2025 年 1 月 1 日起生效，我们发现其从最初只关注维护金融机构的稳定和声誉，发展到关注洗钱与产生经济利益的上游犯罪之间的联系并延伸至维护经济金融安全。所以，资金来源清晰可追溯也是我们在资产配置过程中需要关注的要素，若资金来源不明，不仅面临被监管部门追查的风险，投资收益也可能无法得到法律保障。举例来说，企业通过合法经营积累的利润用于投资，需要有完整的财务账目记录，从销售合同、发票到资金入账凭证一应俱全；个人薪资所得用于投资，要有个人所得税记录等证明。在跨境投资中，资金跨境流动的合规性更是关键，要符合国内外的外汇管理政策，避免因违规跨境资金流动导致资产被冻结或处罚。

了解投资方式与税收政策

在金融资产配置的过程中，选择何种投资方式与税收政策紧密相关。例如，直接投资股票与通过基金间接投资股票，其税收处理方式存在差异。直接投资股票，投资者须自行承担股息红利的个人所得税；而投资基金，基金公司在获取收益后，会根据不同的基金类型，按照相应的税收政策代扣代缴税款，投资者最终获得的是税后收益。此外，对于不同类型的基金，如股票型基金、债券型基金、混合型基金等，税收政策也有所不同。了解这些差异，有助于投资者根据自身的税收状况和投资目标，选择合适的投资方式，从而优化税务成本。

与经济周期相适应

经济发展呈现周期性波动，不同阶段对金融资产的表现有着显著影响。在经济复苏阶段，各行各业企稳向好，股票市场往往率先回暖，此时可适当增加股票资产配置比例，以享受经济增长的红利。随着经济进入繁荣期，通货膨胀压力逐渐显现，商品资产如黄金、原油等可能迎来上涨行情，因其具有一定保值属性，能对冲通胀风险。而当经济步入衰退期，市场风险偏好下降，应优先选择安全性相对较高、收益率稳定的资产，如国债、人寿保险等。

与家庭财富规划和传承目标相结合

金融资产配置还要与家庭整体财富规划和传承目标紧密结合，如在财富传承方面，使用人寿保险、遗嘱信托等金融工具可以将资产定向传承给下一代，保障家族财富在代际间平稳转移，避免因财产分割、继承纠纷等导致资产流失。具体如何操作前文有详细介绍，此处不再赘述。

七、如何从生命周期的角度进行资产配置规划？

资产配置是财富管理的核心环节，它是指投资者根据自己的风险偏好、投资目标和时间跨度，将资金分配于不同类型的资产，如股票、债券、基金、保险、房产等，以实现风险与收益的平衡。而生命周期理论为资产配置提供了一个极具价值的框架，因为人在不同的生命阶段，财务状况、收入稳定性、家庭负担以及对风险的承受能力都存在显著差异。因此，依据生命周期进行资产配置规划具有极为重要的现实意义。以下是我们的一些经验总结，仅供参考。

单身创业期（通常20~35岁）

这个阶段大多数人的收入相对较低，但负担较轻，风险承受能力也较强。进行资产配置时，在保证基本生活开支的基础上，可适当提高权益类资产的比例，如股票型基金占可投资资产的30%~40%，剩余大部分可配置银行理财、债券基金、货币基金等。同时，可考虑配置一些消费型重疾险、意外险，保费相对较低但能提供一定的重大疾病保障，占可投资资产的3%~5%。

家庭稳定期（通常35~45岁）

这个阶段大多数人组建了家庭且家庭收入逐渐稳定，可能面临子女教育、购房等支出压力。在资产配置时，可适当降低权益类资产比例至10%~20%，增加存款、债券基金和现金储备，以确保资金的安全性和流动性，满足家庭短期的财务需求。此时，还应着重完善家庭保险的配置，增加定期寿险和重疾险的保额以保障家庭经济支柱，并准备养老类保险、理财类保险，整体占可投资资产的10%~15%。同时，可以开始做长期的养老规划，逐步配置一些稳健型的投资产品。

家庭成熟期（通常45~60岁）

这个阶段大多数人的家庭收入达到高峰，子女教育和购房等大额支出逐渐减少，但养老需求日益增加。此时，资产配置应更加注重稳健性，权益类资产配比要结合自身积累财富的规模来灵活安排，可以加大债券基金和房地产投资信托基金（REITs）的投资比例，确保资产的保值增值，并为退休后的生活提供稳定的收入来源。在保险方面，可适当补充养老保险，提高终身寿险的保额用于财富传承规划，保险资产占可投资资产的15%~20%。

退休传承期（60岁以上）

这个阶段大多数人的收入主要来源于养老金、前期投资收益等，风险承受能力较低。资产配置应以保守型为主，大幅提高现金及现金等价物和债券基金的比例，权益类资产比例可控制在10%以下，以保障资产的安全性和流动性，满足退休后的生活开支与医疗保健等需求。此时，养老保险和终身寿险的保障与传承功能凸显，主要依靠保险金和稳健投资收益保障生活品质并实现财富传承。

我们建议投资者多与金融或财富管理机构沟通，毕竟机构拥有庞大的投研团队和丰富的信息来源，与银行客户经理、保险公司专员、证券基金公司专业人士、家族办公室投资顾问等多方交流探讨，再结合自身投资偏好以及市场变化、经济形势和个人财务状况的变动，适时调整资产配置比例，为人生各阶段的生活提供坚实的财务保障。

八、保单资产在家庭总体资产配置中占比多少合适？

回答上述问题，我们可以从家庭财务状况与风险承受能力、家庭财务目标两个维度来分析。

家庭财务状况与风险承受能力

1. 高收入高资产家庭

这类家庭具有较强的经济实力和风险承受能力，但面临的风险种类也相对较高,因此这类家庭的配置保单类型要更丰富,除了常规的重疾险、意外险、职业责任险,还要配置具有理财和财富传承功能的保险产品,如大额终身寿险、高端年金险等。一般情况下,保单资产在可投资资产总额中占比为20%~30%,甚至更高,以实现资产的多元化配置和家族财富的长期规划。例如,一个可投资资产超亿元的家族企业家庭,可能会配置数千万元的终身寿险用于财富传承,同时每年投入数百万元购买年金险来保障家族成员的养老和生活品质,保单资产占家庭总资产比例可达30%左右。

2. 中等收入家庭

家庭财务状况相对稳定,但抗风险能力有限。应以保障型保险为主,如配置适当保额的人寿保险、重疾险、医疗险和意外险,确保在面临重大风险时家庭经济能够得到有效支撑。一般情况下,保单资产在可投资资产总额中占比最少为10%~20%。例如,一个可投资资产在30万元的家庭,通过合理配置保险产品,年保费支出在3万~6万元,可有效防范疾病、意外等风险对家庭财务的冲击。

3. 低收入家庭

家庭收入主要用于满足基本生活需求,可支配资金较少。在有限的预算内,优先考虑购买价格相对较低的消费型保险产品,如短期意外险、在社保医疗基础上补充的医疗险、定期重疾险等,以提供最基本的风险保障。

家庭财务目标

1. 以积累子女教育成长基金为目标

若家庭将子女成长基金视为重要财务目标,且希望通过保险来规划教育金,那么在家庭资产配置中就需要为教育金保险预留一定比例。根据子女教育的阶段和预期费用,教育金保险占比可能在5%~15%。例如,一个家庭计划在10年后为孩子准备50万元的留学费用,通过购买教育金保险,每年缴纳约3万~5万元保费,占家庭可投资资产的 8%~12%。

2. 以积累养老基金为目标

对于注重养老生活品质和养老保障的家庭，养老保险在资产配置中的比例可相应提高。尤其是在家庭成熟期和退休期，养老保险可占保单资产的 50% 以上，以确保退休后有稳定的收入来源。例如，一个家庭在 45 岁开始规划养老，预计退休后每年需要 10 万元的养老补充收入，通过配置养老保险产品，可能需要投入 50 万~100 万元，占家庭可投资资产的 10%~20%。随着年龄增长，养老保险占保单资产比例会逐渐上升。

3. 以财富传承照顾后代为目标

有家族财富传承需求的家庭，会着重配置终身寿险、家族信托等具有传承功能的产品。终身寿险在保单资产中的占比可能高达 50%~80%，具体取决于家族财富规模和传承规划的复杂程度。例如，一个家族希望将价值 5000 万元的资产传承给下一代，可能会配置 2000 万~3000 万元的终身寿险，终身寿险保单资产占家庭可投资资产的 50%~60%。

在确定保单资产在家庭总体配置中的占比时，不能孤立地看待某一个因素，而应综合考虑家庭生命周期、财务状况、风险承受能力和财务目标等多方面因素。同时，家庭情况并非一成不变，随着家庭成员的变化、收入水平的波动、市场环境的改变等，应适时对保单资产配置比例进行动态调整。

九、国际化家庭如何规划境内外的资产配置？

在经济全球化的大背景下，很多高收入人群将投资领域拓展到了全球，但是我国在资金进出境方面有较多的监管要求，所以如何合理规划境内外的资产配置成为大家关注的重点。我们基于多年服务高收入人群的经验,将整个全球化财富布局的逻辑划分为境内企业、境内家业、境外企业、境外家业四个维度,为大家带来配置的建议,如图16.1所示。

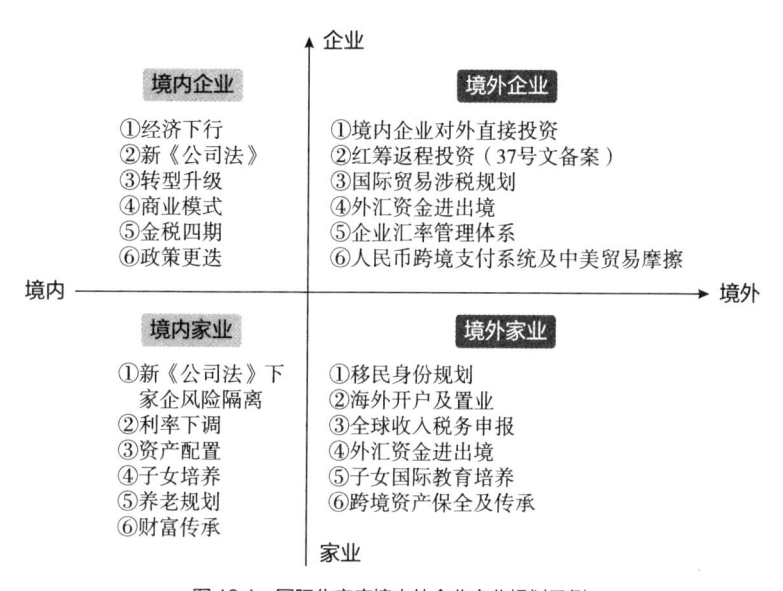

```
                          ↑ 企业
         ┌──────────┐              ┌──────────┐
         │ 境内企业 │              │ 境外企业 │
         └──────────┘              └──────────┘
         ①经济下行                 ①境内企业对外直接投资
         ②新《公司法》             ②红筹返程投资(37号文备案)
         ③转型升级                 ③国际贸易涉税规划
         ④商业模式                 ④外汇资金进出境
         ⑤金税四期                 ⑤企业汇率管理体系
         ⑥政策更迭                 ⑥人民币跨境支付系统及中美贸易摩擦
 境内 ←─────────────────────────────────────────────→ 境外
         ┌──────────┐              ┌──────────┐
         │ 境内家业 │              │ 境外家业 │
         └──────────┘              └──────────┘
         ①新《公司法》下           ①移民身份规划
           家企风险隔离            ②海外开户及置业
         ②利率下调                 ③全球收入税务申报
         ③资产配置                 ④外汇资金进出境
         ④子女培养                 ⑤子女国际教育培养
         ⑤养老规划                 ⑥跨境资产保全及传承
         ⑥财富传承
                          ↓ 家业
```

图16.1　国际化家庭境内外企业家业规划示例

境内资产配置

1. 企业层面

境内企业在当前传统行业产能过剩的背景下,应积极调整商业模式,全力推动企业转型升级,例如新质生产力赛道布局、公司管理的数据化、新的细分产品上市、自媒体运营营销、传统产品的外观设计变革等。新《公司法》的施行既带来了新机遇,也带来了新挑战,企业务必充分了解并适应相关规定,确保运营合规。同时,要高度重视"金税四期"政策,切实加强税务管理,合理规划企业税务成本,有效规避税务风险。

2. 家业层面

在利率下调的宏观背景下，须优化资产配置组合。可将资金分散投入股票、基金、债券、银行存款、保单等资产，以实现安全保障与收益增值的平衡。新《公司法》实施之际，应注重家企风险隔离，借助合理的资产规划和法律手段，保护家庭财富免受企业经营风险的影响。此外，提前做好远期的养老规划也至关重要，我们可以选择购买商业养老保险、投资养老地产等方式，为自己的晚年生活提供坚实保障。

境外资产配置

1. 企业层面

中国民营企业拓展境外市场，成为国际供应链上不可缺失的重要环节，有机会重新整合全球资源。在进行境外投资时，要充分了解当地法律法规、市场环境及投资风险，做好全面的尽职调查。对外直接投资要按照我国的合规要求办理相关备案审核手续，红筹返程投资作为常见的境外融资方式，须做好37号文备案等相关手续。同时，要了解不同国家和地区的贸易税收政策，合理规划贸易结构和税务成本，降低贸易风险。可通过选择合适的贸易方式、利用税收协定等途径，优化贸易税务成本。

2. 家业层面

许多人期望为子女提供国际化教育资源，培养子女的全球视野和竞争力，会选择送子女到境外留学或参加国际学校等方式，为子女的未来发展奠定坚实基础。然而，国际教育的背后需要身份规划、财富规划以及境外资产配置。这就要求大家对资金进出境的监管、共同申报准则（CRS）信息交换机制有清晰的了解与认知，否则将面临复杂的境内外合规监管。

综上所述，可以发现跨境资产配置有较多的合规要求，并且实际操作流程也较复杂，所以必要时可以寻求专业的财务顾问、律师和税务专家的帮助，确保资产配置的合规性和有效性。

十、全球降息大潮下该如何调整资产配置策略？

"降息"这个词最近几年在全球范围内反复被提及，我国的贷款市场报价利率（LPR）在2024年下调了3次，2025年5月又实施降准降息；美联储在2024年9月开启了4年来的首次降息，当年共降息3次，累计100个基点；英国、加拿大等国家均进行了降息。全球范围内掀起的降息大潮，不仅深刻地影响着各类资产的表现，也促使我们不得不重新审视并调整自己的资产配置策略。

首先我们要明白的是为什么会出现降息。这是经济运行的规律，是经济发展到一定阶段后必然出现的结果，背后也包含复杂的经济因素，如贸易摩擦、地缘政治冲突等，这些因素时刻威胁着全球经济的稳定发展，导致各国经济增速放缓，企业投资意愿下降，居民消费也受到抑制。所以为了刺激经济复苏，各国央行纷纷采取降息措施，试图通过降低企业融资成本，鼓励企业增加投资，同时降低居民储蓄意愿，促进消费，从而拉动经济增长。在低利率环境下，企业和居民更愿意借贷和消费，从而促进经济的活跃，避免经济陷入通货紧缩的泥沼。反之，当经济过热时会出现通货膨胀，为了避免物价增长过快影响人们生活，会通过涨息来鼓励居民储蓄、增加企业融资成本，从而给经济降温。

债券市场在降息环境下相对保值

利率与债券价格呈反向变动关系，当利率下降时，已发行债券的相对价值上升，债券价格随之上涨，这使得债券成为投资者在降息初期较为青睐的资产之一。特别是那些信用等级较高、收益稳定的债券，如国债。然而，债券市场也并非毫无风险，其收益受到多种因素的影响，如 2024 年末出现了利率与国债收益双降的局面，建议大家谨慎选择。

股票市场在降息周期中的表现较为复杂

一方面，降息降低了企业的融资成本，有利于企业扩大生产、增加投资，从而提升企业的盈利预期，这对股票市场形成了一定的支撑，尤其是那些对资金成本较为敏感的行业，往往会在降息初期迎来股价的上涨。另一方面，全球经济增长的不确定性依然存在，企业的经营环境并未得到根本性改善。如果股民对经济前景的担忧加剧，股票市场也可能面临较大的波动。股票市场还受到企业自身经营状况、行业竞争、政策因素等多种因素的影响，投资风险相对较高。

降息背景下人寿保险与国债的优势逐渐凸显

人寿保险具有锁定利率的功能，这意味着一旦签订保险合同，保险利率便被锁定，不受市场利率波动的影响。在降息环境下，其他投资产品的收益率可能会随着市场利率的下降而降低，而人寿保险的收益率却能保持稳定。例如，一些长期的年金保险产品，能够为投资者提供稳定的现金流，在经济下行时期，为我们提供一份可靠的经济保障。尤其是在 2025 年逐渐兴起的分红型人寿保险，将"保证收益"与"浮动投资收益"组合，实现"进可攻，退可守"，也受到相当一部分人的青睐。

人寿保险还具有穿越经济周期的能力。经济发展具有周期性，有繁荣期，也有衰退期。在经济繁荣期，人们往往更关注高收益的投资产品，而忽视了风险的存在。然而，当经济进入衰退期，各类投资产品的价值可能会大幅缩水，投资者的资产面临严重损失。而人寿保险作为一种长期的风险管理工具，能够在经济周期的不同阶段为我们提供稳定的保障。无论是经济繁荣还是衰退，保险合同约定的保障和收益都不会改变。

另外，我们注意到，在2024年上半年，我国国债被"炒"得特别火，以致央行几次发出警示。有些经济学家认为，国债目前的价格已经提前"透支"了对降息的预期，可见，当大家都意识到不断降息的大趋势后，以国债为基础的债券市场成为投资者的关注重点。

所以在全球降息大潮的背景下，资产配置会面临诸多挑战与机遇。如果你是一位金融资产管理的"老手"，我们建议要更加充分地了解各类资产的特点和风险，结合自身的风险承受能力选择合适的产品。如果你对资产配置还不是很擅长，我们一方面建议你选择低风险的稳健型产品实现保值增值，如配置人寿保险以锁定利率、穿越经济周期；另一方面建议你必要时咨询专业人士，从而做出更好的决策。

十一、人寿保险在资产配置中的独特优势有哪些？

本章从不同维度分析了新趋势下资产配置面临的新挑战，而在应对各种挑战的解决策略中人寿保险的使用频率非常高。不仅如此，人寿保险也是我们给予客户法税意见时经常用到的工具。我们基于多年研究与实践，总结了人寿保险具有以下五大独特优势。

资产配置的"压舱石"

人寿保险在资产配置中犹如"压舱石"般关键。从收益和资产保护角度来看，部分人寿保险产品具有锁定长期利率的特性。以传统型年金险、增额终身寿险为例，合同中明确的预定利率，让投保人清晰知晓未来收益。在市场波动频繁的情况下，股票、基金等资产收益起伏不定，而这种稳定的收益能够有效平衡资产配置组合。

当股市暴跌时，人寿保险稳定的现金流可保障家庭基本生活不受影响，确保资产配置的稳定性，这是其他金融资产难以企及的。

兼顾安全性、收益性与流动性

人寿保险在一定程度上巧妙地平衡了安全性、收益性与流动性。在安全性方面，保险公司受到严格的监管，保险资金的运用受到诸多限制，以确保投保人的权益。保险合同具有法律效力，承诺的保险金给付有较高的保障。从收益性来看，保险合同明确约定的利率，可以长期锁定当下利率，对抗其他投资利率的不断下行。在流动性上，一些人寿保险产品具有保单贷款功能。当投保人遇到紧急资金需求时，可向保险公司申请保单贷款，一般能贷出保单现金价值的一定比例（如80%），在短期内满足资金周转需求，之后再逐步偿还贷款，既解决了资金之急，又不影响保险保障和收益。

杠杆翻倍放大传承的优势

人寿保险在财富传承方面具有独特的杠杆优势。以终身寿险为例，投保人只需缴纳相对较少的保费，就能获得较高的保额。比如一位40岁的企业主，每年缴纳10万元保费，购买一份保额为500万元的终身寿险。在其离世后，子女可以获得500万元的保险金赔付，这相当于用较少的资金撬动了数倍的财富传承，实现了资产的高效传承。而且通过指定受益人的方式，保险金能绕过烦琐的遗产继承程序，直接给付子女，避免了可能出现的遗产纠纷，确保财富精准、顺利地传承给下一代。

隔离债务风险

人寿保险具有一定隔离债务风险的功能。在法律层面，人寿保险的现金价值和保险金在一定程度上受到法律保护。因为保单中有三个角色——投保人、被保险人、受益人，保单属于投保人的资产，因为保单退保是退给了投保人。司法实践当中，如果一个人欠债了，则债务人作为投保人的资产则是有可能被执行的，所以一般情况下，我们建议客户在无债务的情况下进行配置，同时要选择一位低债务风险的家人作为投保人。这样就可以做到相应的隔离，当风险真的来临时可以给家人留下一定的生活保障。

提供优质资源配套

一些高端的人寿保险产品还会提供丰富的优质资源配套。例如，为投保人提供高端医疗服务资源，包括国内外知名医院的专家预约、绿色通道等。在健康管理方面，提供定期体检、私人医生咨询等服务。对于有财富管理需求的客户，还会提供专业的理财咨询、法税咨询、资产规划建议等。这些优质资源不仅提升了投保人的生活品质和财富管理能力，而且作为人寿保险的独特优势，为客户提供了全方位的保障和服务。

从保障家人生活的稳定到助力财富的有序传承，从隔离潜在的债务风险到提供全方位的优质资源，人寿保险的每一项优势都紧密关联着我们生活的质量与财富的未来走向，同时成为现代财富管理领域中不可或缺的关键一环。它不仅是当下资产配置的稳健选择，更是为未来的不确定性筑牢坚实防线。当我们面临人生的各种挑战与机遇时，一份合理配置的人寿保险，能给予我们底气和信心，让我们从容应对，无惧风雨。

第十七章　国际身份规划及合规税务申报要点

一、如何规划国际身份？常见误区有哪些？

其实许多人在规划国际身份时内心是复杂的，也是不坚定的。很多人选择先出国看看再说，主要是考虑境外子女教育这一块相对来说竞争不那么激烈，或者希望换一种节奏没那么快的生活方式。并不坚定的原因是，中国过去几十年发展迅速，许多城市的生活水平很高，而且国内治安稳定，服务业发达，生活便利性高，这些优势是许多国家和地区难以比拟的。世界上没有完美的地方，每个地方都有其优缺点，鱼和熊掌不可兼得。如果你正在规划国际身份，本节将从规划方向以及常见误区两方面为你提供参考。

规划方向

考虑去经济和军事实力强大国家的，比如美国、英国等。美国的移民政策较为多样化，包括投资移民和技术移民，门槛相对适中，投资移民的门槛通常为80万美元。选择美国的朋友，主要是看中其在高科技领域的领先地位和强大的高等教育体系。选择英国的朋友，则往往看重其优质的教育资源。

考虑去人少资源多的大国的，比如澳大利亚、加拿大等。这些国家适合追求安逸生活的朋友，显著特点是地广人稀、资源丰富，社会竞争压力较小。例如，很多人在澳大利亚生活时提到，当地人生活节奏较慢，这与一些亚洲国家资源有限、竞争激烈的局面形成鲜明对比。

考虑去欧洲小国的，尤其是北欧国家。尽管当前欧洲局势因俄乌冲突而充满不确定性，但北欧国家因其历史上较少参与国际冲突而备受青睐。然而，随着瑞典加入北约，欧洲的中立国格局正在发生变化，未来也充满变数。

考虑去亚洲发达国家的，比如新加坡、日本、韩国等。整体而言，亚洲国家的社会竞争压力较大，大多数孩子从小就需要面对激烈的学业竞争。

考虑去一些小岛国的，比如瓦努阿图、多米尼克、圣基茨等。大多数人移民这些国家主要是出于企业和个人税务规划方面的考虑，真正选择移居当地生活的人并不多。

考虑去中国香港的。香港作为中国的特别行政区，是全球知名的金融中心。尽管近年来经历了一些波折，但香港在内地乃至全球的地位依然重要。目前，香港的优才、高才、专才、留学和投资移民政策非常丰富，是许多人的选择之一。很多人会在中国香港和新加坡之间做比较，从经商环境来看，香港的整体税负较低，具有一定优势。

当然，以上只是对规划国际身份时主要国家和地区的简要介绍。每个人的需求不同，选择的方向也不同，没有完美的方案，只有适合自己的选择。

常见误区

在规划国际身份时，难免会遇到一些误区，比如"移民监"。

这个概念是一种形象的比喻，意思是许多国家和地区要求申请者在获得居留权后，必须在一定时间内居住在该国或地区，否则可能失去身份。这一点并不是所有人都能办到的，因为很多人只是为了获得一个境外身份，平时仍然主要在境内生活，境外身份更多是一种"保险"。因此，对这些人来说，"移民监"可能会让他们感到被束缚。所以，在规划国际身份时，务必要提前了解目标国家或地区是否有"移民监"的要求。例如，欧洲的西班牙、葡萄牙等国家，对居留权的居住时间要求较为宽松，这一点吸引了许多人。

如果目标国家或地区有"移民监"要求，申请人就必须遵守规则，满足在该国或地区的居住时间。发达国家在这方面制定了非常细致的规则。例如，美国要求绿卡持有者每年（1月1日至12月31日）在美国居住超过183天。而根据美国相关税法，居住超过183天的人将自动成为美国的税收居民。因此，这些规则往往是环环相扣的。

在实践中，首先要考虑目标国家或地区的生活环境是否适合自己，自己是否能够融入其中。如今信息网络非常发达，我们可以通过多种渠道进行充分的调研。大多数人在规划国际身份时，会优先考虑发达国家。而随着中国国力的提升，许多国家都提供了中文服务，让国人感到更加便利。例如，澳大利亚、加拿大等国的机场和公共场所都有中英文标识，超市里也有丰富的中国食材，基本能满足我们的生活需求。

此外，境外生活的安全性也是需要考虑的重要因素。中国境内的安全程度在全球范围内都处于较高水平，老百姓生活踏实，社会治安良好。相比之下，一些允许私人持枪的国家，治安问题可能会让人感到不安。因此，许多华人选择在境外购买高档住宅，因为房产税较高的社区通常安全性更有保障。同时，高档社区的教育资源也往往更好，学区房的概念在境外同样存在，只是竞争压力相比国内小一些。

最后，还需要关注目标国家或地区的法律和税务制度。许多人在申请前会了解目标国家或地区的婚姻法、财产继承制度、个人所得税等相关规定，以及涉及财富传承的遗产税和赠与税政策。这些内容也是专业律所的主要服务方向。律师会为客户提供主流移民国家或地区的相关规则解读，并结合客户的资产情况，量身定制规划方案。例如，美国有弃籍税制度，律师会在客户移民前帮助其进行资产价值评估，以便在计算弃籍税时做好充分准备。

二、什么是移民时的资产申报？不合规申报带来的风险有哪些？

什么是移民时的资产申报？

移民时的资产申报是指在办理移民手续过程中，申请人根据目标国家的要求，向移民局或相关机构披露其个人或家庭的资产状况。这一过程通常包括申报银行存款、房产、投资、企业股权等各类资产。资产申报的目的在于帮助移民国家评估申请人的经济实力和背景，确保其符合该国的移民政策要求。例如，技术移民可能需要证明其专业技能和经济能力，而投资移民则需要展示其投资实力和资金来源的合法性。

资产申报主要分为以下两种情况。

1. 办理移民手续时的资产申报

许多国家在移民申请过程中要求申请人进行资产申报，这通常是由移民局提出的要求。其目的是对申请人进行背景调查，类似于国内的政审，以确保移民者的资质符合该国的要求。移民国家通常希望吸引两类人群：一类是具有专业技能的人才，即技术移民，他们能够为该国相关领域的发展做出贡献；另一类是具有经济实力的投资者，他们能够通过投资等方式为该国经济带来利益。

2. 成为外国税收居民后的资产申报

当移民者获得目标国家的居留权或国籍后，通常会成为该国的税收居民。作为税收居民，移民者需要按照该国法律规定，每年申报收入和资产。例如，美国、加拿大、英国、日本等国家都要求税收居民详细披露其境外的金融资产。这是因为这些国家实行全球征税制度，税收居民在全球范围内的收入都需要向该国申报并纳税。此外，这些国家还设有遗产税制度，如果不了解纳税人的境外资产，遗产税的征收将难以落实。

不合规申报带来的风险有哪些？

1. 移民申请被拒

如果申请人在资产申报过程中提供虚假信息或隐瞒重要资产，移民局可能会认为其诚信存在问题，从而导致移民申请被拒绝。这不仅会浪费时间和金钱，还可能影响以后的移民申请。

2. 法律处罚

许多国家对资产申报的真实性和完整性有严格的要求。如果被发现故意隐瞒或虚假申报，申请人可能面临法律处罚。例如，在美国，隐瞒海外资产可能导致高额罚款，甚至面临刑事指控。

3. 税务风险

在成为目标国家的税收居民后，移民者需要按照该国法律申报全球收入及资产。如果未能在移民时如实申报资产，可能导致后续税务申报时出现不一致，进而引发税务部门的调查。例如，美国要求税收居民披露海外金融资产，未按时披露的罚款通常从1万美元起步，而故意隐瞒的罚款可能高达未披露资产金额的50%。此外，美国还设有弃籍税制度，对放弃美国国籍或绿卡的人士征收弃籍税。因此，移民者在规划国际身份时，不仅需要了解目标国家的移民政策，还需要充分掌握其税务和法律制度，以确保合规并避免不必要的经济损失。

4. 信用受损

不合规的资产申报行为可能影响申请人在目标国家的信用记录，进而对其未来的贷款、投资或其他经济活动产生负面影响。

5. 影响其他家庭成员

如果主申请人的资产申报存在问题，可能会连带影响其家庭成员的移民申请或税务合规性，甚至导致整个家庭的移民计划受阻。

根据上述风险我们可以了解到，计划移民的人在移民之前就需要提前了解目标国家的申报要求，有些移民国会要求移民者提供投资所涉资金的来源证明，确保资产的合法性和可追溯性，建议可以提前准备资金的来源证明和完税证明等资料。移民涉及复杂的法律和税务知识，申请者必要时可以咨询专业人士，提前做好规划，以确保申报过程的合规性。

三、什么是外国税收居民？成为移民国家的税收居民意味着什么？

要想弄清楚国际税务成本，首先要明白外国税收居民如何判定，这一点非常重要。这是源头和基础，它将决定你拥有在全球任何地方的投资或资产，按哪里的税收规定交税，以及要交多少税。

外国税收居民，是指根据移民国家的相关税法，被认定为需要向该国履行纳税义务的个人或企业。以中国国籍者移民美国并取得美国绿卡（永久居留权）为例，这种情况下，该人士通常会被视为美国的税收居民。一般来说，获得海外居留权或加入外国国籍，通常会被推断为有意愿长期停留在该国，从而被优先认定为该国的税收居民。然而，并非所有情况都适用这一推论。例如，在加拿大，仅持有永久居留权并不一定意味着自动成为税收居民，加拿大税务部门还会综合考虑个人在该国的居住时间、经济利益联系等因素来判定税收居民身份。

判断税收居民身份的主要因素包括以下几点。

1. 在该国停留的时间长短

通常，在一个自然年度内，如果个人在该国停留超过183天（即半年以上），则很可能被认定为该国的税收居民。

2. 在该国是否拥有固定居所

如果个人在该国拥有住宅或其他固定居所，这也可能成为判定其税收居民身份的重要依据。

3. 在该国是否建立了密切的经济利益联系

例如，在该国拥有驾照、建立了稳定的社会保险记录、开设银行账户或进行投资等行为，都可能被认定为与该国建立了密切的经济利益联系，从而影响税收居民身份的判定。

需要注意的是，以上因素通常需要综合考虑，外国税务部门有权根据具体情况最终判定个人是否属于该国的税收居民。

一旦被认定为某个国家的税收居民，个人就需要履行向该国申报纳税的义务。大多数主权国家实行全球征税制度，即要求税收居民申报其全球范围内的收入并缴纳相应税款。例如，美国、英国、加拿大、法国、德国、澳大利亚、新西兰、日本、韩国等国家均属于此类。当然，也有一些国家和地区实行属地征税制度，如新加坡仅对在本国产生的收入征税。

成为外国税收居民意味着个人需要承担更多的税务合规义务。发达国家的税务体系通常非常严格和透明，个人所得税申报流程也较为复杂。以美国为例，年度纳税申报往往需要借助专业的注册会计师来完成，这与国内通过手机即可轻松完成的个人所得税申报流程有很大不同。因此，报税成为许多移民海外的人士关注的重要领域，每年报税服务的支出也成为一项额外的成本，这是在国内生活的人较少体验到的。

四、子女计划去美国留学，必须以美国生源参加美国高考吗？

从考试层面来看，子女若计划前往美国留学并考取美国大学，即便并非美国生源，同样能够参加美国的高考。美国高考主要有两种形式：一种是美国高中毕业生学术能力水平考试（Scholastic Assessment Test，SAT），每年举办 7 次考试；另一种是美国大学入学考试（American College Testing Assessment，ACT），每年举办 6 次考试。

SAT 考试分为两个部分：一是阅读与文法，二是数学。通常，美国学生大多参加两三次考试，也有人参加四五次。美国大学在统计考生成绩时，无论考生参加过几次考试，都会选取其数学和英语的最佳成绩。这是因为，它们认为考生取得的最高分体现了其具备的相应能力，而其他较低分数可能受到各种因素的影响。如此一来，考生心理压力较小，心态较为平稳，每次考试分数波动不大。

随着国际教育的不断普及，越来越多的中国学生选择参加 SAT 考试。然而，截至当前，SAT 考试在中国境内未设立考场。尽管部分国际学校在中国境内设有 SAT 考场，但通常仅对本校学生开放，所以大陆考生一般会前往亚太地区考场参加考试。亚太地区设有 11 个主要 SAT 考场，分别位于中国香港、中国澳门、中国台湾、新加坡、马来西亚、泰国、日本、韩国、菲律宾、越南、缅甸。目前，中国澳门、中国香港、新加坡考场较为热门。

ACT 考试在美国中西部和南部地区较为流行，每年约有 130 万人参加。其考试时间和作用与 SAT 相近，考试内容分为英文、数学、阅读和科学推理 4 个部分。考生在选择 SAT 还是 ACT 考试时，须依据报考大学对考试成绩的要求来决定。若大学没有特别指定，考生一般会根据自身能力报考能取得最佳成绩的考试。在中国境内，ACT 考试的考点主要分布在北京、上海、广州、深圳、南京、宁波、成都、大连、杭州、天津、青岛、东莞、武汉、西安、厦门和重庆等城市，考生可在这些城市的指定考点参加考试。

在中国考生的认知中，SAT 的影响力大于 ACT，主要有两个原因：一是 SAT 历史更为悠久，始于 1901 年；二是 SAT 最早在美国东北部发展起来，而该地区名校众多。不过，就美国目前的实际情况而言，ACT 的影响力已与 SAT 不相上下。

从入学角度分析，若想赴美攻读大学本科，拥有美国身份确实具有一定优势。以哈佛大学为例，其本科每年录取的中国籍考生数量极少，而研究生录取的中国籍考生相对较多，这表明在本科层面，美国高校更倾向于招募本土学生。因此，单从上学角度来看，美国身份不仅有利于子女参加美国高考，在学费方面也比国际考生享有更多优惠。

然而，为了子女赴美留学就要全家移民，这也并非绝对。因为获取美国身份背后伴随着严格且高昂的税务成本，对于中国收入较高的人群而言，需要慎重考虑获得美国身份所带来的影响。有些国内家庭选择部分家庭成员移民，比如先由太太带着孩子移民美国获取美国绿卡，而先生自己申请美国旅游签证，由于事业重心在中国，无法长期居住在美国，旅游签证即可满足需求。还有一些家庭选择将子女生在美国，使其直接获得美国国籍，父母则保留中国国籍，这样，子女日后能够享受与美国孩子相同的教育待遇，这种安排也较为常见。在考虑子女教育规划时，应以家庭幸福为出发点，充分考虑家庭中的经济支柱的实际情况。

五、出生在国外的子女获得了该国的国籍，是否可以同时保留中国国籍？

《中华人民共和国国籍法》第五条规定："父母双方或一方为中

国公民，本人出生在外国，具有中国国籍；但父母双方或一方为中国公民并定居在外国，本人出生时即具有外国国籍的，不具有中国国籍。"由此可见，若子女出生在国外且已获得该国国籍，按照上述法律规定，一般情况下便不再具备中国国籍。

不过，大家对此不必过度担忧。《中华人民共和国国籍法》第七条也规定："外国人或无国籍人，愿意遵守中国宪法和法律，并具有下列条件之一的，可以经申请批准加入中国国籍：（一）中国人的近亲属；（二）定居在中国的；（三）有其它正当理由。"

在实际情况中，许多出生在海外的外籍子女，因其父母为中国国籍，这些子女在18岁前是可以申请加入中国国籍的。但需要特别注意的是，一旦申请成功加入中国国籍，就必须放弃外国国籍。这是因为《中华人民共和国国籍法》第三条明确规定："中华人民共和国不承认中国公民具有双重国籍。"这一规定旨在明确国籍归属，维护国家主权以及国籍管理秩序，确保每个公民的国籍身份清晰、唯一，避免因双重国籍可能引发的一系列复杂问题，诸如法律适用冲突、权利义务界定模糊等情况。无论是加入还是退出中国国籍，都应当严格遵循法定程序，以保障公民的合法权益以及国家的利益。

六、很多年前放弃了中国国籍，但现在后悔了，还能申请加入中国国籍吗？

放弃中国国籍后，可以再申请入中国国籍，但需要注意的是，重新恢复中国国籍的过程非常不易，需要满足一定的条件和经过严格的审批。

根据《中华人民共和国国籍法》第十三条："曾有过中国国籍的外国人，具有正当理由，可以申请恢复中国国籍；被批准恢复中国国籍的，不得再保留外国国籍。"因此，放弃中国国籍后，如果符合条件，可以申请恢复中国国籍。在实操中，想要恢复中国国籍，需要满足一定条件，流程可参考如下。

申请条件

1. 申请人曾经具有中国国籍。
2. 申请人具有正当理由，如工作原因、拥有中国籍近亲属（近亲属仅指配偶、父母、子女、同胞兄弟姐妹）等。
3. 申请人有一定的经济能力和住房条件。

申请流程

1. 填写《恢复中华人民共和国国籍申请表》。
2. 提交自愿退出外国国籍的声明。
3. 提交自愿恢复中国国籍的书面申请。
4. 提交加入外国户籍过程的书面说明。
5. 提交申请人简历、加入外国籍的相关证明等材料。
6. 提交外国护照和中国签证、居留许可的复印件。
7. 提交在国内的临时住宿登记证明。
8. 提交申请人原户口注销证明及入籍前原中国护照。
9. 提交申请人的工作、收入证明或能证明其经济状况的银行存款证明。
10. 提交申请人中国籍近亲属基本情况、国籍情况、居住地及对申请人复籍的书面意见。
11. 提交申请人在国外无犯罪证明及认证。
12. 提交其他有关材料。

需要注意的是，申请恢复中国国籍的流程可能因个人情况而有所不同，具体流程和所需材料可能有所调整。因此，在申请前最好咨询相关专业律师以获取最准确的信息。

此外，根据《中华人民共和国国籍法》第十五条："受理国籍申请的机关，在国内为当地市、县公安局，在国外为中国外交代表机关和领事机关。"第十六条："加入、退出和恢复中国国籍的申请，由中华人民共和国公安部审批。经批准的，由公安部发给证书。"因此，申请恢复中国国籍需要向相关部门提交申请，并经过严格的审批程序。

七、什么是移民国家的年度税务申报制度？

移民国家的年度税务申报制度包含纳税收入申报以及海外资产申报两套体系，办理移民的中国公民大多会聘请专业的国际税务师为自己每年进行税务申报。

如果移民去一些发达国家，成为该国的纳税居民后每年都要进行纳税收入申报（annual tax return），也就是要把过去一年内全部的收入、费用支出，在各种抵扣后做一个统计，看看是否有所谓的应纳税所得额，再乘以一个税率，即可计算出来是否面临纳税的义务。当然有些国家对于低收入人群还有退税的制度。所以，进行税务申报的结果不一定是欠税，也有可能有退税，也有可能不欠税也不退税。现在我们国家也有年度纳税义务，通过"个人所得税"App 就可以完成申报，看看是需要进行补税，还是退税，抑或是不补税不退税。

发达国家基本上都是实行的年度税务申报制度，对于收入复杂的人来说，可能需要找专业的会计师进行申报。面对纳税申报义务，移民的人要保留好过去一年的收入凭证、开销支出的凭证，比如房产税账单、子女教育开支的账单、商业经营相关的差旅证明、保险保费支出的证明等，这样在报税的时候，报税工作就可以井然有序地开展起来。保留好这些收入和支出的原始凭证，也可以应对未来的税务稽查，因为一旦涉及稽查，税务执法机构都要求纳税人提交原始凭证。

除了需要进行纳税申报，很多国家还要求做上一年度的海外资产披露，这些申报表格通常是跟纳税申报表格一起完成的。税收居民需要按照规定披露其在该国境外的金融资产、公司股权信息，甚至房地产信息等。以美国税表为例，还需要披露比特币的持有信息。

八、什么情况下会成为美国税收居民？

符合以下情况的人就是美国的税收居民。

一是拥有美国国籍，即只要持有美国护照，就是美国税收居民。有些人会问："如果我是美国国籍，但是我常年定居在中国，甚至都不回美国，那我还是美国税收居民吗？"即便如此，你也是美国税收居民，全球所得须向美国税务局进行纳税申报。

二是美国永久居留权身份持有者，即拥有美国绿卡的人。有人说，我如果先拿美国临时绿卡，再变成正式绿卡，那持有临时绿卡期间是不是美国的税收居民。答案是，持有临时绿卡也是美国的税收居民。

三是在美国停留天数很长的人会成为美国税收居民。这里要分两种情况：第一，一年内在美国停留超过183天的人是美国税收居民；第二，过去连续3年在美国的加权天数超过183天的人，那么在最后一年是美国的税收居民。举个例子，王总2022年在美国停留了90天，2023年在美国停留了120天，2024年在美国停留了150天，那么对第一年的天数/6（90/6=15天）、第二年的天数/3（120/3=40天）、第三年的天数（150天），最后相加为205

天（15+40+150），大于 183 天，那么最后一年即 2024 年王总是美国税收居民。当然这里还有一个要求，即最后一年在美国的天数必须大于 31 天。可以总结为：（1）报税年度在美国居住 >31 天；（2）当年在美居住天数、1/3× 上一年在美居住天数、1/6× 上上一年在美国居住的天数，三者相加大于 183 天。以上两点同时满足，最后一年就是美国税收居民了。

所以，可以看到美国对于税收居民的认定是非常全面的，也是非常苛刻的，想移民美国或去美国长住的朋友一定要非常谨慎，尽量先咨询清楚再合理安排。

九、什么情况下会成为两个国家的税收居民？

在全球化进程加速以及国际间人员流动日益频繁的背景下，个人成为两个国家税收居民的情况并不罕见。特别是对于有移民海外经历的中国人而言，这种可能性更为突出。许多人虽获取了海外身份，但常住地和国籍仍与中国紧密相连。

例如，王总拥有中国国籍，出于子女教育的考量申请获得了美国绿卡，同时在中国拥有固定住宅。依据《中华人民共和国个人所得税法》："在中国境内有住所，或者无住所而一个纳税年度内在中国境内居住累计满一百八十三天的个人，为居民个人。"王总在中国有固定住所，故而被认定为中国的税收居民。另外，由于王总持有美国绿卡，按照美国的相关税法，持有绿卡者通常被视为美国的税收居民。如此一来，王总便同时成为中美两国的税收居民。

对这类双重税收居民而言，在税务申报和纳税义务方面面临较为复杂的局面，须同时向两个国家履行纳税申报义务，这无疑增加了税务处理的难度和成本。关于双重税收居民如何报税以及税款缴纳对象的问题，主要依据收入来源地进行分析。

收入来源于中国

若王总在中国工作，其收入源自中国，根据属地兼属人原则，中国对其拥有第一征税权。王总需要在中国按照规定缴纳个人所得税。一般情况下，国内企业会每月代扣代缴个人所得税。在纳税年度结束后，王总须收集整理该年度的收入情况以及在中国的纳税记录，然后汇总在中国的收入信息，向美国进行纳税申报。由于中国个人所得税税率较高，最高档达45%，若王总在中国已充分纳税，则在进行美国联邦纳税申报时，通常无须补缴美国联邦所得税，因为在中国缴纳的个人所得税可用于抵扣在美国应纳的联邦个人所得税金额。

收入来源于美国

假设王总是中国国籍，但在美国工作，其收入来源于美国，美国会对其收入进行代扣代缴个人所得税。王总同样需要汇总在美国的收入和纳税记录，在年终时向中国户籍所在地的税务局进行年度纳税申报，因为他仍是中国的税收居民。鉴于美国的税率也处于较高水平，并且中美两国签订了避免双重征税的税收协定，若王总在美国已充分缴纳个人所得税，在中国进行纳税申报时，通常也不会面临补缴个人所得税的情况。该协定旨在协调两国之间的税收管辖权，避免纳税人因同一笔收入在两个国家被重复征税，保障纳税人的合法权益。

除了上述常见情形，还有其他可能导致成为双重税收居民的情况。例如，一些跨国企业的高管或专业技术人员，由于工作需要，可能在一个纳税年度内频繁往返于两个国家，且在两个国家的停留时间均超过了当地规定的税收居民认定标准。又如，在一些特殊行业，如国际航运、航空领域工作的人员，其工作性质决定了他们在多个国家有经济活动和停留时间，也容易符合多个国家的税收居民认定条件。

十、如果长期在境外工作，还是中国境内税收居民吗？

个人长期在境外工作，并不一定导致其丧失中国税收居民身份。这一身份的判定，有着明确且严谨的法律依据。

《中华人民共和国个人所得税法》第一条规定："在中国境内有住所，或者无住所而一个纳税年度内在中国境内居住累计满一百八十三天的个人，为居民个人。居民个人从中国境内和境外取得的所得，依照本法规定缴纳个人所得税。

在中国境内无住所又不居住，或者无住所而一个纳税年度内在中国境内居住累计不满一百八十三天的个人，为非居民个人。非居民个人从中国境内取得的所得，依照本法规定缴纳个人所得税。

纳税年度，自公历一月一日起至十二月三十一日止。"

由此可见，判定一个人是否为境内税收居民，核心依据并非其国籍归属，也不是单纯取决于是否长期在国外工作，而是重点考量其在中国境内的居住时间。

在实际生活中，以移民海外的人士为例，他们当中相当一部分人的主要经济来源依旧是国内。因此，他们会定期回国，并且保留国内诸如北京、上海等城市核心城区的优质房产，这些房产承载着资产价值与情感纽带，往往不会被轻易出售。这在很大程度上使得这类移民人士同时又具备中国税收居民身份。

回到本问题，如果在一个纳税年度内，个人在中国境内居住时间累计超过183天，即便长期在国外工作，仍会被视为境内税收居民个人，需要就其从中国境内和境外取得的全部所得，依法缴纳个人所得税。相反，若在中国境内居住时间累计不满183天，那么则被认定为非居民个人，仅需就其从中国境内取得的所得履行纳税义务。

此外，需要注意的是，税收居民身份的判定还可能涉及一些特殊情况和细节规定。例如，对于因工作、学习、探亲等原因临时离境的，在计算居住天数时，临时离境的天数不扣减。所谓临时离境，是指在一个纳税年度中一次不超过30日或者多次累计不超过90日的离境。同时，对于一些跨境企业派遣员工长期在境外工作的情形，还须结合企业的派遣协议、员工的工作性质等多方面因素综合判定税收居民身份。而且，随着国际税收政策的不断发展和调整，以及双边或多边税收协定的签订与执行，相关判定标准和纳税义务也可能会发生变化。因此，长期在境外工作的个人，应当密切关注境内外税收政策动态，确保自身依法履行纳税义务，避免因税务问题产生不必要的风险和损失。

十一、如果子女是美国税收居民，那么父母在国内的资产给与子女，涉及美国的赠与税和遗产税吗？

近年来，不少年轻人凭借投资移民、技术移民等方式获取美国国籍。他们凭借良好的学历与资历，得以在美国独立生活、自给自足。然而，他们的父母大多对美国身份不感兴趣，依旧保留中国国籍。在此情形下，一个关键问题随之而来：当中国父母将国内资产转移给已移民美国的子女时，是否需要缴纳美国的传承税费？

美国的传承税种主要包括联邦遗产税和联邦赠与税，为方便大家理解，我们先聚焦于联邦层面，暂不考虑美国各州层面的征税规则。美国联邦遗产税是针对被继承人（即去世之人）的遗产进行征税。

若中国父母（不是美国税收居民）的财产全部在中国境内，未涉及美国资产，那么整个资产转移过程无须在美国纳税。美国相关政策倾向于鼓励美国人继承海外亲属遗产，所以在此过程中不存在税务成本。不过，继承人在获得财产后，须向美国国内收入署进行披露，此后该财产便归其所有，若资产产生收益，则须依法向美国交税。所以，若子女是美国税收居民，中国父母将国内资产给与子女，不涉及美国的赠与税和遗产税。

若中国父母部分资产在美国境内，情况则有所不同。美国境内的资产属于美国遗产税征税范畴，在这种情况下，可能需要计算并承担纳税义务。

同理，美国联邦赠与税由赠与人申报纳税。若赠与人是中国公民，并非美国税收居民，且赠与资产不在美国，那么作为受赠人的美国税收居民子女无须纳税，仅在获得受赠财产时进行申报披露即可，不会产生纳税负担。美国政策鼓励其他国家的人向美国人赠与资产，所以对此持开放态度。

子女继承父母国内财产的流程，往往困难重重，容易出现以下问题：

- 证明文件整理复杂。例如证明亲子关系等手续，过程烦琐。
- 法定继承人意见统一难。全体法定继承人须到场并达成一致意见，一旦财产分配不均，极易引发内部矛盾、争产纠纷，甚至导致继承诉讼。
- 继承周期长引发变数。若继承财产周期过长，可能导致财产价值波动，如股票价值变动；还可能出现继承人去世引发转继承等复杂情况。

面对上述现状，如何合理降低传承过程中的麻烦呢？

- 金融资产传承。优先考虑运用家族信托、人寿保险等工具。若父母提前购买人寿保险，指定子女为受益人，或通过家族信托（如外国委托人信托）将子女列为受益人，子女便能依据合同契约，便捷地从保险公司或信托公司领取金融资产。

- 房产与公司股权传承。对于房产、公司股权等资产，提前做好遗嘱约定至关重要。遗嘱继承能够增强传承的确定性，有效简化子女继承父母财产的手续。

十二、规划国际身份和税务申报的正确流程是什么？

国际身份规划是一种全球资产配置策略，旨在为个人或家庭提供国际教育、职业发展、医疗保障等多方面的便利。它包括投资移民、技术移民、家庭团聚、特殊人才引进等多种方式。

国际身份规划流程

第一，确定移民的目的地。根据个人情况和目的，确定目标国家或地区，选择一个合适的居住地。考虑因素包括生活质量、教育资源、医疗条件等，例如一些国家被称为"税收天堂"，就是因其税率低且法律环境稳定。

第二，确定移民种类。根据个人情况和目的，确定适合的移民种类，如技术移民、投资移民、亲属移民等。

第三，准备申请材料。根据移民种类和要求，准备相应的申请材料，如护照、签证、学历证明、工作证明等。

第四，提交申请。将准备好的申请材料提交给相应的移民局或大使馆，缴纳申请费用。

第五，等待审批。等待移民局或大使馆对申请进行审批，其间可能需要参加面试或提供额外材料。

第六，获得签证。如果申请被批准，会获得相应的签证，持签证可入境并开始在目的地生活。

通过以上步骤，可以更有效地进行国际身份规划，实现个人和家庭的全球化发展目标。

税务申报流程

第一，了解不同国家的税务政策，包括税率、税收优惠、双重征税协定等。利用国际金融工具，如人寿保险、家族信托，来保护资产并享受税收优惠。了解不同国家的税务申报截止时间、纳税时间、资产披露的申报时间、申报的收入内容、抵扣项目，合理利用这些政策可以减少税务负担。

第二，保留好平时衣食住行的开销凭证、企业经营的报表、收入信息及支出信息，以方便在年度纳税申报使用。

第三，在规定的时间准备申报资料。根据实际情况准备相应的税务申报资料，如财务报表、纳税申报表等，必要时可以委托专业的律师、会计师进行申报工作。

第四，提交和缴纳税款。根据税务部门的审核结果缴纳相应的税款，并妥善保存申报资料以备查验。当然，如果纳税申报的结果是退税，也可以收到税务局的纳税返还。

在实施前述步骤时，建议大家尽量事先与移民顾问、移民律师及国际税务师多沟通，了解各国法规及实务经验，并且要提前做好准备。例如，哪些资产卖掉、哪些资产保留、哪些家庭成员办理移民、哪些不办、哪些工具要先处理、哪些是后处理，公司股权要不要转到其他股东身上，在境外银行开户用谁的名字，在移民国家买房用谁的名字，给海外转钱时外汇方面和反洗钱方面是否准备好……这一系列问题都需要按照正确的逻辑顺序来操作，切忌头脑发热冲动决定，否则容易踩坑。

第十八章　境外金融账户信息交换与跨境财富管理

一、什么是美国的 FATCA，对移民美国的中国人有何影响？

FATCA，英文全称为 Foreign Account Tax Compliance Act，中文译为"海外账户税收合规法案"。FATCA 是一项美国法案，其主要目的是防止美国纳税人利用非美国金融机构及境外投资工具逃避其应缴的美国税款。

早期美国推动 FATCA 的时候阻力重重，其立法的初衷是查美国人在美国境外有多少金融资产，以方便它们来收税。FATCA 要求境外国家遵守美国的规则，金融机构向美国披露美国人在其机构的金融账户，信息覆盖存款账户、基金账户、股票账户、保险账户、信托账户等，所有金融资产都被一网打尽。可是一项美国的法律，其他国家会遵守吗？实际上，在 FATCA 运作初期，阻力是很大的，推广难度可想而知，很多国家并不配合，比如瑞士。经过博弈之后，很多国家开始遵从美国的 FATCA，并向美国税务局通报美国人在它们国家的金融资产信息。如果一位中国人移民美国，成为美国税收居民，如果这位中国人在英国、新加坡、加拿大等开了金融账户，那么按照 FATCA，这些国家的金融机构是需要披露这位美国税收居民在本国的金融账户的。

这里要强调的是，截至本书出版时，中国内地跟美国还没有进行实质上的 FATCA 交换，不过中国香港与美国已经开展 FATCA 交换了。

二、申请海外身份前，国内资产的配置要如何调整？

首先抛开移民这个前置条件，即我不移民，我国内资产的配置要不要调整呢？答案是需要的。当前，城乡居民的收入水平和消费水平已大幅提高，生活质量显著改善，实现了从温饱不足到全面小康的巨大跃升，人们逐渐积累了许多财富，所以即便不考虑移民，国内的资产都需要调整。人们投资聚焦精品、优质、稀缺的资源，只有价值平稳且长期来看有向上趋势的资产，人们才会继续持有。以前国内的高净值人士会看重自己有多少套房，现在发现房屋数量意义不大，例如一套一线城市最好地段的优质住宅也许能抵上三、四线城市好几栋楼了。所以资产配置的调整策略就是要更新换代，优中选优，与时俱进。

如果结合移民规划，那就要考虑移民国的税务制度，比如移民去有遗产税的国家，房地产就属于遗产税征税的主要对象，因此建议保留优质房产，卖掉其他升值空间不大、仅有单一居住属性价值的住宅，以及卖掉流动性差、地段不佳的写字楼，腾出来更多的金融资产。金融资产流动性强且可以运用家族信托、人寿保险工具进行资产隔离，未来在财富传承环节也可以避免海外遗产税、继承费。很多人会问道："难道房产不能放到家族信托里，同样实现资产隔离吗？"在国内，房产是很少会被放到家族信托里面的，因为房产从个人换到信托公司名下面临交易环节的税费成本和持有环节的税费成本。

面对一些资本利得征税高昂的国家，建议移民前，把获利丰厚的资产先变现，再买入持有，这样将之前大量利润先锁定，避免移民后面临纳税申报的义务。

总之，资产配置的调整是让我们生活得更幸福、更便利，收获财富价值的上涨，且避免移民带来的税务烦恼，依照上述基本原则进行合理调整通常不会出错。

三、拥有外国国籍或境外永久居留权的子女能成为境内家族信托的受益人吗？

目前拥有外国国籍、境外永久居留权的子女作为境内家族信托受益人的成功案例已经有不少，境内头部的信托公司都在积极开拓这一领域，其中常见的家族信托受益人有美籍、加拿大籍、澳大利亚籍等。

受益人如果拥有外国国籍或境外永久居留权，会导致其变成境外税收居民，此时会对境内家族信托带来比较复杂的税务合规要求，境内家族信托一般要求会计师事务所提供国际税务师出具的税务意见报告。此外，针对不同身份的受益人的信托文件也是不同的。

例如，受益人是美籍的家族信托，通常要做成外国赠与人信托，即委托人是中国人，受益人拥有美国国籍，委托的资产在中国不在美国。这样的信托可以实现，委托人在世时，信托分配给美籍受益人的过程在美国不面临所得税纳税义务，且充分发挥家族信托的资产隔离优势，按照委托人的意愿进行信托分配。

如果这种家族信托的委托人去世了，那么信托就要变成外国非赠与人信托，这个时候信托分配给美籍受益人是需要在美国纳税的。很多朋友会说，这种美籍受益人的家族信托税务筹划空间不明显，需要中国籍委托人在世才能实现免税化。既然如此，那为什么还有人做呢？因为大多数委托人想实现资产隔离，所以希望目前放弃资产的所有权，美国税务筹划并不是主要的出发点。

通常来讲，境内家族信托的委托人是中国人，受益人可以是美籍、加拿大籍、澳大利亚籍。对于拥有香港或澳门永久居留权的人，能够设立境内家族信托，只不过设立的是特殊类型的家族信托，相对来讲设立的过程会更复杂，此类家庭大多是通过律师、国际税务师与信托公司一起设计信托方案，实现信托合同的量身定制以达到目的。

四、境外人士可以直接配置境内的人寿保险吗？

境内的保险市场正在快速发展，越来越多的境外人士开始考虑在境内购买保险。然而，境外人士能否购买境内的保险？需要满足哪些条件？怎么购买？本节将为你解答。

境外人士能否购买境内的保险？

答案是肯定的。境内的保险公司可以向境外人士出售保险产品。境外人士也可以在境内购买保险，但需要满足以下条件。

境外人士购买境内的保险需要满足哪些条件？

1. 有效签证

境外人士在购买境内的保险时必须持有有效的签证，通常需要境外人士合法地在境内居住或工作。

2. 有效身份证件

境外人士在购买境内的保险时必须持有有效的身份证件，例如有效期内的护照或有效期内的居留证。

3. 有稳定的收入来源

境内的保险公司通常要求购买者有稳定的收入来源。境外人士需要提供境内有效的收入证明文件，例如工作合同或每个月的个人所得税完税证明，以证明其有稳定的收入来源。当然如果自己有充足的人民币资产证明，也是可以配置境内的人寿保险的。

4. 接受身体检查

在购买某些类型的保险时，为了确保其健康状况符合保险公司的要求，境外人士可能需要接受身体检查，尤其是针对大额保单，保前的体检要求会更严苛。

境外人士可以购买哪些类型的境内保险？

境外人士可以购买各种类型的境内保险，包括人寿保险、医疗保险、车辆保险等。以下是一些常见的保险类型：

1. 人寿保险、年金保险。这些产品为被保险人提供一定的死亡保险金或生存保险金。
2. 医疗保险、意外保险。医疗保险为被保险人提供医疗费用的保障，意外保险为被保险人提供意外伤残的保障费用。
3. 车辆保险。车辆保险为车主提供车辆损失或第三方责任保险。

境外人士如何购买境内的保险？

1. 在境内的保险公司直接购买。在购买前，他们需要提供有效的签证和身份证件，并填写申请表和健康调查表。
2. 通过银行、保险中介机构购买。
3. 在线购买。一些境内的保险公司也提供在线购买的服务。境外人士可以通过保险公司的网站或手机应用程序购买保险。

五、在香港金融机构的存款或购买的债券的信息也会被交换给内地的税务机关吗？

前文已介绍了 CRS，而很多人在香港有存款、债券、基金，他们会疑惑这些信息要不要交换。CRS 交换的核心是非税收居民金融账户才会面临交换，所以我们接下来分类讨论一下。

如果是内地税收居民，持有中国护照，在香港只是开了个银行账户，来打理境外金融资产，那么其在香港任何一家银行开户的时候就会面临税收居民身份的声明。通常金融机构会让开户人填表，声明自己是哪里的税收居民。显然，因为持有中国护照，通信地址都是在内地，那么账户就会被认定为香港的非居民账户。因为不是香港税收居民，那么这个金融账户就要交换给内地税务机关。

如果是香港税收居民，那就可能持有香港护照或拥有香港永久居留权，因为定居在香港，每年收入都来自香港，也在香港进行正常纳税申报了。这个时候其在香港的金融账户就会被认定为香港居民金融账户，就不会交换给内地税务机关。

如果同时是内地和香港税收居民，这种类型的占比是很高的。例如，很多人白天在香港上班，晚上回深圳居住生活，由于出入境当天属于内地天数，所以其一年 365 天都是内地税收居民。双重税收居民身份在 CRS 中被认定为非税收居民账户，结论就与第一种情况一致，面临交换。

六、在海外投资理财赚的钱，需要向国内税务机关报税吗？

要回答这个问题，关键是弄清楚自己是哪里的税收居民。

如果是中国税收居民，在海外进行投资，比如炒美股赚的钱，是需要将这笔收益在中国户籍所在地的税务机关进行纳税申报的。

在实际操作中，这样合规申报的行为并不是很多，很多国人在海外投资金融产品获得的收益并没有在国内进行税务申报。笔者想强调的是，不要忽略 CRS，未来如果进行清查，很多人就要面临补税了。有些人会问，投资有盈有亏，如何统计报税？这个问题在实务处理中存在争议，建议和当地税务机关积极沟通，争取将账户余额作为纳税依据。

如果已经移民，属于海外税收居民，那么海外投资收入在移民当地进行纳税申报即可，不需要在中国进行纳税申报。

七、如果既办理了加拿大枫叶卡，又申请了香港居民身份，是否会加重税务负担？

枫叶卡是加拿大永久居留权身份的一个俗称，因为卡片上有一个枫叶的图案而得名。如果已办理了加拿大枫叶卡，通常就要遵守加拿大的定居时间要求，也就是前文说的"移民监"，通常需要一年的时间内在加拿大待满半年。如果在加拿大停留时间长了，在当地办理了社会保险，开立了银行账户，与当地建立了经济联系，那么就会成为加拿大税收居民，面临全球收入向加拿大纳税申报的义务。

如果又申请了香港居民身份，香港的个人所得税税率是很低的，而且香港税收居民是属地征税原则，即仅针对香港居民在香港地区的收入进行纳税申报，香港以外地区的收入是不需要在香港进行纳税申报的。所以香港作为离岸金融中心，开放的制度环境以及低税负吸引了全球投资者。

弄清楚税收居民身份和报税义务后，现在再来看这个问题，如果既办理了加拿大枫叶卡，又申请了香港居民身份，是不会增加纳税负担的。但是如果反过来，已经是香港居民身份，又申请加拿大枫叶卡，那么纳税负担会提高。

八、内地税收居民在香港注册了公司，公司账户信息会向内地税务机关披露吗？

为了更好地回答这一问题，我们需要做一些基本知识的铺垫。FATCA或者CRS对实体的分类十分重要，因为它关系到该实体在FATCA或CRS下是否需要承担以及承担何种合规义务的问题。任何实体，如果不属于金融机构的范畴，则应被归为非金融机构。简单举例，银行是金融机构，造纸厂是非金融机构。在CRS的定义里，不被认定为金融机构的，就是非金融机构。金融机构，如银行等，有尽职调查和金融账户信息报送义务；非金融机构，如造纸厂等，本身没有尽职调查和金融账户信息报送义务。

根据非金融机构的业务类型，又可以进一步将其分为积极非金融机构和消极非金融机构。与积极非金融机构不同，消极非金融机构并没有一个明确的概念和细分类，而是一个默认的类别。原则上，如果一个非金融机构不属于积极非金融机构，则其应被归为消极非金融机构。

按照经合组织对CRS的相关解释，如果在香港注册的这家公司本质上属于一家非金融机构，那下一步就要判断它属于积极非金融机构还是消极非金融机构。如果该公司在上一个日历年度或其他申报期限内，所获得的被动收入高于总收入的50%，并且在此期间所持有的、能够产生被动收入的资产高于总资产的50%，则该企业即为消极非金融机构。被动收入，指投资红利、资本利得、股息分红、租金和专利特许经营等金融活动取得的收入，而生产销售及劳务所得等就不是被动收入。

以下举例解释一下积极非金融机构和消极非金融机构在CRS

下面临的情况，具体如图 18.1 所示。

1. A 公司是积极非金融机构，甲银行是金融机构，A 公司在甲银行开设账户，甲银行只会将 A 公司一般账户信息报送出去，不报送 A 公司控股人信息。
2. B 公司是消极非金融机构，甲银行是金融机构，B 公司在甲银行开设账户，甲银行会将 B 公司一般账户信息报送出去，同时会将 B 公司的控股人进行穿透并报送，即使 B 公司有多层控股，也都会被穿透并报送。

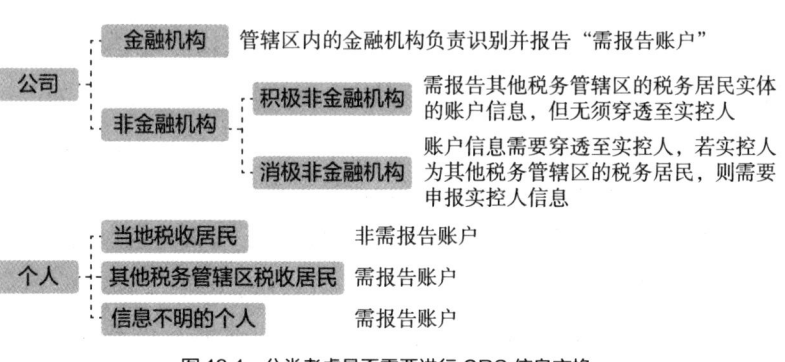

```
                  ┌ 金融机构      管辖区内的金融机构负责识别并报告"需报告账户"
        公司 ─────┤
                  │               ┌ 积极非金融机构   需报告其他税务管辖区的税务居民实体
                  └ 非金融机构 ────┤                 的账户信息，但无须穿透至实控人
                                  │
                                  └ 消极非金融机构   账户信息需要穿透至实控人，若实控人
                                                    为其他税务管辖区的税务居民，则需要
                                                    申报实控人信息

                  ┌ 当地税收居民              非需报告账户
        个人 ─────┤ 其他税务管辖区税收居民    需报告账户
                  └ 信息不明的个人            需报告账户
```

图 18.1　分类考虑是否需要进行 CRS 信息交换

回到本节的问题，内地税收居民在香港注册了公司，如果这个公司是积极非金融机构，在金融机构处开户，在 CRS 下，仅交换公司的基本信息，并不需要穿透至公司的实际控制人，即 CRS 交换的信息里面，并不包括该公司实际控股人的信息。但是如果该公司是消极非金融机构，在金融机构处开户，在 CRS 下，不仅交换公司的基本信息，还会穿透至公司的实际控制人，该公司实际控股人信息也会被申报和交换，即使多层控股，也都会被穿透并报送。

很多人会问，申报交换会不会引起税务风险？笔者建议内地居民在香港设立公司时，要确保公司有实质性的经营活动，并且与内

地的关联交易要合法合规。同时与香港和内地的会计师合作，确保公司的账务和税务处理符合相关法律法规。

九、内地工厂生产产品出口，用香港贸易公司签订国际合约并结算，CRS下香港的企业涉及内地的企业所得税吗？

为了解释这个问题，我们同样要先做一些基本知识的铺垫。很多人认为如果自己在香港或者其他境外地区成立了公司，就不会面临境内的企业所得税征管了。这个想法是不准确的，因为境外公司在境内有实际管理机构的情况下会被认定为境内税收居民企业。根据《中华人民共和国企业所得税法》，居民企业是指依法在中国境内成立，或者依照外国（地区）法律成立但实际管理机构在中国境内的企业。所以，只要是境内税收居民企业，那么该公司就面临境内企业所得税。

具体来说，境外公司需要满足以下条件之一才能被认定为境内税收居民企业：

- 企业负责实施日常生产经营管理运作的高层管理人员及其高层管理部门履行职责的场所主要位于中国境内。
- 企业的财务决策和人事决策由位于中国境内的机构或人员决定，或需要得到位于中国境内的机构或人员批准。
- 企业的主要财产、会计账簿、公司印章、董事会和股东会议纪要档案等位于或存放于中国境内。
- 企业1/2（含1/2）以上有投票权的董事或高层管理人员经常居住于中国境内。

这些条件表明，税务机关会根据企业的实际经营和管理活动来判断其是否为境内税收居民企业。如果一个境外公司在中国境内有实质性的经营活动，并从中国境内取得所得，那么它可能需要按照境内的税法规定进行纳税申报。

回到本节的问题，核心要看香港贸易公司实际经营和管理是不是在内地，如果香港公司纯粹在香港本地经营，管理决策都在香港，股东会、董事会都在香港召开进行，那么该公司的利润是不需要面临内地企业所得税征管的。反之，则需要。

十、如果拥有加拿大枫叶卡，那么在中加两国开户分别用不同的身份，还涉及 CRS 信息交换吗？

为了解释清楚这一问题，我们同样先做以下基本知识的铺垫。

什么样的人受 CRS 影响？

首先明确一点，如果没有境外资产，所有资产都在境内，那么不受 CRS 的影响。实际上，受 CRS 影响的只有以下两种人。

第一种是有境外金融账户的境内税收居民，即在境外拥有的任何金融资产，如存款、证券、投资型保险产品、投资基金、信托等，都有可能被视为当地的非居民金融账户而与境内税务机关进行信息交换。

第二种是金融资产在中国境内的非境内税收居民，即在中国境内的金融账户将被视为境内的"非居民账户"，其账户信息将会被收集、报送，交换给其税收居民所在国家或地区。

什么样的资产类型面临被交换申报？

以下金融账户面临被交换：

- 存款账户。
- 托管账户。
- 现金值保险合约。
- 年金合约。
- 持有金融机构的股权/债权权益。

CRS 交换的是金融资产信息。房产、珠宝、字画等非金融资产不需要交换，现金也不需要交换。

回到本节的问题，核心是要分析在金融机构开户时，定位的是哪个国家的税收居民。如果定居加拿大，成为加拿大税收居民并且切断与中国的经济利益联系，不再是中国税收居民，那么在加拿大的金融资产信息不会被交换给中国税务机关。但是如果没有切割中国税收居民身份，是加拿大和中国两边双重税收居民，那么在CRS 下被定义为非居民账户，在加拿大的金融资产信息要被交换给中国税务机关。

十一、配偶刚取得了香港居民身份，用其香港居民身份在内地开办企业有何优势？

用香港居民身份在内地开办企业无论对企业本身，还是对个人来讲都有明显优势，具体优势如下。

税收优惠

对在粤港澳大湾区工作的境外高端人才和紧缺人才，其在珠三角九市缴纳的个人所得税已缴税额超过其按应纳税所得额的 15%计算的税额部分，由珠三角九市人民政府给予财政补贴。意味着香港人在大湾区工作可以享受和香港一样的低税率的税务优惠政策。

根据《关于延续实施粤港澳大湾区个人所得税优惠政策的通知》：

一、广东省、深圳市按内地与香港个人所得税税负差额，对在大湾区工作的境外（含港澳台，下同）高端人才和紧缺人才给予补贴，该补贴免征个人所得税。

二、在大湾区工作的境外高端人才和紧缺人才的认定和补贴办法，按照广东省、深圳市的有关规定执行。

三、本通知适用范围包括广东省广州市、深圳市、珠海市、佛山市、惠州市、东莞市、中山市、江门市和肇庆市等大湾区珠三角九市。

四、本通知执行至2027年12月31日。

生活便利

根据国家人力资源和社会保障部公布的《香港澳门台湾居民在内地（大陆）参加社会保险暂行办法》，自2020年1月1日起，在内地就业、居住和就读的香港居民将拥有社保卡，在医疗保险、养老保险方面和内地居民一样享受同等权益。

2019年公布的"惠港16条措施"开放了港澳居民来内地购房的限制：香港居民可以在大湾区9市自由购买一套自用房，且无须境内工作、学习时间证明等限购条件。以深圳为例，香港居民则无须缴纳社保，即可在深圳购置房屋。

长者津贴（广东、福建）

根据香港特区政府推行的"广东计划"和"福建计划"，拥有香港户籍的老人在广东和福建这两个省养老，申请人在无须每年回港的情况下，还可以享受香港特区政府发放的长者生活津贴。

举例来讲，65岁或以上的长者如满足入息和资产要求，即可申请每月4195港币的生活津贴。

第七篇

全书总结及实操案例落地篇

第十九章　企业家业全面保障传承总结及实操案例

党的二十届三中全会是划时代的，它明确了高质量发展是全面建设社会主义现代化国家的首要任务，要健全因地制宜发展新质生产力体制机制。三中全会报告指出"推动技术革命性突破、生产要素创新性配置、产业深度转型升级，推动劳动者、劳动资料、劳动对象优化组合和更新跃升，催生新产业、新模式、新动能，发展以高技术、高效能、高质量为特征的生产力"。由此可见，中国的企业主、董监高还有从事其他创业的公民已经进入全新的"创富、守富、传富"时代了，我们传统的思维已经不再适应新时代的要求，以下是笔者结合每年为数百位高收入人士做咨询的经验，总结的企业家业全面保障传承的方法与实践。

一、新时代下企业家业财富保障传承的五大新趋势

趋势一，传统的企业经营赛道面临迫切的转型升级。这种改革需要企业家自发而起，包括经营行业的创新、商业模式的创新、人才使用的变革、新兴市场的开拓、产品技术的变革等。二代接班过

程中如何发挥年轻一代新思维、新策略的作用非常重要，看好二代、用好二代、帮好二代成为新质生产力发展的重要一环。

趋势二，传统的粗放式企业经营和风险防范已经不再适应新时代的需求。过去企业家把时间、精力、财力主要放在企业经营与占有市场份额上，而现在由于"金税四期"、新《公司法》、资本市场新规等的实施，监管机构对企业经营各方面的合规要求越来越精细，这也是符合国际趋势的，所以企业家及董监高们要把相当一部分的时间精力放到公司治理、股权搭建、税务优化、企业家业风险隔离等方面，否则好不容易积累的财富可能面临较大风险。2024年下半年各地法院依据新《公司法》判决的案例就很好地说明了这一点，例如有些公司的前股东被追加为强制被执行人、个人银行账户被冻结。

趋势三，当前许多企业家在针对企业、家业进行国际化布局，再加上子女的国际化教育、就业的国际身份规划等考虑，未来中国高收入人群的资产必定遍布全球，而各个国家和地区在合规监管方面的要求不同，因此大家在海外不能仍沿用在国内时的思维模式和行为方式。例如2024年新加坡银行系统掀起了反洗钱清查行动，有些国内客户的银行账户直接被冻结。因此，建议各位提前咨询海外专业人士，充分了解后再行动，而不是先匆忙行动，等到出事后再想办法弥补。

趋势四，当前中国高收入人群面临着企业经营的复杂性、婚姻家庭的复杂性、资产分布的多样化，再加上前述的国际化布局，未来家族财富保障和传承靠高收入人士个人的智慧和经验会越来越难。试想一下，如果要考虑以下10多个要素，如婚姻、企业税务、个人税务、公司治理、家企风险隔离、传承规划、移民、资产申报、税务申报、CRS信息交换、信托规划、子女留学规划，来做规划与决策，你会不会感到头疼？笔者建议，一要自己学习了解，二要咨询专业人士（包括律师、税务师、投资顾问、家办顾问等），三要向大平台咨询（例如养老资源、医疗资源等平台），尽量稳妥地做出决定。

趋势五，中国第一代创富人士到现在大多数已经六七十岁了，接下来将进入传承高峰时期，传承安排是否精准稳妥，事关高收入人士一生的财富积累，需要高度重视。而且传承并非一个简单的工具就能解决，而是要根据企业、家业及家族成员的具体情况来规划，笔者在本书前面部分已经有详细的阐述，在此仅给出以下两点建议：第一，传承规划赶早不赶晚，如前文介绍的"生命周期四阶段传承策略"，传承从子女没有成年之时就需要开始，若是一直拖下去，万一出现意外事件，那可能就是"伤筋动骨"的影响；第二，传承规划尽量系统而全面，必要时依靠专业律师。笔者曾办理的一起跨境传承案件就充满了遗憾，案件中的家庭创收"顶梁柱"张先生在内地及香港均有财产，但他只按照香港当地的相关规定立了遗嘱，结果这位先生去世后，香港的遗嘱并不能直接被内地相关方认可、被公司确认，导致内地的遗产迟迟不能继承过户。如果张先生在立遗嘱之前能够咨询专业律师，他应该会了解到内地与香港继承的程序是完全不同的，应该提前将两地资产分别按两地相关规定分立两份遗嘱，这样在继承时就顺利多了。

二、案例解析：家族企业传承及股权信托设立

基本情况

张总的公司深耕机械制造业 30 余年，目前已居行业领先地位。这家公司是张总带领亲弟弟一起创立的，一直以来公司都是以张总为主、弟弟为辅，张总占股 70%，其弟弟占股 30%。两兄弟的夫人平日都不参与企业经营。30 多年来，已从最初的一家公司发展为布局上下游企业的集团公司，张总有少数的公司股权是放在弟弟

名下的，弟弟帮其代持，之所以会有这样的安排，是因为张总结过两次婚，因为第一次婚姻失败对张总伤害比较大，所以进入第二段婚姻后，他对婚姻还是有很多不安全感的。

张总和第二任太太已经结婚有25年，现在看来婚姻是很平稳和幸福的。夫妻二人结婚后共生育两名子女，一男一女，均已成年。

张总与前妻生有一个女儿，大女儿8岁时，张总再婚。再婚后，大女儿一直跟着父亲张总生活，与继母关系也比较融洽。目前，大女儿已经33岁，大学毕业之后，就在张总的公司工作，先后担任采购和财务工作，现已结婚并生育了两个外孙子女。大女儿对掌舵企业经营没有太大兴趣。张总个人也认为，制造行业非常辛苦，大女儿的个性内敛，不善交际，也不适合当接班人。

张总再婚后生育的两名子女，大儿子刚刚从欧洲学习艺术回国，小女儿目前在国内大学读金融专业。张总的儿子对企业经营完全不感兴趣，他更愿意投身自己感兴趣的艺术创作领域。小女儿喜欢做生意，有生意头脑，人也非常聪明，现在看起来是三个孩子中最有可能成功接班的人选，父母也对小女儿寄予厚望。

张总虽然愿意让自己的子女接班，但也深知这不见得是最好的选择。因为制造业比较传统且辛苦，并且这个行业呈现出增长放缓的趋势。近几年，也有不少人想买张总的企业，但是张总一直在犹豫。

客户需求分析

1. 个人资产怎么有效传承

张总的个人资产主要包括企业股权价值上亿元，金融资产价值5000万元、全国房产10余套，这些资产一部分是他再婚前的个人财产，还有一部分是再婚后的夫妻共同财产。张总希望把不同类型的资产分别做好传承安排，三个子女都要顾及、照顾好，还要兼顾未来中国可能开征遗产税的问题。

2. 如何做好已婚女儿的婚姻财富风险防范

大女儿生性温柔，张总甚至认为女儿有些"恋爱脑"，被女婿哄得团团转，日常生活中大女儿缺乏足够的主见，总是听从女婿的决定，张总希望有一套传承方案可以保护女儿。

设计方案

1. 财富传承全面规划

从张总的角度出发，他的三个孩子分别来自两位妻子，但这并不影响他对孩子们的爱，他希望在三个孩子的传承上尽量公平。整合张总的资产后，主要分为三大部分进行财富传承：公司股权、房产和金融资产。

（1）公司股权传承规划：搭建股权信托

鉴于三个孩子目前都比较年轻，未来股权传承也充满变数，张总认为大儿子和大女儿完全没有可能接班，即便小女儿对接班有兴趣，但由于孩子年龄太小以及市场变化莫测，张总也不确定以后会怎么发展。在这种情况下，张总更愿意通过设立企业股权信托来解决传承问题。

首先，张总拿出一笔过桥资金先成立一个资金型信托，专业律师团队代表张总遴选了信托公司，洽谈股权信托方案，审阅并修订了股权信托合同，最终过桥资金进入信托资金池后成为信托资产，信托下设有限合伙企业，有限合伙企业最终用信托资金来收购张总和弟弟替张总代持的相关公司股份，企业股权部分就成为信托资产。张总的三个孩子都不用作为企业的股东，日后可以在企业上班，另外获得一份薪水报酬，子女和张总夫妇都作为股权信托的受益人。如果子女日后都不在企业任职，也可以聘请职业经理人团队进行企业经营与管理。

上述设计有以下四个亮点：

亮点一，相当于把股权代持的风险屏蔽掉了。张总把股权资产放在弟弟名下多年，而且双方之间没有签订任何代持协议，同时张总的第二段婚姻已经超过20年，夫妻年龄均已超过50岁，张总弟弟也有自己的家庭成员，代持基础已经不存在，正好通过股权信托把代持股份收回。

亮点二，由于张总的三名子女分别是两任妻子所生，如果没有设立股权信托，那么将来在股权继承环节三名子女继承人要共同去办理继承权公证，届时如果有一位子女拒绝对张总遗嘱的合法效力签字确认，那么将带来较大的麻烦甚至是继承诉讼，通过股权信托就相当于提前将股权变成了非遗产类资产，绕开了法定的继承权公证程序，后代继承人无须再就股权传承一事办理继承权公证了。

亮点三，股权信托架构设立后，母公司股权就变成了信托财产，将保持股权的长期集中，子女无法变卖股权，而且未来遇到子女婚变、欠债或是有人离世，股权也不至于越来越分散，且只要公司赢利有业务，家族企业可以更长久地在市场上存在。

亮点四，子女们作为家族信托的受益人，相当于变相从公司领取企业的股权分红，可以长久保障子女的品质生活所需的资金。律师在设计信托合同条款时留出了增加受益人的弹性条款，确保张总的孙辈也可以随时加入进来成为新的受益人。

（2）房产传承规划：提前赠与子女

张总目前持有房产分布在全国各地，基本上可以提前赠与子女（各个城市基本上限购都已放开，房产赠与子女过户也放开）。因为现在父母向子女赠与房产在税费上比较少，基本上只有契税和印花税，现在契税又相较以前降低了，整个成本可控。而且提前赠与，可以避免遇到未来国内可能开征的赠与税和遗产税，也能避免将来为房产继承去办理继承权公证。

在房产传承规划细节上，律师建议对于比较贵重的房产在赠与儿女时，张总夫妻保留少量的产权份额，比如房产赠与子女的份额仅为90%，张总夫妇自留10%，这样可以防范子女日后不经父母同意出售或者在房产证上加配偶名。

同时，考虑到《民法典》第一千零六十二条的规定，为了防止父母传给大女儿的房产变成夫妻共同财产，律师团队为张总夫妻起草了"房产单方赠与协议"，并协助夫妻俩与大女儿签订该协议，这样就锁定了房产为已婚大女儿的个人资产。

（3）金融资产传承规划：保险＋赠与协议＋保险金信托

一代到二代的传承：

律师建议张总和太太分别成立两张分红型终身寿险，投保人、被保险人分别是自己，张总担任投保人及被保险人的第一张保单，身故受益人写三名子女，太太担任投保人及被保险人的第二张保单，身故受益人写再婚后两名子女。好处是保单现金价值不断增长，张总夫妻如有需要可以部分提取来养老，剩下的理赔金作为给子女传承之用。

这两张保单的利益分配上略有不同，张总设立的保单里给大女儿的份额相对多一些，因为他总觉得自己离婚对大女儿造成了很大的伤害，心存愧疚。张太太对此也表示理解和接受，张太太保单身故受益人则重点照顾再婚后生育的两名子女。

一代到三代的传承：

目前张总的大女儿已经生育了子女，考虑到张总对第三代的疼爱，律师团队建议他以二代为被保险人，将来再另设立一个终身寿险的2.0版本的保险金信托，列三代为信托受益人。主要原因是张总与孙子女年龄差距大，他希望能够有一笔资金长期支持到三代，无论自己是否在世，因此保险金信托长期保护未成年人的优势就正好为张总所用。

对于张总夫妻平时给到三位子女的其他资金支持，律师团队还为他们起草了资金支持赠与协议模版，并交代了使用方法。律师建议如果给子女的资金额比较大，最好签订赠与协议，避免大笔资金变成小两口夫妻共同财产。

2. 已婚女儿婚姻财富保护规划

（1）婚内财产协议的签署

大女儿名下目前已经有了一些家族企业配套关联公司的部分股权。虽然这些股权是大女儿在结婚之前取得的，根据《民法典》的相关规定，大女儿婚前的股权，属于她的婚前个人财产，但结婚之后这些股权产生的分红以及股权未来的无限增值都属于夫妻共同财产。这些规定使张总夫妇不能接受，所以这部分婚前股权需要通过女儿和女婿的婚内财产协议来解决，在协议里明确规定，该部分股权日后分红以及股权增值部分都属于大女儿婚内的个人财产，与她的配偶没有关系。律师团队为张总的大女儿起草了相关协议，但能否成功签订还是一个未知数，需要寻找合适的契机。

（2）父母双方及大女儿个人遗嘱的设立

根据相关法律规定，大女儿结婚之后，她的法定继承人就包含了其配偶，另外，子女结婚之后如果获得父母的遗产，这些遗产将被视作夫妻共同财产。基于此，律师团队为张总本人及其大女儿均设立了预防性遗嘱。在遗嘱里讲清楚，父母百年之后，三名子女获得的遗产，属于他们的个人财产，与其配偶无关，不属于夫妻共同财产。大女儿的遗嘱内容要注明，如婚后她意外离世，那她本人的遗产将分别个性化传承。

（3）张总给大女儿的其他重大财产签订赠与协议

律师团队为张总夫妇准备了给予子女各类资产支持的赠与协议模版，张总夫妇随时可用，主要是避免父母对已婚子女赠与的重大财产变成夫妻共同财产。此赠与协议是张总夫妇与子女单独签订，不需要子女的配偶知情参与，协议不要求一定要公证，但公证会更保险些。小笔资金支持可以直接给子女，无须另行签订协议。

案例总结

通过以上方式传承家庭金融资产，是一举多得。

首先，张总家庭是属于前婚后婚均有子女的情况，这种家庭的传承风险较大，最主要的原因是父母百年后，两任妻子所生育的子女要共同到当地公证处办理继承权公证，且如果有一方子女不满意，拒绝对父母生前遗嘱的合法有效性签字，就会导致继承权公证程序走不下去。所以，张总很有前瞻风险意识，主动找专业律师进行安排。

其次，股权信托并非适用于所有企业主，因为设立股权信托有一定的成本，且对企业稳定经营发展有要求。在本案例中，张总的企业经营30年以上，虽然企业增长放缓，但长期以来形成比较稳固的市场份额成为设立股权信托的基础，至少能在相当长的时期内给到子女企业利润的分配。但同时律师在设计此类信托时还要事先考虑到股权信托提前终止情形，因为企业发展千变万化，如果张总的家族企业遇到特定情况，需要终止信托或是公司股权要出让给他人，这时信托合同要有预见，留出空间来。

最后，张总的传承需求是比较典型的高收入人士的需求，重点是一代到二代的传承，但笔者律师团队在为他设计传承方案时，也要一并考虑到一代到三代的传承，这比较符合中国隔代亲的特色。所以，上述方案设计时已经留出了这样的弹性空间。

三、案例解析：离异单亲家庭的财富传承

基本情况

女企业家谭总，开办了若干家企业，企业都属于朝阳产业且经营得非常成功。她有一个女儿20多岁了，哈佛大学毕业回来后没

有直接进入家族企业工作，而是被母亲安排到行业里其他企业上班。谭总的想法是，女儿在外面的公司先有所历练，最终还要回归家族企业。另外，谭总在女儿很小的时候就跟先生离婚了，这么多年来，一直是她带着女儿独自打拼，女儿与父亲也少有来往。

客户需求分析

谭总的年龄已经超过50岁，她的主要需求是以下两点。

第一点，如果自己意外离世，企业家业怎么传承？

谭总考虑到自己是经常出差飞行的人，如果遇到意外，那么这些企业家业的资产该如何传承？而且不排除将来再婚的可能性，这会增加法定继承人，她不希望自己打拼的企业落到女儿之外的人手里。

她担心的是，自己女儿目前比较年轻，也没有进入家族企业工作，那么女儿显然对企业的情况、公司股权情况、往来债权债务情况、资产代持情况都不清楚。万一她遇到任何意外，女儿对这些财产该如何管理、如何承接一概不知。

第二点，担心前夫觊觎女儿名下的资产，或者当女儿遇到意外离世时前夫继承女儿的遗产。

谭总女儿已经20多岁，目前谭总将一部分资产放在女儿名下，包括三家公司股权、两套房产、一部分现金资产。律师提示谭总，因为她的前夫经济状况不好，如果前夫想办法接触女儿，也有可能通过各种方法从女儿身上转移钱财，而且如果女儿发生意外离世，那么她的前夫拥有法定的继承权，可以继承到女儿一部分资产。

在提示这种风险之后，谭总表示非常惊讶，她没有想到这一层。所以她当即表示对女儿的财富传承一定要提前规划。显然她对前夫很不满，因为比较了解前夫好吃懒做的恶习，她不愿意自己辛苦打拼留给女儿的财富，将来通过其他方式转到前夫的名下。

设计方案

针对谭总的财富传承规划，可以分为两层：一层是她本人的传承规划，另一层是她女儿的传承规划。

1. 本人的财富传承规划

首先，设立预防性遗嘱，并指定遗产管理人。谭总的资产比较多，还涉及代持资产及往来债权债务。针对她持有本地的房产、老家的房产、名下持有的多家公司股权、一些收藏品和珠宝翡翠等，律师为她设立了预防性遗嘱。在预防性遗嘱中，将公司股权、不动产、金融资产及另类资产列了清单，并且分成四种情况来设计不同的传承方案，这四种情况分别是：谭总离世时她本人尚未再婚、谭总离世时她已经再婚但女儿未结婚、谭总离世时女儿已经结婚、谭总离世时三代已经出生。此外，律师还对她往来的债权债务进行了全面梳理，并且对她委托他人代持以及他人委托谭总代持的资产也罗列清楚。考虑到财产数额较大且家庭情况特殊，律师建议她在将来的财富传承方案中，预先指定遗产管理人。

在了解到遗产管理人的权利和义务之后，谭总当即同意委托她公司现有的法律顾问做遗产管理人，因为现有的法律顾问已经跟随她 20 年以上，是她非常信任的伙伴。

其次，分两个阶段进行公司股权传承。考虑到目前谭总的女儿还年轻，对企业经营不太了解，所以律师在为谭总规划公司股权传承时，分了两个阶段来安排。

第一个阶段，公司股权传承的紧急预案。这个阶段主要是指女儿在进入家族企业担任高管前的阶段，为了防止谭总发生突发疾病或其他意外，通过公司章程的修订完善和预防性遗嘱，先将公司股权的继承安排好，女儿将来能够获得她所有的股权财产。

第二个阶段，当女儿进入谭总的企业工作，并且日渐成熟，拥有一定的管理经验时，此时女儿成为明确的接班人，律师团队届时会根据企业发展的情况，再重新规划谭总的股权如何分期分批传承。

谭总表示如果企业发展得好，有可能进行股权改制，引进财务投资人，也有可能登陆资本市场上市。考虑到未来三到五年企业的公司股权结构会发生较大的调整和变化，所以律师提醒谭总，几年之后需要对财富传承方案进行检视，复盘梳理补充和完善。

最后，针对金融资产设立保险金信托。因为谭总担心女儿在面对父亲时，可能会脸皮薄，架不住父亲找各种借口跟女儿要钱（例如要求女儿养老），所以律师在对她的金融资产财富传承方案的设计上，设立了大额的保险金信托，主要是因为信托利益的给付是长期分期给，这样女儿手里的现金有限，即使生父要钱，也不太可能被哄骗去太多。保险金信托中，谭总女儿为第一大受益人，另外包括谭总的妹妹、外甥女，将来还可以追加谭总的孙子女为受益人，只不过其他受益人受益的比例小。

2. 女儿的财富传承规划

女儿目前名下拥有的资产不多，包括本地一套房产、老家一套房产、三家公司股权，以及一些金融资产，平时女儿自己投资理财也有一些收益。涉及女儿的财富传承，分为以下两个方向进行。

第一，配置终身寿险。以谭总为投保人，以女儿为被保险人，以谭总作为身故受益人，配置终身寿险。这主要是为了解决谭总的第二个担忧。如果将来女儿结婚生子，谭总可以把保单的受益人从女儿转到外孙。同时在这个保单中，设计了第二投保人为女儿，主要原因是保单投保人谭总年龄较大，被保险人年龄较小，若投保人先于被保险人去世，会导致这张保单资产变为遗产，那就起不到绕过继承权公证的作用了。当第一投保人谭总离世时，该保单会自动落到第二投保人其女儿身上。同时在女儿的配套性遗嘱当中，对该保单的传承和第二投保人进行了补充说明。

第二，为女儿设计预防性遗嘱。女儿的预防性遗嘱相对比较简单，涉及的资产不是很多。那么如果女儿发生意外，其名下的资产该如何传承？此时又要分三种情况。

第一种情况是女儿仍单身时，该如何传承。第二种情况是女儿已经结婚，有了配偶但未有子女时，该如何传承。第三种情况是女儿已经结婚，并且有了子女时，该如何传承。可以分以上三种不同的情况来设计这份预防性遗嘱。

案例总结

首先，此案例涉及两代人的传承，包括企业传承、房产传承、金融资产传承三个维度，每一代的传承都要分成多种情况来设计，因为在不同的情况下发生继承时，当时的继承人是不同的，传承的方向和意愿也是不同的。

其次，谭总属于成功企业家，并且离异单身，这类客户的传承要特别重视。在本案例中，因为谭总跟前夫离婚时，前夫非常绝情，让她净身出户，并且前夫没有创富能力，经济状况堪忧，与谭总本人对比悬殊，所以律师不仅要为谭总本人做好财产传承安排，也要为她的女儿做好相应的财产安排，以防止谭总多年辛苦打拼创下的财富被他人侵害。

最后，传承规划并非一次专业规划就结束了，而是一个不断调整的动态过程，要根据委托人婚姻家庭情况的变化和财产情况的变化来调整。所以，专业律师往往会写下方案执行清单，每年提醒客户检视一下，防止委托人在忙碌中忘记，例如变更保单受益人，给子女买房产时别忘记签订赠与协议，信托要记得追加孙辈受益人等。

四、金融财富机构如何与专业律师、税务师组队服务好高净值客户？

如果你阅读到本书最后一节，那么笔者要恭喜你了，因为本书所涉及的内容和专业知识相当庞大，这说明你真的是很用功。如果你是来自银行的财富顾问或支行领导，又或是保险公司的代理精英，又或是基金公司或券商的财富顾问，你可能会觉得自己也不是律师或税务师，如果在实际工作中服务高收入人士时真遇到本书所列的专业问题，还是会很头疼。没关系，术业有专攻。笔者团队在财富管理领域从业数十年，发现仅靠任何个人的经验智慧是很难满足高收入人群的需求的。在这样的大趋势下，未来更需要律师事务所、税务事务所、银行、保险公司、信托公司、基金公司、证券公司、移民公司、留学公司、家族办公室各个团队密切合作，组成一个大的专业团队，共同为客户的"境内企业、境内家业、境外企业、境外家业"四大版块提供综合方案。

接下来，介绍一下笔者团队与各家机构合作过程中总结的"高效合作八步法"，以供各方参考，共同更精准地为客户提供解决方案。

第一步：金融财富机构人士表达合作意愿，律师、税务师向客户发送KYC[①]表，初步了解客户需求。

第二步：线上客户会诊。律师团队和财富机构有关专员与客户一起线上开电话会，初步了解客户的企业家业情况，回答客户最关心的问题，同时精准KYC出客户的真正需求和潜在需求，律师团队会提出大致的解决思路与方向。

第三步：与客户建立法税服务委托关系，客户支付首期费用，双方签订服务合同。

第四步：由律师或税务师来到客户所在地的企业及家庭，进行现场深入尽职调查，并到当地有关机构（例如住建委、税务局、公证处、外汇管理局等）进行相关尽职调查，出具初步的尽调报告呈

---

① KYC，英文全称为 Know Your Customer，中文译为"认识你的客户"，是金融机构用来验证客户身份的程序。——编者注

交客户。

第五步：律师团队与金融财富机构成员一起，研究出具企业家业财富保障传承设计方案，并与客户核心成员进行讨论和修订，确定最终实施方案。

第六步：开始三头并进落地实施方案，分别是客户身边助理（包括公司法律顾问、财务总监、公司副总裁等）落实涉内事务、律师或税务师落实法税事务（例如起草协议、调整股权结构、修改章程等）、金融财富机构人士落实产品配置（包括人寿保险、保险金信托、家族信托等）。

第七步：律师与相关机构进行方案研讨，修订有关法律文件（例如信托合同、预防性遗嘱、公司章程等），直到客户满意后进行签订。

第八步：向客户进行阶段性方案实施的汇报，如遇到变化，则调整新的方案继续实施。直到最终全部落实，客户进行检视与评估。

后记

本书由作者团队历经了一年多的尽调、研究、打磨、修订创作而成。在这一年多的时间里，市场形势、相关政策法规也一直在变化之中，尽管我们做了诸多的调整，希望尽可能跟上时代的发展与变化，但也有可能来不及。也许当你拿到本书时，有些政策法规又发生了变化，还有我们手头正在办的案例和新的研究成果，也没来得及编撰进此书。就像我们从事的企业家业保障传承领域一样，永远都有创新，永远都有变革，我们非常庆幸能够与诸多专业人士一起深耕此领域，也非常荣幸能够有机会服务这么多的企业家和高净值客户，请大家批评指正。在中国发展新质生产力、构建高质量经济发展格局的大潮中，我们这一代法税专业人士若能发微弱之光，助一臂之力，将是毕生幸事！祝各位读者朋友企业发展红火，家庭幸福安康！